Humo Niebla

Rangel

Humo Niebla

Primera edición: diciembre de 2019

©Editorial Calíope
©Rangel
©Humo niebla

ISBN: 978-84-121289-1-8

Grupo Editorial Max Estrella
Calle Doctor Fleming, 35
28036 Madrid

Editorial Calíope
editorial@editorialcaliope.com
www.editorialcaliope.com

«Dios creó al hombre a su imagen y semejanza...» pero no iguales. Una vida no me bastó para descifrar la naturaleza humana. Pero supe, antes de la edad adulta, que siempre habrá barreras; artificiales unas y de juicio otras. De ambas, las últimas son las más dañinas.

PREFACIO

Hubo un tiempo en que la Baja California fue un remoto pedazo de mi Patria, aislado territorialmente por un desierto tan basto como Alemania y Suiza juntos y dependientes, por su mismo aislamiento, del poder estadounidense.

En las incipientes ciudades peninsulares de la frontera norte se formó una raza con raíces asombrosamente mexicanas. Si bien la vida local se ajustaba a las normas imperantes del otro lado de la línea fronteriza, el espíritu del bajacaliforniano, nacido o colonizador aventurero, era de una mexicanidad recalcitrante. La Baja California fue, en la década de los cincuenta, como un México pequeño jugando con dos culturas; una al norte, con todas sus ventajas materiales y, la otra al sur, con la fuerza anímica que da la nostalgia. A mí me tocó vivir montado en ambas.

Primera Parte

CAPÍTULO I

¿Hacia Dónde, Pues?

—¡Rompan filas! —se oyó la potente voz del capitán Rangel Reséndez y la tropa se dispersó. Uno a uno fueron desfilando los uniformados, cuadrándose militarmente frente al espigado oficial. El taconazo, el saliente pecho y el saludo con los dedos rígidos a la altura de la sien se repitieron casi rítmicamente hasta que todo ruido cesó. Reséndez permaneció solo al pie del asta bandera. Al final de la breve ceremonia, sólo quedó el enhiesto centinela en posición de firmes al lado del sólido portón.

En el triste páramo el viento acentuó la sensación de soledad. Bajo el ala del tembloroso sombrero, el espigado militar vestido de civil pareció meditar, la vista fija en la mole de ladrillo del cuartel. Sobre su cabeza, el lábaro patrio ondeaba con grácil elegancia. A sus pies, nubecillas de arenisca se levantaban del suelo barriendo la explanada de tierra apisonada. Había un dejo de nostalgia en la escena. Una nostalgia asociada a la inminente despedida; una despedida que a mí, sin saberlo todavía, me tocaría repetir una y otra vez a lo largo de mi vida.

El Capitán finalmente dio la vuelta y avanzó hacia la casa. Afuera, sentado al pescante de la carreta, un soldado sin graduación esperaba por nosotros, las maletas acomodadas en el piso del rústico vehículo.

La tía Isabel recibió a Reséndez en la puerta de la casa. Yo observaba a la pareja desde adentro.

—¿Nos vamos ya? —preguntó la tía con evidente desaliento.

—Echa un ojo, Isa. Estás viendo esto por última vez —sentenció Reséndez, rodeando a la tía por los hombros.

—Entra por los ojos y anida en el corazón —contestó tía Isabel, enlazando al capitán por la cintura.

Hubo una pausa silenciosa en la cual yo pude ver, más allá de la falda en movimiento, el agreste paisaje enmarcado por la puerta. Quizá yo no entendí la romántica observación de la tía, pero no me cupo duda de la punzada que sentí ante la inminente partida. Muy pronto, la hostil belleza de aquella tierra quedaría atrás y como Reséndez sentenciara, sería para siempre. Vi a Damián Bedolla subiendo a la carreta con la jaula de Napoleón el perico y oí a la tía Isabel.

—Vamos hijo. Es hora —dijo, invitándome a salir.

—¡Viva Pancho Villa! ¡Al ataque mis valientes! —graznó Napoleón mientras yo subía por la rueda.

Al chasquido de la lengua y un ligero chicotear de riendas del conductor, la carreta se puso en movimiento. El gran edificio del cuartel pasó en cámara lenta a mi lado. Extrañamente, el viento empezó a amainar. El rechinido de la carreta se fue haciendo más claro y cuando cruzamos el puente, tras el terraplén quedaban 7 años de mi vida. Media hora más tarde, el corto viaje había terminado. La calma en nuestro alrededor era absoluta.

En el remedo de estación de El Papalote, Reséndez y su ordenanza vaciaron la carreta y el recluta se cuadró, despidiéndose de su superior.

Ahora que ya dejé el mundo terrenal, caigo en cuenta que fue el último taconazo militar que escuché en mi vida.

Equipaje y perico quedaron a la espera de nosotros y todos quedamos a la espera del autovía.

Un mes antes, Rangel Reséndez había recibido la notificación de su traslado de La Cañada en Sonora a El Fuerte en Sinaloa. El capitán y tía Isabel de inmediato se pusieron en contacto con mi madre. Debían resolver mi estadía futura en el término de tres semanas y el tiempo escaseaba.

Hicimos dos viajes a Hermosillo y otro a Santa Ana para sostener otras tantas conferencias telefónicas con mi progenitora. Tía Isabel agotó todo su poder de persuasión, pero mi madre se mantuvo firme en su decisión: yo no podía, de ninguna manera viajar con ellos. Al final, tía Isabel aceptó la realidad; la hora de la separación había llegado: yo debía partir a Mexicali Baja California tan pronto como su hermana Danelia supiera día y hora de mi llegada. Reséndez asignó a su ordenanza para hacer el viaje y llevarme. De regreso iría directamente a El Fuerte.

El tiempo, inamovible en su concepto pero veleidoso ante la necesidad humana, corrió vertiginoso encogiendo el mes de plazo. Las gestiones iniciadas por tía Isabel apenas 24 horas después de hablar con mi madre no dieron el resultado esperado. En Mexicali, la familia entera estaría fuera de la ciudad por 15 días. Fue mi abuela quien contestó el teléfono y la persona que, a fin de cuentas, tomó la decisión: era humanamente imposible enviar a alguien antes de que Reséndez se reportara a su nuevo cuartel.

El tiempo no alcanzaba; Reséndez debía reportarse en 72 horas en El Fuerte. Por tanto, el acuerdo resultante fue que, a menos que tía Isabel me llevara a Baja California, yo tendría que viajar con ellos. De ser así, alguien pasaría después a recogerme.

—Irás con nosotros a El Fuerte, hijo —me dijo tía Isabel con una sonrisa mezcla de tristeza y alegría en el semblante.

—¿Entonces viviré contigo, tía? —pregunté, recuperando la perdida esperanza.

—No, m'hijo. Será sólo mientras te recogen. Si no vienen, después te llevaré yo personalmente a Mexicali. Tu mamá te necesita allá.

¿Cómo era que yo, un mocoso de 10 años de edad era el centro de una controversia que envolvía a tanta gente separada por tantos kilómetros de distancia? Una línea trazada de Butte

Montana (a la sazón mi madre residía en Montana), que pasara por Mexicali Baja California, y terminara en El Fuerte Sinaloa, abarcaba más territorio que Europa. Mi mente viajó hacia atrás, tratando de hilvanar recuerdos deshilachados:

Fue en el verano de 1947 cuando mi madre partió de La Cañada, el polvoriento reducto en el corazón del desierto sonorense que estábamos a punto de abandonar. Fue ahí, donde una avanzada del Ejército se encontraba acuartelada, donde empecé a vivir una vida errante que no encontró suelo suficientemente fértil para obligarme a echar raíces. Por dos largos años no volví a saber de mi madre hasta que oí su voz en una fugaz conferencia telefónica de Santa Ana a Butte. La vida en el cuartel me curtió y para cuando Reséndez recibió la notificación de su traslado, yo era un niño de 10 años que actuaba como un adolescente de 18. Tendría que esperar otros 6 años para ver de nuevo a la autora de mis días.

La Cañada era más insignificante que el chiflido de un perico y más fea que cortejar a una monja. Pero yo era un niño y amaba mi entorno. El paisaje se me metió en las células como un vaso de agua helada, en una resaca saturada de mezcal revuelto con tequila. Mis recuerdos infantiles no registran otro entorno más que aquel puñado de casas, de rocas y cactáceas. Hostil naturaleza suavizada por el cariño de tía Isabel y la sobria presencia del capitán Rangel Reséndez.

—¿Quieres decir que está decidido ya? —pregunté, con más resignación que esperanza.

—Sí, Rangel. Ariana irá por ti a Mexicali —contestó tía Isabel.

—¿Y por qué no viene hasta acá?

—No puede, Tocayo —intervino Reséndez—. Si pasa la frontera, después le sería muy difícil regresar. No tiene permiso para vivir en Estados Unidos. Y aunque lo tuviese, es demasiado tarde. No hay forma de comunicarse con tu mamá.

Para comprender cabalmente la situación, es preciso establecer tres puntos fundamentales:

1. Mi abuela era una mujer de 65 años imposibilitada para viajar. Por tanto no podía trasladarse a Sonora por ferrocarril en un viaje de 550 kilómetros de desierto.

2. Mi madre trabajaba para una compañía norteamericana de trasquila borreguera en los estados del noroeste americano y se desplazaba continuamente. Para cuando se agotaron los recursos con mi tía en Mexicali, ya ella no estaba en el mismo sitio y, finalmente,

3. Corría el año de 1951 y La Cañada no era más que un villorrio en el punto más desolado del mapa mexicano. El teléfono más cercano a nuestra casa se encontraba a 200 kilómetros de distancia y sólo era posible llamar hacia afuera. Para comunicarse con mi madre, era menester tener previamente el número y estar enterado de la zona donde se encontraba.

Yo no entendí el significado de «no tiene permiso para vivir en Estados Unidos». Me era en extremo difícil enfrentar el hecho de que yo era un problema y la solución era encontrarme un sitio donde ir. Si mi madre no tenía permiso para cruzar la frontera, lo de menos era no cambiar nada. Tía Isabel lo era todo para mí y, de 12 meses a la fecha, el Capitán Primero de Caballería Rangel Reséndez también.

El militar había llegado a La Cañada después de la partida de mi madre. Su presencia tuvo la virtud de cambiar nuestras vidas. Tía Isabel, recién viuda de un hermano de mi padre, encontró en el capitán la alternativa a su viudez. Yo, a mi vez, encontré algo que era muy difícil de encontrar en aquel remoto pedazo de desierto: sabiduría y ecuanimidad. Sentados en una piedra a mitad del polvoriento camino, Reséndez se había presentado a sí mismo: «Rangel Reséndez, para servirle. Dos erres, ¿se da cuenta?», había dicho el militar aquella mañana señalando la extraordinaria coincidencia de nuestros nombres.

*

Al partir nosotros, Damián Bedolla nos acompañó a la rústica estación del otro lado de los rieles en lo que se daba en llamar «El Papalote». El viejo se haría cargo de la propiedad y de los animales.

El viejo Damián era un paletero que había encontrado refugio en nuestra casa tiempo atrás, y con el correr de los meses se había hecho indispensable en el trajinar del hogar. Su bondadosa humanidad se echó en hombros las tareas que una vez realizáramos tía Isabel y yo. Esta, habiendo decidido vender la propiedad al enterarse del traslado de Reséndez, cerró el trato con el ex paletero. El acuerdo fue que Damián iría depositando una cantidad mensual en el banco de Santa Ana hasta liquidar el valor total de los terrenos y la casa. Según supe más tarde, don Damián ya había terminado de saldar la deuda cuando lo sorprendió la muerte.

«Cuide mucho a los chivitos, don Damián y gracias por empacarme la silla y a la Prieta», dije, antes de abordar el autovía.

La Prieta era una vieja máquina de escribir Underwood que había quedado en el cuartel un año atrás cuando la guarnición de La Cañada salió con rumbo a Cananea. Cuando la tropa regresó, mi querido amigo el Canelo, ya convertido en sargento, me la había regalado. Nunca supe si fue un regalo o nos la robamos.

La silla de montar era algo más preciado. Era un primoroso trabajo de cuero y ribetes de metal en un arzón de madera. La cabeza era de metal también, esbelta de la base y con un remate inclinado hacia atrás, muy diferente de las chatas y anchas cabezas que yo conocía. El Canelo me había explicado que era una silla *gringa*. Reséndez, antes de casarse con mi tía me la había regalado. Regresó de un viaje de reconocimiento y, con aquella tranquilidad propia de su personalidad, había contestado a una observación de la tía: «Los honorarios del Tocayo ya están cubiertos, señora. Rangel no tiene más que pasar a cobrarlos al cuartel. El sargento Treviño tiene instrucciones de pagarle».

El «tocayo» era yo pero no había nada qué cobrar; no había una tarea en especial para que Reséndez me pagara. La silla, con dos erres grabadas en el respaldo, fue un regalo salido del corazón. Sin lugar a dudas, aquella tarde había sido una de las más memorables de mi niñez.

Don Damián, con aquella bondad servicial con que siempre había vivido, había pasado una mañana completa envolviendo cariñosamente los únicos objetos que yo, ya adulto, conservaría de aquella etapa de mi vida.

Durante los preparativos del viaje, don Damián había traído del cuartel un largo cajón lleno de viruta. En cajones como aquel, de madera, venían empacados los rifles de uso reglamentario de la tropa. Silla y máquina quedaron cobijadas en viruta bajo la tapa de madera asegurada con una docena de clavos. PROPIEDAD DEL EJÉRCITO MEXICANO, se leía en letras negras en un costado del cajón.

«Colorín y Colorina llegarán a chivos viejos, Rangi. Aquí nos encontrará el día que regrese», había dicho el noble viejo.

En el punto opaco de casas de adobe del inmenso chaparral, Damián Bedolla se hizo chiquito en mis ojos para siempre. Colorín y Colorina de seguro fueron dos chivos felices el resto de sus vidas.

*

En el Papalote pues, tomamos el autovía que nos trasladó a Urebó. Hacía frío; el frío invernal que corría libre en aquella inmensidad de horizontes sin fin. Las bancas estaban tan frías como mi corazón. Sin embargo, yo me sentía confortable en la gruesa chaqueta a cuadros. Unos *cachorones*[1] de algodón me cubrían bajo la mezclilla de los pantalones y los gruesos calcetines aligeraban los pesados zapatones.

Por primera vez no vi el acostumbrado rechazo en los rostros de la gente de El Papalote. Encaramado en una barda de adobe, el Pecoso agitó la mano en señal de despedida. El carro empezó a rodar con rumbo al sur. Pasamos el molino de viento que le daba nombre al sector de aquel lado de los rieles; el es-

---

1 Cachorones: Atuendo de ropa interior de algodón de una sola pieza con mangas largas y perneras hasta los tobillos. *Long Johns*, en inglés.

belto aparato con las enormes aspas girando en lo alto pareció seguir nuestra trayectoria. Poco a poco fue quedando atrás, sin embargo. El carro miniaturizado de ferrocarril avanzó sobre los rieles. Con ansiedad crucé el pasillo del vagón buscando la ventana opuesta. En el rectángulo de madera apareció el anguloso paisaje del otro lado de las vías y sentí una punzada en el corazón. El señorial edificio del cuartel flanqueando nuestra casa invadió lentamente mi ángulo visual hasta nivelarse con nosotros. Apenas lo habíamos dejado 60 minutos antes, y ya lo miraba tan distante como mi punto de destino.

Conforme nos acercábamos, miré la polvorienta calle venir de la casa hacia nosotros hasta perderse bajo el puente, a nuestros pies. Al otro extremo de la blanquizca raya, la casa se atravesaba perpendicular con el irregular camino. Chiquitita, al lado de la puerta de entrada miré la casita del Macetón, el perro que había enterrado apenas hacía una semana. En el corral, apenas perceptible, la mecedora de Damián lucía vacía, igual que la perrera de mi querido Macetón. A la derecha, en ángulo obtuso, la U de ladrillo del edificio militar y, en la explanada, al frente, lo único lleno de color, quizá, en kilómetros a la redonda: la bandera tricolor pendiente del asta. El dolor que siembra la tristeza empezó a lacerar mi corazón.

El tranvía avanzaba y mi cuello se torcía en un intento por retener en mi retina los últimos detalles. Quince metros después de remontar el puente, el autovía empezó a girar la trompa hacia el oeste, en busca de Urebó. Crucé de nuevo el pasillo y me asomé por la ventana original. La larga línea de los rieles parecía surgir del extremo del último carro, perdiéndose entre los desniveles del terreno. Cuando el autovía completó la vuelta, los dos sectores de La Cañada aparecieron fundidos en uno sólo. Del lado occidental de las vías la sección del Papalote con las aspas de este girando en lo alto; del otro lado, el cuartel y nuestra casa. Las aspas del papalote fueron lo último que desapareció.

La Cañada se desvaneció en la siguiente curva pero el cenizo paisaje no cambió en absoluto. La desolada región se prolongaba plana y erizada de espinosa flora hasta donde alcanzaba la vista. Saguaros, mesquites y sedientos chaparros se sucedían en un interminable océano marrón y verde cenizo. Nada podía cambiar en 26 kilómetros de viaje. Nada cambiaba incluso, en 400 kilómetros a la redonda.

Cavilé en la despedida del Pecoso y mentalmente le dije adiós. A pesar de tantas refriegas en defensa de mi perro, no le guardaba rencor. Yo admiraba su bravura porque a pesar de que nunca salió vencedor, siempre me dio la cara. Ese último día nos miramos sin intención, como lo harían dos conocidos en un encuentro fortuito. Sin embargo, el simple hecho de ondear la mano en señal de despedida borró en mí la imagen del chico odioso siempre escarneciendo a mi perro. ¿Sería tal vez que el chico me aceptaba al fin porque el Macetón ya no existía? Nunca lo sabría. Nunca hubo tiempo para averiguarlo. Jamás volví a ver la traviesa cara. No había ya rivalidad. En aquel punto de mi vida, los rencores infantiles dieron paso a la nostalgia.

Me acomodé en el duro asiento de madera y mi mente viajó hacia atrás mientras las ruedas de acero me llevaban hacia adelante.

Desde el primer día, el Pecoso sostuvo una cruzada en mi contra por ser guacho (despectivo de soldado) y, ciertamente, por disfrutar de «privilegios» prohibidos para los chicos del Papalote: las armas, tambores y cornetas; los caballos de la tropa, las prácticas en el campo de tiro a espaldas de nuestra casa, mi perro, mi yegua, mi independencia total. Todo aquello que yo disfrutaba, eran, coincidentemente, actividades vedadas para los chicos del otro lado de los rieles; actividades prohibidas a los hijos por el natural recelo de sus padres a la soldadesca. En La Cañada, todo ser viviente al sureste de los rieles era visto con recelo por los residentes de El Papalote; un recelo compartido por adultos y menores. Yo vivía entre soldados y eso bastaba para verme «feo». Y cuando el Pecoso la emprendió contra mi perro, nuestra rivalidad fue inevitable, casi obligada.

A pesar de llevar destinos específicos, mi rumbo era incierto. Viajando hacia el sur dejaríamos las estériles planicies donde había crecido, para más tarde, de acuerdo a la explicación de tía Isabel, regresar de nuevo hacia el norte, sobre el camino andado. Las preguntas que bailoteaban en mi cerebro eran: ¿cuándo y…con quién? ¿Hacia dónde, pues?

CAPÍTULO II
Los Ojos de mi Madre

Como siempre, Urebó, un remoto poblado con estación de ferrocarril, resucitó con el silbato del tren. Salimos de la construcción que pretendía ser hotel y llegamos a la estación después de cruzar la única calle del triste caserío. A nuestro paso convergió la eterna nube de vendedores en busca de los pasajeros. Habíamos llegado en el autovía 60 minutos antes al Urebó sin tren. Ahora, al sonido del silbato, teníamos el Urebó con tren, lleno de vendedores salidos de las chaparras casas. Urebó Sonora era como un hormiguero con horario, con las hormigas emergiendo con cada silbatazo del tren. Napoleón se desgañitaba gritando groserías y hechando vivas revolucionarias.

El Urebó ferrocarrilero, chiquito como una bacteria en la inmensidad del desierto, pero agigantado en mis recuerdos, saltó a mis ojos. Ahí estaban los rieles, la tierra y las enclenques casas de adobe, alineadas atrás de la estación. Tras los rieles, nada, sólo choyas (cactos de brazos erizados de espinas) y raquíticos arbustos de hoja diminuta. Frente a la estación, pasando las vías, el «excusado» del cojo Artemio el boletero, sólo, triste, absurdo. Más allá nada, sólo piedras, mesquites, espinas.

Cinco minutos después que el silbato anunció la salida, la máquina se puso en movimiento con pesados resoplidos. La oscura mole de acero, cual metálica ballena, arrojó un chorro de vapor y el estruendo de los poderosos tirantes de acero impulsando las ruedas de metal ahogó el monótono tintineo de las campanillas. Al cabo de tres minutos de marcha, los vendedores habían desaparecido. La estación y sus alrededores lucía desierta; Urebó permanecería en estado soporífero hasta la llegada del siguiente convoy. En el entronque, el autovía que tantas veces nos transportó de La Cañada se desvaneció tras la estación. El viaje ahora sería con rumbo oeste por dos horas para luego enfilar hacia el sur.

El sol se empeñaba en colarse oblicuamente por nuestra ventana cuando partimos. Cuatro horas después, los débiles rayos cambiaron de opinión; ahora el empeño se filtraba directo por la ventana opuesta. Poco a poco mis párpados se fueron cerrando. Lo último que las estrechas rendijas de mis ojos vieron fue el tope de un círculo rojizo dorado escondiéndose con timidez tras la confusa línea del horizonte. El sol, aburrido de debilidad se retiraba a descansar.

Cuando empezaron a clarear las negras vestiduras de la noche, la cara redonda de la tarde anterior asomó del otro lado, tras las lejanas montañas. El rojizo dorado se había deslavado. El astro rey vestía ahora un ropaje menos carmesí pero más brillante. El claro amanecer nos saludó inmersos en el sopor de un balanceo permanente, monótono y machacante. En su loca carrera, la máquina parecía tragarse los rieles que venían del sur.

Por mi ventana, los esbeltos postes del telégrafo viajaban hacia el norte. Una larga columna de humo negro les acompañaba sobre el techo de los carros. El cielo, de un azul desvaído, lucía su fresca gloria, adornado con rayos dorados. El sol candente continuaba aún de vacaciones.

Navojoa, decía el letrero de la estación que nos recibió. A pesar de su decrépita apariencia, la pequeña estación lucía *viva*; había gente alrededor. Al norte, al sur, al oriente y al poniente, las señales de vida se sucedían. Un jovencito ofrecía paletas de hielo parapetado contra el sol bajo un álamo joven. Más allá, en un estanquillo de madera, una chica leía los monitos del *Chamaco*. Un hombre a caballo se apeó de su montura y se perdió en la tenebrosa oscuridad de una cantina. A lo lejos, un par de automóviles pasaron sobre una zigzagueante línea azul gris de asfalto. Navojoa era para mí una ciudad, aunque en realidad no era más que un pueblo cansado de polvo y abulia. A mi excitada mente volvió la triste fisonomía de Urebó: dos rayas de acero, una raya de tierra desmontada de choyas y una raya de casuchas sudorosas de tristeza y calor o, quizá, tiesas de hielo y escarcha, dependiendo de la estación. Urebó; un tumor de menos de 300 metros supurando en el desierto virgen.

La máquina siguió su marcha después de un breve descanso. Dejamos Navojoa y rodamos un par de horas tal vez, sobre un paisaje más benigno, menos pelón de vida. La chaqueta yacía en el asiento, inútil ahora en un clima menos agresivo.

Cuando el tren se detuvo en nuestra escala final, una culebra de agua con bordos de fresco verdor inundó mi vista. Mi espíritu vibró con el paisaje. Mis ojos llenos de desierto se refrescaron con el agua entre achocolatada y verdosa del Río Fuerte. Lejos, al este, una hilera de montañas de juguete de color azul, ondulaba bajo un cielo moteado de encaje blanco. Parvadas de pericos tan verdes como Napoleón graznaban por todos lados.

San Blas Sinaloa, decía el letrero un par de metros adelante de mi ventanilla. Un camión del ejército con dos uniformados esperaba por nosotros.

En los escasos 45 minutos que empleamos en comer y relajarnos, observé que en aquel pueblo, los pájaros no eran todos pardos como yo los conocía; los pájaros de San Blas estaban pintados de diferentes colores. Había pájaros rojos, amarillos, blancos, verdes, púrpuras y marrón en diferentes tonalidades. Los había de colores combinados. Incluso los picos y patas variaban de color: Patas amarillas, negras o violetas y picos morados o mostaza. Había también pájaros de un pardo como los míos, como los de La Cañada. Pero estos eran plumíferos más alegres, más *amistosos*. Los graznidos formaban una alharaca de tonos mezclados. Los zopilotes parecían volar más bajo, tal vez por la necesidad de escudriñar bajo el follaje en busca de carroña.

Nos sirvieron un platillo de sabor desconocido bajo la sombra de un árbol de una especie también desconocido. Incluso cuando supe qué era, el nombre me sonó exótico: tamarindo. Hacía algo de calor pero la brisa traía aromas nuevos, frescura diferente.

En la estación, Reséndez dio instrucciones al despachador. El mismo camión se encargaría de recoger el equipaje un par de días más tarde. Dos soldados que esperaban se apresuraron a levantar un par de maletas y cinco minutos después, estábamos listos para continuar.

Tía Isabel y Reséndez se acomodaron en la cabina con un recluta, y yo y el segundo soldado nos encaramamos en la plataforma. El sombrero manchado de mugre y sudor que heredé de un tío en La Cañada, me protegía a medias de los rayos solares. El ambiente, en contacto directo con el sol, era cálido y ligeramente húmedo.

A sabiendas de nuestro deseo de llegar cuanto antes, el chofer, presuroso, puso en marcha el vehículo. De inmediato, el viento aligeró el bochorno. El sudor se secó rajando el polvo sobre mi cara en un mapa de cuarteaduras. Sobre el polvo siguió cayendo polvo. El viento me envolvió benevolente, ondulando el ala corta de mi sombrero. El alivio, sin embargo, me obligó a pagar un precio: la tierra me cubrió cejas y pestañas. Sentí la máscara terrosa estirándome la piel.

—¿Cuántos años tienes? —me preguntó el soldado de rostro increíblemente requemado.

—No sé, creo que 10 —contesté.

—'Tas chiquito —dijo el recluta, mostrando los manchados dientes en una sonrisa. En el cuartel no hay más plebes (chamacos; regionalismo sinaloense). Tú vas a ser el único.

—No le hace —contesté—. Estoy acostumbrado.

El camión serpenteaba entre cerros bajos. El quebrado terreno se accidentaba más conforme avanzábamos. Era evidente que subíamos aunque el declive era imperceptible; camino que se retuerce sin decidirse a subir.

Continuamos dando tumbos. Las redilas del camión amenazaban saltar entre rechinidos. Yo me aferraba a las tablas mientras divagaba sobre las novedades que el paisaje me ofrecía. En San Blas, mis retinas se habían inundado de algo que jamás había visto: ¡palmeras! Mientras comíamos, un anuncio había llamado mi atención: «Se *asen* canoas a la orden», decía el tablón con letras chuecas colocado en la fachada de un enclenque cuartucho.

Bordeando el río unas veces y rodeando el terreno pedregoso otras, nos fuimos alejando de San Blas; al frente montañas, atrás sol y árboles pintando una línea irregular.

Entramos en El Fuerte; más palmeras como parte del paisaje. El panorama seguía siendo polvoso y desértico pero con un mayor grado de frescura. Pasamos una explanada con otra novedad: un kiosco de fierro vaciado se levantaba en el centro, rodeado por árboles de diferente tamaño. El clima había cambiado y el aire se había diluido. La chaqueta me cubrió de nuevo el cuerpo.

Un enorme edificio altivo y sólido ocupaba todo un costado de la simpática plazuela. De inmediato volvió a mi mente el cuartel en La Cañada. Pasamos de largo, sin embargo. El cuartel, mucho menos pretencioso, apareció más adelante. La bandera en lo alto del asta me indicó que habíamos llegado.

El Fuerte me gustó. Las casas eran limpias y no tenían la monotonía del caserío de adobe al que yo estaba acostumbrado. Las había de ladrillo, de adobe y de madera. Los techos, unos planos, pesados, de ladrillo y otros de palma con orillas curvas. Los colores de las paredes variaban; unas de tonos blancos, seguidas de otras menos pálidas; estanquillos pintados de azul arrebatado, puestos de frutas con postes color naranja, todos con el tono opaco de la pintura de agua.

Fueron días, tal vez semanas; mi frágil humanidad no se llenó del panorama. Hubiese hecho falta el doble de tiempo para explorar aquella nueva geografía. Los días corren veloces cuando los llenas con curiosidad. Y como las bondades siempre se achican cuando más te placen, llegó el día de mi despedida. El Fuerte se salió cuando empezaba a entrar en mi corazón.

*

Isabel Terrazas de Reséndez. ¡Ah, la tía Isabel! Una dama con la delicadeza de una rosa al amanecer y con el temple de un curtido pionero del desierto. Una mujer con el corazón del tamaño de una casa; con el espíritu indomable del colonizador que no se arredra y con la suave tibieza que limpió de espinas mi niñez temprana.

Cuando llegó la hora de la separación, ahí estaba mi querida tía con aquella belleza que la hizo legendaria en lo más remoto del páramo remoto. Era hora de decir adiós, de sentir el último abrazo, de limpiar las últimas lágrimas, de escuchar los últimos sollozos. A su lado, la soberbia figura de Rangel Reséndez, el militar educado en la exquisita civilidad de la vieja Europa para, por propia decisión, ejercer en el bronco chaparral los conocimientos aprendidos en París. El soldado de carrera enamorado de las plantas y del sol; el venerado capitán que me dio el cariño paterno cuando más lo necesitaba; un cariño revestido de amistad y respeto; fugaz, es cierto, pero tan rico que en poco más de una docena de meses, trazó el camino del resto de mi vida. Fue Rangel Reséndez el maestro que me enseñó a vivir en el angosto túnel de compasión y control que lleva a la integridad personal.

Un par de horas antes, por el sendero que terminaba en el cuartel, había aparecido un hombre corpulento de mirada serena. Su enorme humanidad se arqueaba hacia atrás a la altura del estómago en un arco que le daba aún más estatura, más vigor. Bajo el sombrero, los ojos, enormes, de párpados caídos, me trajeron reminiscencias de otros ojos que se habían ido desvaneciendo con el tiempo: los ojos de mi madre.

Mi tío Gildardo Ontiveros había ido a recogerme. El hermano de mi madre se apersonó buscando a la tía Isabel. Con el sombrero en la mano, extendió una carta a modo de identificación.

Discretamente, Reséndez abandonó la estancia dejándonos solos con el visitante. Aquello era un asunto privado de su mujer. Reséndez enseñaba su tacto como siempre.

La carta rezaba así:

Querida Isabel:

Te saluda Célida Ontiveros, la abuela de Rangelito.

El portador de la presente es mi hijo Gildardo Ontiveros, tío del niño y hermano de Ariana.

Agoté todos los recursos para localizar a mi hija y no me fue posible dar con ella. En consecuencia, hablé con Danelia (acaba de regresar) y decidimos llevar a Rangel temporalmente a Chavoy de Quintero.

Gildardo recogerá al niño y, más tarde, tan pronto como preparemos el viaje, nosotros iremos a Chavoy para traerlo a Mexicali. Creemos que esa es la mejor solución si queremos que el niño esté aquí cuando Ariana llegue o para matricularlo en la escuela, si así lo decidiera ella.

Te agradezco tu paciencia. Si tuvieses alguna duda, llámame por cobrar. Ya sabes el número.

Como ya te ofrecimos, aquí tienes tu casa si alguna vez decides visitarnos.

Afectuosamente,

Célida S.
Vda. de Ontiveros
(mamá Chela)

P.D: Un beso para Rangelito.

Un tinglado de nombres se anudó en mi cerebro: Rodolfo, Gildardo, Danelia, Roberto. Todos Ontiveros; tíos míos todos, hermanos todos de mi madre.

Célida mi abuela, la madre de mi madre. Todos sus hijos, hijos ausentes, desparramados en el mapa que apunta al norte. Todos, dueños de una pequeña tragedia incubada en la turbulencia de tiempos agitados, violentos, rojos de sangre y muerte. Todos, nombres escuchados aquí y allá cuando mi memoria era tierna, cuando los dueños de aquellos nombres hablaban o peleaban entre sí. Pedazos de conversaciones en retazos de recuerdos. Conversaciones perdidas en el tiempo cuando todavía tenía yo familia.

Busqué los ojos de mi tío tratando de averiguar si eran los ojos enrojecidos y abotagados de un alcohólico como lo describía mi madre, pero no vi nada anormal. Antes bien, eran ojos que trataban de ser amables sin mirar directamente.

«Gildardo es un animal. Si me hubiera dado con la plancha me hubiera matado o, cuando menos, le hubiera partido la cabeza a la niña. No puedo tratarlo como mi hermano. Nunca, nunca más». Recordé aquellas palabras dichas por mi madre en la oscuridad de una recámara cuando yo debía estar dormido. La *niña* era Lichita, mi hermana. Una hermana que yo no conocería en mucho tiempo.

«El alcohol acabará con él. Mi deber es que no la arrastre a usted consigo, mamá.» Palabras más, palabras menos, fueron palabras dichas por mi madre a mi abuela después de la última confrontación. Yo jamás volví a ver al tío Gildardo pero, remendando los retazos, mi memoria me decía que aquel hombre era la razón principal de la desintegración de mi familia materna.

Pero ahí estaba, con su mirada humilde, con el sombrero girando entre los dedos.

Gildardo Ontiveros era un soberbio ejemplar de belleza masculina. La vertical de su cuerpo era, en cierto modo, exagerada aunque natural. Sobre la cabeza, el cabello, lacio y abundante, coronaba un rostro de facciones de clara ascendencia europea. Frisaba los 30. Una pasividad casi santa negaba el vigor de su corpulencia. Era como si el tío Gildardo hubiese decidido ser bondadoso por propia decisión. Y sin embargo, su figura inspiraba el respeto que inspira un león domesticado.

—No sé qué decir, señor Ontiveros. Yo pensaba que Danelia enviaría a alguien de Mexicali —dijo tía Isabel, acariciando mis cabellos.

—Comprendo, señora; yo tampoco lo esperaba. Pero aquí estoy para lo que usted decida.

La tía guardó silencio como buscando las palabras. Luego

cruzó los brazos con aire de resolución.

—Hubo graves dificultades entre usted y Ariana, tengo entendido. Me pregunto yo: ¿cuál será su reacción cuando se entere que Rangel se fue con usted?

El tío Gildardo no contestó de inmediato. Me miró y sin despegar sus ojos de mi diminuta figura, habló con estas palabras:

—Hubo graves dificultades entre mi hermana y yo; usted lo ha dicho, señora. Por esos problemas es que vine. Si mi relación con mi hermana fuera normal, yo tal vez no me hubiera molestado. Yo sé que usted conoce la historia y no tengo reparos en mostrarme tal cual soy; revestirme de inocencia sólo acentuaría sus dudas. Sin embargo, poco queda del Gildardo de ayer. Verá usted; hace dos años me casé y hace tres que no pruebo el acohol. Todos mis actos, a partir de entonces, han sido encaminados a redimirme. Llevar a Rangel conmigo me da la oportunidad de pedir perdón por el daño causado. No podría hacerlo cara a cara con Ariana; la conozco y sé que no me daría oportunidad. Llevarme o no a Rangelito depende, sin embargo, de usted. Estoy aquí siguiendo un dictado de conciencia. Me iré sin cambiar en absoluto cómo pienso, me lleve al chico o me regrese solo. Si necesita tiempo para tomar una decisión, sólo le suplico que me oriente para buscar una posada. Tengo todo el tiempo que usted necesite, señora.

Tía Isabel le pidió un par de minutos al visitante y este salió. Por la puerta le vi encender un cigarrillo mientras la tía y Reséndez analizaban la situación.

—De haber sabido esto, yo hubiera llevado al niño a Mexicali —dijo la tía, con voz contrariada.

—Quizá todavía puedas —contestó Reséndez.

—Quizá podría si se tratara únicamente del tío; el hombre se ve razonable. Pero hacerlo sería ignorar a Danelia y a doña Célida. La carta es muy clara; fue una decisión de familia. Actuar por mi cuenta sería un acto de rebeldía —opinó la tía, mirándome.

—Tienes razón. Lo mejor es dejar las cosas como están —

concedió Reséndez.

Y El Fuerte me dijo adiós; yo no. Empaqué las lágrimas de tía Isabel en lo más profundo de mi ser y antes de partir, en un impulso incontenible, me fundí en estrecho abrazo con Reséndez. Con el sucio sombrero enjaretado hasta las orejas y el alma ahíta de confusión, subí al viejo autobús mirando atrás. Por el opaco cristal de la ventanilla trasera miré cómo lo más querido de mi corta existencia se encogía sin remedio. Adelante había mar, calor, humedad, vida vibrante de naturaleza y brillantes culebras que bajaban de la sierra, rebosantes de agua. Pero yo seguí mirando atrás, aferrado a mi pasado de ardiente sol, de sedientos cactos y cenizos chaparros; de mesquites y saguaros, de secular resequedad.

Más allá de San Blas, bajando rumbo al oeste, el rumor sempiterno de las olas resonó en mis oídos con un pausado ir y venir que yo no conocía. Topolobampo era un nombre que me sonaba a monte, montaña o rancho y lo que vi fue agua y arena. El azul tranquilo de reflejos plateados del océano encandiló mis ojos. La monstruosa llanura líquida me llenó de asombro. En aquel momento mágico, la bahía desplazó momentáneamente la imagen de mis tíos. Pero fue sólo un momento de fugaz amnesia; lo que bien se quiere, jamás se olvida.

Anímicamente seguí igual pero el paisaje no podía ser más diferente. Entré, literalmente a un mundo nuevo.

Fue como un cerrojazo final a mi pasado. Napoleón desapareció con un «¡Chinguen a su madre los carrancistas!» pero, a pesar de que pasarían años sin volver a ver a Isabel y Rangel Reséndez, ambos me acompañaron el resto de mi vida. En cada acción, en cada decisión, en cada encrucijada de mi existencia, ahí estuvieron hasta que exhalé el último suspiro. No podía ser de otra manera; lo que fui en vida fue lo que ellos construyeron.

CAPÍTULO III

Realmente Niño

Miré a lo lejos el blanco de la esbelta chimenea surgiendo del paisaje. La circular estructura parecía nacer del follaje circundante. LA PINTORESCA, se leía con letras negras a lo largo del cilindro. A mi lado, el hombrón que me había recogido en El Fuerte dormitaba con el sombrero echado sobre la cara.

Pasamos un enorme edificio de piedra cuyo letrero en la puerta de entrada rezaba: Ingenio Azucarero La Pintoresca. 1893. Tras el edificio se elevaba el enorme cilindro coronado por un hilillo de humo terroso.

En el claro frontal unos, cruzando la carretera a la sombra de gigantescos laureles de la India otros, hombres tiznados y sudorosos comían sirviéndose de platillos de peltre sobrepuestos en curiosas portaviandas. Algunos levantaban el brazo saludando al chofer de nuestro transporte. Era al punto del medio día. Aún a mi corta edad, no me fue difícil asumir que aquellos hombres eran trabajadores a la hora del almuerzo.

Observé con atención el edificio. La mole de piedra, ladrillo y cemento, semejaba una fortaleza. Torretas de ornato coronaban las esquinas del cuadrado y a la puerta principal le seguían dos ventanas enrejadas de estilo colonial. Mi memoria me trajo las historias contadas por familiares y conocidos: En aquel edificio mi padre encontró la muerte 10 años atrás.

Recorrí con la mirada la fachada. Ahí estaba la ventana a la derecha del sólido portón de entrada. Era la ventana de la oficina donde una mañana de 1941, una bala certera me dejó huérfano. Un crespón negro deslavado por el sol coronaba el hueco enrejado.

El edificio pasó al lado como si caminara hacia atrás y entramos en una sombreada bóveda vegetal a cuyos costados se alineaban, cual centinelas rumorosos, gruesos troncos rugosos y cubiertos de cáscara de diferentes tonos marrón. Al pie de los enormes troncos, como colosales patas de araña, las poderosas raíces serpenteaban bajo el camino, formando jorobas en el pavimento.

El vehículo avanzaba entre camiones de redilas y carretas tiradas por bueyes repletas de caña de azúcar quemada. La atmósfera se sentía pesada. Partículas de hojarasca tiznada cubrían parcialmente la carretera. Un olor dulzón impregnaba el ambiente. Tras la hilera de árboles, a ambos lados del camino, océanos de caña quemada reposaban a la espera de transporte. Enjambres de hombres de piel tostada limpiaban de hojarasca los dorados varejones. Los machetes lanzaban destellos a la luz del sol.

El viejo vehículo aminoró la velocidad. Las llantas remontaban las jorobas entre alarmantes rechinidos.

«Supongo que gracias al Altísimo este artefacto no se desintegra», pensé mientras me balanceaba con el vaivén.

El *autobús* no era más que la cabina de un camión a cuya plataforma le habían quitado las redilas. Dos hileras de bancas se formaban perpendicularmente de la cabina a la cola de la plataforma. Un toldo de lona sostenido por varillas de hierro corrugado protegía a los pasajeros de los rayos solares. Corriendo a lo largo, un angosto pasillo separaba por el centro las dos hileras de bancas. Rodeando la plataforma, dos varillas idénticas a las de los soportes corrían horizontales a la altura del hombro de un pasajero adulto sentado.

Mi espacio visual quedaba justamente entre varilla y varilla. El equipaje se amontonaba en el extremo posterior del camión, en una jaula de madera. En el techo, sobre un tramado de la misma varilla, viajaban algunos excedentes de maletas.

Miré al hombre a mi lado y, sintiendo la dureza del respaldo, me pregunté mentalmente como era posible que el tío Gildardo pudiese dormir en aquellas bancas carentes de acolchado.

Después de cerca de un kilómetro de manchas fugaces de luz y sombras, el autobús se llenó de sol., El vehículo aminoró la velocidad al salir del túnel vegetal. Adelante, la carretera se torcía a la izquierda. Miré hacia atrás y mi vista se llenó de verde. Bajo aquel arco maravilloso de árboles «dándose la mano», algunos chiquillos jalaban las cañas colgantes de las carretas. Por sobre las tablas de la *jaula* para equipaje vi unos ojos chispeantes. El dueño de los ojos me miró y sonrió. Otro par de ojos surgió junto a los primeros. Los pequeños polizones viajaban aferrados a la jaula dando tumbos junto con el vehículo. Sentí unos deseos inmensos de hacer lo propio. Mi naturaleza infantil me ordenaba algo que no pude hacer en 10 años: vivir una infancia normal. Mi alma infantil no tenía reposo; todo era tan diferente.

Miré hacia adelante antes de que el camión completase el giro y, a la izquierda, en diagonal sobre la amplia curva, vi un tendejón alargado de madera con piso de tierra. Un árbol gigantesco daba espesa sombra al comercio. Cajones inclinados exhibían frutas de temporada y, sobre el mostrador descansaban unas enormes jarras de cristal sudorosas de hielo. ¡Aguas frescas en invierno! Tras la rústica construcción, una barda de ladrillo con torretas de ornato protegía un enorme caserón. En un recuadro de cemento incrustado en el ladrillo del muro, se leía: Calle Camero. Por sobre la barda se podían ver las copas de árboles de tupido follaje flanqueando una entrada de porte señorial. La sección central de la fachada, parecía tener una saliente en forma de media luna, quizá con escalinata, a juzgar por la altura. Con el tiempo me enteré que aquella propiedad era la quinta veraniega de los dueños del ingenio. Nunca pude ver más de lo que vi ese día y, aparentemente, pocos en el pueblo habían pisado el interior. Los dos pequeños viajeros se desprendieron de la jaula y atravesando la carretera, se metieron en la refresquería.

Arrobado seguí mirando el irregular entorno. Por el lado opuesto, frente a la refresquería, pasó lentamente una plazuela similar a la de El Fuerte pero pelona, a medio terminar. Atrás de la plazuela se apreciaban los muros de una iglesia, también a medio construir.

Una cuadra más adelante, del lado donde yo viajaba, una construcción sólida de ladrillo con un árbol gigantesco en la banqueta de tierra me trajo la imagen en pequeño del cuartel de La Cañada.

Si bien ninguna construcción rivalizaba con la mansión de la curva, las casas fueron creciendo en área y en volumen conforme avanzábamos. Pensé en las casas de La Cañada, de adobe y en descampado y concluí que Chavoy de Quintero era mucho más importante que mi pueblo.

El autobús rodó sobre dos cuadras de carretera asfaltada antes de doblar a la derecha en una calle de tierra. A pesar de la ausencia de pavimento, una vez rodando por la calle transversal se evidenció que habíamos entrado en el centro del pueblo. A media cuadra, un edificio destacaba sobre el resto. CINE ROYAL, decía un letrero a lo largo de la fachada.

Las comparaciones fueron inevitables. En La Cañada, el puñado de casas se desparramaba en un área tres veces mayor que aquellas dos cuadras. No obstante, el número de casas en aquel par de manzanas era tres veces mayor que todo mi pueblo junto.

No, no había comparación: La Cañada era de adobe y choyas con casas independientes una de la otra. Chavoy de Quintero, en cambio, era de ladrillo y árboles, con casas siamesas, unidas por una pared común. Además, como ya había constatado en El Fuerte, en Hermosillo y en Navojoa, había algo que nunca vi en La Cañada: banquetas

Bajamos del camión en una zona pletórica de movimiento. Yo nunca había visto tanta gente circulando; ni siquiera en Hermosillo. Había muchos hombres morenos de piel requemada y huaraches de suela de llanta con machetes colgando de la cintura; la cabeza cubierta con sombreros de palma.

Entramos en una talabartería con un letrero que rezaba: LA REATA.

—Es mi sobrino, Matías —me presentó el tío con el talabartero—. ¿Tienes listo el freno?

—Claro, don Gildardo; yo nunca le fallo —contestó el hombre con voz aguardentosa, entregándole un paquete.

Tengo visita —dijo el tío, señalándome—. Si no puedo venir a tiempo, cierra por favor. Mañana cortamos caja.

El tío recogió el paquete y salimos a la calle. Desde la esquina vi embobado el edificio que se erguía al otro lado. MERCADO HIDALGO, decían unas letras de cemento en el remate de la fachada, amplia y con cierta elegancia. El enorme edificio ocupaba toda la manzana. Hice cálculos y, sin darle muchas vueltas, concluí que el mercado Hidalgo era casi dos veces más grande que el cuartel de La Cañada. La fachada del inmueble estaba relativamente limpia. Sin embargo, los costados se diluían en un océano de puestos de frutas y fritangas. En silencio, el tío bajó de la banqueta y me hizo señas para cruzar.

—Vamos a tomar unas macedonias —dijo, y se encaminó a un puesto de madera repleto de frutas y sudorosas jarras de cristal de diferentes colores. Eran jarras como las que viera en la curva de la carretera.

Nos sentamos en un rincón con sendas copas atiborradas de trozos de piña, mango, sandía, melón y algo más que yo no conocía, nadando en jugo de frutas. La gente a nuestro alrededor volteaba a vernos con curiosidad. El tío no se daba por enterado.

—¿Te gustó? —me preguntó, cuando hubimos terminado.

—Sí, tío. En La Cañada no había de esto —contesté.

Salimos del puesto y avanzamos a lo largo del frente del mercado. La acera era en extremo bulliciosa. Al terminar la cuadra, previas a la esquina y calle de por medio, un par de puertas de persianas se balanceaban al paso de los clientes. Por los huecos escapaban las notas de una melodía de moda con cadencia ranchera. Voces sonoras e imprecaciones hacían eco a la música. Un tenue olor a cerveza rancia hirió mis fosas nasales. La enorme cantina ocupaba un tercio de manzana y, en apariencia, no le faltaba clientela. Noté una total falta de letreros. Supongo que los chavoyenses ya sabían dónde buscar lo que necesitaban. A nuestro paso, al igual que en el puesto de frutas, la gente nos veía con curiosidad y, a pesar del bullicio, nunca hubo un saludo. Nosotros simplemente caminábamos.

Llegamos a la esquina. Exactamente en el centro de la intersección, un pedestal cuadrado con carátulas de reloj en lo alto de los cuatro costados hacía una suerte de mini glorieta. En aquel reloj con pretensiones, las carátulas con alargados números romanos vigilaban los cuatro puntos convergentes.

Al otro lado de la calle, más allá del estorboso reloj, un edificio alargado llamó mi atención. Imposible no notar la construcción, dadas sus dimensiones. Nacía en la esquina noroeste y se prolongaba, en dirección norte, hasta la otra esquina de una manzana pequeña. Era un edificio sólido de ladrillo de sobrias proporciones que se destacaba por su misma envergadura. No obstante, fue el nombre lo que absorbió completamente mi atención: Cooperativa de Consumo Luciano Rivera. Centrado bajo el nombre y entre paréntesis se leía: Cocochavoy. Luciano Rivera era mi padre y aquel edificio, el pedestal de su leyenda.

Ahí, en aquella esquina, supongo, se fundieron mis raíces. Lo que yo era: un hijo del desierto cuya paternidad descansaba en aquel pueblito semi tropical y, lo que debía ser: un ciudadano local. Semejante ambigüedad me acompañaría toda la vida.

—¿Qué quiere decir Cocochavoy? —pregunté al tío mientras atravesábamos la calle

—Cooperativa de Consumo de Chavoy. Co, por cooperativa y co otra vez por consumo. Así le dicen para abreviar —fue la respuesta del tío.

Cruzamos la calle y en la esquina de la cooperativa volvimos a cruzar al sur. Continuamos nuestra marcha con la cooperativa a nuestras espaldas. Al atravesar la calle nos encontramos una construcción pequeña. En la fachada de esta, sobre la puerta, un letrero pintado en negro decía: Sindicato de

Cortadores de Caña del Estado. Enseguida, en un edificio más amplio con dos escalones al frente, un letrero más grande rezaba: Cine Obrero.

La herencia de mi padre se proyectaba en aquellos tres letreros resultado de su lucha y premio a su martirio; cine y sindicato juntos y, calle de por medio, la cooperativa.

Mirando el letrero del cine cavilé en que no conocí uno hasta que salí por primera vez de La Cañada. Ahora veía dos con una cuadra de por medio.

El tío Gildardo ajustaba su paso al mío. Aparte de que mis zancadas eran más cortas, mi curiosidad me hacía caminar despacio. Todo era diferente en el pueblo. Si bien algunos detalles se asemejaban a El Fuerte, el conjunto en sí me ofrecía características que yo nunca había visto: abundancia de vegetación, platanares en racimos, flexibles papayos, banquetas altas, construcciones continuadas, todas de ladrillo y... gente, mucha gente con ropa ligera.

El ambiente de Chavoy también era nuevo. En el aire flotaba el penetrante olor de las especies utilizadas en la confección de carnitas y chorizo y la brisa traía el olor dulzón de la caña molida, del agua miel y del alcohol, todo elaborado en el ingenio.

En Chavoy de Quintero conocí plantas y aromas desconocidos hasta entonces: arrayanes, nanches, guayabas, ciruelos, bebelamas, chirimoyas, tamarindos, papayos y biznagas. En Chavoy me inicié en el arte de trepar los troncos en busca de guamúchiles, aguacates, mangos y zapotes y aprendí a holgazanear bajo la sombra eterna del follaje. Con el pasar de los días, me acostumbré a la alharaca de las nubes de pericos. Tirado en las alfombras de hojas secas, o recostado en las raíces de los guanacastes, mis oídos aprendieron a clasificar la nueva cacofonía.

Al final de la cuadra llegamos de nuevo a la carretera que el autobús había abandonado una manzana antes. Contra esquina de donde nos encontrábamos, a nuestra izquierda, una pequeña barda de no más de medio metro circundaba, bordeando una explanada, un chaparro y amplio edificio. Hospital Gral. de Chavoy de Quintero, decía el letrero, de cara a la carretera y pintado sobre el ladrillo encalado. El letrero coronaba una ancha puerta en línea con un hueco en el muro que debía hacer las veces de entrada. Una ambulancia con las puertas traseras abiertas, casi tocaban la puerta del hospital. La trompa apuntaba al hueco en el muro. Seguramente el amplio hueco abierto en la bardita era para la entrada de ambulancias.

En la esquina del hospital, sobre la calle en que nos encontrábamos, un gigantesco guamúchil cuyo tronco parecía surgir de la parte exterior del muro, sombreaba media calzada y parte de la explanada. Más allá, por dentro del muro, entre la entrada al hospital y la esquina, crecía un enorme eucalipto. Bajo su sombra alcancé a ver a un grupo de niños. Estos se agruparon cuchicheando sin dejar de vernos.

Pasamos sobre la joroba asfaltada de la carretera hasta un caserón, también de ladrillo, que se levantaba en la esquina suroeste, al costado del hospital.

El tío remontó la esquina de la enorme casona, pasamos una puerta de doble hoja cortada a la mitad y nos detuvimos en el zaguán. El guamúchil, al otro lado de la calle, rebosaba de vainas enroscadas.

—Aquí nació tu madre —dijo el tío, señalando el oscuro interior del zaguán.

Miré la construcción y de inmediato sentí curiosidad.

—¿Es la casa de la abuela? —pregunté, mirando el amplio zaguán que dividía la alargada construcción.

—Sí, aquí nacimos todos —contestó el tío, echándose el sombrero hacia atrás.

Nos acercamos. Desde el umbral del amplio portón nos era posible mirar el ancho pasillo de entrada. Nada bloqueaba la vista que topaba en una pared de ladrillo, lejos al fondo. La luz del sol parecía venir de un claro a la izquierda.

Traspusimos el zaguán, amplio como para dejar pasar una carreta. De hecho, ese fue el propósito inicial de una entrada tan amplia: dar paso a bestias de carga.

Una vez adentro, me di cuenta que el zaguán era una entrada lateral. La entrada principal, a la vuelta de la esquina, daba a la carretera.

Cuartos y más cuartos se levantaban a cada lado del zaguán. Había un patio interior y una noria. Un brocal de medio metro de altura protegía el tiro de la noria. Una cubeta de madera saturada colgaba del travesaño. Absorto, un niño de unos 2 años de edad jugaba al pie del brocal.

Al fondo del amplio portal de ladrillo había una especie de almacén. El hipotético almacén era el último cuarto. Después de este seguían los corrales. Con el tiempo supe, con asombro, que en la época de lluvias, cuando el lodo hacía imposible entrar por el corral, las carretas entraban por el zaguán y descargaban su carga en aquel almacén.

De uno de los dos cuartos frente al patio interior, una mujer de agradables facciones salió al corredor y caminó hacia nosotros.

—Este es el hijo de mi hermana —dijo el tío, a modo de presentación.

La mujer me miró como si tratara de descifrarme. Luego, como si el análisis la hubiese satisfecho, sonrió con una mueca, se volvió a su marido y dijo:

—La comida estará lista en 30 minutos —enseguida me miró y agregó: —Soy tu tía Andrea. Bienvenido a Chavoy.

—Gracias —contesté, sin acertar a mirar a mi nueva tía.

Las palabras de Andrea Heredia de Ontiveros no fueron hostiles de ninguna manera. Sin embargo, yo sentí como si hubiesen sido dichas siguiendo una línea ensayada. Tras la bienvenida, vi una mujer diciéndole a su esposo: «Yo cocino para ti. Tú sabrás a quien invitas».

La esposa del tío Gildardo era una mujer bella de unos 25 años, un tanto maltratada por las labores domésticas. A juzgar por las historias familiares, fue Andrea Heredia quien ayudó a rehabilitarse al hermano de mi madre en sus esfuerzos iniciales por alejarse del alcohol. Hija de un electricista que bajó de Canelas Durango para trabajar en el ingenio, conoció al tío cuando su padre rentó una de las habitaciones del caserón. Por las fechas en que los Heredia llegaron a Chavoy, Gildardo Ontiveros había suspendido sus visitas a la cantina. La necesidad de alcohol en el adicto fue disminuyendo conforme el amor prendía en su corazón. Cuando sus padres regresaron a su tierra, Andrea era ya la Sra. de Ontiveros.

La *tía* Andrea se perdió por la puerta por donde había salido, frente al patio de tierra.

—Aquel es Gildardito —dijo el tío, señalando al niño al lado de la noria.

De una de las habitaciones salió el llanto de un infante.

—Esa que llora es Rosalbita. Ven conmigo —dijo.

Echamos a andar a la izquierda, siguiendo el rumbo que la tía había tomado y nos metimos en la primera puerta. Era la entrada del cuarto contiguo a la cocina y que hacía pared con el zaguán.

El cuarto, todo de ladrillo, era enorme. Una vez dentro de la habitación yo sentí que había entrado a una bodega. Las paredes del cuarto, enjarradas, tenían claros que mostraban los tabiques. Arriba, perpendiculares a la calle, enormes vigas cuadradas cruzaban el altísimo techo de lado a lado. Una ventana con rejas daba a la polvorienta calzada. No había muebles. Sólo una cuna de madera en el centro. La ausencia de mobiliario ampliaba las dimensiones de la habitación.

A través de la ventana observé, del otro lado de la calle, al grupo de chiquillos trepados en el muro del hospital, a la sombra del guamúchil. Las dos caras asomando tras las rejas del equipaje en el camión me miraron con curiosidad. Seguramente los *buquis* (regionalismo sonorense) del pueblo sabían que había un recién llegado.

El tío meció la cuna y el infante se durmió de inmediato. Observé la cara de mi tío y miré ojos de arrobamiento mirando al niño.

Aquel día, mi cerebro luchó por descifrar mis sentimientos. Había algo cuyo no sé qué es, que trataba de tomar cuerpo en mi subconsciente. Ahí estábamos los dos, tío y sobrino. El silencio nos rodeaba a pesar del niño y de la tía que seguramente trajinaba en la cocina, pared de por medio. Ahí estábamos en aquel enorme cubo de ladrillo. Sin embargo, yo sentía como si nunca hubiésemos llegado. ¿Dónde estaba la tía? ¿Estaría cocinando también para mí?

El tío Gildardo se había ganado mi simpatía desde el principio. Su natural servicial me trajo recuerdos de Damián Bedolla. Parecía ser que mi mente se negara a dejar atrás imágenes aferradas a mi cerebro. Era como si mi subconsciente buscase desesperadamente sustitutos para las bondades perdidas.

Sí, el tío Gildardo me simpatizaba, pero...

*

Desde el otro lado de la calle, uno de los dos chicos me hacía señas, llamándome.

—¿Cómo te llamas? —me preguntó el dueño del primer par de ojos tan pronto me tuvo enfrente

—Rangel —contesté.

—Nadie se llama Rangel —replicó el segundo par de ojos.

—Pero yo sí —insistí, un tanto desconcertado ante la observación.

—Este se apellida Rangel. Toda su familia es Rangel pero él es Elías —dijo el primer chiquillo, señalando al segundo par de ojos. El aludido asintió con la cabeza.

—Mi capitán se llama Rangel, como yo; Rangel Reséndez.

—¿Y quién es tu capitán? ¿Es *guacho*?

Otra vez las imágenes. El enjuto militar sacudiendo el sombrero lleno de polvo. La silla de montar con las dos erres grabadas en el arzón; mi yegua, mi perro. Mi felicidad desvanecida en algún punto del desierto al final de dos líneas de rieles relucientes.

—Es militar; Capitán primero de Caballería al mando de la guarnición de El Fuerte —dije, con el orgullo flotando en las palabras.

—¡Chíscale! —exclamó una voz entre la bola—. ¿A poco tú eres soldado?

—No, pero voy a ser —dije, mirando al dueño de la voz.

—Qué chistosos pantalones —dijo el primer chiquillo, rodeándome de lado a lado.

—Son vaqueros —contesté, sintiendo la inspección generalizarse a los demás.

Me sentía objeto de estudio; como se sentiría un pez en un acuario.

La inspección de los Levi's se trasladó al viejo sombrero. Las cabezas descubiertas me aclararon que los niños no usaban sombrero más que para trabajar en la caña y que los sombreros debían ser de palma para el calor.

—Es invierno. Siempre he usado sombrero en invierno. En el calor también lo uso y nadie me dice nada —dije, quitándome la prenda.

El dueño del primer par de ojos se sonó las narices escandalosamente.

—¿Y tú cómo te llamas? —le pregunté.

—Tírili —contestó el chiquillo, como si nada.

—Nadie se llama Tírili —dije, arrugando el ceño—. Parece nombre de perro.

El niño no se inmutó. Se limitó a sacar una pastilla de chicle y metérsela en la boca.

—Así me dicen pero me llamo Leonidas —dijo, masticando con deleite.

—Está peor; si te descuidas te pueden encerrar en el zoológico —observé, aunque jamás había visto un zoológico.

—A mí me dicen Petardo —intervino el segundo par de ojos.

—Y a mí el Birote.

—Y a mí el Botete.

—Y a mí el Berna —finalizó un chico regordete de cabello rubio.

—¿Te llamas Bernardo?

—No, me llamo Bernabé, pero no me gusta.

—¿Y cómo te dicen a ti? —preguntó el Petardo.

—Rangi —dije, después de pensar un poco.

—Parece nombre de niña —dijo el Tírili—. Ya te encontraremos uno que te cuadre.

Alguno comentó que era hora de comer y los demás asintieron.

—A la tarde tendremos un torneo de canicas con los de *Salsipuedes* —dijo el Tírili, sacando un puñado de bolitas transparentes—. Si quieres, puedes venir.

—No tengo canicas —contesté.

—¿No tienes canicas? Todo el mundo tiene canicas. No se puede vivir sin canicas —dijo el Tírili.

El grupo saltó sobre la bardita del hospital. En la siguiente esquina cada uno siguió por rumbos diferentes.

En mi camino al zaguán cavilé en la conversación sostenida. Me di cuenta que tendría que hacer algunos ajustes a mi persona. Con el tiempo, aclarado que sólo los niños «cañeros» usaban sombrero y que el fieltro del mío era demasiado caliente para la región, guardé la gorra arriba de un ropero. Los zapatones mineros fueron jubilados tan pronto como pude hacerme de un par de zapatos *normales*.

El proceso de cambio había empezado. Era un proceso que nunca acabaría. Era un cambio tan radical como imposible. Incluso asimilándome al estilo de vida de Chavoy, mi mente siempre conservaría, enraizada en mi corazón, la etapa más significativa de mi niñez. Por lo pronto, lo más urgente era hacerme de un puñado de canicas. Mi espíritu se regocijó ante la perspectiva de ser realmente niño.

CAPÍTULO IV

El Pelos Quietos

No tuve grandes dificultades de lenguaje. La etimología de los regionalismos era cahíta en ambas regiones y, fuera de los cambios casi obligados como acostumbrarme a decir plebe en vez de *buqui*, la fonética del lenguaje era prácticamente la misma: *bichi* para desnudo, *soquete* para el fango, etc. La ropa y el carácter sí me ocasionaron dificultades de ajuste.

Los plebes de Chavoy parecían pintados con la misma brocha: pantalones de pliegues, holgados a la altura de los muslos y angostados a la altura de los tobillos (moda común de los cincuenta), camiseta de mangas cortas con rayas atravesadas y huaraches de correa o pies descalzos para combatir el calor. Ciertamente, la holgura de los pantalones era una ventaja para los bolsillos siempre retacados de utensilios de esparcimiento: canicas, trompos, resorteras, *corcholatas*, cuerdas etc.

Mis pies protestaron de inmediato. Mis plantas no habían evolucionado al grado de pisar el suelo sin zapatos. En La Cañada, tierra cubierta de choyas, cactos y plantas espinosas, era un suicidio internarse descalzo por el monte. En adición, acostumbrado a la camisa de manga larga, las camisetas de manga corta eran casi exóticas.

¿Y qué decir de aquellos extraños pantalones abombados? La gruesa mezclilla de mis vaqueros era mi protección contra el medio, a caballo o a pie. Lo mismo podía decir de las mangas de la camisa.

Disfrazado con mi ropa *anormal*, lo que hice después de mi primer almuerzo fue salir en busca de canicas. En la miscelánea de don Melquíades me hice de un buen puñado. Estaba listo.

—Ahí están los de Salsipuedes —dijo el Tírili, señalando a un grupo de chiquillos haraganeando en el hospital, a la sombra del eucalipto.

Nos acercamos y los plebes del otro grupo se compactaron.

¿Y *este* quién es? —preguntó un chico cuyos cabellos, pelados a rape, empezaban a crecer.

—Es del barrio —replicó el Tírili.

—No me gusta; se ve muy raro. ¿No es del «otro bando»?

—Pregúntale —dijo el Tírili, socarrón.

El pelón me midió y probablemente me vio muy poca cosa. Sin decir palabra, se dirigió al grupo.

—Nosotros creíamos que eran cinco —protestó.

—*Pos* ya no. *'Ora* estamos parejos *pa'* darles en la mandarina —intervino el Petardo Rangel, envalentonado por no sé qué motivo.

—*'Ta gueno*; más canicas *pa'* nosotros, concedió el cabecilla con una sonrisita.

—*'Tas guey*; más tiradores *pa'* nosotros —replicó el Botete.

—Órale pues. ¿De a cómo? —preguntó el pelón.

—De a como quieras —contestó el Tírili, retador.

—De a tres —dijo su interlocutor.

—Órale —dijo el Tírili y procedió a pintar diestramente un círculo con una vara de un metro de largo. El Tírili dio una vuelta en redondo con el varejón rastrillando la tierra a su alrededor. La vara no se detuvo hasta que el final de la línea encontró el punto de su nacimiento. Luego se alejó un par de metros del círculo y pintó dos rayas separadas cinco metros la una de la otra.

Cada chiquillo extrajo 3 canicas del bolsillo; yo hice lo propio. En el centro del círculo quedaron colocadas 36 canicas pertenecientes a 12 rivales. Luego, todos nos dirigimos a una de las rayas.

Era mi primer torneo. Yo no tenía ni idea de las reglas pero tampoco quería confesarlo.

Cada chamaco acomodó su canica entre el pulgar y el índice y la arrojó contra la raya opuesta. Algunas bolas de cristal desplazaron a otras, buscando quedar lo más cerca posible de la raya. Deliberadamente me rezagué procurando seguir a los que me precedieron. Observé que los tiradores disparaban a la altura de la cintura sin mover el puño. El tiro era ejerciendo presión del pulgar sobre la canica. Yo quedé en cuarto lugar, no por mi destreza sino por mi fortuna: Mi canica chocó con una de nuestros contrarios. Una exclamación de regocijo siguió a mi tiro. Yo me hinché cual pavo real pretendiendo haberlo hecho con intención.

La canica de un chico regordete del bando contrario quedó más cerca de la raya, por tanto, la pandilla rival ganó el derecho a tirar primero. Con la rodilla derecha adelantada y la palma de la mano izquierda apoyada contra el suelo, el gordito colocó el puño derecho en la línea del círculo y la canica salió, describiendo un arco extendido. Su canica y otra del montón salieron del círculo y el chico se echó la del montón en el bolsillo. Le tocó el turno al siguiente jugador, también contrario.

—Tú sigues, Chupetes —pidió el gordito.

El Chupetes se hincó mordiéndose la lengua y disparó. La canica impactada rebasó con mucho la línea del círculo mientras que la del disparo se quedó girando furiosamente.

El Birote protestó de inmediato, coreado por el resto de nuestro grupo.

—No se vale; empujaste con la mano —dijo, recogiendo la canica desplazada.

—No empujé —dijo el afectado.

—Sí empujaste —machacó el Berna, apuntando a un pequeño borrón de la línea donde el jugador había tirado—. Ni modo que ese tallón lo haya hecho el Espíritu Santo.

—Que no empujé, pinche Globulito —protestó el Chupetes con agresividad.

Se armó una *alegata* y, al final, la canica desplazada regresó al centro de la rueda. El Chupetes tuvo que tirar de nuevo. El disparo del chiquillo cobró una canica y su *tirito* quedó girando de nueva cuenta en el centro, muy pegado al resto de las canicas. El chico regordete que había abierto el juego se guardó la canica desplazada. Más tarde supe que era el «cajero» del equipo contrario. Al final del juego, el cajero repartía las piezas cobradas a partes iguales. El cajero designado de nuestro equipo era el Botete.

Nuestros rivales aprovecharon bien la ventaja de tirar primero. Para cuando terminó su ronda, habían cobrado 16 canicas y sólo quedaban 20 bolitas en el centro. Era nuestro turno.

—Vienen filosos estos *guilos*. Aunque no ganemos, de perdida hay que sacar nuestras 18 catotas. Órale, Chololo, tú sigues —dijo el chico de pelo a rape.

El Chololo disparó y su canica retachó sobre otra que salió rodando del círculo. Para mala fortuna del chico, su tirito quedó encajonado entre 3 canicas.

Hasta el momento, yo había registrado dos reglas: el puño con que uno disparaba debía estar inmóvil al tirar, por fuera de la raya y, si tu tirito quedaba dentro del círculo, tenías derecho a seguir tirando, siempre y cuando tu disparo sacara una pieza del círculo. También con el tiro del Chololo aprendí la tercera regla: si el tirito quedaba rodeado de canicas dentro del círculo, al disparar de nuevo no se podían tocar con el puño las canicas circundantes.

El Chololo buscó la forma de tirar sin que su mano tocara las canicas aledañas Se colocó en un sitio, luego en otro y en otro y finalmente escogió el primero. Acomodó su brazo verticalmente de manera que sólo el índice tocara la tierra y se preparó a disparar. Todos nuestros rivales se pegaron a la rueda en busca de la infracción, que no tardó en llegar. Aunque el tiro fue exitoso, el puño movió una de las canicas y el Chololo tuvo que devolver la pieza cobrada.

Para cuando me tocó el turno, mi corazón latía con violencia. En mi debut en aquellas lides, yo sentía que debía justificar la confianza de mis compañeros. Me arrodillé, imitando la pose generalizada y efectúe mi disparo con la mano izquierda. Íbamos atrás y la fe depositada en mí fue demasiado.

Mi canica salió lánguida y desviada. El escaso impulso la hizo apenas rebasar la línea del otro lado. Miré que el Tírili pelaba los ojos y los movía hacia los lados como buscando qué decir en defensa de nuestro honor. Los plebes contrarios soltaron la carcajada.

—¿Ese es tu tirito? —dijo el pelón, señalando mi canica.

Demasiado tarde había aprendido algo fundamental: El tirito debía ser más pesado que el resto: más pesado que las canicas pero menos voluminoso que las bolonchis (canicas gordas y grandes). Mi tirito era idéntico al resto del montón. Esto significaba que aun cuando acertara el tiro, difícilmente podría sacar ninguna de la rueda.

—El Chueco no sabe jugar canicas —dijo el pelón.

Primero *raro*, después del *otro bando* y ahora *chueco*. Me puse morado como camote por la furia y me abalancé sobre el chamaco.

—Este es mi tirito a ver si crees que es del otro bando, pinche Pelos Quietos —dije, y le aticé un zurdazo en el cachete.

Algo extraño sucedió entonces: Al inicio de mi agresión, los chiquillos se lanzaron sobre las canicas. Rasguñando la tierra, levantaban las preciadas bolitas hasta que no quedó nada en la tierra. El pelón siguió erguido sobándose el cachete.

—Me descontaste —dijo mi rival.

—Y te voy a planchar los pelos si me vuelves a llamar Chueco o Raro, méndigo Cabeza de Chayote —dije, colocándome en guardia.

Me acordé del Pecoso. Mis pensamientos viajaron a La Cañada y mis oídos trajeron su ríspida voz llamando *pinche perro mudo* a mi Macetón. Viendo al pelón sobándose el cachete, creí que había encontrado la versión sinaloense de mi antiguo rival.

El Pelos Quietos me miró extrañamente. No vi odio ni intención de prepararse para pelear. Simplemente se sobaba

51

la mejilla como si quisiera resolver la situación. Estaba totalmente confundido. El cachete se le había enrojecido ligeramente.

La pandilla de Salsipuedes se repartía las canicas cobradas mientras su compañero se acariciaba la mejilla en desconcierto. Hubo un silencio de espera. El Pelos Quietos habló, soba que soba:

—En cuanto se me componga el cachete te espero en el canal. Veremos si eres tan bravo sin el descontón.

—Aquí mismo. *Pa'* qué esperar a ir al canal. Suénale ya o le sueno yo —intervino el llamado Chololo.

—*Pa'* ti también tengo, pinche ojos de piquete en cuero crudo —advertí, amenazador.

El Birote se me acercó y me dijo con disimulo.

—No le *buigas*; son boxeadores —dijo, despacito y de pasadita.

—Ónque sean bailarinas —dije en voz alta, poniéndome en guardia.

—Los demás no tienen la culpa del descontón. Esto lo arreglamos en el Platanar. A ver si puedes volverme a inflar el cachete —insistió el del pelo a rape y los demás callaron.

Por alguna razón, me quedó la impresión de que había cierto grado de liderazgo en el Pelos Quietos. El caso es que el grupo se dio la vuelta y emprendió la retirada.

Nos quedamos solos y entonces los míos me rodearon.

—Me puse buzo.

—Íbamos perdiendo pero nos fue bien. Gracias al descontón rescatamos 14 canicas —dijo el Botete.

—Vámonos; mañana tenemos que ir al Platanar —opinó el Tírili y luego, volteando hacia mí, dijo algo que no entendí muy bien: —Gracias al descontón ganamos, pero la próxima vez quién sabe cómo nos vaya. Los de Salsipuedes son profesionales y van a querer lavar su honor.

Dicho lo dicho, el Tírili empezó a caminar y los demás se le unieron. Un minuto después estaba solo en la explanada.

Cavilé en lo que había pasado. Me sentía asombrado ante la

violencia de mi reacción. Quizá los remoquetes aplicados por el chico no justificaban mi ataque, pero hubo uno que se hundió como un dardo: *raro*. Y, desafortunadamente para el Pelos Quietos, ese fue el que hizo blanco; los demás no hicieron más que atizar mi enojo. Ganamos pero ahora se trataba de luchar por el «honor».

Lo del honor me resbalaba por el lomo y lo de boxeadores lo entendía menos. Lo cierto era que al día siguiente tenía un compromiso. Recogí mi canica que ningún chico se preocupó en levantar y eso lo vi como una afrenta adicional. Quizá debí dialogar; quizá debí contestar igual, no lo sé. Había algunos quizás que merecían considerarse pero, en el primer adjetivo (que ni siquiera era un insulto), yo vi una continuación de mi pasado.

La Cañada; un caserío partido por la línea de los rieles. De un lado la gente bien, la gente normal y del otro, nosotros; tía Isabel, yo y los soldados del cuartel. 3 años de niñez perdida, 36 meses de vivir fuera de sitio. En mi mundo infantil, toda una vida rodeado de adultos y ausente de canicas. Dejar de ser raro era ya una necesidad de mi espíritu.

Mi debut fue un desastre en el mundo de las canicas. Sin embargo, en el de las trompadas mi éxito fue instantáneo, aunque el honor hubiera quedado en entredicho. Eso, de seguro lo arreglaría en el siguiente encuentro con otro zurdazo. Lo importante era que yo era importante. De buenas a primeras, mi zurda me había abierto una plaza en la palomilla de la Calle del Reloj.

Los zurdos gozamos de ciertas ventajas en las actividades físicas. Parece ser que el puño y las pelotas llegan por el lugar menos esperado o, simplemente, los chiquillos diestros, acostumbrados a otros diestros, necesitan un período de ajuste para ubicar la zurda. Lo que sea que fuere, yo descubrí habilidades latentes en mí cuando me faltaban unos meses para cumplir 10 años.

Esa tarde, en compañía de los chicos, vi por primera vez

el sitio «neutral» donde convergían los tres barrios existentes en Chavoy: El Canal, Salsipuedes y Pueblo Nuevo. Nosotros éramos «los del Canal», porque la Calle del Reloj terminaba en el canal.

Aparte de las zonas sembradas y algunos manchones habitados en las afueras, Chavoy de Quintero resultó ser un alargado pueblo de 7 u 8 cuadras que corrían de este a oeste, por aproximadamente 4 o 5 manzanas contando de norte a sur. Al norte, a medio kilómetro de distancia en terreno de bajada, el río Culiacán culebreaba buscando el mar y, en el lado opuesto, separando las casas de los sembradíos de caña, un canal bordeado por gigantescos laureles de la India dibujaba una línea paralela al río. El pueblo era un corredor de casas entre río y canal. Al otro lado de este, rumbo al oeste, había un platanar rodeado de terreno ralo. Era ahí donde los plebes locales lavaban sus afrentas.

A los tres días se le desinfló el cachete al Pelos Quietos. Acompañado del Chololo y el resto de su palomilla, este se presentó puntual a la cita. Ambos contendientes nos despojamos de las camisas y cerramos los puños. Los chiquillos de cada bando se miraban con hosquedad mientras recitaban reglas que yo no oí. El Pelos Quietos me miraba con el ceño fruncido hasta la exageración. Un segundo después, un tremendo alboroto fue indicio de que la pelea había comenzado.

No duró mucho. Cuando el Pelos Quietos empezó a bailar, con mis zapatones le aticé un tremendo *patadón* que lo dejó sin aire.

Los espectadores quedaron mudos. Por razones desconocidas, ninguno hablaba.

—No... no se vale. Los hombres no pelean a patadas; nomás los burros —dijo el Pelos Quietos, jalando aire por la boca.

—Si te dolió, se vale. ¿A poco crees que me traje los mineros *pa'* lucirlos?

—Si te quitas los «mata víboras» yo me quito mis guaraches y nos damos hasta que quieras —dijo el Pelos Quietos.

—Si no soy menso, tú ya tienes costra en las patas; parecen

cascos de burro viejo. Cómprate unos mineros y aquí te espero —dije, todavía sin bajar la guardia.

El Pelos Quietos no contestó. Se dio media vuelta y se alejó sin decir palabra. Yo sentí que lo conquistado 3 días antes, lo había perdido al terminar el pleito. En el camino de regreso al pueblo, mis nuevos amigos caminaban con las manos en los bolsillos; la cabeza gacha, en silencio.

—¿Qué pues? —pregunté—. ¿Que no se suponía que debía ganar?

—Es que hiciste trampa —dijo el Botete.

—¿Por qué? No le tiré a los *tarampaguilis*. Le puse la patada en la bodega —protesté.

—Pero él no lo esperaba —insistió el Botete.

—Pues por eso mismo. A poco le iba a decir «ahí te va una patada a la panza». Si la hubiera esperado, nomás no se la suelto.

—¿Y por qué peleas a las patadas? Nosotros peleamos a mano limpia. Son las reglas.

—Yo no peleo a las patadas; peleo a ganar. Los boxeadores tienen reglas y calzoncitos brillosos; yo no. Si hubiera tenido pelo, lo dejo calvo y si lo tengo que morder, le arranco el pedazo —dije, exagerando mis acciones.

—Mejor ahí muere —dijo el Petardo—. Lo que hay que hacer ahora es remendar el descosido.

—Sí. Vamos a Salsipuedes —dijo el Berna, rascándose la panza.

—¿A Salsipuedes? —exclamé sorprendido.

—Sí, tenemos que dar la cara por ti. Si no, todo Chavoy va a decir que los del Canal somos jotos.

—¿Jotos, por qué? —pregunté, levantando las cejas.

—*Pos* porque no peleaste como los hombres.

—No les entiendo; ¿me están tanteando? El Pelos Quietos me llamó un montón de nombres y dio a entender que soy del otro bando. Yo le sorrajé una patada y ahora ustedes van a disculparse. ¿Qué hice, pues?

—Darle una patada fue igual que darle un tiro con una pistola. Aquí no se pelea así. Eso es lo que pasa —dijo el Tírili.

Traté de encontrarle sentido a la situación y no lo logré. En Sonora, la patada era parte del espectáculo. Lo único que saqué en limpio fue que ser bueno para las patadas en Sonora equivalía a ser bueno para las trompadas en Sinaloa.

—No necesito que den la cara por mí. Lo haré yo —dije quitándome los zapatones.

Los chiquillos me miraron hacer sin comprender.

—¿Y *pa'* qué te quitas los mata víboras? —preguntó el Berna.

—No los necesito para partírmela con el Pelos Quietos. Así, descalzo ahora o con guaraches mañana, le sueno igual —dije, amarrando los cordones uno con otro y echándome los zapatones al hombro—. ¿Por dónde queda Salsipuedes? —pregunté.

Los muchachos se miraron entre sí. El Tírili levantó el brazo señalando el rumbo de la iglesia con el índice extendido.

Eché a andar. Mis pies, delicados por la falta de exposición, resentían las piedrecillas del camino. Caminaba dando brincos, procurando evitar el terreno accidentado. Pronto, el grupo se me emparejó y me dejó atrás.

—Caminas *re* chistoso; mejor ponte los mata víboras —dijo el Petardo.

—Me los ponía y no. Si quieres póntelos tú —le dije, procurando arreglar el paso

Salsipuedes quedaba al otro lado del pueblo, al empezar la bajada al río por los corrales. Para llegar, hubimos de atravesar la mitad del caserío siguiendo el bordo del canal de occidente a oriente. Luego, bordeando la pared oriental del mercado, bajamos de sur a norte, dejando atrás todas las casas.

Para entrar a Salsipuedes, había que pasar un tortuoso nudo de casuchas amontonadas al empezar la bajada. El vericueto de apretados callejoncillos entre cerca y cerca era la razón del nombre de aquel barrio.

Salimos del otro lado del laberinto y, ante mí, se abrió un amplio panorama de corrales sombreados de mangos, aguacates y tamarindos aquí y allá. El terreno descendía suavemente desde donde estábamos. Abajo, a medio kilómetro, la irregular línea de los árboles bordeando el río formaba una especie de muro de verdor. Un buen número de bovinos masticaban impávidos, desparramados en la ladera. El olor a estiércol y pastura se mezclaba con la brisa que subía desde el río. Mi alma se inundó de los antiguos olores de nuestras reses. Aquel paraje me cautivó desde el principio.

Tocamos en una casa orientada hacia el río. Una mujer basta y colorada abrió la puerta.

—¿Está el Tino, doña Camila? —preguntó el Petardo.

La mujer nos miró con suspicacia y voceó el nombre de su hijo:

—¡Faustino, te buscan los plebes del Canal! —dijo, invitándonos a pasar.

El Pelos Quietos apareció tras una puerta, al fondo de la sala. La expresión de sorpresa fue mayúscula. De inmediato sus ojos se clavaron en mis pies descalzos.

—¿Qué quieren? —preguntó, mirando a su madre de reojo.

—Queremos hablar contigo... de las canicas —contestó el Tírili, en evidente intento por evadir la verdadera razón de nuestra visita. La mujer permaneció en la estancia, entretenida en envolver unos dulces.

—¿Te lastiman los zapatos? —preguntó doña Camila, repartiendo algunos jamoncillos (dulces de leche) entre el grupo.

—No... no, señora. Estoy... estoy aprendiendo a andar —contesté cogido de sorpresa.

La situación se tornó embarazosa. Ni salíamos de la sala ni doña Camila parecía querer dejarnos solos. Nos acabamos los dulces y continuamos mirándonos los unos a los otros. De pronto apareció el Chololo, miró a doña Camila y esta se sentó en una silla de bejucos. Sentí los ojos del niño clavados en los míos, el ceño fruncido con coraje.

—Tú le inflaste el cachete al Tino, ¿verdad, hijo? —preguntó doña Camila, encendiendo un enorme puro.

Yo no supe encontrar una respuesta. Miré al Pelos Quietos y

al Chololo y luego me volví a mis compañeros. Estos estaban igual de desconcertados.

—Sí, señora. —contesté, acorralado.

—Pues te felicito. Yo soy la entrenadora de *m'hijo* y es la primera vez que le inflan un cachete. Pegas fuerte con la zurda —dijo doña Camila, inhalando del cigarro.

Escondida a medias en una nube de humo azul, una sonrisa se dibujaba en la cara redonda de la mujer.

—Me agarró de sorpresa, *'amá* —dijo el Tino.

—No creo que te haya agarrado de sorpresa. ¿Fue en el platanar? —indagó doña Camila.

—No, fue en el hospital —contestó el Tino.

—¿Y por qué te descontó? —preguntó la madre.

—Nomás se me echó encima —contestó el hijo.

—¡*Adió!* —exclamó la mujerona—. ¿Nuevo en el pueblo y se te echa encima? No te creo, Tino.

—Lo pateó en el platanar —dijo de pronto el Chololo.

—A ver, a ver; ¿en el hospital o en el platanar?

—Nos peleamos dos veces —dijo el Tino con tono resignado.

Doña Camila miró los zapatones colgando de mi hombro y guardó silencio. Luego se volvió a su hijo.

—Ah qué *m'hijo* tan pendejo. Vamos a ver, Faustino Solórzano —dijo, aplastando el puro contra un cenicero de palo—. En el platanar no hay cuerdas, ni campana, ni réferi; ¿no se supone que te debes defender de lo inesperado?

—Sí, pero las patadas no se valen —dijo el Tino, con expresión de protesta en la cara.

—Bueno, si te descontó en el hospital, tú debías esperar lo inesperado, ¿no es así?

—*Sssí* —dijo el Tino, acorralado por su madre.

—Y si ya te había descontado una vez, ¿Cómo te madrugó en la segunda?

—No me madrugó, *'amá*. Me pegó a traición.

—Ah que *m'hijo* tan pendejo —repitió doña Camila sacudiendo la cabeza.

Doña Camila colocó el apagado cigarro en el cenicero y

sentándose en una mecedora, ordenó:

—Siéntense donde puedan.

Algunos se sentaron en el suelo, otros en un par de sillas. Yo me quedé parado.

—¿Por qué traes los zapatos colgando? —preguntó doña Camila, mirando mis delicados pies.

No contesté de inmediato. Decir la verdad era igual que confesar que veníamos a pelear.

—Es que quiere aprender a caminar como nosotros —dijo el Petardo.

Miré al chico y luego a doña Camila. En lo que vi me di cuenta que la mujer no creyó la mentira.

—Me los quité para pelear parejo con su hijo, señora —dije.

—¿Parejo?

—Sí; con los puros puños. Mis amigos dijeron que iban a pensar que soy joto si peleo a patadas. Le di una patada a su hijo porque en Sonora se vale pelear a patadas.

En la última frase noté un cambio en doña Camila. La mujer me miró fijamente. Sentí sus ojos recorriendo mi fisonomía.

—¿Cómo te llamas, hijo? —preguntó.

—Rangel —contesté, a sabiendas de que habría una reacción de extrañeza por mi nombre.

Ciertamente, hubo una reacción de extrañeza. Doña Camila me miró con una mirada profunda. Creí ver en sus claros ojos una cálida luz de simpatía que yo no había visto anteriormente. La reacción era algo más que curiosidad.

—¿Rangel... Rivera? —preguntó la mujer, arrastrando el apellido.

—Sí, señora —contesté humildemente, confundido.

Al instante, sus ojos se nublaron. El bronco rostro se suavizó, dándome la extraña impresión de que en ese preciso instante me había visto por primera vez; como si mi masa corporal se hubiera materializado de improviso. Avanzó un par de pasos y con una actitud ausente se sentó en la silla de su hijo, desplazando a este suavemente con el dorso de la mano. Sus movimientos se tornaron extremadamente lentos. Desde que pronunció mi nombre hasta que se sentó, sus ojos se mantuvieron fijos en los míos.

—Acércate, muchacho —dijo, sin dejar de mirarme.

Me acerqué. Los ojos de los plebes seguían la escena, tan confundidos como los míos.

—Debí haberlo adivinado desde el principio. Presencia y corazón; igual que en mi compadre —dijo doña Camila, tomándome por ambos brazos a la altura de los codos.

—Tino, te presento al hijo de Luciano Rivera, tu padrino —agregó, sin dejar de mirarme.

La escena era confusa. Mis compañeros no acertaban a comprender. Yo, menos. El Chololo me miraba con el ceño fruncido, más ofendido incluso que el afectado.

—Ese plebe es gallina. Le pegó al Tino a traición y además, lo llamó Pelos Quietos —dijo el chico, echando chispas por los ojos.

—Vamos a ver, Chololo, ¿cómo empezó todo? —preguntó doña Camila.

—El «nuevo» le puso un zurdazo al Tino.

—Te pregunté cómo empezó todo, no cómo terminó.

—Así empezó —insistió el Chololo.

El Berna se adelantó hasta que su rechoncha figurita quedó a un paso de doña Camila.

—El Tino dijo que Rangel era raro, chueco y del otro bando. Y el Chololo me dijo globulito —explicó el chico, apuntando con la mano y mirando hacia arriba, buscando la cara de doña Camila.

—Ya salió el peine —dijo la doña—. ¿Por qué le llamaste raro a este muchacho, Tino? —preguntó doña Camila.

—Por los pantalones y los zapatos —contestó el Tino.

—Ariana se lo llevó para Sonora y allá hace mucho frío; por eso viste así. ¿Y lo de *chueco*?

—Porque tira con la zurda.

—Bueno —dijo la dama—. Sobra aclarar que no es del otro bando y ser zurdo no es pecado. ¿Qué tal si hacen las paces?

—'*Ta gueno* —dijo Faustino extendiendo la mano.

Estreché la mano del muchacho y me alegré del recibimiento de aquella mujer. Mi suerte con los adultos seguía floreciendo.

—Yo le gano —dijo de pronto el Chololo.

—Yo no te he entrenado a las patadas —dijo doña Camila, con un cierto aire escéptico en la expresión.

—A mano limpia le sueno —dijo el Chololo, aclarando su posición.

—No sé —dijo para sí doña Camila con aire interrogativo.

—Pregúntele si sabe pelear como los hombres —pidió el Chololo.

—Calma, calma, muchacho. Rangel no parece que quiera pelear contigo. ¿Por qué estás tan empeñoso?

Yo no hablaba; temía meter la pata, dijese lo que dijese. Pelear «como los hombres» era como yo peleaba con el Pecoso y con otros *buquis* del Papalote en La Cañada.

—*Pa'* quitarle lo traicionero —contestó el Chololo, sin cambiar la hosca expresión.

—¿Quieres darte un «entre» con el Chololo? —me preguntó la mamá del Tino—. Te advierto que yo lo entrené junto con *m'hijo*.

—Sí quiero; ya —dije, apretando los puños—. Vámonos para afuera.

Iba rumbo a la puerta cuando doña Camila me detuvo.

—No, no, hijo. Si han de pelear, que sea con deportivismo. Hay que fijar la fecha y entrenar. Además, el pleito tiene que ser parejo. Con zapatos, descalzos o con guaraches.

Entrenar. La palabra me sonó incomprensible pero no dije nada, dispuesto a seguir las reglas locales.

Doña Camila se acercó a un almanaque con un cromo de un arquero indio en la cumbre de una montaña.

—A ver, a ver —dijo, acomodándose unas antiparras—; viernes 13, sábado 14, domingo 15. El domingo 15 estamos libres, ¿te parece bien?

—Sí —contesté, sin entender bien a bien porqué debía haber fecha de por medio.

—Espera un momento —dijo doña Camila.

La mujer salió de la estancia y volvió con un lápiz y un pedazo de papel. Me pidió los zapatones y pintó en el papel una línea a cada extremo de uno de ellos.

—Yo te voy a regalar unos guaraches para que no camines a zancadas como los *tildillos*.

Cuando salimos de aquella casa, los chicos de mi barrio me rodearon.

—Yo seré tu *second*, dijo el Botete.

—Y yo tu *manager* —agregó el Tírili.

No entendí la nueva terminología. Sólo sabía que había recuperado lo perdido. Camino rumbo al centro me calcé los zapatones. Mi manager y mi second me daban consejos. Sentí que nuevamente era parte de los plebes del Canal.

CAPÍTULO V

El Pleito

El sol se escurría tras las azoteas al día siguiente, cuando el Tino Solórzano se presentó en el zaguán con un par de flamantes guaraches de correa trenzada para mí y una nota para el *Gildardón*.

En la nota, doña Camila le hacía saber a mi tío que yo pelearía contra el Chololo Niebla en la función del domingo 15.

—¿Quieres ir a La Pintada conmigo? —me invitó el Tino.

—¿Qué es La Pintada? —pregunté.

—Es el barrio de los cañeros. No creo que vayan al pleito pero tengo que dejar los volantes.

Los dichosos volantes eran anuncios para una función de box y yo era el protagonista de la pelea «estrella». La entrada costaba 5 centavos y se serviría limonada gratis.

Mucho antes de que yo llegara a Chavoy, doña Camila había instalado un cuadrilátero con sogas amarradas de tronco a tronco aprovechando los árboles en la bajada al río. Las reses pastaban alrededor del improvisado cuadrilátero y un cencerro hacía las veces de campana. La puerta de alambre de púas era la taquilla. Alrededor de las sogas se alineaban botes boca abajo, troncos y pedruscos para los asistentes. La comadre de mi progenitor era el réferi, el cobrador de las entradas, el promotor y el anfitrión del público asistente. La Sra. Solórzano y su esposo organizaban las funciones con el exclusivo fin de fomentar el deporte y desenchuecar los espíritus de los plebes torcidos.

Calzado con mis guaraches nuevos echamos a caminar por la carretera rumbo al barrio de los cañeros. Este se situaba en el extremo oeste del pueblo a la altura del Platanar. De vez en vez nos deteníamos a recoger corcholatas que luego aplanaríamos y doblaríamos a la mitad para hacer chiflos (silbatos).

Antes de salir del pueblo doblamos a la izquierda, introduciéndonos en un intrincado laberinto. Las casas, más bien jacales de un solo cuarto con techo de adobe y paredes de lodo enjarrado en varejones con techo de palma, se levantaban sin concierto aquí y allá buscando las sombras de gigantescos laureles de la India. Las humildes estructuras lucían cual dados que un gigantesco cubilete hubiera desparramado en el área. Tortuosos cercos de varas altas delineaban los pasillos de tierra. Algunos machetes colgaban de los árboles.

Llegamos al canal; un chico armado de una resortera y un montón de piedras practicaba tirándole a un monigote colgado de una soga. El Tino le entregó los volantes y continuamos sobre el bordo.

—¿Sabes tirar con arco? —me preguntó el Tino.

—Nunca he visto un arco. Nomás en las revistas de historietas y en las películas de indios y tejanos.

—Si quieres, mañana vamos a cazar iguanas. Yo te enseño a tirar.

—Nunca he visto una iguana.

—No te creo.

—¿Por qué?

—Porque todo mundo ha visto iguanas. Nomás sales del pueblo y las encuentras en el monte.

—En La Cañada no había monte; sólo choyas, pitayas, cactos y gobernadora.

—¿Y los árboles?

—Nomás *mesquites*. Pero no hacían monte. Todo era pelón.

—No te creo. ¿No había río?

—Nomás el ojo de agua.

—*Adió* ¿Y animales?

—Sí, había un chorro; había tarántulas, cachoras[2], alacranes, víboras, ciempieces, camaleones, tórtolas, zopilotes, correcaminos y no me acuerdo qué más. Cuando llovía había muchas chicharras. ¡Ah!, y también había venados y coyotes y muchas vacas y caballos. ¡Chíscale! *'ta* feo donde vivías.

—No, al contrario. Era ancho para cualquier lado que miraras. Cuando iba a llover, las nubes corrían bajitas. Casi podías colgarte de ellas y había mucha electricidad. Caía tanta agua que podías llenar el río de aquí y de pronto, ya no había nada de agua.

—¿Y *pa'* donde se iba el agua?

—Una poquita se iba para el ojo de agua y la otra para debajo de la tierra. Esa agua era la que la gente del Papalote sacaba para bañarse y también para tomar.

—¿Cuál papalote?

—Pues el que sacaba el agua. Era un molino de viento con aspas. Estaba encaramado como en una torre sobre patas de fierro y sacaban el agua por un tubo que tenía en el centro. Parecía cigarrón. Le llamaban el Papalote y también al pedazo de pueblo de aquel lado de los rieles.

Salimos del poblado. En una compuerta doblamos al sur cruzando el canal y seguimos la caminata sobre un camino de tierra. Un arriero pasó con su carreta.

—¿Dónde compraste tu arco?

—No se compran. Nosotros los hacemos.

—¿Tú hiciste tu arco?

—No, me lo hizo Chon.

—¿Quién es Chon?

—Mi papá.

—Se llama Asunción pero no le gusta.

—Ah.

—Yo le digo Achunchón pero no se enoja porque soy su hijo.

—¿Achunchón? Yo conocí a uno que se llamaba Regulano. Le decían el Excelsior por chismoso.

—¿Regulano? Ese nombre si está feo.

---

2 Cachoras: lagartijas en lengua cahíta.

—Sí, ¿verdad? Igual que Culiacán.

—Rangel está raro porque no es nombre pero no suena feo.

—Yo no me llamo Rangel.

—Sí te llamas Rangel. Mi mamá me dijo que eres Rangel, el hijo de mi padrino Luciano, al que mataron.

—Bueno sí, pero debía llamarme Rafael. Nomás que el síndico era menso o sordo y me puso Rangel.

—¿Zacarías, el síndico?

—No sé. Uno que correteó a un tío mío tirándole balazos.

—Los síndicos no son mensos; por eso son síndicos.

—Ese sí era. Pero no le hace. Rangel me gusta porque mi capitán Reséndez se llama igual.

A lo lejos se oyó la sirena del ingenio. En la bucólica quietud del monte, el sonido llegó claro, sin ruidos alternos.

—Yo puedo hacer los arcos; se hacen con vara de batamote. Pero para que queden bien *tilinquis* se necesita más fuerza. Mi papá Chon me los tensa.

—¿De batamote?

—Sí, hay mucho a la orilla del río. Se puede doblar sin que se quiebre.

Caminamos un buen trecho; el camino invitaba. De vez en cuando, la raya de una lagartija culebreaba entre los palos. Maltratadas cercas de alambre de púas a punto de caer bordeaban ambos lados del sendero. Manchas de sombra bajo robustas bebelamas moteaban el paisaje.

—¿Y hay que matarlas? —pregunté.

—¿A quiénes?

—A las iguanas.

—Claro. Son muy sabrosas.

—¿Son venenosas?

—No, algunos las crían como mascotas. Si fueran venenosas no se comerían.

—En La Cañada nos comíamos las víboras de cascabel.

—¿Y el veneno?

—No sé.

Arrugué las narices y arrojé una piedra.

—Mejor no voy. No me gusta matar a los animales.
—A poco nunca has matado un animal.
—Sí, pero cuando son ponzoñosos y se me acercan.
—¿Nunca has tirado con arco?
—No, nomás con rifle y una vez con una pistola. Pero se me quitaron las ganas porque aterricé de nalgas.
—¿Con rifle?, eso está padre. Yo nunca he tocado un rifle. Los adultos tienen carabinas y escopetas pero uno no puede tocarlos.
—Yo sí podía. En el cuartel había muchos y atrás de mi casa había un campo donde los soldados practicaban. Nosotros les rentábamos el terreno y algunas veces yo practicaba con ellos. Una vez me robé uno y lo escondí en el techo del polvorín. Al Canelo lo arrestaron porque lo perdió o porque lo encontró.
—¿El Canelo era un guacho?
—Sí. Era mi amigo igual que mi Capitán.

Llegamos a un paraje situado en un gigantesco pozo irregular, como si alguien hubiera excavado por mucho tiempo sin seguir un patrón. Árboles corpulentos crecían sobre un paredón circundante. Algunas lianas colgaban casi besando las raíces que asomaban de la tierra del paredón. Un montón de pedazos de ladrillo cocido cubría el fondo del pozo. En una curva del paredón, las ramas silvestres subían reptando por los costados de un tejaban desvencijado. Un barril de madera carcomida cuyos aros habían caído al suelo yacía en una esquina. SAL, decían unas letras borradas por el tiempo a lo largo del único aro de metal que todavía se sostenía.

—¿Qué es aquí? —pregunté, picado de una honda curiosidad.

—Era la tenería de tu abuelo.

Mi joven memoria se puso en acción. Algunas conversaciones de mi madre con tía Isabel mencionaban la época de esplendor de los Ontiveros. Aquel lugar era la tenería perdida al morir súbitamente mi abuelo.

Viejas historias de una zapatería también perdida en el estado de Nayarit renacieron en mi mente.

—Aquí curtían los cueros cuando abrieron La Reata —dijo mi acompañante.

A mi mente llegó el letrero en la talabartería que el tío Gildardo visitó en nuestra llegada.

—Tú sabes cosas de mi familia que yo no sé.

—*Pa'* qué te fuiste. Yo las sé porque mi mamá me las repite. Quería mucho a mi padrino.

—¿A mi papá?

—Sí, todavía lo quiere.

Trepamos en un mango sólo por el placer de trepar. A lo lejos, tras extensos sembradíos de caña divisé la chimenea del ingenio. El canal corría a nuestra izquierda y del otro lado del hilo de agua, el encalado de algunas casas rompía el verde secular. La torre de la iglesia sin terminar mostraba la punta de la cruz.

A modo de ejercicio dije:

—Si aquel es el pueblo, tu casa debe quedar al otro lado, atrás de la iglesia, ¿verdad?

—Sí.

—Y el río más allá.

—Sí.

—Si no soy menso —dije satisfecho.

—¿Se vale que andemos juntos aunque tú seas de Salsipuedes y yo del Canal? —pregunté.

—No, pero no le hace. El Birote no vive en Salsipuedes pero es de la palomilla. Lo que sí está prohibido es jugar con el barrio contrario. Si tú te juntas conmigo, está mal que juegues contra mí en un torneo.

—Desenrédamela.

—Los plebes nos juntamos con los que nos caen bien. Tú eres de los plebes del canal porque vives por ese rumbo. En el hospital jugamos a las canicas, al trompo y otros juegos porque está planito. En Salsipuedes no se puede porque está en la bajada al río.

—La Pintada está planita también.

—Sí, pero está muy lejos y además no nos juntamos con los plebes de La Pintada.

—¿Por qué?
—No sé. Los papás no nos dejan. Creo que porque son cañeros.
—¿Es malo ser cañero?
—No sé.

No pude evitar viajar hacia atrás en el tiempo: Vi mi casa en La Cañada al sur de los rieles con el cuartel al lado y recordé a los plebes del Papalote, al norte, hostigándome por ser «guacho».

«Yo creo que ser cañero aquí es como ser guacho en La Cañada», pensé sin comprender cabalmente la razón.

—Yo me agarraba a los *chingazos* con el Pecoso porque me decía guacho y aquí es al revés.
—¿Por qué?
—Porque aquí yo debo ver a los de La pintada como si fueran guachos.

Seguramente el Tino jamás entendió aquella respuesta. Lo vi rascarse la pelona y formar un círculo con los labios.

—¿En dónde nos toca jugar la próxima vez? —le pregunté, antes de que me preguntara quién era el Pecoso.
—¿Jugar a qué?
—A las canicas o lo que sea.
—No sé. Jugamos donde nos da la gana.
—¿No hay más torneos como el del hospital?
—No me vayas a descontar pero eres muy preguntón.
—Es que soy el nuevo. Cuando tú vayas a La Cañada, tú vas a ser el preguntón.
—¿Yo voy a ir a La Cañada?
—No sé. ¿Quieres ir?
—No.
—¿Ahí 'stá pues?

Trepado en la rama más alta miré el fondo del amplio agujero. Siguiendo un impulso bajé del árbol y seguí hasta el desvencijado barril.

—¿Por qué hay tanto ladrillo quebrado?
—Porque hacían ladrillos. Le llaman la Ladrillera.

A punta de preguntas tontas y respuestas en abonos, logré

averiguar que el hospital era el punto de reunión de los chicos del pueblo. Aprendí que no tenía que haber un torneo para jugar. Se jugaba donde hubiera tierra y canicas o trompos o palos o ligas o lo que sirviera para holgazanear a gusto. Yo era muy afortunado porque vivía en la esquina del hospital y eso me ponía en una posición privilegiada: yo vivía en la zona donde vivían los ricos y, coincidentemente, donde se jugaban los torneos de barrio contra barrio.

Parado en medio del hoyo, traté de reconstruir el sitio con mi mente. Cuando salimos de ahí, me prometí a mí mismo regresar sólo. El enorme pozo parecía invitarme. Y desde luego, una invitación que me enlazara con los eslabones perdidos de mi familia era algo que yo no podía rechazar.

*

La función debía empezar en un par de horas. Doña Camila, enfundada en amplios pantalones de su esposo trajinaba en el cuadrilátero. Cosme Torres sería el asistente del Chololo y el Chalequín me asistiría a mí en mi esquina. Doña Camila argumentó que ella no podía asistir a su pupilo contra el hijo de su compadre y tampoco a mí contra uno de su establo.

El respetable público empezó a llegar. El Chololo se encontraba en algún lugar de los corrales mientras en un rincón de la caballeriza, el Chalequín me daba masaje con aceite.

El Chalequín resultó ser el boletero y a veces el maquinista del «Tacuarinero», un tren que transportaba los materiales terminados del ingenio junto con pasajeros de la costa a Culiacán. El Chalequin era un gringo flaco ya viejo que hablaba un español quebrado con un acento que era una delicia. El americano me cayó bien desde el principio. En parte por su afable disposición y en parte por su perro. El *Chequepir* (que todo mundo llamaba *Cheque*), era un perro tan viejo como su dueño. Ancho y chaparro, con el rabo cortado y las orejas gachas, se distinguía mayormente por su holgazanería. En su correa había dos placas, una en inglés y la otra en español. En inglés se leía: *Shakespeare. It belongs to Charles King* y un número de teléfono demasiado largo para aquellos lugares. En la otra placa se leía simplemente: *Cheque*.

El trenecillo que conducía el Chalequin recogió el nombre de unas roscas de harina de maíz endulzado que se horneaban en la región. Los tacuarines, también llamados pinturitas o coricos, no fueron conocidos en el resto de la república sino hasta 30 años después.

—¿Por qué te llamas Chalequín? —le pregunté ese día.

—No ser muy nombre. Mi nombre es Charles King. *Perro* tus paisanos no *poeden decirrlo non* mi nombre *non* el de mi *perrou*. Así que mi *perrou* es el *Cheque* y yo soy el Chalequín. El *telefón* es de Kansas City; ahí nacimos —me explicó el Chalequín en su simpático acento.

¡En esta esquina, de veintitantos kilos y unos gramos, del Canal; Rangel, *Zurdo* Rivera! —gritó doña Camila cuando aparecí por el portón de la caballeriza.

Chiflidos y aplausos, menos aplausos que chiflidos, siguieron al anuncio.

¡En esta otra, del honorable barrio de Salsipuedes, cuna de grandes campeones, de 21 kilos y unos gramos; Heliodoro, el Chololo Niebla! —anunció la réferi.

El Chololo saludó con sus viejos guantes, uno con otro en alto.

Más chiflidos y más aplausos. Esta vez, más aplausos que chiflidos.

Lo miré bailar en la punta de los pies y casi me gana la risa.

Sentados en sendos botes mantequeros boca abajo, nuestros seconds nos masajeaban dándonos las últimas instrucciones antes de que sonara la campana.

Me sentía totalmente fuera de sitio, pero la emoción me embargaba. El corazón me latía con fuerza en aquel ambiente tan colorido. Mi tío, el Gildardón, sobresalía en primera fila; Gildardito miraba a su alrededor con aire aburrido. A su lado, un hombre de abundantes cabellos castaños se llevó los dedos a la boca y un sonoro silbido provocó un respingo en Gildardito.

—¡Que ya empiecen los chingazos, Camila! ¡Esta noche va a haber nocaut, o verás! —gritó don Chon Solórzano, sin evidenciar favorito.

La palomilla del Canal alborotaba en mi costado mientras que la de Salsipuedes hacía lo propio del lado del Chololo. El Tino procuraba mantener neutralidad, igual que su madre.

Alrededor del cuadrilátero, el más heterogéneo grupo de gente departía. Había lunares de clases; un pedrusco o un bote vacío separaban un grupo de guarachudos con arriscados sombreros de palma de otro de botas y sombrero de fieltro. La Pintada estaba representada por los más humildes, del lado más alejado del cuadrilátero. El *respetable* mantenía sus posiciones. Sin embargo, ahí estaba una buena parte del pueblo. Algunos, incluso, trepados en los árboles porque no tuvieron los cinco centavos de la entrada.

La Pintada parecía el grupo más numeroso y sus gritos de aliento parecían apoyarme.

Antes de que sonara la campana, miré a dos niñas pulcramente vestidas sentadas a ambos lados del Tino.

Doña Camila nos llamó al centro del cuadrado de tierra. Contendientes y *referee* avanzamos al centro desde esquinas opuestas.

—No se valen piquetes de nalga, patadas ni restregones, ni golpes abajo del cinturón, ni coscorrones, ni pegarle al otro en la «lona» ni besos, ni darse después del campanazo. Tampoco se vale hacer muecas ni mirarse feo. No mordidas ni cuchillos ni objetos extraños. Sólo se vale pegar con los guantes y nada más que con los guantes —dijo doña Camila, tomando nuestros guantes hasta que ambas puntas se tocaron.

El cencerro sonó. Los gigantescos guantes cuarteados por el uso me estorbaron la visión al ponerme en guardia. El Chololo empezó a bailar cómicamente. Yo lo veía bailotear moviéndome detrás de los guantes. En un momento dado lo vi ir hacia mi izquierda y de improviso cambió hacia mi derecha. Cuando reaccioné tratando de seguir su movimiento era tarde; el guante se estrelló en mi mejilla.

Quise cubrirme pero a su izquierda siguió su derecha que me entró en el cachete izquierdo.

Me fui reculando y caí de nalgas apoyándome en los guantes. Miré al Chololo tratando de discernir qué había pasado sin llegar a resolver el misterio.

—1, 2, 3, 4, 5... —gritaba doña Camila, mirándome caído en la tierra suelta.

No estaba atarantado sino confundido. Me levanté y doña Camila me limpió los guantes. Estaba poniéndome en guardia cuando otro derechazo me mandó de nuevo al suelo.

—1, 2, 3, 4...

Me levanté de nuevo. Esta vez, el Chololo me dio tiempo. De nuevo empezó el baile. La gente gritaba alentando a su favorito.

—¡Sácale el mole! ¡Suénale con el cencerro! ¡Muérdele las orejas! ¡Zúmbale por los aguacates! —oía yo, aturdido.

Tiré golpes de molinete que no encontraron el blanco. El Chololo aparecía en otro lado cada que yo me iba al ataque. En un violento intento se me salió un guarache.

Cuando la campana sonó, yo seguía buscando al Chololo. Doña Camila me calmó y el Chalequín me recibió en mi esquina.

—No lo *bousque*, recíbalo —dijo el Chalequín, echándome agua en la cara.

Tosí por el diluvio y sentí la lengua del Cheque lamiendo mi pie desnudo.

—¿Y mi guarache? —pregunté, mirando mi pie descalzo.

El Chalequín me puso el guarache y cuando la campana sonó, me repitió.

—No lo *bousque*, recíbalo.

No lo busqué. Parado en guardia como me habían enseñado, sentí de nuevo el guante, esta vez entrándome por el estómago. No sentía dolor. Sólo sentía lentitud en los brazos. Los guantes no me dejaban accionar y cuando lo hacía, sólo rasguñaba el aire.

—En cuanto te ponga uno, no te voy a encontrar *pa'* darte el otro —le dije a mi contrario, furioso.

No acababa de decir cuando vi venir el guante enorme, de frente. La vaqueta acolchada se estrelló en mi frente y otra vez caí de nalgas. Otra vez el guarache salió volando.

—1, 2, 3... —empezó la letanía.

Me levanté furioso y arremetí contra el Chololo. Los guantes me pesaban más y más. Quise abanicar pero sentí que mis puños volaban en cámara lenta. Me abracé a mi rival, tratando de resolver el galimatías de su movilidad. Nada me funcionó.

El cencerro volvió a sonar y otra vez el Cheque me lamió el pie descalzo. El perro, holgazán, lamía y volvía a recostarse.

Ya no me preocupé por el guarache. Febrilmente pensaba y pensaba. Oía sin escuchar a Mr. King dándome consejos. Como siempre me sucedía cuando tenía un problema, trataba de encontrar una solución sin faltar a mis principios. Tenía que ganar sin faltar a las reglas. Pero ¿cómo?

El cencerro sonó y me incorporé. Estaba fresco aunque los brazos me pesaban. Los guantes, más que armas, eran mi mayor problema.

El Chololo me cayó a golpes. Sus guantes encontraban mi aturdida humanidad a placer.

Y de pronto encontré lo que buscaba: «No se vale pegar más que con los guantes», recordé las instrucciones.

Abracé a mi rival para parar la andanada y luego, de un caballazo me lo quité de encima. El Chololo se fue reculando hasta que tocó las cuerdas.

Desesperadamente traté de quitarme los guantes sin conseguirlo. Mis dientes resbalaban en la vaqueta y las sacudidas de mis brazos no lograban mi objetivo. El Chololo bailaba tratando de hacerlo con elegancia.

Metí mi guante izquierdo bajo la axila derecha y jalé el brazo. Sentí la mano libre y con ella, jalé el guante derecho. Ya sin el peso de los estorbosos guantes, mis brazos se aligeraron.

El Chololo se me vino encima con las más negras intenciones y esta vez sí lo recibí. Tomando los guantes por el extremo muñequero, le solté una andanada de cuero que dio con sus huesos en el suelo.

—¡Está haciendo trampa otra vez! —gritó el Chololo.

Doña Camila no se movió, confundida.

—Cuéntele —dije—. Le pegué con el guante como usted nos dijo.

La mujer me miró y volteó a ver al Chololo. Este se levantó y se me echó de nuevo encima. De nuevo le aticé por todos lados y de nuevo fue a dar al suelo. Oí al Cheque ladrar y a la palomilla del Canal echarme porras.

—'Pérate m'hijo —dijo doña Camila—, hay que consultar las reglas.

El pleito se suspendió momentáneamente. Doña Camila fue a consultar con don Chon y en un minuto todo el respetable discutía acaloradamente. El Cheque roncaba a los pies del Chalequín. Una vaca miraba la escena, masticando con indiferente atención.

La escena rayaba en el surrealismo; un cuadrilátero de tierra con paja y estiércol, un second extranjero dándole un trago a una anforita de mezcal, una réferi tratando de encontrar una salida, una vaca espantándose las moscas con la cola, un perro tan holgazán que sólo se levantaba para buscar donde echarse y yo, en medio de aquel alboroto.

El público rodeaba al matrimonio Solórzano en una escandalosa discusión. Doña Camila emergió de la bola con una decisión:

¡De acuerdo a las reglas internacionales del boxeo mundial, un contrincante debe usar los guantes y sólo los guantes! ¡*El Zurdo* Rivera no ha inflingido las reglas, por tanto, no hay infracción! ¡El Comité de Reglas ha decidido dejar a consideración del público si el pleito debe continuar o suspenderse! ¡Votaremos levantando la mano! ¡Todo mundo a votar! ¡Por disposición de la H. Comisión de Boxeo de Chavoy de Quintero... chingue a su madre el que no vote! —dijo la promotora.

Las entradas les serán devueltas si el *match* se suspende —finalizó.

—¿Qué es el mach?— oí que preguntaba una voz a mis espaldas.

—Levante la mano el que quiera que la pelea se suspenda —gritó doña Camila.

Nadie levantó la mano.

—Ahora, levante la mano el que quiera que continúe.

Todo mundo levantó la mano.

—Que siga el match —gritó doña Camila entre silbidos.

—¿Qué es el match? —oí de nuevo.

Cuando sonó la campana, el Chololo Niebla miraba para todos lados buscando explicaciones. *El Zurdo* Rivera le cayó encima con una retahíla de guantazos. El Chololo sólo acertaba a cubrirse del bombardeo, a veces de pie, a veces en la lona.

En su desesperación, el chico echó a correr conmigo detrás de él. Un golpe volado a la altura de las orejas le hizo caer de nuevo.

1, 2, 3, 4 5...

El Chololo miraba a doña Camila con la cara congestionada. De súbito pegó un chillido:

—Usted ya no es mi manager. Usted se puso de parte del Chueco —dijo y, parándose, empezó a sacarse los guantes.

Al siguiente segundo, los guantes del Chololo chocaban con los míos. El público reía a carcajadas.

—¡Empate, empate! —gritó doña Camila, tratando de separarnos.

La verdad salió a flote un par de días después. Doña Camila sí había actuado con parcialidad hacia mi persona. La supuesta reunión con su esposo para discutir las reglas no fue más que un acuerdo tomado entre ellos para dejarme pelear enarbolando los guantes. La razón esgrimida fue que era más que obvio que yo jamás me había calzado un guante. La ventaja del Chololo era clara y desconsiderada.

Yo no le agradecí el favor a la comadre de mi padre. Sin saberlo, la pintoresca mujer había sembrado la semilla del encono. Para cuando dejé el pueblo, el Chololo y yo nos habíamos dado con todo y por todo el pueblo, sin reglas ni guantes ni réferi.

Hubo otra novedad en aquella función que, con el tiempo, yo agradecí más que cualquier otro acontecimiento vivido en Chavoy de Quintero: Doña Camila y Chon Solórzano habían visitado las casas del pueblo pidiendo puerta por puerta a los chavoyenses hacerse presentes aquel domingo.

«Yo hubiera dado la vida por salvar la de tu padre», me dijo doña Camila un día, y más tarde me demostró con sus acciones que no exageraba.

El primer retrato que vi de mi progenitor, colgaba de una pared en la casa de los Solórzano. Una veladora encendida iluminaba con tenue luz los nobles rasgos de la cara. Mis visitas fueron muchas y, siempre, siempre vi una nueva veladora encendida.

Quizá mi padre fue menos que un dios para su comadre, pero ciertamente fue mucho más que un simple mortal.

Con el correr de los días, fui encontrando réplicas de veneración para el autor de mis días en otros tantos puntos del poblado. Los hombres se mueren y los héroes se veneran, pero las leyendas se agigantan con el correr del tiempo.

CAPÍTULO VI

Sonora-Sinaloa; Iguales, pero Diferentes

Fue como abrir una puerta y entrar a otro mundo. Nada en Chavoy era formal enteramente. El alboroto parecía ser parte integral del modo de vida cual si la alharaca de los pájaros fuese contagiosa. El ruido circundante se notaba, igual que era notorio el silencio en La Cañada.

En Chavoy había más gente; en consecuencia, había más movimiento. La población contribuía al alboroto, ciertamente. Pero el sonido iba más allá de una población naturalmente vocinglera. Era una cacofonía envuelta en el susurro de las hojas al impulso de la brisa, en el murmullo del río, apagado pero permanente, en las nubes de pericos que volaban sin descanso, en el ir y venir de las carretas al ingenio, en el cacaraquear de las gallinas y los kíkirikis de los gallos, en el zumbido del molino de nixtamal, en el ocasional ladrido de los perros y, aunque parezca extraño, en el silencioso planear de los zopilotes.

Cosa de 3 años atrás, tía Isabel y Rangel Reséndez me habían llevado a Hermosillo por un par de días. La capital sonorense era una ciudad equivalente a Culiacán, con pavimento y alumbrado en las calles; con tiendas y almacenes. Su población habrá sido 10 o 20 veces mayor que la de Chavoy de Quintero. Pero yo no vi ni sentí lo que experimentaba ahora.

Yo no alcanzaba a decidir si había llegado a un paraíso o recién había salido de él. Ni siquiera podía asegurar que la algarabía permanente de aquel pueblo fuese lo convencional en cualquier otro lugar del estado. Sin embargo, de algo estaba seguro: era diferente.

Se me ocurrió entonces, a mi corta edad, que si La Cañada hubiese tenido la misma población que Chavoy de Quintero, seguramente no hubiera alcanzado la misma algarabía. Pensé más tarde que si Chavoy hubiese sido trasplantado a La Cañada, el alboroto hubiera ido disminuyendo gradualmente.

Chavoy de Quintero no podía ser como La Cañada. Tenía dos razones de mucho peso para no serlo: el mercado con el pueblo convergiendo desde todos los rincones y dos cines, tan cerca el uno del otro, que alguna ocasión, por las bocinas que anunciaban la programación de uno, salió una voz dirigida al anunciante del otro: «¡Cállate, pendejo! ¡Ahora me toca a mí!».

Ah, pero había otra razón deliciosamente encantadora: el lenguaje.

Verdad es que el sinaloense varón es más escandaloso que la hembra. Pero a la hora del relajo, ambos se nivelan; la mujer puede ser tan mal hablada como el hombre. En el lenguaje cotidiano de Chavoy, las erres y las haches rechinaban en el aire. Pero eran groserías dichas con gracia, casi con donaire. Obviamente, cuando dices un «chingado», no lo dices con la propiedad de un sacerdote.

Las groserías eran gritadas, casi cantadas y cada grito tenía su sello personal, como si su dueño quisiera patentarlo:

—¡Ahí vas, pinche perro! ¡Ya bájate del caballo, te van a salir almorranas en la popa! —se oía un grito.

—¡Estoy ahorrando tacón *pa'* no andar pata al suelo como tú, méndigo prieto charoleao! —contestaba el aludido.

No eran groserías vulgares. No había suciedad en el lenguaje. Eran *adornos* dichos a propósito. Eran exuberantes cumplidos de amistad. Y desde luego, un cumplido semejante, escuchado por el transeúnte, casi siempre se extendía:

—¡Ya *oyites*, Niquelao; ahora el Susano usa guarachis con tacón!

Era casi un arte. Pero también era motivo de discordias imprevistas. Un «cumplido» dicho en el momento equivocado podía terminar trágicamente.

El arcón de mi memoria empezó a archivar recuerdos a partir de mi primer día de escuela en La Cañada. Las vivencias se eslabonaron coherentemente a partir de aquel instante. Aquella etapa se me presenta en recuerdos deshilvanados, zancadas en el tiempo, retazos de afecto, todos relativos a mi relación con tía Isabel. Fui feliz en aquel mundo. Y aunque fueron quizá 2 años de estabilidad emocional, fue una etapa de maduración precoz, más que un período de desarrollo infantil. Visto en retrospectiva, todo me resulta confuso aunque en el contexto general algo estaba claro: yo crecí en una atmósfera adulta; mi mente se amoldó a mis semejantes y estos eran seres decididamente silenciosos. Mis primeros 10 años de vida fueron, sin duda, un salto de la infancia previa a la adultez sin vivir realmente mi niñez.

Y eme aquí, de súbito en Chavoy, en el centro de una efervescencia. Era como mirar fuegos pirotécnicos después de salir de misa; era como tirarse un clavado desde un saguaro a un burbujeante vaso de sal de Uvas Picot.

Se dice, y creo que con un alto grado de veracidad, que el sinaloense es una criatura *alborotera*. ¿A qué se debe esto? Supongo que tiene que ver con la geografía.

El mapa sinaloense es una lengua de tierra fértil encajonada entre un macizo de montañas y el litoral del Mar de Cortés recibiendo las aguas del Pacífico. La costa, una plancha caliente de tierra húmeda y plana, no tiene arrugas. Los cerros se amontonan en la orilla oriental como siguiendo el perímetro del estado; como si una mano gigantesca hubiese peinado el terreno, amontonándolo hacia el este. La configuración misma del mapa estatal parece empeñada en ajustarse a las faldas de la sierra dibujando sus límites con las montañas. Cuando finalmente la cordillera serrana se acerca al mar, Nayarit se mete de lleno en el macizo, bloqueando la salida al sur de su vecino del norte. El gigantesco valle natural que resulta de ello aglutina montañas, desierto, trópico y semi trópico en el territorio. El extremo norte, que baja paralelo al Mar de Cortés, es, virtualmente, una prolongación del gran Desierto de Sonora. El extremo sur, en cambio, es el nacimiento de lo que se da en llamar la Riviera Mexicana. El resultado es un microcosmos geográfico.

Con el colosal abrazo de la Sierra Madre Occidental ciñéndola por el este y el sur, Sinaloa encontró por centurias dos salidas únicamente: al norte, su frontera con Sonora y, al oeste, con la mitad del territorio mirando al océano Pacífico, a la inmensidad del mar.

Sonora y Sinaloa tienen mucho en común: su origen para empezar: fueron uno sólo hasta el 13 de octubre de 1830.

Nuño de Guzmán se acantonó en el noroeste de México en 1533, llevando la Conquista hasta Culhuacán. Ahí se estableció la última frontera: Culiacán.

A partir de la Independencia, la zona era conocida como Provincia de Sonora. Más tarde, en 1824, el nombre cambiaría a Estado de Occidente hasta la separación definitiva. A partir de ahí, aunque ambos estados continuaron conectados, la influencia del ferrocarril que penetraba por Nogales hasta Guaymas fue cambiando el estado de cosas. Mientras en Sonora la penetración ferrocarrilera traía un cierto matiz norteamericano, Sinaloa compartía dos tendencias: una identidad mexicana producto de la historia y una idiosincrasia muy propia, producto del aislamiento.

Culiacán y, en consecuencia, Chavoy de Quintero, están situados entre lo que podríamos llamar el vórtice de dos corrientes: la que llegó con el conquistador, separada del núcleo continental por una sierra y la que venía del norte, de un desierto que prácticamente termina en las parte alta del estado, al norte del río Fuerte.

El folklore mexicano es uno de los más ricos del mundo. A lo largo del territorio, la comida y los vestidos cambian igual que los acentos y las costumbres. Pero es la música la que lleva el estandarte de cada región. Es la música la que pinta una fisonomía local con su ritmo y su sonido.

El percutiente sonido de la marimba trae a la mente el verdor de las tierras del sur, así como las notas del violín están entrelazadas con el sonido de la música del Golfo. El mariachi es rey en el centro del país mientras que el acordeón surge de las llanuras del norte. Y cada grupo, cada trovador, tiende a ejecutar la música de su región: Sones jaliscienses en Jalisco, sones huastecos en el Golfo, guapangos en el Bajío, corridos en el Norte.

Algunos sonidos se arraigan en las zonas aledañas por adopción, particularmente cuando no existe música propia local. Ese es el caso de Sonora con la música sinaloense.

La versión más aceptada de los orígenes de la «tambora» dice que en los albores del siglo XIX, una banda de músicos alemanes quedó varada en el puerto de Mazatlán. No está muy claro si los teutones se avecindaron en el puerto. Pero es harto evidente que la música sí.

El sonido de los aires mexicanos, adaptado a los instrumentos, todos de viento, dio origen a un tipo de música totalmente diferente. Pero, debido a los escollos geográficos enumerados arriba, la Tambora creció y se alimentó a sí misma sin salir del estado. Por décadas, la Banda Sinaloense fue un sonido virtualmente desconocido en el interior de la República Mexicana.

Hacia 1907 no había ferrocarril al sur de Guaymas, Sonora. Y no hubo conexión férrea con el interior del país hasta 1927. Las únicas vías de comunicación eran terrestres (un triste camino con pretensiones de carretera que atravesaba la sierra nayarita hacia el altiplano y una virtual vereda que daba pánico en su mismo nacimiento: el Espinazo del Diablo que sube hacia Durango. Las rutas marítimas que anclaban en Mazatlán eran pues, lo más accesible desde el sur y desde el norte el tren que venía de la frontera. El aire todavía era terreno virgen en las comunicaciones y el ferrocarril Chihuahua Pacífico, que finalmente venció los picos de la sierra, vino a ser una realidad hasta 1962. Así que geográficamente, el territorio comprendido desde el sur de Sinaloa hasta la frontera con Estados Unidos, era un solo bloque rodeado de montañas y de agua salada.

Todos los barcos de gran calado que llegaban a Mazatlán a principios del siglo xx, eran extranjeros. México no podía presumir de ser una potencia marítima entonces y no lo es en el siglo xxi a pesar de la riqueza de todos sus litorales. En consecuencia, en una tierra acordonada por una sierra, cualquier cosa podía llegar pero no todo podía salir. Y así como los alemanes dejaron la tuba y la tambora, así los gringos dejaron los bates y las pelotas en las calles de Mazatlán y en los pueblos sonorenses. El béisbol vendría a ser el deporte nacional de sonorenses y sinaloenses. El juego de los bates y las pelotas llegó del oeste por barco y del norte por ferrocarril.

Por el triste camino con pretensiones de carretera que venía del sur, la Tambora emigró primero a Sonora y después a Baja California. El sonido de la tuba se abrió paso también hacia el lado occidental de la sierra. Para la década de los cincuenta del siglo xx, la única música que los serranos de Chihuahua y de Durango escuchaban, era la Tambora. Se puede decir que la música de viento sinaloense no salió a «correr mundo» hasta que se hizo vieja.

El muro de montañas que aísla a Sinaloa se prolonga al norte más allá de la frontera. Si bien Sonora tiene una puerta de entrada a lo largo de la línea divisoria con Estados Unidos, carece de salida a mar abierto y, la misma cadena montañosa que encierra a Sinaloa, bordea la frontera sonorense con Chihuahua.

En síntesis, ambas entidades vivieron el mismo aislamiento y, en consecuencia, por décadas compartieron sus vicisitudes. A la larga, cada una adquirió una personalidad distintiva aunque, en el fondo, sonorenses y sinaloenses siguieron conectados por su historia: el mismo acento norteño, áspero, bronco; las mismas raíces cahíta que hacen de los indígenas de la región (mayos, yaquis, seris), primos hermanos; las mismas distracciones y modismos, locales o venidos del país vecino y, ciertamente, la música.

Y entonces, en medio de tantas similitudes, ¿por qué tan parcos unos y tan escandalosos los otros? El clima y las distancias, diría yo.

El fenómeno sonorense de un estado «arrinconado» le da características únicas a su gente. Con cerca de 1.000 kilómetros de costa, no es, sin embargo, una entidad costeña... ni lo será jamás. El litoral sonorense es un callejón sin salida. Cualquier intento de desarrollo pesquero topa con la ausencia de rutas convenientes. Sus némesis son, al sur, el complejo turístico industrial de Mazatlán y al norte, Ensenada Baja California, con su envidiable posición estratégica en mar abierto. Sonora es, pues, un estado interior, con un litoral que, aunque supera a la mayoría de los estados sureños del Pacífico, carece de ventajas estratégicas. Obvio que Guaymas no es la mejor opción para el transporte de mercancía por mar, ya sea por el Pacífico y mucho menos por el Atlántico.

Pero Sonora es un gigante que no necesita un litoral aprovechable. La naturaleza misma de su tierra hizo de su gente el motor de empuje más valioso. La motivación que dan los horizontes abiertos, sin obstáculos para el ingenio humano, fue sembrando la ecléctica semilla que aprovecha lo mejor de lo mejor.

En la inmensidad del llano, el trabajo suple a la diversión como medio de esparcimiento. A finales de los cuarenta y principios de los cincuenta, una familia que tenía que viajar largos kilómetros para obtener el grano de sal; subsecuentemente comprendía mejor la necesidad de guardarlo que aquellos que lo tenían al alcance de la mano.

La necesidad de sobrevivir luchando eliminó la permanencia de los débiles. Como un gigantesco cedazo, el desierto es el artífice en la selección de sus habitantes. Paradójicamente, los elegidos no se quedan para agradecer; la lucha contra los elementos es diaria, permanente. Al final, la lucha es pareja: rivales dignos para un enemigo implacable.

El ferrocarril venido desde Kansas, del *otro lao* y con él las herramientas, ayudaron a vencer la adversidad. Sonora floreció sobre el páramo. La prosperidad llegó montada en la firmeza de carácter y un empujoncito del grupo vencedor de la revolución Mexicana. La agricultura abrió los surcos palmo a palmo y la ganadería pobló la gran llanura.

La gente, acostumbrada a la lucha diaria, tuvo en el clima, irónicamente, un gran aliado. El calor seco elimina las enfermedades pegajosas de la humedad: los piojos, el «mal de ojos», la disentería, la tifoidea, el paludismo. Los males propios de los climas tropicales están vedados en el calor sin humedad. Los hijos de las grandes planicies se dan fuertes y grandes; no hay obstáculos malignos en el desarrollo físico. Por esa razón es proverbial la fortaleza del norteño mexicano. Fue en ese ambiente en el que yo crecí.

Y de pronto, Chavoy de Quintero como una explosión cegadora, como un «Ábrete Sésamo» a la diversión después de un día agotador.

En Chavoy ya no necesité un comportamiento adulto. Había niños a mi alrededor. Podía ser yo sin alterar mi entorno. No tenía ya que ser recio y adusto para encajar.

«El sinaloense varón es más chismoso que las mujeres», oí alguna vez decir al Güero Samaniego en Santa Ana.

«Al sinaloense le gusta mucho el *changolengue* (fiesta, diversión)», escuchaba yo decir a la Chapeada mientras desollaba un venado abierto en canal en un campamento del desierto.

«En Sinaloa te mueres a propósito para que te compongan un corrido», me testereaba el Canelo al enterarse del sitio de mi nacimiento.

«El sinaloense es norteño, costeño y tropical», solía decir doña Camila, mientras movía hombros y caderas al ritmo de una melodía.

«En Sinaloa los pájaros son de mil colores. En Sonora, en cambio, son color tierra. El paisaje es un pinche saguaro con un pájaro pendejo que no sabe ni volar», decía con convicción mi tío Roberto cuando criticaba la ausencia de humor festivo de sus vecinos, defendiendo la alegría llena de ritmo de su gente.

«Los sonorenses son muy *leyistos*», opinó un día la tía Andrea, conversando con un huésped de Caborca.

«Los sinaloenses son muy *broncudos*», contestó el huésped, haciendo alusión a sus experiencias como agente viajero de semillas y fertilizantes.

Siempre en competencia y sin embargo, cuánto se quieren. Como un matrimonio que pelea a diario y a diario se reconcilia; como una pareja enamorada que no encuentra el acomodo; como un matrimonio divorciado más por los problemas materiales que por el desamor; como vecinos que deciden cercar sus propiedades y tarde se dan cuenta que era más fácil hacer la reunión sin tener que rodear para llegar al patio.

Así son Sonora y Sinaloa: dos vecinos resueltos a afirmar su propia imagen pero incapaces de borrar una idiosincrasia nacida de un origen común. Lo sé porque lo viví. Así lo registró mi alma.

—¡Hijito querido! —gritó la mujer, cruzando la carretera. Todos volteamos sin saber a quién se dirigía.

Era una mujer joven de cuerpo proporcionado. Sus facciones me resultaron familiares aunque no logré identificarla.

—Es la Mabe —dijo el Berna.

Dejamos las canicas momentáneamente. La dama cruzó la carretera y pasó el muro ágilmente. No vaciló en su avance. Sus pasos se dirigieron directamente a mí. Cuando me tuvo al alcance se detuvo y sus manos me cubrieron ambas mejillas. Inclinándose, me dio un sonoro beso en la frente y me miró como si con la mirada quisiera mandar un mensaje que penetrara en mi interior.

—Ven conmigo, Rangel —dijo, llamándome por mi nombre.

Yo no supe qué hacer. La dama me pedía ir con ella, sin más; sin preguntarle a la tía Andrea, sin pedir permiso.

—¿A dónde? —pregunté con ingenuidad.

—A donde tú quieras. A las macedonias (refrescos de fruta variada), al café, a la plazuela. La Camila me dijo que estabas aquí y me vine hecha la cochinilla para verte.

—¿Y la tía Andrea? —pregunté.

La Mabe se inclinó y guiñando un ojo, me dijo:

—Que coma caca. Vente.

Recogí mis canicas y me despedí con el clásico «ahí nos vemos». La mujer decidió que fuéramos a su casa y, antes de alejarnos, les dio instrucciones a los chicos.

—Si la Andrea pregunta por Rangel, díganle que lo llevé a mi casa.

La Mabe no era una joven apocada. En la escasa cuadra que nos separaba de su casa, repartió no menos de 10 saludos a grito abierto.

—¡Adiós, Chumiqui; si no me pagas mañana, la próxima vez que te encuentre te voy a dejar en calzoncillos!¡Buenos días, doña Pancha; ya bájele la ración de albóndigas a don Venancio! ¡Ya parece lancha *panguera*! —Y Mabel reía de buena gana después de cada saludo.

Entramos a una sala pasillo con muebles de mimbre. La sensación de *Deja Vú* fue asombrosamente real. ¡Yo había estado en aquella sala!

Saboreaba una paleta de coco y leche cuando un hombre de apariencia agradable traspuso el umbral de la puerta. Un paliacate rojo se anudaba a su cuello. El hombre se despojó del sombrero y avanzó mirándome casi con dulzura. La cinta del sombrero invadió mi cerebro.

—No me digas, vieja —le dijo a Mabel—. Es Rangelito.

Ese día conocí a Arnulfo Arredondo, el artífice que hizo posible que mi madre recuperase su dignidad y respeto.

En los Arredondo se conjugaban las cualidades típicas de la gente donde crecí. El matrimonio Arredondo era una combinación de las dos idiosincrasias: la sinaloense alborotera y dicharachera personificada en Mabel y la sonorense, tranquila y ecuánime, enquistada en el modo de ser de Arnulfo. Con el tiempo me di cuenta que en Sinaloa abundaban las personas como Arnulfo.

Mabel era la personificación del sinaloense elevada a la quinta potencia, mientras que Arnulfo y muchos otros que conocí en Chavoy parecían haberse quedado rezagados cuando ambos estados se separaron. El matrimonio hacía una simbiosis que se daba en perfecta armonía, como si ambos extremos se necesitasen.

Arnulfo Arredondo tuvo un simbolismo extraordinario en la vida de mis padres. Aquel hombre de inconmovible calma estuvo presente en los momentos de álgida tensión, antes y después del asesinato de mi padre. Los Arredondo se hicieron cargo de mi hermana cuando mi madre y yo fuimos a dar a La Cañada. De la casa de aquel matrimonio partimos ambos hacia el norte y ambos me hicieron sentir en casa a mi regreso.

Veo como en un sueño etéreo los muebles de mimbre de la sala. En la misteriosa región de mi memoria me veo a mí mismo tocando la cinta de piel de víbora del sombrero que descansa sobre una silla. Veo a Mabel Arredondo sosteniendo a mi hermana en brazos. Arnulfo sube las maletas a un vehículo estacionado afuera. Luego, desde la cabina del vehículo, veo a mi madre ir al encuentro de Mabel para besar a mi hermana, ésta en brazos de aquella. Luego la veo salir de la casa mientras la niña empieza a llorar. Mi madre entra en la cabina con movimientos apresurados. No mira a los lados. Extrañamente envarada mira a través del parabrisas, la espalda separada del respaldo. Recuerdo vagamente sus palabras antes de soltar el llanto: «¡Oh Dios mío, qué dolor tan grande!».

Mabel Arredondo tenía lazos indelebles con mi madre. La amistad de ambas venía de la generación anterior y, en un par de horas, me enteré que los Arredondo habían sido nuestro refugio en los borrascosos días posteriores a la muerte de mi padre. Los detalles de la historia, inconexos, iban dando pinceladas al retrato de la tragedia.

Mabel Arredondo no habló directamente. Con sutil elocuencia supo anidar en mi cerebro un sentimiento de orgullo por mi padre y una esperanza renacida por ver de nuevo a mi madre ausente. Con sabia prudencia me señaló algunos sitios *malignos* del pueblo que yo no debía frecuentar.

—Son personas que no le gustaban ni a Ariana ni a Luciano —me dijo a modo de explicación cuando pregunté por qué.

Más tarde se hizo claro que aquellos sitios *malignos* correspondían a personas pudientes que en un tiempo fueron enemigos acérrimos de mi progenitor; personas que no pudieron asimilar la derrota en la lucha sindical que inició mi padre. Con el correr de los días, me enteré que entre la comunidad obrera había un sentimiento de repudio hacia aquellas gentes. Escuché de un complot que devino en el fatal tiroteo que me dejó huérfano. Supe que más atrás, en los albores del conflicto sindical, hubo más muertos y otros tantos atentados contra mi padre.

Conocí la historia verdadera de mi tío Valdemar Rivera, una historia llena de dramatismo que terminó en las montañas de Oregón, en los Estados Unidos. Me enteré además, de las razones que obligaron a mi tía María Teresa, hermana de mi madre, a cambiar de nombre y seguir a su esposo Rosendo Mendoza a la Baja California. Atrás de ambas historias había hechos de armas y violencia. Por la necesidad misma de desaparecer e iniciar una nueva vida, en Mexicali Rosendo Mendoza se convirtió en Santos Valdez y la tía María Teresa Ontiveros de Mendoza devino en Danelia Romano de Valdez. Ellos eran la razón de que mi destino inicial fuese Mexicali Baja California, antes de que el tío Gildardo me recogiera en El Fuerte.

Supe, y fue la historia que caló más hondo en mi corazón, que mi querida tía Isabel conoció a mi tío Valdemar cuando este vino a Sinaloa a recoger a su esposa. Con el tiempo quedó claro que La Cañada fue una escala en el camino y, al final, el refugio de tía Isabel, cuando, ya casada con el tío, se enteró de que este era casado. Fue también el refugio de mi madre cuando salió de Chavoy en busca de su destino.

Aquella noche de nuestra partida se vuelve interminable: un autobús con el motor encendido recortado contra el azul oscuro del amanecer. El desagradable olor a gasolina quemada y el vómito inevitable provocado por el vaivén del camión. Mis ojos cerrados y la cabeza hundida, procurando evitar el movimiento que sacude la carrocería del vehículo. Largas horas después, mi primer contacto con un tren. La negra mole de la máquina suelta chorros de vapor en medio de las tinieblas. Un hombre de ropas grises y rayas negras o quizá de ropas negras y rayas grises columpia una lamparita. Otra lucecita a lo lejos parece contestarle. El tren se mueve ya con los pasajeros en la panza, nosotros entre ellos. Mi madre y yo somos los mismos pero el paisaje ha cambiado. Ahora, en vez de papayos, veo pitayos.

Pero todo aquello era otra historia. Yo tenía escasos 1 año y 3 meses cuando mi padre perdió la vida. Casi inmediatamente después nacería mi hermana. Aun cuando la tragedia me tocaba de frente, yo ya no formaba parte de los personajes. Mi historia nacía en Sonora, no en Chavoy. El rostro de mi hermana se disolvió en los brazos de Mabel Arredondo la noche de nuestra partida y la imagen de mi madre se fue desvaneciendo con el tiempo. Mi abuela, la dueña del caserón donde vivía el tío Gildardo, era una dulce anciana que yo había visto una sola vez en mi vida y el tío ya no era el enemigo declarado de mi madre, mucho menos de mi padre muerto.

Ahora, el tío era otro hombre y yo… yo no tenía mayores nexos ni con los Rivera ni con los Ontiveros locales. Rangel Rivera Ontiveros conservaba los apellidos pero pertenecía a otra era, a otras latitudes.

CAPÍTULO VII

El Pacto

1951 fue un año de clases perdido. Si bien asistí a la escuela el primer semestre en La Cañada, era demasiado tarde para reiniciar en Chavoy. Tendría que esperar hasta septiembre para registrarme.

Los días de ocio con un tío indulgente, quizá atribulado por sus problemas con mi madre, me permitieron ponerle alas a mi sed de adaptación. La súbita libertad sin responsabilidades escolares o domésticas me crearon los primeros conflictos de identidad.

El tío Gildardo era un hombre enamorado de sus hijos y la tía Andrea era el prototipo de la madre abnegada. El matrimonio era, literalmente, rehén de la niña de brazos y de los caprichos de Gildardito, el mayor, de 2 años y meses.

Desde que mi mente empezó a registrar, yo no había convivido en un hogar con niños. En La Cañada, la población infantil se amontonaba del lado del Papalote y era población menuda con órdenes estrictas de sus padres de no acercarse al cuartel.

En la escuela, la situación no era mejor, pues la mayoría de los buquis hacía causa común en mi contra. En los alrededores de mi casa los niños escaseaban. No había niños en el área del cuartel; los soldados acuartelados eran, en su mayoría, solteros o con familia en otros lugares. Y de los hijos del par de reclutas casados, uno era un chiquillo de 3 años que yo no miré más de media docena de veces y el otro, el hijo del cocinero; un niño que murió de tétanos cuando apenas contaba con 5 años.

Mis días de escuela en Sonora no fueron, decididamente, ocasiones para socializar. Desde el preciso instante en que crucé los rieles para mi primer día de clases, hube de armarme de recursos para defenderme. Ni el Pecoso ni los buquis que lo seguían me aceptaron. No podían aceptarme; venía yo de territorio prohibido para ellos. Yo era un guacho y la consigna fue, desde el principio, hacérmelo sentir. Mis trifulcas con el Pecoso fueron épicas por esa razón. Más tarde, un hijo de Rangel Reséndez hizo su aparición, pero muy esporádicamente. El chico, además de que era mayor que yo, estaba internado en un colegio militar en Hermosillo. Mi relación con él fue agria y escasa. Si acaso un par de fines de semana en La Cañada. Esa ausencia de niños a mi alrededor delineó mi patrón de conducta doméstica hasta que llegué a Chavoy.

Y eme aquí, recién llegado a un pueblo donde lo único conocido era la ropa que llevaba puesta. Eme aquí, de súbito viviendo en una casa ajena en medio de un matrimonio cuya vida giraba alrededor de sus dos hijos. Fue en aquella casa donde percibí por primera vez que, en la escala de afectos, yo era el último de la fila. Habría muchas casas más en mi vida con mamás cuya vida giraba alrededor de sus hijos.

Un día, Gildardito jugaba en el corredor. Armado de tijeras, hule de cámara de llanta, cordel y horqueta, yo me entretenía en hacer una resortera. De pronto, un grito interrumpió mi labor. Alarmado viré en dirección del niño, y lo vi mirándose un punto de sangre en el dedo índice. En el suelo, a su lado, yacían las tijeras.

Me acerqué tratando de consolarlo, percatado de que la herida era un simple pinchazo, pero el niño aumentó el volumen de su llanto. Y entonces sucedió lo que sería la norma de mi pubertad.

Por la puerta de la oscura cocina apareció la tía Andrea.

—¡Deja al niño! —gritó, echando a correr—. ¿Qué le hiciste? —agregó levantándolo y estrechándolo entre sus brazos.

—No le hice nada; se pinchó con las tijeras —dije a modo de disculpa, sin entender por qué me estaba disculpando.

Gildardito pegaba de berridos mostrándole el dedo herido a la madre. Andrea le besaba la gota de sangre, consolándolo y acariciándolo.

La tía Andrea no volvió a mirarme. Completamente enfrascada en el niño no tuvo una palabra para mí, ni de comprensión ni de censura. Dándome la espalda, se alejó con el niño en brazos y yo me quedé en medio del corredor. Recogí mis cosas y regresé las tijeras a su sitio. Era obvio que continuar con mi tarea era ignorar el incidente. Interiormente me sentí culpable.

Más tarde, cuando el tío apareció, escuché a ambos hablar de lo sucedido. Habían pasado 3 horas desde el accidente sin que yo viera o escuchara a la tía Andrea.

El tío Gildardo no me dijo nada que denotara comprensión por lo sucedido. Su actitud no fue tampoco disciplinaria pero, en el fondo, yo leí entre líneas que entre yo y su hijo, yo siempre perdería.

—Tienes que tener cuidado en tus quehaceres. El niño no sabe lo que hace y yo necesito confiar en ti —me dijo, como si yo hubiera fallado a su confianza.

Yo no dije nada. No encontré las palabras adecuadas. Sentía que con una explicación, lo único que lograría sería culpar a Gildardito.

El incidente con mi primo fue traumático. No era que la tía Andrea fuera una mala persona. Era, simplemente, que la tía Andrea era demasiada madre. El episodio fue una experiencia nueva para mí. De pronto sentí una inseguridad extraña; algo que no había sentido nunca. Asocié la presencia del niño con dificultades potenciales y procuré evitarlo. Al tomar esa decisión, no logré más que complicar mi relación con la tía Andrea. Instintivamente comencé a ver a la madre protectora antes que a la tía política.

—Ven conmigo —me dijo el tío al día siguiente, tomando el paquete que habíamos recogido en La Reata cuando llegamos de El Fuerte.

Salimos del pueblo siguiendo el rumbo que anteriormente había andado con el Tino. Pasamos La Pintada y esta vez seguimos caminando. Más allá de las últimas casas, aislada en despoblado, surgió una construcción rodeada de árboles. De uno de ellos colgaban mangos enormes, como calabazas.

—Es el «Rincón de las Mangas» —me aclaró el tío cuando pregunté.

Las *mangas* eran los gigantescos mangos colgantes y la construcción era una especie de lugar de «recreo» con mujeres y todo. Las notas de una melodía con banda salían del interior.

Seguimos nuestro camino sobre la carretera, y después de una curva llegamos a un recodo del río. Las aguas producían un susurro al chocar con un lecho pedregoso 20 metros río arriba y luego se precipitaban en ligero declive hasta el sitio donde nos encontrábamos, creando una especie de laguna un poco más ancha que el cauce. A la izquierda de nosotros, el río continuaba en busca del océano.

El cambio de rumbo de las aguas en aquel recodo producía un efecto extrañamente relajante. Uno podía escuchar el sonido de la corriente salpicando con fuerza las piedras a la derecha y luego ver el agua corriendo mansamente por el lecho a la izquierda. Sin embargo, en aquel ángulo obtuso de agua, esta se estancaba, virtualmente. Era como si la corriente se tomara un pequeño descanso antes de seguir viaje.

—Pásanos al otro *lao*, Prajedes —dijo el tío a un individuo que bregaba con una panga. A la sombra de un árbol, otro panguero trabajaba en una canoa. La punta de un hilo se enredaba en el pescuezo de una iguana verde deslavado. El reptil tomaba el sol encaramado en una roca semi sumergida en las aguas. El individuo agitó la mano en señal de saludo y volvió a su labor.

Prajedes saludó y tomó un gran varejón.

—Agarre la soga pues, don Gildardo —dijo, e hincó la punta del varejón en el cenagoso lecho.

Subimos a la panga que en principio me pareció demasiado grande. Más tarde me enteré que los troncos flotantes pasaban gente, ganado y camiones por igual.

El tío asió la soga que colgaba de extremo a extremo del río y Prajedes empezó a jalarla. La panga se deslizó siguiendo la soga, mansa a los suaves tirones de los dos hombres. De vez en vez, el varejón se clavaba en el agua enderezando el rumbo.

Era la primera vez que yo cruzaba un río. La panga se deslizaba con suavidad. Asomado al borde, yo veía el agua chapotear contra los costados del cuadrado. Era una experiencia nueva y en extremo refrescante. Los reflejos solares temblando sobre la superficie, las ramas que arrastraba la corriente, el olor dulzón a madera podrida, los pájaros revoloteando alrededor. El silencio de un lugar en reposo; un remanso en medio de un río en movimiento perpetuo. Todo me resultaba maravilloso.

Cruzamos las aguas suavemente, sin esfuerzo físico. Más que jalar, el tío parecía mecerse en la soga. Cuando llegamos al otro lado, un camión esperaba para cruzar en sentido contrario.

—Prajedes; este es mi sobrino. Cuando quiera cruzar, llévalo; yo te pagaré el peaje. Se lo dices a Nicolás también.

Yo asumí que Nicolás era el dueño de la iguana.

El panguero asintió y el tío le pagó el cruce.

Al otro lado del río emprendimos la marcha caminando rumbo al noroeste; el río siguió su curso rumbo al suroeste. Diez minutos después llegamos a un claro de terreno. Un corral con cerca de alambre de púas nos cerró el paso. El tío sacó una llave y abrió un candado que colgaba de la puerta de trancas. Dos equinos, uno bayo y otro retinto sacudieron la crin y se acercaron desde el fondo. Bajo un enorme guanacaste, un par de vacas masticaban indolentes en el centro del corral. Un becerrito trotó tras los caballos. El tío sacó unos terrones de azúcar y, entregándome uno, me pidió que se lo diera a la más cercana de las bestias.

Estiré la mano y el bayo, obediente, se acercó hasta que levantó el terrón, tomándolo por los belfos. El tío le dio el otro terrón al retinto.

—¿Sabes montar? —me preguntó.

—Sí —contesté—. Yo tenía una yegua. Se llamaba Colorina.

—¿Y dónde está?

—La mató un soldado porque me pateó. Pero no me pateó adrede; fue un accidente.

El tío se interesó en la historia y yo le conté el episodio en detalle. Cuando terminé, me embargó el recuerdo de mi amada yegua.

—Mira —dijo—, cuando quieras dar un paseo, pídeme la llave. Yo te la prestaré si me prometes regresármela de inmediato.

—Este freno es para el bayo —dijo luego, abriendo el paquete—. El del retinto está colgado de aquella horqueta —agregó señalando un palo horquetado.

El tío recogió unos botes manteques con manija y juntos llenamos los recipientes en el río.

Cambiamos el agua, proveímos de pastura a los animales y cepillamos a los dos caballos. El becerrito me seguía con pasos inciertos. Aquella adorable carita me llenaba el alma de gozo. Era la misma carita de las terneras cuando tía Isabel y yo ordeñábamos las vacas al amanecer en La Cañada.

Cuando terminamos nuestra labor, el tío se sentó en una piedra al tiempo que arrimaba un banquillo para mí.

—Siéntate —me dijo, encendiendo un cigarrillo.

Yo me senté, obediente. Era un día glorioso con temperatura agradable. Ni frío ni calor.

—¿Te gusta este lugar? —me preguntó.

—Sí, me gusta mucho —contesté.

—Vamos a hacer un pacto, Rangel —me dijo el tío, colocando ambos codos sobre sus rodillas.

—¿Qué es un pacto?

El tío sonrió y me explicó que era un trato donde cada quien ponía una parte de compromiso. Yo esperé por sus palabras. Me pregunté si acaso aquel paseo fue exprofeso para hablar conmigo.

—Dentro de una semana yo me voy a ir para Angostura. Estaré ausente cuando menos 15 días. Quiero que obedezcas en todo a Andrea. Ella tiene que cuidar a los niños y a veces necesita cosas del mercado, principalmente por las mañanas. Haz los mandados, a cambio te puedes tomar las tardes. Si sigues mis instrucciones estos días, podrás venir siempre. Te dejaré la llave de este corral en un escondite. ¿Qué te parece?

—¿Y qué pasa si la tía necesita algo por la tarde? —pregunté, adelantándome a los imprevistos.

—No pasará nada. Yo hablaré con ella para que te haga una lista con todo incluido. Habrá incluso días en que irán juntos al mercado muy temprano para comprar lo necesario. Esos días tendrás todo tu tiempo libre. Si algo hiciera falta por la tarde, no te preocupes. El trato comprende las mañanas únicamente.

Acepté de inmediato. Las mañanas, de cualquier modo, eran tiempo muerto; todos los plebes estaban, o *deberían* estar en la escuela.

El tío cerró el portón y emprendimos el regreso. Antes de cruzar el río, el tío me señaló un tronco con un hueco entre las raíces.

—Aquí dejaré la llave desde ahora. Podrás tomarla sin mi permiso cuando me vaya —dijo, condicionándome primero a pedírsela y regresársela los días restantes antes de su partida.

El tío dejó la llave en una raíz más alta que el nivel del suelo y nos dirigimos de nuevo a la panga.

Durante todo el trayecto de regreso sentí el deseo de ventilar con mi tío el incidente con Gildardito. Las palabras se amontonaban en mi cerebro y morían antes de ser pronunciadas. El tiempo se acabó y callé.

*

El tío se fue y las cosas cambiaron. Al principio, la tía me daba las monedas con una lista. Yo hacía las compras en el mercado y procuraba pasar la mayor parte de la mañana en las cercanías del caserón. Poco a poco se fue creando un patrón de conducta incómodo en extremo.

A la hora del desayuno, la tía me servía el plato en un extremo de la mesa y ella tomaba asiento en el otro con sus dos hijos al lado. Rara vez nuestras miradas se cruzaban y no pronunciábamos palabra.

—Eso no se hace, Gildardito —decía la tía al niño con una sonrisa cuando mi primito me arrojaba pedazos de pan o de tortilla.

La tía reprendía al niño con dulzura, con voz acariciante, sin voltear a verme, como si los proyectiles del niño fueran arrojados contra un objeto inanimado. El niño le sonreía a la madre y en el siguiente segundo, repetía la acción. Otra vez la dulce reprimenda y otra vez el proyectil.

No tenía restricciones en cuanto a servirme segundas porciones pero tampoco sentía merecérmelas. Cuando, venciendo la tentación me levantaba a la cocina, oía la voz de la tía desde la mesa: «Deja algo para Gildardito» o «No te sirvas frijoles; son para el almuerzo». La escena se repetía en el almuerzo y en la cena. De hecho, la incómoda sensación de marginado se prolongaba sin fin el día entero.

A media mañana, sentía al niño seguirme por toda la casa. Discretamente me las arreglaba para sacudirme su presencia y, cuando la tía me sorprendía huyendo, tenía que aparentar un disfrute que no sentía. Con el correr de los días, me di cuenta que Gildardito era perversamente agresivo en presencia de la madre. El niño era aceptablemente manejable cuando nos encontrábamos solos. Sin embargo, su comportamiento cambiaba de inmediato al aparecer Andrea. Poco a poco empecé a odiar las ocasiones en que debíamos estar juntos. Poco a poco empecé a anhelar la calle.

CAPÍTULO VIII
El Pequeño Sheriff

A principios del siglo xx, los Ontiveros fueron una familia de abolengo en Chavoy de Quintero. Mi abuelo fue un industrial talabartero con un poder económico situado a la altura de los más pudientes del área central del estado. La Revolución asestó el primer golpe a la familia. Gran parte de los terrenos fueron confiscados por los insurgentes, transformándose a la postre en sembradíos para satisfacer la demanda del ingenio La Pintoresca.

Procedente de Culiacancito, mi abuela había llegado a Chavoy agonizando el siglo xix. Célida Salazar era una mujer humilde pero sus habilidades la hacían una joven especial; cosía, bordaba, tocaba la guitarra y cantaba con una voz de soprano de timbre maravilloso. Ella y su hermana formaban un dueto que muy pronto se hizo indispensable en las reuniones sociales. Era inevitable que su belleza y cualidades atrajeran la atención. Mi abuelo se enamoró de ella y la relación terminó en el altar con un albo vestido confeccionado por las propias «Hermanitas Salazar».

El gran salto social de la recién desposada fue más bien un período de ajuste. Para la fecha de la boda, mi abuela ya había sido aceptada por los altos círculos del pueblo.

El matrimonio tuvo cinco hijos. Tres varones; Gildardo, Roberto y Rodolfo y dos mujeres; mi madre Ariana y mi tía María Teresa (después Danelia cuando cambió de nombre).

Los terrenos del abuelo comprendían sembradíos alrededor de la tenería. El negocio de los ladrillos surgió de las necesidades de material de construcción al erigirse el ingenio en 1893.

Cuando el conflicto revolucionario terminó, el abuelo había perdido gran parte de los terrenos pero conservó la tenería. Al perder las tierras, el abuelo estuvo a punto también de perder la vida. En la tensión del inevitable enfrentamiento a raíz de la confiscación de las tierras, un general villista apresó al abuelo y ordenó su fusilamiento. Mi abuela fue a ver al general para pedir por la vida de su esposo y mi abuelo quedó libre de la manera más inesperada.

—¡Célida Salazar! —exclamó el General, al ver a mi abuela—. Dichosos mis cansaos ojos. *Dende* Tepuche, *nuuunca* te volví a ver *y'ora* te apareces. Casi se me sale el corazón por el buche. ¿A poco te llevaron el chisme y te entró la c*uriosidaaa*?

—Juan Banderas, mira nomás en las que andas —contestó mi abuela, sorprendida de ver a un antiguo pretendiente.

El general Banderas cogió una escoba y con ella sacudió violentamente una silla.

—Siéntate ahí. Me encanta verte cómo te sientas; *derechiiita pa'* que se vean bien esas cosas que nosotros no tenemos. Si no es *curiosidá pa'*verme de general, *'tonces* dime en que puedo servirte, *pues'n*.

—Es que tienes preso a mi esposo y de seguro ni siquiera sabes quién es, mucho menos si es una mala persona.

Juan banderas vio a su interlocutora con mirada inquisitiva.

—No me digas que ya te casaste *pues'n*.

—Sí, Juan. Algún día tenía que casarme, ¿no?

—No, *pos* sí, pero yo esperaba que conmigo.

—No, *pos* sí, pero en Tepuche tú tenías *muuuchas*. ¿Que no te acuerdas? —dijo la abuela, imitando el peculiar estilo verbal de Banderas.

—No, *pos* sí —contestó el villista—. ¿Y cuál de los *jijos* que tengo presos es tu marido?

—Indalecio Ontiveros.

El general Banderas se golpeó la pierna con un fuete y en seguida su boca se distendió en una amplia sonrisa.

—¡Que suelten al Indalecio Ontiveros! *Pelao* tan suertudo —gritó, y el abuelo quedó libre.

La Revolución se llevó un cachito de tierras y luego vino la Reforma Agraria a recoger su parte. Pero el que tuvo y tiene, siempre conserva algo. No obstante, el resto de la fortuna familiar desapareció tras una serie de infortunios que iniciaron con la muerte del viejo. A decir de las malas lenguas, y parece ser verdad que así fue, el abusivo despilfarro del dinero y el desinterés de los hijos por los problemas heredados, fue lo que dio la puntilla al resto de la riqueza.

La gentileza de mi abuela era proverbial en el pueblo. Su bondad la hizo negligente en la crianza de los hijos. Ya viuda, su falta de firmeza sería catastrófica; sin la autoridad del jefe de la casa y con una prole voluntariosa e independiente, todo se vino abajo. En dos años de parrandas y despilfarro, la reluciente mansión devino en un cascarón vacío.

No sólo la bondad de doña Célida era proverbial en Chavoy; también lo eran las borracheras de Gildardo Ontiveros. Animales, muebles y terrenos fueron desapareciendo poco a poco hasta no quedar más que lo que yo vi el día que llegué de El Fuerte.

Justo es decirlo: la debacle familiar no fue consecuencia única del alcoholismo del tío Gildardo. Las dos hijas del matrimonio contrajeron nupcias con hombres rechazados por la familia y la sociedad del pueblo en Gral.; uno por su posición en torno al sistema de trabajo del ingenio y, el otro, mi padre, por ser un desconocido sin nombre en la comarca. Ambas mujeres quedaron al margen de los destinos del patrimonio familiar y, de los dos varones restantes, uno vivía ya fuera de Chavoy y el otro era, a la sazón, demasiado joven.

Para subsistir sin tener que recurrir a los hijos ausentes, mi abuela decidió rentar cuartos con la ayuda de María Teresa. De hecho, fue esta última la que financió el plan de rentas. Según la historia, la tía llegó desde la Baja California a salvar la casa que el tío Gildardo ya había perdido.

Esas eran las condiciones cuando yo llegué, con la salvedad de que la abuela ya no estaba; sólo mi tío Gildardo, ya rehabilitado, con su mujer y sus dos hijos.

Entre los huéspedes, un agente viajero de una compañía con sede en Caborca Sonora, llegaba cada fin de mes con puntualidad cronométrica. Hacía sus compras y realizaba pedidos entre los agricultores y en algunas rancherías. Luego abandonaba el pueblo. Su estadía nunca pasó de 4 días.

Francisco Aguirre Lizárraga era un hombre joven de apariencia impecable. Siempre pulcramente vestido y afeitado, solía recorrer el pueblo con un portafolios. Era un hombre blanco de pelo pajizo, casi rubio. Llegaba y se iba de sombrero pero no usaba la prenda en el lugar. Para leer, sacaba del portafolios unas antiparras con aro de oro que se montaba en la punta de la nariz.

Aguirre acostumbraba terminar el día en el café de doña Chepa. En una mesa revisaba sus documentos y luego recorría a pie la cuadra y media de distancia con rumbo a nuestra casa. Los relucientes zapatos con que empezaba el día eran una mancha polvosa al terminarlo.

El Sr. Aguirre Lizárraga era, ciertamente, un hombre muy peculiar. En las noches veraniegas, solía escalar la tapia por el lado del corral y pasaba la noche en la azotea bajo un mosquitero. Bajaba al día siguiente y entraba al baño de tina con rastrillo y espejo a mano. El cuarto de baño estaba en el corral, de modo que para cuando entraba en la casa, ya venía reluciente de agua y afeitado. Daba lustre a sus zapatos y consumía el desayuno leyendo en silencio. A las 8.45 en punto entraba en su habitación, recogía su portafolios y salía por la puerta que daba a la carretera. En los días de lluvia se calzaba unas botas de hule y se escudaba del agua en un paraguas. No se usaban los paraguas en Chavoy y, que yo recuerde, no vi varón alguno que lo usara en La Cañada. El recorrido de Aguirre bajo la lluvia era un espectáculo ambulante. Pero nada detenía al agente viajero en su recorrido. A veces, cuando el aguacero era demasiado fuerte, mataba el tiempo en el café de doña Chepa, leyendo.

La lectura era el entretenimiento favorito de Aguirre. Cuando no tenía un libro a la mano, se detenía en un estanquillo y compraba cualquier revista. Si no había lectura decorosa, recurría a lo que hubiese: el Pepín, el Chamaco o cualesquiera revistas de monitos. Se le podía ver leyendo lo mismo las historietas de Superman que Cruz Diablo o Sucesos Para Todos.

Cierta vez en que Pancho, *el Paraguas*, como los pobladores lo apodaron, regresó a Caborca, en su habitación quedaron las revistas que había comprado. Había sido un viaje particularmente húmedo y Aguirre había consumido un tiempo considerable leyendo. Debido al exceso de agua, en aquel viaje el mosquitero no salió de la maleta la mayor parte de su estadía.

El Pequeño Sheriff, se llamaba una revista de monitos que llamó inmediatamente mi atención. Las ilustraciones eran similares al medio ambiente de La Cañada. El paisaje erizado de cactos y pedruscos sobre un terreno carente de ondulaciones en que se desarrollaba la historia me atrajeron por sobre las demás revistas.

Leí la trama que no diferenciaba mayormente de cualquier historia de vaqueros: cuatreros, caballos, vacas, peleas, duelos a tiros, maleantes vencidos y nobles héroes vencedores.

Leí con un interés estimulado por la nostalgia y mi fantasía infantil viajó hasta La Cañada, conmigo en el centro de extraordinarias aventuras. El caballo del héroe adquirió vida propia en el cuerpo de mi yegua y las choyas de La Cañada fueron trasplantadas a las llanuras de la revista.

Yo no era un lector rápido. Hasta el último día de clases en el Papalote, la escuela había sido mi némesis, mi mayor aburrimiento y el foco de mayor hostilidad hacia mi persona. En un permanente estado de rebeldía, mi mente tendía a desconectarse de las indicaciones de los maestros, buscando siempre salir del salón, huir de mis compañeros.

Pero ahí en la penumbra del cuarto, los dibujos impecablemente realizados atraparon mi imaginación. Subí a la azotea con el altero de revistas y me leí *El Pequeño Sheriff* de punta a punta.

Luego de repetir la revistita, leí con cierto interés un segmento del *Chamaco* llamado «Wama, el Dios de la Selva» y terminé con las aventuras de Adrián Rubí en el *Pepín*.

Leía con cierta dificultad pero las circunstancias me ayudaban. Encaramado en el techo, encontré que yo podía gozar de tranquilidad. No tenía que esquivar a Gildardito y, si escuchaba el grito de la tía Andrea llamándome, no tenía más que correr y bajar por el corral.

Cuando me aburrí, cogí un pedazo de cartón y colocándole una piedra encima, cubrí las revistas. A partir de ese día, la azotea se convirtió en mi refugio mañanero.

Puedo decir, sin vacilar, que aquel episodio cambió mi vida. El gusanillo de la lectura anidó en mi cerebro. Fue un interés que fue creciendo. Al principio, muchas palabras resultaban incomprensibles y yo deducía el significado por asociación, por el contexto de las frases.

Una semana después compré en el estanquillo del pueblo la siguiente edición de El Pequeño Sheriff. Más tarde, un diccionario de bolsillo fue a dar al cerro de revistas de la azotea.

Cuando Pancho el Paraguas volvió hicimos un pacto: yo le lustraría sus zapatos y él me dejaría sus revistas. El *Pepín* y el *Chamaco* eran también publicaciones semanales cuyo tamaño me permitía llevarlas en el bolsillo. Medían la mitad de una hoja tamaño carta, (22x28 cm), con historias variadas que continuaban en la siguiente edición. El *Pepín* venía impreso totalmente en sepia. El contenido del *Chamaco*, en cambio, era en tinta negra con portada a color. La primera revista tendía a las historias de corte romántico: (El Hijo de Emoe, El Pecado de Oyuki, Su Majestad Negra) y la última se proyectaba hacia la aventura, con héroes menos realistas: Rolando el Rabioso, Los Supersabios, Roldán el Temerario. Si bien, ambas revistas venían dirigidas al gusto de los adultos, yo empecé a seguir las tramas con el mismo interés dedicado a Mickey Mouse o al Pato Donald.

Aun cuando sé que los siguientes párrafos no dicen nada para algunos lectores jóvenes, vale la pena hacer mención del movimiento *revisteril* de la época por su misma importancia.

Yo no tengo dudas que en mi país, miles de niños se iniciaron en la lectura leyendo historietas.

La industria editorial de México en los cincuenta estaba plagada de revistas de historietas. Había de todo, desde los omnipresentes importados de Disney hasta los seriales precursores de las telenovelas. El nivel cultural al que iban dirigidas era bajo, por tanto, las tramas eran sencillas. Los tamaños variaban considerablemente, desde las medidas mencionadas anteriormente hasta el gigantesco *Cartones* cuyo absurdo tamaño (28x36 cm aprox.) lo mató prematuramente.

Y claro, las revistas gringas superaban en presentación a las nacionales. *Dick Tracy*, *El Fantasma*, *Mandrake el Mago*, *Red Ryder*, *Hopalong Cassidy*, *Superman*, *el Halcón Negro*, *Porky*, *Popeye el Marino*, *el Súper Ratón*, *Tarzán*, entre otras, tenían portadas de brillante papel, liso y pesado y, los monitos eran de una plasticidad espectacular. Las nacionales, más modestas, se ajaban pronto y perdían la tinta en los dobleces.

Pero había historias que rivalizaban e incluso superaban a las gringas. En Cartones: *Centella Reportero Estrella*, *Pitafas*, *Cruz Diablo* y, en el campo de la comedia chusca, la precursora de Los Supermachos: *La Familia Burrón*.

Flash Gordon, *el Llanero Solitario*, *Lorenzo y Pepita*, *Chema y Juana Tamales*, *Elmer Gruñón*, *el Conejo de la Suerte*, *Tom y Jerry* y *la Mujer Maravilla* son títulos que cobraron vida en nuestra gente, unos publicados en revistas especializadas y otros, en segmentos de revistas de prestigio, como el legendario *Popocha el Guardia de Siempre*; unos, mexicanos de nacimiento y otros por adopción verbi gracia de la traducción al español. Algunos eran de nacionalidad incierta aunque de ascendencia claramente mexicana como *Durango Kid*, *El Zorro* o *Cisco Kid*. Muchos, a pesar de su evidente calidad, se perdieron en el tiempo: *Sandokan*, *Sigfrido*, *Genoveva de Brabante*, *el Spirit*, *Joe Palooka*, *el Capitán Maravilla*, *Rolando el Rabioso*, *Cruz Diablo*, etc.

No todo eran monitos. Ciertamente, había lectura seria y también perturbadora. La ya mencionada *Siempre, Hoy, Suce-*

sos para Todos, *Confidencias*, *La Familia*, *Romances*, *Ovaciones*, la sempiterna *Selecciones* y las eternas historias de vaqueros sin ilustraciones, así como la reina pecadora de las revistas que se leían sólo en los talleres mecánicos o a hurtadillas en algún rincón solitario: *Vea*, con sus modelos rechonchas semidesnudas e historias candentes.

Los títulos mencionados fueron precursores de la ola de historietas de los años sesenta: *Santo el Enmascarado de Plata*, *Blue Demon*, *Black Shadow*, *la Doctora Corazón*, *Vidas Ejemplares*, *Kalimán el Hombre Increíble*, *Memín Pinguín*, *Alma Grande*, *Chanoc*, *La Adelita*, etc. En el campo de la información policíaca, la reina del amarillismo cruento y descarnado: *Alarma* y, en los deportes, las célebres *La Afición*, el *Esto*, *Nocaut*, *Hit y Béisbol*. En la década de los setenta, apareció la revista que evolucionó la lectura de actualidad en México: *Contenido*.

Los sábados, la *Bola*, como le decían al autobús que venía de Culiacán, llegaba en su recorrido diario a las 11 A.M. aproximadamente (nunca con puntualidad), a la miscelánea que servía de terminal. Después que los pasajeros bajaban, el chofer descargaba los envíos. En fardos amarrados con mecate venían las revistas. Yo esperaba ansiosamente en compañía de otras personas, casi todas adultas.

El olor del papel y la tinta fresca se pegó en mis sentidos indeleblemente. Ese olor característico del Chavoy de mi niñez volvió a mi olfato cada vez que entré en una papelería.

De la herencia que Chavoy me dejó, fue el amor a la lectura lo más valioso. Todo se dio para mi iniciación: la necesidad de aislarme del medio doméstico, el tiempo libre de tareas escolares, el pacto con el tío Gildardo que me forzaba a consumir las mitad de las mañanas con la tía Andrea, la nostalgia por los momentos idos para siempre, mi vida sin familiares inmediatos y, sobre todo, el convenio con Francisco Aguirre Lizárraga. Pancho, *el Paraguas*, y el Pequeño Sheriff me lanzaron por un camino que dio riqueza a mi tiempo libre y, a la larga, me rescató siempre de las tendencias equivocadas. A mi inolvidable

Pancho el Paraguas le tocó, además, poner punto final a mi existencia en Sinaloa, como veremos más adelante.

*

Los días transcurrían con la abulia propia de los pueblos de provincia. Las mañanas eran océanos de silencio comparadas con la estridencia vespertina. Aislados, algunos sonidos viajaban en el aire, libres de la gris barrera del *smog*. El ladrido de un perro acá, el molino de nixtamal allá, eran ecos perdidos en un manto de inactividad. La bucólica atmósfera invitaba a la pereza. Los adultos ajustaban sus vidas a los ritmos del clima. El marasmo resultante convertía la siesta en un puente entre el ocio y la actividad.

Sin embargo, nadie duerme cuando le empieza a despertar la vida. Ocasionalmente, dos o tres fugitivos de la escuela se aparecían en el hospital en horas de clases. Yo respondía al clásico silbido y si no desaparecíamos con rumbo al río, nos transformábamos en ingenieros civiles atareados en la construcción de carreteras con la tierra suelta.

Más tarde, cajitas de fósforos recogidas previamente se transformaban en poderosos camiones de carga. Descorríamos la caja a la mitad, cargábamos el hueco con tierra, palos o piedrecillas y los manejábamos sobre las autopistas simulando el *run run* de los motores con la boca. La marca de los fósforos se convertía en el nombre de la compañía. Todo era posible en nuestros sueños infantiles.

La vastedad de terrenos, libres de grava o de empedrados, nos permitía inventar todo tipo de juegos en contacto con la tierra. Tratándose de canicas, el círculo era el juego más popular. Sin embargo, había otro que practicábamos por horas: dependiendo del tamaño de terreno liso, hacíamos hoyitos continuados. Podían ser 6, 10, 15 o 20. La línea de partida era una raya cercana al primer pocito. Uno tras otro tirábamos tratando de meter la bolita de cristal en los hoyitos. A veces alguno lo lograba en un tiro. A veces, todos los jugadores se amontonaban alrededor de un pocillo. Era como jugar al golf con canicas. El precio: incontables remiendos en las rodillas de los deshilachados pantalones.

Cuando las vacaciones llegan, la vida del niño cambia. Las puertas de las escuelas cierran por dos meses y las palomillas de los diferentes barrios toman las calles de los pueblos por asalto. Julio y agosto son meses especiales.

En vacaciones, la vida infantil transcurría a la inversa de los días escolares. En mi pueblo y en cualquier pueblo de México, las mañanas de julio y agosto eran de los niños y las tardes de la gente grande. Al atardecer, las sillas y las mecedoras salían de las casas y los adultos llenaban las aceras al amparo de la frescura del atardecer.

En mi casa las cosas no se daban como en el resto del pueblo. La tía Andrea permanecía en el interior del enorme caserón. Yo procuraba mantener la distancia y desaparecía.

El Tírili vivía una cuadra al sur de mi casa. La propiedad, casi pegada al canal, había sido en otros tiempos propiedad de mi abuelo. Con los rayos del sol cayendo oblicuos del oeste, la sombra de su casa se proyectaba más allá de la acera. Era una esquina con un tamarindo que nacía metido en la calle de tierra. Veinte metros más allá, la raya de sombra y agua del canal se atravesaba marcando el final de la Calle del Reloj. Del otro lado, las parcelas de caña se prolongaban interminables.

La madre y la abuela del Tírili sacaban las enormes poltronas de ébano de Concordia y se sentaban en el área sombreada. Las señoras Enciso y Torrealba se desprendían del otro lado de la calle buscando el lado sombreado y hablaban... y hablaban, cada cual abanicándose con su respectivo abanico de cartón, Yo no supe nunca de qué hablarían tanto pero, esa hora tenía un atractivo muy especial para mi inquieta juventud; era la hora en que aparecía en su inconfundible bicicleta, Chepo el panadero con su enorme canasto repleto de pan caliente. Doña Romualda, la madre del Tírili, nunca se olvidaba de mí en la repartición.

El verano de 1952 tiene que haber sido un verano igual que cualquier otro, pero no para mí. Obligado por el clima, cloné mi personalidad a la de los niños locales. Los Levi's se acabaron con el tiempo y mis zapatones fueron a dar a un rincón debajo de mi catre.

Descalzos y muchas veces sin camisa salíamos de excursión a los otros barrios. Los pantalones, hechos por la mamá, la abuela o la costurera del pueblo, se sujetaban con botones en la cintura y se aseguraban con un par de tirantes cruzados por la espalda.

Eran tiempos en que no se conocían ni cierres de cremallera ni broches de presión. Las camisetas que vestíamos bajo los tirantes, siempre llevaban rayas atravesadas y, por la maldición del encogimiento, acababan subiéndose por encima del ombligo. Las bolsas de los pantalones, repletas de canicas, corcholatas, piedras, cajitas de cerillos y otros «tesoros», abultaban como jorobas la remendada prenda. Aquellas *jorobas* eran nuestras armas cuando invadíamos los dos barrios restantes del pueblo. El cargamento variaba según la temporada pero, había un diabólico artefacto que parecía permanecer de moda todo el año: la resortera, ensartada en la bolsa trasera del pantalón.

Jamás he podido averiguar cómo empezaba cada temporada. Recuerdo perfectamente que un día cualquiera, llegó la temporada del trompo y, de alguna manera, todos amanecíamos trompo en ristre. ¿Cómo lo sabíamos?, quién sabe y, después de todo, ¿quién quería saberlo?

Chavoy de Quintero era un pueblo feo pero pletórico de vida y con un encanto que lo hacía bonito. Era feo porque carecía del atractivo colonial de otros pueblos; no había portales y la iglesia y la plazuela eran construcciones fuera de sitio y carentes de estilo. Pero tenía un atractivo especial: su gente; gente ingeniosa y ocurrente con su léxico chispeante y colorido; gente despreocupada con su estilo de vida. Esas características podrían no ser virtudes a la hora del trabajo pero eran puñados de pimienta que sazonaban el diario vivir. Y era pimienta transmitida de padres a hijos. Algo se me pegó de aquel modo de ser por lo cual doy gracias al Supremo.

Nosotros fuimos niños con recursos pues los juguetes difícilmente se nos dieron hechos. Fabricábamos nuestros silbatos con corcholatas dobladas por el centro; hacíamos zumbadores con botones y cordones; de los aros inservibles de las llantas hacíamos ruedas que empujábamos con alambres que doblábamos en un extremo; a los trompos que perdían la punta en los campos de batalla, les ensartábamos un clavo y los redondeábamos tallándolos contra los ladrillos de las banquetas. Jugábamos a indios y vaqueros con pistolas de palo y, como todos queríamos ser «el texano», se formaban unas alegatas más encarnizadas que una pelea de gatos encerrados en un costal. Jugábamos a «Dos, patada y coz» saltando sobre una cadena de chiquillos encorvados y hacíamos pipas de carrizo para fumar a escondidas el tabaco desmenuzado de los cigarros Faros.

Cuando nos aburríamos o perdíamos nuestros tesoros con los plebes de otro barrio, una simple pelota de trapo y un palo de escoba nos resolvía el problema. En la canícula, el río paleaba el sofocante calor con su cristalina frescura. A veces, a una cuadra de mi casa, el canal, sombreado por álamos temblones o gigantescos yucatecos se convertía en mi piscina. En el río había recodos donde la corriente se comía la tierra que abrigaba las raíces y, por encima, los poderosos brazos casi tocaban el agua. Bichis[3] de los pelos a los talones, pasábamos largas horas en el agua.

Aprendí a nadar sin saber cómo lo hice. Un chico más grande que yo, como veremos más adelante, me aleccionó y yo me limité a seguir su consejo. Aunque no sé cómo aprendí, después me di cuenta que era imposible que no aprendiera.

Si del río a los árboles frutales había poca distancia para la gente grande, había menos para nosotros que la recorríamos todos los días del verano. Trepar al denso follaje de los mangos y bajar con la panza llena a reventar era parte del ritual cotidiano para nosotros. Los adultos allá abajo, eran simples criaturas ignorantes que vivían en un mundo aburrido y plano. Pero un día fui a dar de nalgas contra el duro suelo y desde entonces

---

3 Bichis: desnudos en lengua cahíta.

me quedé en el mundo plano de los mayores; una caída de 3 metros convence a cualquiera. Después hacía lo que el Birote; me sentaba a esperar a que cayeran o los jalaba con un varejón con un gancho en la punta. Eran mangos igual de deliciosos.

Cuando en esta estrella gaseosa a donde todos venimos después de morir miro hacia abajo y observo el planeta donde nací, veo que ya no queda tierra ni para que los perros salgan a levantar la pata. Si a algún plebe se le ocurre tirarse un clavado en un río cualquiera, apuesto a que se rompe la crisma. Son ríos secos, asfaltados, privados de agua y despojados de su natural verdor; tristes hilos de agua dirigidos por la mano del hombre en líneas de monótona rectitud hacia represas hechas exprofeso para uso práctico del líquido.

Los embalses, alejados de los centros urbanos, son solitarios lagos protegidos con cercas de alambre y selvas de letreros con advertencias contra toda clase de amenazas.

Con todo y que la vida florece en derredor, esos gigantescos lunares líquidos parecen reñidos con el placer de vivir.

En la vida moderna, el confort sustituyó al esfuerzo. La electrónica eliminó las tablas de multiplicar. La mente del ser humano se hizo dependiente de resultados luminosos mostrados en pantallas a color: 7x7=49 aparece en la pantalla después de presionar cuatro teclas diferentes. La misma operación se convierte en un problema de proporciones gigantescas cuando se quiere resolver al margen de la calculadora.

El pasmoso desarrollo de la técnica hace superfluo el esfuerzo físico. Hace tiempo que las autopistas de juguete vienen hechas y, de pilón, eléctricas. Hay una guerra constante contra el sobrepeso y, a pesar del enorme esfuerzo por encontrar soluciones a la obesidad, la humanidad es reticente a renunciar al hedonismo: es más fácil ingerir una píldora dietética que caminar; es más fácil reducir el volumen del televisor con el control remoto que acercarse al aparato.

Los remiendos en la ropa ya no existen porque hay parches sintéticos e incluso estos, ya son obsoletos porque la ropa es desechable o, en el peor de los casos, los niños ya no se arrastran por el suelo. El arte de coser se ha convertido en el arte de comprar ya hecho. Simplemente, el arte de hacer las cosas fue sustituido por el arte de recibirlas hechas. Y como «la ociosidad es la madre de todos los vicios», el hombre moderno ha devenido en un vicioso consumado.

En vida, yo no fui un hombre amargado en guerra contra todos los adelantos. A mí, como a todos los hombres de mi época, me absorbió la corriente tecnológica. Por ejemplo, era casi un pecado, amable lector, insistir en escribir a mano una obra como la que usted está leyendo, en vez de teclear en la computadora. Pero, debido a esa comodidad que todo lo facilita, siempre reconocí el monumental esfuerzo de Cervantes y otros de su tiempo que crearon sus obras a la luz del sol o de una vela.

Don Quijote de la Mancha fue escrito sin la facilidad de una simple pluma estilográfica. El mero esfuerzo que requirió escribirlo lo convierte en una obra monumental.

¿El hecho de criticar los males modernos habiendo sacado provecho de ellos me convierte en un hipócrita? No lo creo.

Critico las consecuencias de la vida *electronizada* por el virus que inocula en una edad temprana. El adulto, para bien o para mal, escoge sus opciones. Sin embargo, en una era plagada de artefactos que la especie humana no necesita pero que son de uso continuado porque te llenan los espacios, el joven abusa de ellos, quizá en el afán exhibicionista de la juventud o, más triste aún, porque vive inmerso en ellos, es decir, es el medio en que crece; es lo que aprendió de sus mayores. Las consecuencias de este estado de cosas son que, incluso las intenciones más bien orientadas, acaban siendo mal interpretadas.

El joven que aprende con los sentidos, difícilmente acepta lo que el cerebro debiera enseñarle. Es común el fenómeno de niños que, expertos en los juegos electrónicos, no saben cuál es la capital del estado donde viven.

En el siglo XXI, la juventud ha devenido en un mundo aparte reñido con los adultos. Y mi cerebro se ataranta incapaz de discernir si vale la pena comprender el mecanismo de un horno de micro hondas cuando se vive inmerso en una lucha sin fin contra el colesterol y la tensión, o es mejor no haber visto un médico en 60 años aunque no se tenga idea de cómo usar un control remoto. Este último era, en cierta medida, mi caso.

CAPÍTULO IX

El Alambre

En su siguiente visita, Pancho el Paraguas apareció con un cajón especial para lustrar calzado.

—Con esto te doy las gracias, Rangel —dijo Aguirre, dándome el artefacto.

El cajoncito tenía empotrada en la tapa superior una plantilla de madera con el contorno imitando la suela de un zapato. En la panza de la caja, había todo un equipo para lustrar: betún y grasa negras, café y neutral; tres cepillos para otros tantos colores, brochitas para abrillantar el borde de las suelas, omega (betún blanco) y tres trapos enrollados. En aquel viaje de Aguirre, utilicé los materiales para lustrar sus zapatos exclusivamente.

En la azotea, mi colección de revistas seguía creciendo. Había construido un nicho herméticamente cerrado para protegerlas de la lluvia. Bajo el escondite, cuatro ladrillos clareaban lo suficiente para que el agua corriera por debajo sin causar daños.

Un día, un huésped se acercó con un par de zapatos en la mano.

—¿Puedes darles bola? (verbo bolear: dar lustre a los zapatos).

Yo acepté. Cuando terminé, el hombre me dio una moneda de 20 centavos.

—Es lo que cobran, ¿no?

En efecto, eso era lo que cobraban los boleros en el mercado.

Cruzando la calle frente a la fachada del mercado, a lo largo de la pared de la cantina de Chalío, media docena de boleros se alineaban la mayor parte del día los fines de semana y un par de horas los días regulares de trabajo. Los cajones, perpendiculares a la pared, empezaban cerca de la esquina, inmediatamente después de la puerta de la cantina y terminaban casi en el Café de Doña Chepa, a mitad de la cuadra. Más allá era terreno de nadie.

Había cajones para todos los gustos: sin pintar como el mío, con bolitas colgando en el contorno de la plantilla, con tachuelas adornando los costados, con espejitos, con banderitas pegadas con engrudo, pintados de rojo o de verde, con correa para colgarse al hombro, sin correa etc. Algunos tenían banquitos que combinaban, otros, a falta de banca, lucían flanqueados por un bote boca abajo.

Los boleros eran tipos correosos, todos entre los 14 y 17 años de edad. Sin embargo, dos de ellos eran hombres hechos y derechos cuyas ganancias iban a engrosar las utilidades del cantinero.

Contra lo normal, los puestos más codiciados por los boleros no eran al comenzar la fila sino en el centro. Esto se debía a que la entrada del mercado quedaba a la mitad de la cuadra y la segunda puerta de la cantina de Chalío casi daba de frente, calle de por medio. En ese punto convergían la mayor parte de los clientes potenciales.

Un día cualquiera de entre semana, después de terminar con los mandados, tomé mi cajón y lo coloqué contra la pared, a un lado de la puerta de la cantina. Era casi el medio día y no había más cajones en la acera. Cuando me retiré, dos monedas de 20 centavos tintineaban en mi bolsillo. No me había hecho rico pero con 10 centavos más, completaría el costo de una revista de monitos.

Al día siguiente, entusiasmado con mi nueva profesión, hice acto de presencia en el mismo sitio. Eran las 9 de la mañana y la acera de nuevo lucía desierta.

A las 10 de la mañana apareció el primer bolero. Pasó a mi lado mirándome con suspicacia y se colocó casi en el extremo de la esquina. Mientras acomodaba su cajón me miraba y me miraba.

Poco a poco fueron apareciendo más boleros. Todos me miraban haciendo corrillos. Finalmente, uno se desprendió de su cajón y se acercó. El chico era alto y desgarbado.

—Estás en el lugar del Camaleón —dijo.

—¿Qué Camaleón? —contesté, mirando al chico hacia arriba.

—El dueño de «la puerta». Si quieres chambear, tienes que empezar en la punta, a un lado de con doña Chepa —ripostó el bolero, señalando un punto cercano a la cafetería.

—¿Y tú quién eres? —pregunté, entre molesto y a la defensiva.

—Soy Astacio Pedro Rodríguez Guemez; me dicen el Alambre —contestó el bolero—. Ponte buzo porque el Camaleón es bravo y se va a poner morado si te encuentra aquí.

—¿Y por qué si yo llegué primero?

El chico me miró con aire interrogativo. Después de tanto tiempo de hacer lo mismo mecánicamente, tuvo que pensar en la razón que les obligaba a respetar los lugares.

—*Pos* porque así no tenemos que corretearnos para llegar primero. Así, cada quien llega a la hora que quiere y trabaja el tiempo que desee.

—¿Y si no viene? —pregunté.

—Qué le hace; los clientes van al siguiente cajón.

—¿Y por qué no se corren? —insistí.

—Otra vez la burra al cerco —dijo el chico con aire aburrido—. *Pos* porque si nos corriéramos, nos pelearíamos por el lugar.

Yo apenas pasaba los 10 años; mi interlocutor andaría en los 14. Ya bastante consideración mostraba contestando a mis preguntas.

—¿Me puedo quedar hasta que llegue el Camaleón? —pregunté.

—Ese es el punto —contestó—. Si te quedas, perderemos clientes.

Miré la fila a ambos extremos. Todos los boleros observaban la escena, incluso los que atendían algún cliente levantaban la vista.

Levanté mi cajón y me encaminé al final de la fila. Cuando el Camaleón llegó, miró hacia mi lugar y soltó la risa, burlonamente.

Al caer las primeras sombras del crepúsculo guardé mis cosas y caminé rumbo a mi casa. Para evitar pasar por la fila de boleros, emprendí la marcha en sentido contrario, rodeando la manzana. En mis bolsillos llevaba un peso con 20 centavos.

Otro día temprano tomé mi cajón y, antes de colocarme en *mi* lugar, me dirigí al puesto de revistas. Compré el número más reciente de *Superman* y el de *El Fantasma* y, cómodamente sentado en mi banquito esperé leyendo por mi primer cliente. Era domingo y el centro hervía de gente.

El chico larguirucho del día anterior se acercó a mí viendo mis flamantes revistas. Dijo:

—¿Me prestas un cuento?

Lo miré indeciso. Las portadas de mis revistas eran brillantes y no tenían dobleces ni rasguños. Me gustaba conservarlas lo más incólumes posible. Sintiéndome comprometido, sólo acerté a decir:

—Con una condición. Que me la traigas lo más pronto posible sin doblarla y que si te preguntan, les digas que te la renté.

—Órale —dijo el bolero.

Pedro Astacio Rodríguez Guemez, alias *el Alambre*, regresó con *Superman* y me dijo:

—Les dije que me la rentaste en 10 centavos.

No pasaron 5 minutos cuando otro chico se acercó.

—¿Me rentas *Superman*? —preguntó.

—También tengo *El Fantasma* —contesté.

Mi segundo día de trabajo arrojó un peso con 80 centavos de boleadas y 40 centavos de la renta de mis revistas. Mi meteórica carrera de bolero «renta revistas» había comenzado.

Mis clientes regulares ponían el zapato sobre la plantilla y dejaban pasar el tiempo conversando con otra persona o leyendo el diario. Su conversación se limitaba a las frases de rigor: «tállale aquí», «cuidado con los calcetines», etc. Sin embargo, en más de una ocasión actuaron como si me conociesen. Un par de ellos había caminado directamente a mí, remontando a mis vecinos aun cuando estos estaban ociosos, cual si me hubiesen escogido de antemano.

—¿Cómo te llamas? —me preguntó uno.

—¿Tú eres Rangel? —me preguntó otro.

Había algo diferente en su actitud, como si hubiese una conexión etérea. La conexión había sido particularmente cercana con un cliente de cara rubicunda.

El hombre había mostrado un interés desusado por mí y por mi familia.

—Yo conocí a tus padres. Tu madre Ariana fue una persona muy querida por nosotros. Si me necesitas, estoy en las oficinas del sindicato, enseguida del Cine Obrero o, si no, en la Cocochavoy. Nada más preguntas por Eduardo —había dicho después de dejarme una generosa propina.

Los días fueron pasando. Una mañana, caminando rumbo a la casa de los Arredondo, miré al Alambre sentado en el umbral de una puerta. La gigantesca ceiba que cortaba el camino en la banqueta le sombreaba el rostro. El chico hacía «capiruchos» con un balero. Me miró, levantó las cejas en señal de saludo y volvió a su tarea. Cuando falló en ensartar el barrilito, levantó la vista.

—Quiubas —dijo—. ¿A dónde vas?

—Con los Arredondo —contesté.

—¿Y a qué vas ahí?

—A nada, a *desaburrirme*. No hay nadie con quien jugar. Todos están en la escuela.

—Con la Mabe te vas a aburrir más. Ahí no tienes con quien jugar —dijo el Alambre.

—No le hace, me gusta platicar con ella —contesté—. ¿Aquí vives?

—No, qué va. Es la casa de don Honorato Varela. Mi mamá viene a trabajar con él una vez por semana. Si viviera aquí, no fuera bolero —contestó el Alambre.

Miré la casa y no me pareció gran cosa. La mía era más grande y yo también era bolero.

—Bueno, me voy —dije.

—¿Quieres ir al río? Podemos comprar un raspado de pasada en el mercado y nos lo comemos en el camino. Yo disparo —me propuso el Alambre.

—Espérame aquí —dijo cuando acepté. Entró en la casa y regresó con una cajita.

—Vamos —dijo.

Echamos a andar por donde yo había venido, doblamos a la derecha en la esquina y, en uno de los puestos del mercado compramos los raspados. Seguimos caminando. Una cuadra más adelante, pasando el barrio de Salsipuedes, empezaba la bajada hacia el río.

Bajamos con la indolencia de los desocupados; a paso lento y deteniéndonos aquí y allá. A los lados de la calzada crecían matorros, mesquites, álamos, tabachines y otros árboles de sombra. A mi izquierda miré la casa de los Solórzano.

El ring se veía entre los árboles. A los lados pastaban las vacas, ajenas a este mundo. De vez en vez se escuchaba el graznido de un cuervo. Con mucha más frecuencia, la melodía de tzenzontles y gorriones anunciaba la vida natural escondida en el ramal.

—¿Te agarraste a los *chingazos* con el Chololito? —dijo el Alambre, arrojándole una piedra a una torcaza.

—Sí, doña Camila organizó la pelea —dije.

—Qué bueno que le sonaste. El Chololito le puso una tunda a mi hermanito y a mí me daban ganas de retorcerle el *buchi*. Lástima que está muy chico para mí.

—No le soné. Quedamos empatados —contesté.

—Niguas —respondió el Alambre—. Doña Camila empató el pleito porque no sabía qué hacer. Pero aunque hubiese sido empate, con eso ya ganaste. El Chololito traía *azorrillada* a toda la *plebada*. Con el cuento de que está entrenando para ser boxeador, cree que puede amarrar puercoespines con chorizo.

—¿No se puede? —pregunté ingenuamente.

El Alambre me miró y sentí como que le empezaría a salir humo por las orejas.

«Seguro que no se puede», pensé, y como no lo miraba, agregué:

—Sin guantes le pinto la cara de colorado.

—*Pos* vas a tener que hacerlo. Estoy seguro que el plebe trae la espinita clavada.

—Yo se la desclavo. Si quieres, a la salida de la escuela lo vamos a buscar.

El Alambre se rió.

—No, no hace falta. No faltará quien lo convenza de que él es el campeón y no puede haber empates. Ya verás —dijo mi compañero.

—¿Cuál es tu apodo? —preguntó el Alambre de pronto.

—No tengo apodo —contesté.

—*Adió*, todos tenemos apodos —opinó el chico.

—En la pelea, doña Camila dijo que yo era el Zurdo. Será porque soy zurdo —dije.

—Pues sí. Te apuesto a que el Zurdo se te va a quedar.

Y el Zurdo se me quedó en Chavoy de Quintero. El apodo sería, durante mucho tiempo, parte de mi personalidad juvenil.

Cuando llegamos al río, el Alambre se quitó la ropa y, en pelotas se metió al agua. Yo lo miraba indeciso.

—Encuérate. Nadie se va a robar la ropa —dijo.

—No sé nadar —dije, con la mano en la hebilla del cinturón.

El Alambre me miró con aire sorprendido, como si le hubiese dicho que no sabía andar.

—Pos vas a tener que aprender. Ándale, aviéntate —dijo, zambulléndose en el agua hasta el cuello.

—¿Y si me ahogo? —contesté, desnudándome.

—No está hondo. Yo conozco por dónde cruzar sin que el agua nos tape —dijo el Alambre echando a andar hacia el otro lado.

Vadeamos por las áreas menos profundas. El Alambre parecía conocer el lecho del río como si fuera parte del terreno seco. A veces, el agua me llegaba al cuello y a veces bajaba hasta la cintura. Cuando estaba «con el agua al cuello» titubeaba pero siempre di el siguiente paso.

Cuando llegamos al otro lado me senté en la orilla, asustado de mi atrevimiento. Jamás me expliqué, bien a bien, cómo pude meterme en el agua sin sentir temor. Aunque ya del otro lado la pregunta fluyó a mi cerebro, era tarde para arrepentirse. Me sucedió como le sucede al automovilista que, en un fugaz instante, está a punto de salirse del camino; la sensación de peligro inminente le afecta después, cuando recupera el control del vehículo. Ahí, sentado, miré el agua y me pregunté si me atrevería a cruzar de regreso.

—Te vas a levantar con las nalgas llenas de lodo —dijo el Alambre—. Vamos a la fosa.

—¿Y si nos dejan sin calzones? —pregunté, mirando el montoncito de trapos en la otra orilla.

—Los míos están *premiados*. Seguro que ahí van a estar al regreso.

Los míos no estaban premiados. Pero ir a la fosa se hizo más importante que la ropa.

Caminamos desnudos bordeando la orilla rumbo al oeste. Zigzagueábamos en una vereda de plantas pequeñas, entre árboles enormes.

—Sácale a las plantas quemadoras —me advirtió el Alambre.

Una vez que el chico me señaló las plantas amenazantes, aprendí a esquivarlas.

Llegamos a un sitio lleno de espesas sombras. A la izquierda, un remanso de agua se metía en el camino, obligando a la vereda a desviarse a la derecha. Nosotros seguimos cosa de 3 metros hacia adelante, sin embargo. El agua se veía entre las ramas.

El ramal terminaba en un claro en cuyo centro se erguía el tronco de un sauce descomunal. La sombra era tan densa que la cóncava oquedad parecía una bóveda. El calor pareció quedarse afuera.

—Ahí está bajito. Métete mientras yo me tiro del guirote (liana) —dijo el Alambre, señalando un brazo de agua un poco separado de la fosa.

El alambre empezó a trepar por el grueso tronco del sauce.

La Fosa era un paredón de tierra que circundaba una saliente de agua. Por encima, un brazo del sauce casi cruzaba el pozo líquido. El Alambre caminó sobre el brazo con paso seguro y empezó a jalar de un largo cordel atado a una liana que colgaba vertical en el centro de la fosa. Cuando tuvo la liana en sus manos, se dejó caer agarrado a dos manos. La figura dibujó un semicírculo en el aire y, después de quedar suspendido una fracción de segundo, cayó en el agua desapareciendo de la superficie. Unos segundos después emergió a unos centímetros de donde yo me encontraba.

—Échate de panza y agarra aviada braceando con los dedos juntos y extendidos como para escarbar. Pero tienes que patalear para que los pies te sostengan sobre el agua. Si no pataleas, tus pies se van al fondo sin remedio. Órale —me aleccionó el Alambre sin consultar.

—¿Y con cuál pie pataleo primero?

—No sé pero el cuerpo te lo va a decir, *o' verás* —dijo y se alejó hacia el brazo de la liana.

Obedecí logrando únicamente salpicar el agua. Insistí sin resultado. Me lanzaba al agua de la orilla como flecha y braceaba alocadamente sin avanzar mayor cosa. Mientras yo aprendía, el Alambre se columpiaba o se tiraba en clavados de diferentes brazos, unas veces de un álamo y otras del corpulento sauce de donde pendía la liana.

—¡Bucea para que te entrenes a bracear! ¡Buceando, la braceada es hacia afuera! ¡Pero no le hace; si aprendes a bucear, vas a aprender a nadar más rápido! ¡Primero tienes que aprender a flotar y a bucear!

En efecto, el Alambre tenía razón. Al final de aquel día, yo no solo buceaba sino que podía sostenerme en el agua. Al principio, escasamente avanzaba y mis braceadas salpicaban cual un río infestado de salmones.

No obstante, me sostenía en la superficie horizontalmente.

Fue un placer cruzar el río de regreso. La euforia me embargaba. No solo había aprendido a bucear, sino que podía flotar y, lo más preciado: había hecho un amigo más a mi carácter. Siempre me incliné hacia las personas de más edad; era natural cuando mi formación primera estuvo rodeada por adultos.

Ya vestidos, el alambre levantó la cajita que había traído y sacó un objeto triangular y otro cilíndrico de color rojo.

—¿Qué es? —pregunté, intrigado.

—Un petardo. Les decimos «palomitas».

El chico tomó una jarra de vidrio vacía y la semi enterró en la arena, le prendió un cerillo a la mecha y echó a correr.

—Córrele antes de que explote —dijo.

Nos escondimos en un árbol cercano y un estallido hizo saltar la arena alrededor de la jarra. Vimos volar los pedazos de vidrio por el aire. Cuando nos acercamos, no había trazas del jarrón. Un pedazo de vidrio brillaba a la luz del sol.

—Vámonos —dijo el alambre.

—¿No vamos a recoger los pedazos? —le pregunté—. Alguien se puede cortar.

—No, nadie viene por aquí. Y aunque vengan, usan zapatos o guaraches.

—¿Y los demás plebes?

—Esos ya saben; ellos hacen lo mismo.

No muy convencido eché a andar con rumbo al pueblo. El murmullo del río se fue desvaneciendo a nuestras espaldas.

El Alambre no asistía a la escuela. Por alguna razón que no me detuve a averiguar lo habían expulsado por las Navidades. Su tiempo y el mío eran tiempos afines de ocio y vagancia. Las responsabilidades que yo tenía con la tía Andrea me absorbían las primeras horas de la mañana. El resto del tiempo me pertenecía por completo; primero porque yo me daba maña y, segundo, porque sabía interiormente que la tía Andrea no disfrutaba precisamente con mi compañía. Era un acuerdo tácito: yo cumplía y me largaba y ella no tenía que cocinar para mí.

La cena que de todos modos cocinaba para ella estaba en la cocina cuando yo me aparecía. La calentaba yo mismo y, después de comer, me encaramaba en la azotea y me metía en el mosquitero de Pancho, *el Paraguas*, hasta la siguiente mañana. Mi cuarto lo usaba para dormir únicamente cuando llovía.

El agua se convirtió en una obsesión para mí. Tan pronto como traía las vituallas que la tía me encargaba, corría rumbo al canal. Desnudo de la cabeza a los pies, pasaba horas en las cenagosas aguas.

No tardé mucho tiempo en columpiarme en la fosa del río y, con el tiempo, empecé a tirarme clavados cada vez a más altura. Al caer la tarde, la piel me brillaba y los cabellos se me erizaban casi tan pronto como me vestía. El Alambre se convirtió en un aliado de mis escapadas. Estas se convirtieron en una rutina diaria.

Un mediodía en que la energía infantil exigía movimiento, decidimos ir hacia el oeste en vez de regresar por la ruta acostumbrada. Explorar no era la palabra adecuada para mi amigo pero sí lo era para mí.

Cruzamos con la ropa hecha un liacho[4] sobre nuestras cabezas. En la otra orilla, después de vestirnos, emprendimos el camino.

—Más adelante está el vado de los pangueros, ¿verdad? —pregunté por preguntar.

—Simón —contestó el Alambre.

Seguimos caminando. Después de 15 minutos topamos con un enorme *guanacaste*. Al otro lado del río se veía la bajada al río de Los Ciruelos, llamada así por las huertas de ese fruto que se extendían a lo largo de la orilla.

La vereda torcía a la derecha rodeando el grueso tronco. Miré el árbol milenario, arrobado. El tronco se erguía poderoso, cubierto de estrías, libre de ramas. Más allá de una mancha de verde musgo que se adhería a la base, nada invadía el área privada del árbol. Incluso la vereda se perdía al entrar debajo de las ramas.

---

4 Liacho: modismo; bulto de ropa.

Me detuve a mirar con la boca abierta. El Alambre se detuvo también.

—*'Ta grandote*, ¿no? —dijo, mirándome.

No contesté. Algo había llamado mi atención. Más o menos a la altura de los ojos de un adulto, un mensaje grabado con cuchillo golpeó con fuerza mis sentidos: ARIANA Y LUCIANO, 1938, decía el mensaje a dos líneas.

Las letras se habían oscurecido en el fondo marrón del tronco. Un sentimiento de honda emoción inundó mi alma.

Hay cosas que tu mente no descifra cuando te falta edad. En ese momento de embeleso, no acerté a comprender cómo tres palabras podían impactarme más que la ventana del ingenio, con su crespón negro sobre el dintel. Más tarde pude comprenderlo: era la intimidad del letrero; un pensamiento escrito de puño y letra de mi padre con mi madre a su lado, sin duda.

Pero había más en aquel pequeño escrito. El entorno era espectacular y, sin embargo, empequeñecía ante la majestuosidad del guanacaste. Además, las letras sobrevivirían ventarrones y tempestades como en un titánico desafío a la naturaleza.

Al contrario del artificial moño negro que el hombre reemplazaría por un determinado período, los nombres de mis padres estarían ahí, incrustados en el secular correr del tiempo. Árbol y letrero estaban ahí antes de la tragedia y estarían ahí por generaciones. El tiempo, inmutable en sus propias mutaciones, acabaría por borrarlo, ciertamente, pero el letrero presentaría batalla por un par de siglos cuando menos.

El Alambre me miraba sin decir nada. Luego de guardar silencio por un tiempo, me dijo:

—Yo quiero ser como tu jefe cuando crezca.

Me volví y la pregunta salió natural.

—¿Por qué?

—Porque en Chavoy todo mundo lo respeta. Mi *'apá* me cuenta que nadie podía con él.

—Pero lo mataron —dije, mirando las letras.

—A traición. Apenas así le pudieron llegar.

—¿Tú quieres ser como él aunque te maten? —pregunté con infantil candor.

—Claro que sí, pero yo ya sé cómo lo mataron. A mí no me agarrarían igual —contestó el Alambre con la misma ingenuidad.

—¿Mi papá era matón? —pregunté.

El Alambre frunció el ceño como si no supiera la respuesta. Luego contestó.

—No, no necesitaba; todo el mundo lo defendía. Por el rumbo de Pueblo Nuevo vive don Baldomero Macías. El viejo tiene una cicatriz grandotota en el abdomen. Le quedó de la balacera cuando lo mataron.

—¿A don Baldomero lo mataron?

—No, menso; cuando mataron a tu jefe.

Fue la primera vez que mostré avidez por la historia. Busqué nuevas preguntas para encontrar nuevas respuestas.

—¿Y quién lo mató?

—Un matón de paga. Tu tío Valdemar «se lo echó» ahí mismo. Creo que lo correteó en el caballo de don Relicario Méndez.

—¿Mi tío Valdemar, el que vivía en Estados Unidos?

—No sé dónde vivía. Sólo sé lo que pasó aquí y también sé que después se fue. Pero tu tío Valdemar tenía unos pantalonzotes así de grandes. En el Salón Azul se echó a un tal Tejada, también porque quería matar a tu jefe.

—Entonces mi tío Valdemar sí era matón —dije, como estableciendo una comparación entre los dos hermanos.

—Pos sí y no. Como que no lo apresaron. Creo que no era matón malo, como el otro matón. Yo no sé; yo tenía como 3 o 4 años.

Me toqué los caballitos de oro que pendían de mi cuello y el rostro noble de mi tío se materializó en mi cerebro.

Es el 28 de diciembre de 1946. En la fría mañana de La Cañada, el hombre de azulada barba y velludos brazos saca de la camisa una cadena con un caballito de oro y me lo entrega. «Es el hijo de la Colorina», dice y ambos bajamos de La Loma.

El tío Valdemar volvió a La Cañada en la Navidad de 1947 y, dos o tres meses después, dejó este mundo para siempre en un aserradero de Oregón. Entre sus pertenencias, yo recibí un segundo caballito de oro con una nota indicando que era la novia del caballito anterior. Aparentemente, el tío Valdemar tenía la intención de volver cuando la muerte le sorprendió.

Busqué los caballitos con la mano. Me asaltó una extraña necesidad de sentirlos. Pensé que la cadena era muy delgada y me preocupó el hecho de perderlos.

«Llegando a casa me colgaré algo extra para no se me caigan», decidí.

Volví a la realidad. El Alambre se había sentado al pie del tronco.

—Mi tío Valdemar se murió en las montañas —dije, todavía con el puño crispado sobre la camiseta, a la altura del pecho.

—¿Cuáles montañas?

—Unas bien grandotas. Yo fui con tía Isabel a recoger el cuerpo. Había mucha nieve.

—¿Nieve, como en la Navidad? No te creo —dijo el Alambre, incorporándose con súbito interés—. Yo nunca he visto nieve. ¿Cómo nieva?

—No sé. Ya estaba en el suelo y en los árboles cuando llegamos.

—Chíscale. ¿Había gringos?

—Sí, había puros gringos. También vi ardillas *cafeses* y grises. Unas vuelan.

—¡Ya!, achícale.

—De veras; se abren de patas y un cuero peludo se extiende a los lados como si fuera paracaídas.

—¿Los gringos son como el Chalequín?

—Más o menos. Casi todos son grandotes. Y hablan puro inglés.

—¿Cómo Tarzán?

—Sí.

El Alambre estaba excitado. La mención de la nieve había encendido su imaginación.

—Híjole, te hubieras quedado allá. Debe ser bien padre andar en la nieve.

—Los gringos querían que nos quedáramos pero nos vinimos al día siguiente.

—¿Pos no dices que nomás puro inglés hablan? ¿Cómo les entendiste?

—Nomás entre ellos hablan puro inglés, menso. Mr. Gazzarelli hablaba español con nosotros y también Marcos Ascubisa.

—Chale, puros nombre que no conozco; que míster Garzzarelli, que Mr. Arcarbusi. Te las estás inventando.

—No, en serio. Si quieres te enseño una regla que Mr. Gazzarelli me mandó de allá. Tiene puras letras en inglés. Me mandó un chorro de cosas junto con la cinta para la Prieta.

—¿Cuál prieta?

—Mi máquina de escribir; la que me regaló el Canelo. La dejé en la Cañada junto con mi silla de montar.

¡Ya!, achícale —repitió el Alambre—. Aquí montas *a raíz* y ora me sales de silla de montar y hasta máquina de escribir.

—De veras, don Damián las tiene junto con mis chivitos.

—Mejor dime de las ardillas que vuelan. Ese cuento está más padre.

Y le conté de las ardillas volando en el paisaje nevado. Una respuesta llevaba a otra pregunta. A partir de la nieve, el que dio respuestas fui yo. En un par de minutos, yo había crecido a los ojos de mi amigo a una altura que no hubiera imaginado 15 minutos antes.

Le describí a mi amigo como pude las peripecias de mi viaje desde La Cañada. Le hablé del largo camino en tren hasta la frontera, del vuelo hasta Oregón y del ascenso hasta el aserradero donde recogeríamos el cuerpo de mi tío. Hice mención de las cabañas y los edificios de madera con techos bien inclinados como en las películas de esquiadores, del serpenteante camino hacia arriba, de la blancura del paisaje y del recibimiento que tuvimos en el enorme aposento de madera, de los tragaluces con candelabros colgando de pesadas cadenas; de las chimeneas de piedra y del viaje de regreso con el cadáver.

Cuando terminé mi relato, el Alambre me miraba como si yo fuera de otro planeta. Le era muy difícil imaginar que un chico como yo hubiera volado en un avión, tuviera una máquina de escribir y hubiera estado en «el país de Tarzán».

Los nombres de tía Isabel y los personajes envueltos en la historia se convirtieron en objeto de interminables preguntas. Valdemar Rivera había casi tomado forma en la fértil imaginación de mi amiguito y, yo... yo me había convertido en un semidiós. A partir de ahí, mi estancia en Chavoy de Quintero se convirtió en un oasis de complacencia. Yo dejé de ser simplemente el Zurdo Rangel Rivera. Yo era el hijo de Luciano Rivera; el sobrino de Valdemar Rivera, su hermano. El Alambre se convirtió en una especie de guardaespaldas y, a la larga, en mi primera experiencia negativa en la vida.

*

La etiqueta de «hombre de mundo» que se operó en mi imagen, me permitió darme el lujo de manejar mi tiempo sin depender de las decisiones de mis amiguitos. Empecé a darme mañas para pasar tiempo a solas. A veces el Alambre me acompañaba a cambiar el agua y alimentar a los animales del tío Gildardo, pero cada vez con más frecuencia empecé a hacer el viaje sólo.

Cuando el Alambre me acompañaba tenía que pagar su tarifa a Prajedes, pero el panguero anotaba la mía en una libretita para cobrarle al tío a su regreso. Algunas veces yo cubría el costo con el único fin de darme importancia.

Para evitar revelar al Alambre el escondite de la llave en el tronco hueco, la guardé conmigo desde el principio. Ya después, cuando el tío regresase, la colocaría de nuevo en el escondite.

A veces montábamos al pelo en los caballos y dábamos paseos por los campos cercanos. Al caer la tarde volvíamos, encerrábamos a los equinos y regresábamos al pueblo. Sin embargo, eran mis paseos a solas lo que yo realmente disfrutaba. Adormecido en el fondo de mi corazón, el silencio de mi niñez en mi amada La Cañada resurgía en oleadas de nostalgia. Era en esos momentos de silencio y paz que yo me reencontraba.

A veces cruzaba en la panga con las riendas del bayo sujetas y luego trotaba hacia la tenería. En el pozo salpicado de ladrillos mi alma volaba al encuentro de mi corto pasado. Los recuerdos negativos se aferraban tenazmente a mi cerebro. En el silencio del negocio abandonado de mi abuelo, la imagen desértica de La Cañada con el agreste paisaje sonorense llenaba mi memoria. Allí me regodeaba con mi querido Macetón ametrallándome a lengüetazos; con mi Colorina escarbando el suelo mientras la ensillaba con la ayuda del Canelo, con Rangel Reséndez impulsándome a sus lomos, con la tía Isabel acariciando mis cabellos. Todo se agolpaba en mi memoria llena de melancolía. A veces, cuando venían a mi mente los últimos momentos de mi perro y la trágica muerte de mi yegua, mis ojos se llenaban de lágrimas. Extrañamente empecé a notar que el rostro de mi madre no aparecía con la misma intensidad en mis recuerdos.

Aquellos ratos de dulce sufrimiento hicieron evidente una realidad: vivía una vida concomitante. En el fondo, comprendí que no era feliz.

Chavoy de Quintero era un paraíso que alimentaba mis ojos. Pero el alimento de mi espíritu estaba muy lejos hacia el norte. Me di cuenta que yo no podía ser hijo del verdor que me rodeaba. Arrastrado por las circunstancias, me había convertido en hijo adoptivo de la tierra que me vio nacer. Sin embargo, por propia selección, yo era un vástago natural de la llanura. Las vastas planicies ariscas y pelonas me llamaban con lacerante insistencia. Poco a poco fue creciendo el anhelo de volver. La interminable sucesión de mesquites y saguaros impávidos bajo el ardiente sol me hacían señas y, al amparo de los grandes árboles, el recuerdo de la paz en los espacios abiertos parecía encerrarme en una incipiente claustrofobia.

CAPÍTULO X

El Honor de los Ontiveros

El tío Gildardo volvió en la primera semana de abril. No hubo necesidad de explicaciones en lo tocante a mis largas ausencias. Antes bien, desde antes de partir intuyó que no habría química entre su esposa y su sobrino. Taimadamente se había tomado el tiempo antes de irse para mostrarme su corral y dejarme una puerta abierta cuando saliera de la casa.

El tío Gildardo que yo conocí no era un individuo amante de la imposición. Al contrario de su radical postura en el asunto de mis padres, conmigo mostró siempre una tendencia a solaparme, especialmente en lo tocante a mi relación con su mujer.

Gildardo Ontiveros no siempre fue así. Al morir el padre, sumergió su juventud en un mar de alcohol, música y placeres que casi lo consume. Al tío lo atacó el virus que ataca a muchos jóvenes adinerados cuando se ven súbitamente sin freno.

Los Ontiveros no eran agricultores sino comerciantes. La tenería y ladrillera del abuelo cubrían las necesidades de material de construcción y existencia de pieles de la región. Sus negocios estaban irremediablemente atados a los agricultores y, en consecuencia, a los intereses del ingenio. Era una alianza entre poderosos, al margen del sector obrero. Fue así desde que Indalecio Ontiveros se estableció en el pueblo, procedente de Chihuahua. Nada cambió por décadas… hasta la llegada de mi padre.

En 1937, la hija mayor del comerciante se había casado con Rosendo Mendoza, un hombre que no era miembro de la Liga Agraria local.

En 1938, mi padre llegó al pueblo con sus planes sindicalistas. La reacción natural del ingenio y los agricultores fue de repudio.

En alguna fecha que no he podido averiguar murió Indalecio Ontiveros, mi abuelo. Tiempo después, mi padre se casó con la hija menor del difunto y los frentes de la lucha quedaron definidos: Luciano Rivera y los cañeros contra el ingenio La Pintoresca y sus aliados los agricultores de la Liga Agraria de Productores de Caña. Fueron dos años de violenta confrontación que terminó con la creación del sindicato y un contrato de trabajo decente para los cañeros.

1938 parió lo que se venía gestando desde que Rosendo Mendoza se casó con mi tía María Teresa Ontiveros. Ese año, Rosendo mató en un duelo a tiros a uno de los agricultores más prominentes. Los motivos fueron relacionados al movimiento sindicalista iniciado por mi padre. La Liga Agraria se lanzó con todo contra Mendoza. Rosendo huyó del estado para evitar el linchamiento político. Al tiempo le siguió mi tía María Teresa. Ambos cambiaron de nombre al establecerse en la Baja California.

La asociación de hechos era inevitable. Las dos hermanas estaban casadas con dos hombres de ideas similares, por tanto, los agricultores hicieron frente a Rosendo cual si fuese cómplice de su concuño. Después de todo, uno había matado a uno de sus miembros y el otro pretendía acabar con los convenios sostenidos por años con los dueños del ingenio.

Gildardo Ontiveros no podía sustraerse a una posición y esta fue naturalmente de alianza con los agricultores. Esa postura lo llevó a una relación virulenta con mi madre. Fue durante este período que el tío Gildardo dilapidó los bienes en una vorágine de alcohol y derroche.

En el tiempo en que se gestó la ruina de los Ontiveros, Roberto, el tercer vástago varón, había abandonado el pueblo después de contraer matrimonio. El más joven, Rodolfo, estudiaba a la sazón en Guadalajara, Jalisco.

Mi abuela Célida era una bondadosa mujer en estado permanente de preocupación por el alcoholismo de su hijo. Su bondad saltó las barreras de la dulzura, aterrizando en las cenagosas áreas de la negligencia. La paciencia de la mujer, traducida en condescendencia, cortó de tajo las riendas de la disciplina. El tío aprovechó y se montó en el carro del desenfreno. Como era de esperarse, el alcohol, las largas noches de parranda bajo los focos rojos de El Rincón de las Mangas y los ríos de pesos cambiando de manos en la mesa de póker, alteraron el carácter de Gildardo. Apareció el perverso demonio de la intolerancia, corolario de la impaciencia del inconforme. En el febril nerviosismo de las dolorosas crudas (resaca después de una parranda), el tío empezó a proyectar en los demás sus propias culpas. La calenturienta tregua al final de una parranda vino a ser un compás de espera previo a la siguiente.

Las treguas poco a poco se fueron reduciendo hasta que el tío tocó fondo. Mi abuela vio, en una especie de letargo derrotista, cómo su hijo caía sin remedio en los brazos del dios Baco. No tardó mucho en convertirse en una enfermera de tiempo completo. La anciana que necesitaba apoyo se convirtió en muleta. El caserón se convirtió en casa de huéspedes de paso y el tío Gildardo se despojó de la honorabilidad del apellido. Ontiveros ya no tenía significación para aquel joven. Gildardo se convirtió en el borrachín cuya presencia inspiraba todavía respeto pero del cual, la gente se mofaba a sus espaldas.

El tío Gildardo se bebió, literalmente, la mayor parte de los bienes y, al tiempo, como en una especie de justificación, alimentó en alcohol su rencor contra mi madre.

Aparte de confusa, resulta increíble la forma en que se esfumó la fortuna familiar. Algunos atribuyen lo pasado a la indolencia de mi abuela, otros, a la apatía de los hijos mayores. Algunas versiones culpan al abuelo por no haber previsto la debacle antes de morir y otras, a la fractura nacida de la más desafortunada coincidencia: los dos matrimonios de las mujeres con los hombres menos apropiados a los ojos de la gran sociedad chavoyense. Sin embargo, es más que probable que la ruina vino debido al conjunto de todos aquellos hechos.

«Es el que más necesita de mí», solía decir doña Célida cuando los otros hijos intentaron rescatarla de Gildardo. Resulta, no obstante, absurda la ausencia de interés de todos los hijos en la búsqueda definitiva y verdadera de una recuperación familiar.

Mi padre fue balaceado en el otoño de 1941. A pesar de que la bala penetró en la frente, hubo un período de recuperación casi milagroso en la capital de la Republica. En medio de su convalecencia, un voceador de periódicos pagado gritó la noticia de su muerte en la ventana de mi madre. Era el 28 de diciembre de 1941. Mi hermana nació ese día en un parto prematuro a consecuencia de la impresión recibida por la parturienta.

La noticia era cierta; apareció ese día en los titulares de todos los periódicos sinaloenses. Sin embargo, el maquiavélico grito en la ventana casi me deja huérfano también de madre.

Después de la tragedia, mi madre rechazó la ayuda que el Sindicato de Cortadores de Caña le ofrecía. Por derecho propio o quizá por orgullo, la viuda se refugió en el caserón familiar, el mismo en el que ahora yo habitaba. No duró mucho. Una tarde, en una explosión de furia, el tío Gildardo casi acaba con la vida de mi hermana. En su borrachera, incapaz de doblegar la voluntad de su hermana, el tío puso oídos sordos a los gritos de mi abuela y arrojó una plancha contra hermana y sobrina. El pesado artefacto pasó rozando la cabeza de mi madre. Ese mismo día, mi progenitora buscó amparo en casa de los Arredondo. Fue la última vez que Ariana Ontiveros cruzó palabra con su hermano.

*

Los hechos narrados arriba vagaban en mi cerebro indistintamente en relatos superpuestos cuyo origen me resultaba vago. La coherencia de la historia vino con el tiempo, mucho después del día en que miré por primera vez a mi tío cuando apareció en El Fuerte.

Mi viaje a Chavoy en compañía del hombrón fue placentero. Aquel ser tolerante y servicial me simpatizaba. No tenía yo razón para especular en el pasado y, aún en el supuesto de que mi memoria hubiese encendido un foco rojo, la actitud del mensajero de mi abuela era casi beatifica. El tío Gildardo, el que llegó a recogerme, tenía en su rostro y expresión, la nobleza del perro que parece hecho de puro corazón.

No tengo dudas que los torcidos caminos resbalosos de licor que el tío recorrió al morir su padre, ahora estaban secos. En su interior, el tío Gildardo se había redimido. Ahora buscaba la redención ante los seres que sufrieron la insolencia de su intolerancia. Ante mí, el tío lo había conseguido. Ante mi madre no lo logró jamás.

—Gracias, hijo —me dijo el tío cuando le entregué la llave del corral. De una maleta sacó un pantalón que puso en mis manos—. Mañana estrenamos todos. Es mi cumpleaños —dijo.

Otro día por la tarde nos sentamos a la mesa. Había un mantel de color café muy claro. El tío se había vestido de traje y corbata y habían metido a Gildardito en unos pantalones cortos con tirantes. La niña de brazos dormía en su cuna. La tía Andrea relucia de limpia.

Ese día lustré los zapatos de todos, incluidos mis mineros y me puse mis pantalones nuevos. Era un grupo reunido en familiar armonía; el padre, la madre y los dos hijos. Yo, sentado en el extremo de la mesa, me sentía como el invitado a una fiesta de desconocidos. Había un espacio considerable entre mis parientes y mi silla.

—Acércate, Rangel —dijo el tío, señalando una silla a su lado.

Yo no dije nada. Bajé la mirada sin atreverme a mirar a la tía Andrea. En mi interior ansiaba una palabra de aquella mujer; una señal de aceptación que tornase cálido mi sentir.

—Aquí estoy bien, tío, gracias —contesté.

Mi tío guardó silencio. Nos miró a todos y, sin esperar a que su mujer sirviera, dijo:

—Bueno, a comer.

El tío tomó la cuchara de palo y comenzó a servir. Empezó con su hijo, siguió con su mujer y antes de servirse a sí mismo, se volvió hacia mí y me pidió mi plato. Yo obedecí y me sirvió una generosa porción de mole.

El tío conectó un radio que había traído de su viaje a un enchufe que colgaba del techo. La cena transcurrió entre comentarios del viaje y la música que venía del aparato. La tía sonreía feliz de tener de nuevo a su marido y yo seguía la escena desde mi lugar. La tía miraba al tío, el tío miraba a su mujer. Gildardito comía colmado de amorosos cuidados y el infante en la cuna recibía las atenciones de su madre al menor movimiento. Sin duda, la familia Ontiveros era una familia bonita, unida por el amor.

Mi pensamiento voló a otro cumpleaños.

La tía Isabel coloca una servilleta en la mesa frente a mí. Sirve un par de cucharones de pozole en mi plato y, alborotándome el copete, me dice: «Buen provecho, señor Rivera». Luego se aleja y le sirve a Reséndez. «Este es para el sinvergüenza del Macetón», agrega, sacando un enorme hueso de la olla. Se inclina y coloca el hueso en el plato de mi perro. Este se levanta parando las orejas y, con el hueso entre los dientes, sale por la puerta trasera rumbo al patio. Miro a mi tía a mi izquierda y ella me devuelve la sonrisa. Frente a mí, al otro lado de la mesa, Rangel Reséndez me guiña un ojo. «Apuesto a que tu tía ya no sopla para apagarlas», dice señalando el pastel de cumpleaños con las correspondientes velitas. Todos reímos de buena gana.

Cuando terminé mi porción, el tío Gildardo me sirvió otra. Cuando necesité de limonada, el tío me llenó el vaso y al final, el postre y mi taza de café también vinieron de manos de mi tío.

Algunas veces, el hombre intentó arrastrarme a la conversación sin conseguir más que tristes muecas de sonrisas.

Al terminar la cena, fue claro para mí que el tío Gildardo había manejado la situación para hacerme sentir en familia. Él se encargó de atenderme en muda aceptación al rechazo de la tía. No tuve dudas entonces de que ambos habían discutido en privado mi presencia en su casa.

Aquella tarde sentí más que nunca la ausencia de aceptación. Fue como un adelanto a lo que me esperaba en los siguientes 7 años de mi vida.

El día era sábado. A media mañana puse en orden los bártulos para dar bola y, tomando mi cajón y mis revistas, me dirigí a la cuadra del mercado.

Colgué las revistas de un cordón y me senté en el banquito. Poco a poco empezaron a llegar los demás boleros.

—*Gud moni, mister Rivera* —saludó el Alambre, pretendiendo saludar en inglés.

—Buenos días, *mister* Rodríguez Guemez —contesté, sonriendo divertido.

Un par de horas transcurrieron. El día pintaba bien; dos lugares estaban vacíos y a los demás boleros nos tocaban los clientes de los ausentes.

—¿Qué haces aquí? —preguntó una voz ausente de dulzura.

Levanté la vista y vi el rostro del tío Gildardo en lo alto. El tono de su voz y la expresión de su rostro no me trajeron indicios de una conversación afable. Titubeando respondí:

—Vine a dar bola, tío. Si quiere, lo atiendo en cuanto termine con el señor.

El *señor* bajó el pie de la plantilla y dándome una moneda, se alejó sin permitirme terminar mi tarea. El Alambre lo abordó y mi cliente se acomodó en el cajón de mi amigo.

Algo imperceptible para mí sucedió en ese momento. Algo como un silencio parecido al que sentí una vez en que dos borrachos se mataron en La Cañada. Fue como si el tiempo se detuviese una fracción de segundo. El silencio había sustituido al bullicio.

La señal más evidente de que algo andaba mal fueron las miradas de la gente en derredor; los ojos fijos en nosotros, sin hablar, sin hacer cada uno lo que estaba haciendo.

—Recoge las revistas y vámonos —ordenó el tío con una entonación diferente.

Procedí a levantar mi cajón y el tío interrumpió mi tarea.

—Deja el cajón. Recoge sólo las revistas —volvió a ordenar.

Yo no comprendía. Pero el tono de mi tío no dejaba lugar a dudas: quería que dejara el cajón.

—¿A quién se lo encargo? —pregunté, confundido.

—A nadie. Déjalo y sígueme —insistió.

Me levanté, sintiéndome blanco de las miradas de los curiosos. Miré el cajón y luego miré al Alambre, enviándole un mudo mensaje.

Después de recoger las revistas, di un par de pasos rumbo a la esquina de la cantina.

—Por acá —mi tío me cortó el camino.

Giré en redondo y tomé el camino opuesto a la cantina. Con el tío detrás, pasamos el Café de Doña Chepa y en la esquina de la terminal de la Bola, doblamos a la derecha.

Llegamos a la siguiente esquina. A la derecha quedaba el hospital y al final de este se miraba nuestra casa, al otro lado de la Calle del Reloj. El tío torció en sentido opuesto, con rumbo a la plazuela.

No dije nada. Lo seguí, apresurando el paso. Una cuadra después desembocamos en la plazuela.

Contrario a la vez en que llegamos de El Fuerte, el tío no había saludado a nadie a lo largo de la calle del mercado. Los transeúntes que encontramos tampoco lo hicieron. Antes bien, vi a más de uno hacerse a un lado a nuestro paso con una mueca parecida a una sonrisa en sus rostros, tan confundidos como el mío.

Al llegar a la plazuela cruzamos la carretera, compramos un par de raspados en el tendejón de madera de la curva y volvimos a la explanada. Nos sentamos en un escalón del quiosco y dejamos pasar el tiempo. Yo miraba al tío con el rabillo del ojo, esperando.

El tío terminó su raspado. Arrojó el cono de papel a un cesto y, después de limpiarse los labios con su pañuelo, tomó una de las revistas.

—¿Te gusta leer? —preguntó, pasando las hojas sin fijar la atención.

—Sí.

El tío colocó la revista sobre las otras y unió ambas manos, los codos descansando sobre sus rodillas.

—Sin contar a los Camero que tienen prestigio casi nacional, en Chavoy hay siete familias con apellidos que se conocen más allá del pueblo. Algunas son conocidas casi en todo el estado— dijo, mirando hacia adelante, los ojos entrecerrados por el reflejo del sol.

—¿Sabes lo que significa «abolengo»? —agregó, después de una pausa.

—No.

—Es lo que está detrás del apellido. El abolengo es el lustre que queda después de generaciones de esfuerzo. El abolengo es prestigio creado por nuestros abuelos. Es la pátina que da el poder.

—¿Qué es pátina?

—Pátina es como un barniz; como el verde que sale en los objetos viejos de bronce. Es algo que cubre un objeto con el tiempo.

—¿Como el sarro?

—Más o menos, pero con belleza.

El tío encendió un cigarrillo. Las manos, haciendo huequito para proteger la llama del fósforo, casi le cubrían el rostro.

—Los Ontiveros tienen abolengo, Rangel —continuó, arrojando el palillo lejos.

—¿Tienen pátina?— pregunté, volteando a verlo.

El tío sonrió con indulgencia.

—Sí, tienen pátina —dijo, tomándose su tiempo.

—¿Entonces yo tengo poquita pátina? —pregunté, arrugando las narices.

—No, tú tienes mucha pátina.

—¿Por qué, si soy Rivera y después Ontiveros?

El tío no contestó de inmediato. Levantándose, dijo con decisión:

—Ven conmigo; te voy a mostrar por qué.

Desandamos el camino andado. Sin embargo, esta vez hicimos el recorrido hasta la Calle del Reloj caminando sobre la carretera. Con el hospital a nuestra derecha remontamos la calle y doblamos a la derecha. En el cine Obrero, el tío aminoró el paso y subió el par de escalones de entrada.

—Ven. Quiero mostrarte algo —dijo, mirando de frente a la pared de una especie de vestíbulo abierto—. Lee —pidió, señalándome a una placa de metal incrustada en la pared.

En memoria de Luciano Rivera, cuya entrega sentó las bases para una relación laboral decente con el ingenio y significó una vida digna para los trabajadores. El pueblo de Chavoy de Quintero. Octubre, 3 de 1944.

La placa no decía más. No había nombres ni títulos dando créditos. Incluso La Pintoresca se designaba simplemente como «el ingenio».

—Esta placa no la hicieron ni el ingenio ni el sindicato. El pueblo entero aportó para su instalación. Lo más admirable fue que los hermanos Camero contribuyeron, sin que nadie se los pidiera, para comprar el proyector y la pantalla. Hay por ahí algunos que todavía reniegan de tu padre aunque aceptan la situación a regañadientes. Hasta hace un par de años yo fui uno de ellos.

Bajamos los dos escalones y seguimos a la casa de la esquina. Ahí el tío se detuvo y viendo de frente la pequeña construcción, me dijo:

—Aquí nació el sindicato y aquí vivieron tu padre y tu madre. Aquí nació tu hermana asistida por una comadrona en un parto prematuro. No te voy a contar la historia porque sobrará quien te la cuente. Sólo te diré que aquí vive el Secretario Gral. del sindicato y adentro hay un escritorio que nadie toca porque pertenece a tu madre. Ella es miembro vitalicio y si algún día regresa, podrá hacer uso de él. En ese escritorio despachaba tu papá.

—¿Mi mamá va a venir? —pregunté, curioso.

—Lo dudo. El nombramiento es simbólico pero... nunca se sabe. Lo que es seguro es que si viene, no va a encontrar a algún improvisado sentado ahí.

Vi la construcción, chaparra y cuadrada, parecía una caja gigante. Al lado del cine, lucía enana. Me resultó incongruente su importancia con su tamaño.

El tío bajó la acera para cruzar la calle. Yo lo seguí y a mi derecha apareció la fila de boleros en la banqueta de la cantina. A la derecha del Alambre vi mi cajón.

En el centro de la calle que cruzábamos, bonito pero estorboso, el pedestal del reloj que daba nombre a la calle marcaba las 11.45 de la mañana. Cuatro 11.45 anunciaban la hora en las cuatro carátulas del Big Ben, como le llamaban los lugareños al simbólico reloj.

Entramos en la cooperativa. De inmediato algo llamó mi atención: un enorme retrato en blanco y negro de un hombre de facciones nobles dominaba la pared de fondo. Era la misma cara del retrato venerado por doña Camila, pero en dimensiones gigantes.

—Ese es tu padre, Rangel. Tú tienes abolengo por los Ontiveros pero, además, tienes prestigio por tu apellido. A falta de abolengo, a tu padre le sobraba lo que un hombre necesita.

Al entrar en el edificio, noté la misma intensidad vivida en los transeúntes de la calle cuando el tío me ordenó seguirlo a la plazuela. El personal de oficina y los empleados detrás del larguísimo mostrador miraban al tío, desconcertados.

—Háblele a Lazcano, por favor —le ordenó el tío a una chica sentada tras un escritorio.

La chica miró a los lados como buscando aprobación, las manos sobre el teclado de una vieja máquina de escribir. El tío notó la indecisión de la secretaria.

—Señorita, dígale a Lazcano que aquí está el hijo de Luciano.

La joven se levantó y desapareció tras una puerta. Por el mismo hueco apareció un rostro rubicundo. Era el cliente que me había ofrecido ayuda si llegase a necesitarla.

—Eduardo, este chico es Rangel Rivera Ontiveros. Olvídate quién lo trajo y dile qué significado tiene su apellido.

Eduardo Lazcano me miró con cara amable. El momentáneo desconcierto había desaparecido con las palabras del tío.

—Hola, Rangelito —me saludó.

El hombre me tendió la mano. Después del saludo se volvió a mi tío y dijo:

—Es grato verlo en nuestro local, Gildardo. Este lugar tiene mucho de Ontiveros también.

—Se agradece el cumplido después de tanta insensatez de mi parte. Créeme, Eduardo, yo hace tiempo que dejé el rencor. Sólo el orgullo me impidió venir y ofrecer disculpas. Ahora todo es distinto. Este chico merece conocer su origen.

—Sí, Gildardo, tiene usted razón. Yo ya sabía de su presencia en el pueblo; Camila Solórzano me lo hizo saber. Sin embargo, decidí que no era apropiado buscarle en casa de usted. No era prudente escarbar en nuestras dificultades.

—Se agradece, Eduardo. Sin embargo, de hoy en adelante puedes tocar a las puertas de mi casa como si fuera la tuya.

Los empleados del local habían permanecido a la expectativa. Era como si supieran lo que pasaba pero no supiesen cómo actuar.

—Muchachos —gritó Lazcano—. He aquí al hijo de Luciano.

De inmediato, la tensión disminuyó. Los trabajadores se acercaron, las caras sonrientes. Entre ellos, reconocí a los hombres *diferentes* a los que yo había lustrado el calzado. Algunos de los otros rostros se habían cruzado conmigo en la calle.

—Esta cooperativa la debemos a tu padre, hijo. Le debemos más que un edificio —me dijo Eduardo Lazcano.

No hablé mucho. «Sí, señor», «no, señor», fueron mis palabras más eruditas. Fue una reunión salpicada de elogios para mi padre. El nombre de mi madre surgió en la conversación pronunciado con marcado respeto. Salí de ahí cargado de golosinas y muestras de sincero afecto.

Sentados en el muro del hospital, bajo el guamúchil, el tío empezó a explicarme:

—Eduardo Lazcano es un hombre respetable. Tiene el puesto que tiene en el sindicato gracias a tu padre, además de que lo merece, por supuesto. Es un hombre respetable pero no tiene abolengo. Los Lazcano son gente que, con el tiempo se fabricarán un nombre en Chavoy sin duda. Pero, hoy por hoy, están en el proceso.

—¿Le falta pátina? —pregunté, recordando el término.

—Se te pegó la palabreja, ¿eh? —dijo el tío, bailándole una sonrisa—. Sí, le falta pátina.

—Pero tiene dinero. Él es el jefe de la cooperativa, ¿verdad?

—Precisamente, Rangel. Tiene dinero para vivir aunque no sea rico, pero debe trabajar si quiere subsistir. El dinero le da sustento pero no abolengo. Supongo que notaste que me habló de usted aun cuando yo le hablaba de tú.

—Sí —asentí.

—Esa es la diferencia, hijo. Cuando tienes un nombre, el prestigio queda incluso cuando lo pierdes todo. Los Ontiveros son respetados por lo que fueron. Es algo que no se borra.

—¿Pero si usted tiene abolengo, por qué tiene que trabajar?

—Porque no tengo dinero, Rangel. El dinero se fue.

—¿Y por qué no se mantiene con el abolengo?

—Se puede vivir con el abolengo pero no del abolengo. Te lo pondré fácil: Eduardo Lazcano tiene dinero para vivir pero no tiene abolengo, por eso debe trabajar. Eso ya lo hablamos. Los Ontiveros también deben trabajar para subsistir pero tienen abolengo. ¿Dónde está la diferencia? Bueno, la diferencia está en que si Eduardo Lazcano lo perdiera todo ahora, también perdería el prestigio. Es decir, bajaría al fondo de la escala social. Los Ontiveros perdieron la fortuna pero ya tenían el nombre y siguen siendo Ontiveros donde se planten. El Gral.

Ávila Camacho sigue siendo respetado aunque ya no sea presidente. Así es como es. ¿Entendiste?

—Sí, tío —contesté, aunque seguía siendo confuso eso de tener que trabajar aunque se tuviese abolengo.

Hubo una pausa. El tío encendió un cigarrillo.

—Si el Gral. Ávila Camacho fuera a trabajar como secretario del Lic. Miguel Alemán, sería deshonroso para él y para la Presidencia. Si tú sigues dando bola, sería deshonroso para tu padre y para los Ontiveros. Por eso quiero que no sigas dando bola.

—¿Yo tengo abolengo, tío?

—Sí, hijo. Tú tienes abolengo.

—Pero mi abolengo es como el suyo. Usted trabaja.

—Bueno, sí; pero soy independiente. No tengo un patrón local. A veces, el abolengo estorba; eso le pasó a tu madre.

—¿Qué la pasó a mi mamá?

—Cuando mataron a tu padre, ella no pudo abrirse paso en Chavoy. Todos los patrones del pueblo estaban a su nivel o por debajo de ella, como Ávila Camacho y la Presidencia. Tú, desafortunadamente, tienes que ajustarte a la posición de los Ontiveros.

Yo no entendí la «posición de los Ontiveros». Cierto era que había visto el respeto con que el tío era tratado pero también había visto la casa de los Solórzano. Era una casa bonita, llena de muebles y macetas. No había gran diferencia con la de los Ontiveros.

—Deshonroso quiere decir sin honra, Rangel. Viene de honor. El honor de los Ontiveros no admite tener un bolero en la familia.

—¿Es malo ser bolero?

—No, hijo; no es malo. Todo trabajo honra. Pero lo último que un Ontiveros haría sería sobrevivir en lo que sea. Tú tienes que pensar en el honor de la familia por partida doble. Eres, además de un Ontiveros, un Rivera.

Guardé silencio. Comprendí vagamente las palabras del tío. Bolear era, para los Ontiveros, como si Ávila Camacho le pidiera trabajo a Miguel Alemán.

—¿Puedo ser amigo del Alambre aunque sea Ontiveros? —pregunté.

—Sí, sí puedes. En la niñez, los convencionalismos no cuentan.

—¿Y qué son convencionalismos, tío?

—Lo que me impide ser amigo del padre del Alambre —contestó el tío, echando a andar rumbo a nuestra casa.

Yo le seguí. Era muy joven para entender que los convencionalismos son reglas orientadas a evitar las habladurías de la gente; el «qué dirán» tan demoledoramente presente en la sociedad de aquella época. Convencionalismo era, en otras palabras, lo que expulsó a mi madre de Chavoy de Quintero.

En aquel recorrido que explicaba el abolengo, hubo algo que en su momento no noté pero que el tiempo me mostró con claridad prístina: en casa no recibíamos visitas y yo, hasta el momento, no había visto al tío Gildardo conversando con gente del pueblo, fuera del nivel que fuera.

Que un niño de mi edad no lo notara era normal, porque las cosas importantes tenían más que ver con las canicas y los trompos. Pero el desconcierto de la recepcionista, de los trabajadores en la cooperativa, el de Lazcano al verlo y la reacción de los transeúntes en el mercado frente al tío no podían ser normales. Con el tiempo noté también que Gildardo Ontiveros no tenía vida social. Nunca iba al mercado ni frecuentaba vecinos ni centros sociales. La cantina de Chalío estaba a una escasa cuadra de nuestra casa y alguna vez oí que el tío asistía a diario. El Rincón de las Mangas también estaba ligado a su pasado pero el día que cruzamos rumbo al corral, ni siquiera volteó al edificio. El tío vivía una vida solitaria y lo más sociable que observé de él, fue lo que hizo el día que habló con Eduardo Lazcano.

¿Era honor lo que obligaba al tío a evitar a sus coterráneos? Esa pregunta tuvo esta respuesta con el tiempo. Gildardo Ontiveros se las había arreglado para rescatar su propia dignidad cuando empezaba a resbalar por el abismo de la perdición. He aquí lo que había sucedido:

Al alba de un húmedo día de verano, un humilde albañil se dirigía a su trabajo. Había llovido la noche anterior y había lodo por todos lados. A la altura de la cantina de Chalío, el peatón vio un bulto tirado en la banqueta. Al acercarse, vio en la semi penumbra que se trataba de un hombre.

«Vicio maldito», se dijo para sí, Juvencio el albañil.

Para asegurarse de que se trataba de un borracho y no de un herido, el peón se acercó a examinarlo. De inmediato, un penetrante olor a alcohol y a orines le golpeó el olfato.

—La agarraste con premio, compadre —dijo Juvencio, agachándose sobre el tirado.

El borracho era un hombre corpulento. El sombrero le cubría la mitad de la cara.

El jornalero retiró el sombrero y quedó perplejo.

¡Arrea! —exclamó—, es Gildardo Ontiveros.

Un gruñido del beodo lo hizo saltar hacia atrás.

El borracho era un desastre. Un pie estaba calzado y el otro mostraba el calcetín. Los pantalones estaban empapados en orines, los botones de la bragueta abiertos. La hebilla del cinturón reposaba en las lozas de ladrillo. La camisa, rota, yacía a un costado. Gildardo mostraba el torso desnudo.

Al levantar la vista, Juvencio vio la silueta de una mujer acercarse con un niño cargando una canasta. Las puertas del mercado se abrirían en unos instantes. El albañil meditó un momento, indeciso. Rápidamente recogió la sucia camisa y la extendió sobre los botones desabrochados de la bragueta. Inmediatamente después se incorporó y se alejó a toda prisa. No era cosa de que si el hombre había sido robado, le acusaran más tarde.

A Juvencio no le acusaron de nada. Gildardo Ontiveros no había sido robado y el albañil simplemente guardó silencio. La dama de la canasta, sin embargo, reconoció al tirado. En boca de la mujer, la noticia se convirtió por un tiempo en el chisme de moda en el pueblo.

Cuando Juvencio se presentó a su trabajo al día siguiente, lo primero que escuchó fue la noticia.

—¿Ya supiste, Juve? Gildardo Ontiveros se quedó dormido en la banqueta de Chalío. Estaba todo *miado* —le disparó un compañero.

El secreto de Juvencio había durado escasos 5 minutos. Chavoy de Quintero había amanecido aquella madrugada con algo nuevo qué contar. Al filo del mediodía, todo el pueblo lo sabía. Esa tarde, al llegar a su casucha, Juvencio compartió su experiencia con su esposa. En la rústica mesa de madera, su hijo de 10 años lo escuchó y así mismo se lo contó a sus amiguitos. Uno de ellos me lo contó a mí y, en aquel momento quedó develado el misterio: la vergüenza hizo el milagro de redimir al beodo.

Fue un esfuerzo titánico el alejarse del vicio y lo logró con la ayuda de la que sería su esposa. Ya rehabilitado, el tío Gildardo se replegó en sí mismo y, desde entonces, evitó pasar por el lugar donde lo habían encontrado. De hecho, el día que me ordenó dejar el cajón de bola, había sido la primera vez que el tío recorría la manzana. Y fue la razón también, que el regreso del recorrido lo hiciéramos por la carretera. Gildardo Ontiveros no volvió a probar el licor jamás y la cantina de Chalío se convirtió en su némesis; en el símbolo de su vergüenza.

Recién llegados, el tío pudo haber subido a la carretera por la calle por donde llegó La Bola. Sin embargo, escogió la del mercado teniendo que cruzar la calle dos veces para evitar la cantina. Supongo que la razón fue llegar a La Reata a recoger el freno para el bayo, o tal vez un deseo interior de mostrarme la efervescencia del poblado en mi primer día. Para ello, supuse que había decidido invitarme a las macedonias.

Cuando el tío cortó de raíz mi carrera de bolero, los transeúntes que nos abrían camino con una mueca remedo de sonrisa a nuestro paso rumbo a la plazuela, eran personas que, sabedoras del episodio, mostraban respeto por aquel hombre. Todo el pueblo sabía lo que había pasado pero el apellido pesaba más que la mácula del ridículo. El abolengo se había impuesto a la ignominia.

¿Usted tiene abolengo, tío? —pregunté un día.

—El tiempo me lo dio y el tiempo me lo quitará. Lo tengo ahora y lo tendré por algún tiempo, pero lo perderé sin duda. Creo que el proceso ha empezado ya.

El tío sabía lo que estaba diciendo. Para fines del siglo xx, el polvo del olvido había soplado las últimas letras del apellido. Los Ontiveros dieron paso a otros apellidos. De alguna manera, los Rivera sobrevivieron en la flaca memoria del pueblo: CALLE LUCIANO RIVERA, dice la placa en una esquina y el nombre de mi padre todavía se lee en la fachada de la cooperativa de consumo, aunque los chavoyenses le llamen «Cocochavoy».

CAPÍTULO XI

El Baúl de Honorato Varela

«La ociosidad es la madre de todos los vicios», dice el dicho... y de todas las malas mañas, diría yo.

La mañana, tan ociosa como nosotros, guardaba silencio. El trinar de los pájaros era más nítido y el cuadro de dos adolescentes tirados en la orilla del canal contribuía a acentuar la sensación de inactividad. Era una clásica mañana de verano.

—Yo sé cómo ganar mucha lana —dijo el Alambre, abanicando el aire con un varejón, tratando de atinarle a un cigarrón.

—¿Con las boleadas? —pregunté.

—Niguas. Con las boleadas saco nomás para pasarla suave.

—¿Entonces cómo?

—Don Honorato tiene muchas monedas de oro que no le sirven para nada.

—¿Y para qué las quiere si no le sirven?

—Quien sabe. Pero me cae gordo que se vaya a morir y se las roben.

—¿Y si no le sirven, para qué las guarda?

—Pos porque son de oro, menso.

El Alambre le dio una chupada a la colilla que había recogido. Yo me escarbé las narices.

—¿Has estado en Culiacán? —me preguntó mi compañero.

—De pasada cuando veníamos a Chavoy.

—Yo nunca he estado.

—Hay muchas casas, como en Hermosillo.

—¿Quieres mi bachicha? —me preguntó alargándome la colilla.

—No me gusta fumar —contesté.

Le dio una última chupada y la arrojó lo más lejos que pudo.

Empezamos a caminar por el bordo de la carretera. Juntábamos piedrecillas que arrojábamos contra blancos escogidos al azar.

—¿Qué hacemos? —pregunté al desgaire.

—¿Quieres ver las monedas de don Honorato? —me preguntó el Alambre con los ojos brillantes.

—Claro.

Nos alejamos del canal caminando por la Calle del reloj y en la esquina de mi casa doblamos a la derecha. Remontamos el hospital y después de cruzar la calle cruzamos al otro lado de la carretera. A la mitad de la siguiente manzana nos detuvimos. Estábamos en el sitio donde encontré al Alambre cuando aprendí a nadar en el río. A unos metros adelante se veía la casa de los Arredondo.

—¿Aquí trabaja tu jefa? —pregunté.

—Simón... taras a caballo —contestó mi amigo, viendo para todos lados.

Yo me dirigí a la puerta pero el alambre me jaló la manga de la camiseta.

—Por allí no. No hay nadie en la casa.

—¿Y entonces cómo me vas a mostrar las monedas?

—Tú sígueme —dijo el chico y empezó a trepar por el grueso tronco de la ceiba.

A duras penas lo seguí. No era fácil para mis cortas piernas encontrar apoyo.

Por un brazo que zigzagueaba sobre la casa nos descolgamos al techo. El Alambre avanzaba encorvado, evitando cualquier mirada de los patios vecinos. Yo hice lo propio.

Al principio yo no tuve conciencia de que nos estábamos introduciendo sin permiso. Pero cuando llegamos al pretil interior y vi a mi amigo asomarse con infinitas precauciones, intuí que lo que hacíamos no era correcto. Sin embargo, aun cuando no era correcto, tampoco era un delito. Después de todo, su mamá trabajaba ahí y él entraba y salía a capricho. Pensé que el Alambre me quería mostrar algo especial y no tenía la paciencia para esperar a que alguien llegara o, en el peor de los casos, escuchar una negativa si lo pedía.

Igual que escalamos al techo por una ceiba, bajamos al patio por un guayabo.

El patio estaba cubierto de plantas. Había rosales y gardenias, macetas de anchas hojas, helechos, hueledenoche, siemprevivas y geranios. En una esquina crecía un papayo cargado de fruto verde. Por una de las paredes se extendían los brazos de una hermosa madreselva. El olor a musgo, humedad y aromas florales era penetrante. Me acordé de mi capitán Reséndez y su pasión por la botánica.

El Alambre no perdió tiempo identificando los olores. Rápidamente atravesamos el patio y en 30 segundos estábamos en el corredor. Mi amigo avanzó velozmente hacia una puerta y después de abrirla, me hizo señas para que lo siguiera.

Adentro de una habitación olorosa a naftalina, mi amigo abrió una vitrina y de una esquina retiró una llavecilla. Atravesó el cuarto conmigo en pos y se acuclilló frente a un enorme baúl de color verde desvaído. Introdujo la llave y levantó la tapa de forma cóncava.

Dentro del baúl, cuidadosamente distribuidos, había documentos sujetos con listones, fotografías antiguas, joyas, un revolver Colt como los que se veían en el cine y algunos objetos personales. Una caja de madera ocupaba un tercio del espacio. El Alambre levantó la tapadera y apareció un montón de monedas de oro de los llamados Centenarios.

Yo nunca había visto tanto dinero junto. La caja estaba repleta de monedas. Aun a mi corta edad, pude comprender que en aquel baúl se ocultaba una fortuna considerable. Me asusté.

—¡Chíscale! Ya las vimos; vámonos, Alambre —dije, con el corazón desbocado.

—Espérate —contestó el chico—. Si tomamos dos, nadie lo notará.

—No, no se vale robar —dije, acordándome de tía Isabel.

—Si no es robo, menso. Es robo cuando le quitas algo a alguien que lo necesita. Don Honorato ni siquiera ha abierto este baúl desde que yo vengo con mi mamá.

—¿Y tú como sabes?

—Porque yo le hago trampitas. Le pongo un cabello ensalivado a la llave o la coloco chueca. Nunca la he encontrado diferente.

—De todos modos no son nuestras —insistí, tratando de hacer desistir a mi amigo.

Mis argumentos tuvieron menos éxito que una monja predicando en un burdel.

—Rangel; con tres monedas podemos ir a Culiacán y comprar un chorro de «cuentos». Nadie se va a enojar porque nadie va a reclamar nada. Si no hay reclamo, no hay robo y si no hay robo no hay delito —dijo, echándose tres monedas en el bolsillo.

Salimos de la casa por el mismo camino y, presas de una enorme excitación, corrimos rumbo al hospital. Bajo el sombreado aguacate de la parte trasera examinamos las monedas. Yo estaba arrobado ante la belleza del metal.

—Mañana las cambiamos en el banco —dijo el Alambre.

Otro día, mientras yo lo esperaba afuera, el Alambre cambió las monedas en el banco. Una hora después bajábamos de la Bola en Culiacán.

Empezamos a caminar sin rumbo, preguntando por un puesto de revistas. Avanzamos hacia el norte de la ciudad, sobre la avenida Álvaro Obregón hasta encontrar, anexo al cine Avenida, un enorme puesto de periódicos.

Con varias revistas bajo el brazo nos metimos al cine y vimos una película de Raúl de Anda. Más tarde nos atiboramos de refrescos embotellados y de helado en copas de cristal. Comimos como presos que van a ser ejecutados y tiramos al blanco una y otra vez en una feria acampada en los predios del Parque Revolución. Gastamos más dinero que un millonario recién casado y, por la tarde, cansados y satisfechos, bajamos de la Bola en Chavoy. Furtivamente escalé la tapia de mi casa con un fardo de relucientes revistas y las escondí en la azotea.

La tentación fue irresistible. Cuatro días después volvimos a trepar la ceiba y don Honorato Varela perdió otras tres monedas

Después de otra orgía de tortas, caramelos y helados de mil sabores en Culiacán, arribamos a Chavoy cargados de objetos nuevos. Al final de aquel día, otro montón de revistas fue a dar a mi escondite. Entre ellas, oculté una navaja de muelle, un cinturón de cuero con la hebilla adornada con la palabra Texas y un llavero con un revolver de plata en miniatura.

*

Las clases terminaron tres días después de aquel último viaje a Culiacán. La palomilla se reunió ansiosa de recuperar el tiempo perdido. Los trompos salieron de los escondites. Las piolas (cuerdas) se enrollaron flamantes en las panzas de los zumbones juguetes y los torneos empezaron.

Había tres juegos de trompo que eran los reyes de los torneos. En el más popular, se pintaban dos líneas en el suelo, separadas a una distancia considerable. Una línea era de partida y la otra era la meta. Cada participante colocaba una moneda de 10 centavos (de las blancas de antes) en la raya de partida. Luego, todo el grupo se dirigía a otro sitio cualquiera y pintaba otra raya. De una distancia preconcebida, había que lanzar una moneda a la raya para decidir quién tiraba primero, segundo etc. El que quedase más cerca de la raya abría el juego, luego tiraba el más cercano al primero y así sucesivamente. Las *alegatas* que se formaban cuando dos jugadores quedaban equidistantes, eran épicas.

Cuando había que decidir entre dos jugadores, se medía la distancia de la moneda a la raya haciendo «cuartas» con los dedos extendidos. Cuando la última cuarta rebasaba la línea, se completaba midiendo con los dedos. En el proceso siempre había una gritería ensordecedora de acusadores: «Estás haciendo trampa, pinche Botete»; «el dedo chiquito no cabe, méndigo panzón», se oía y las medidas se tomaban una y otra vez.

Cuando finalmente había consenso, los jugadores debían empujar con el trompo zumbando, una moneda de las que habían sido colocadas en la línea de partida. Para avanzar la moneda, el jugador tenía tres variantes: el puntazo, que significaba colocarse de espaldas a la meta, tomar puntería, soltar el trompo y tratar de jalar la moneda pegándole con la punta. Si tenías puntería, el puntazo acercaba la moneda hacia la otra raya. Fallaras o no, tan pronto como el trompo caía, el jugador lo levantaba entre el índice y el anular y seguía dándole puntazos a la moneda hasta que el trompo perdía velocidad. Otra opción era aprovechar al máximo la rotación del trompo, evitando apuntar a la moneda con el tirón. Mientras el trompo giraba, se levantaba una y otra vez para pegarle a la moneda hasta que la rotación languidecía. La tercera opción, y esta era una regla que se establecía desde el principio, era el *chapotazo*. El *chapotazo* era un golpe propinado con el costado del trompo cuando este ya estaba a punto de «morir». Algunos chicos eran tan buenos con esta variante, que daban el *chapotazo* cuando todavía podrían haber dado un par de puntazos. El juego se podía jugar pues, con o sin *chapotazo*, dependiendo del acuerdo inicial. El ganador era el que llegaba primero a la línea de meta con su moneda. El premio final eran las monedas todas. Cuando el juego era pesado, se apostaban una o dos monedas adicionales por jugador.

Había un juego especialmente maligno. El objetivo era rajar el trompo del contrario a picotazos. Para decidir los turnos se pintaba un círculo y se colocaba una moneda en el centro, a la cual todos le tirarían con sus trompos. A volados se decidía quien tiraba y luego quien seguía. Una vez que salía un ganador de la eliminatoria, este apuntaba a la moneda; el objetivo era pegarle con el trompo. El primero que lo lograba sería el primer tirador del juego. Este llevaba la ventaja porque si tenía la suerte de acertarle a la moneda en su primer tiro, el resto ya no tenía oportunidad.

La moneda era retirada y luego los perdedores debían colocar sus trompos en el centro del círculo, separados uno del otro. El primer tirador entonces escogía su blanco, apuntaba y soltaba el juguete. La idea era pegarle un picotazo a alguno de los trompos.

Si el trompo del tirador salía bailando del círculo, el jugador podía recogerlo y colocarse al final de la lista para tirar de nuevo. Si no, debía dejarlo donde había quedado. El siguiente jugador en la lista recogía el suyo y procedía a picotear los trompos enemigos, incluido el del jugador anterior. Pegar un buen picotazo podía ser fatal para algún trompo y, salir del círculo era importante porque libraba al tirador de exponer su trompo.

Algunos chicos utilizaban un trompo más pesado para esta lid. Debía ser pesado, tanto por su propósito de partir al enemigo como de resistir mejor los picotazos de los contrarios. Sin embargo, su mismo peso hacía difícil su manejo. El nombre de esta clase de trompo en Chavoy era «trompo chapotero». Para este juego, un tipo de trompo era prohibido por su extrema dureza: el trompo de madera de ébano.

El juego del piconazo era perverso por su misma naturaleza: en ocasiones, un trompo era partido en dos pedazos de un sólo tiro. Lo más maligno de este juego era el premio: la satisfacción de destruir al *enemigo*.

Desde luego, cada jugador afilaba sus armas con tiempo. Normalmente, cada chico tenía dos trompos. Uno ceditas (suave al tacto en la punta) para los juegos *normales* y otro con la punta filosa como un clavo. El filo de la punta, sin embargo, no debía ser demasiado agudo porque el trompo se clavaba y no era fácil que saliera del círculo en caso de fallar. Para tratar las puntas de los trompos no había nada mejor que el ladrillo cocido. Al menos eso era lo accesible en nuestro mundo infantil. Se tallaba la punta metálica hasta el punto deseado: ceditas o afilado.

Había jugadores buenos para el chapotazo, los había excelentes para el picotazo y había también expertos en el manejo del trompo con la mano. Estos últimos podían acumular dos o tres intentos extras para empujar una moneda.

Si un jugador era bueno para cualquier especialidad pero carecía de puntería para el piconazo, procuraba evitar este último juego. Sin embargo, no era posible hacer esto indefinidamente. Si alguien lo intentaba, eventualmente quedaba proscrito, como un jugador de póker que siempre se retira cuando va ganando. Era pues, de rigor poseer el trompo chapotero.

*

El segundo día de vacaciones fue excepcionalmente caliente. Chorreando sudor, bajamos con rumbo a la fosa del río. El Botete no iría porque debía ayudarle al padre Genaro a pulir los ornamentos en la sacristía. El resto pasamos la mañana en el río, bichis de pies a cabeza.

Al filo de la canícula, la morena figura del Botete apareció entre los árboles.

—¡Se llevaron al Alambre el bolero! ¡Se llevaron al Alambre el bolero! —gritaba desaforado.

Todo suspendimos nuestro quehacer. Algunos salieron del agua, otros bajamos del sauce.

—¿A dónde se lo llevaron? —preguntó el Tírili.

—Al bote —contestó el Botete, jadeando.

Un presentimiento echó a correr mi corazón a todo galope.

—¿Y por qué lo levantaron? —volvió a preguntar el Tírili.

—Porque se estaba robando las monedas de don Nato Varela —volvió a responder el Botete.

Una inquietud hasta entonces desconocida me asaltó. Un montón de cosas tomaron forma en mi imaginación. Pensé en los objetos escondidos en la azotea e imaginé policías con la pistola en la mano investigando. Creí ver uniformados aparecer entre las ramas de batamote. Las manos me temblaban.

—A los niños no se los llevan al bote. Te las estás inventando, pinche Botete —dijo el Berna.

—*Adió*, ¿y por qué iba a inventar nada? Además el Alambre ya no es niño; tiene como 14 años —replicó el Botete, frunciendo el ceño.

—¿Y cómo estuvo? —continuó el Tírili el interrogatorio.

—Lo agarraron en el banco. El padre Genaro dijo que llegó a cambiar unos centenarios y la Petra Bayona llamó al junior Zacarías. El cuico (policía) salió corriendo y lo agarró subiéndose a La Bola.

Empecé a sudar sobre el agua que escurría por mi cuerpo. Me vi siendo esposado por Atanasio Zacarías y luego arrastrado con cadenas a la cárcel. Imaginé a Terencio Zacarías dándome cadena perpetua por mi delito. Pensé en huir de Chavoy y convertirme en un fugitivo. Imaginé que ofrecerían una recompensa por mi cabeza como hacían los alguaciles de El Pequeño Sheriff.

Nos vestimos de prisa y regresamos al pueblo, más que nada a saber más del mitote. Una excusa cualquiera me libró de seguir a mis amigos y me dirigí apresuradamente a la azotea.

El *cuerpo del delito* todavía estaba ahí, desde luego. Recogí navaja, cinturón y llavero y, después de embolsármelos, me abroché el cinturón por debajo de los pantalones. Miré para todos lados antes de bajar y, después de asegurarme que nadie me veía, bajé con sigilo de la azotea.

Eché a andar con las manos en los bolsillos como quien no quiere la cosa. Don Filemón Rosado me vio venir y me saludó. Yo sentí que el viejo miraba los objetos ocultos. La misma sensación sentí cuando doña Romualda agitó la mano en señal de saludo. El cinturón me quemaba en la cintura y la navaja y el llavero parecían abultar en mis bolsillos.

—¡Voy al canal! —grité sin que doña Romualda me preguntara nada. Luego me arrepentí de mi explicación y empecé a silbar nerviosamente.

«Soy menso; para qué le decía a donde voy», pensé, sintiendo que me había denunciado.

Cuando llegué al canal, caminé sobre el bordo. Miraba para todos lados imaginando que ocultas miradas me seguían.

Al llegar a la compuerta, con el mayor disimulo dejé caer los dos objetos de metal en la espumosa corriente. Sin detenerme seguí caminando rumbo a la tenería. Cuando llegué al solitario pozo de la ladrillera me desabroché el cinturón, lo enrollé sobre sí mismo y con la cuerda del trompo le amarré una piedra. Luego me lo ensarté por debajo del pantalón y la camiseta. La piedra pendiente de la cuerda la metí en el bolsillo. Enseguida me encaminé de nuevo a la compuerta.

Caminaba con ambas manos hundidas en los bolsillos. No había un alma en un kilómetro a la redonda pero yo sentía que los habitantes del pueblo esperaban el momento justo en que yo arrojara el cinturón al agua para caerme encima.

Al llegar a la exclusa me recargué en la baranda y, después de un par de minutos, saqué la piedra del bolsillo. Cuando piedra y cinturón se perdieron en el pequeño remolino, yo me estiré, aburrido, y emprendí el regreso.

Me había deshecho de la prueba de mi pecado y aunque la zozobra seguía ahí, yo me sentía aliviado. Pensaba, absurdamente, que ya no había delito que perseguir.

El honor de los Ontiveros laceró mi cerebro como hierro candente. Si dar bola era deshonroso, concluí que robar me hacía candidato a la pena de muerte o al destierro. Un escalofrío recorrió mi cuerpo al pensar en el momento en que el tío Gildardo se enterara. Sus palabras martilleaban en mi cerebro una y otra vez.

La tarde transcurrió lenta, ominosa. Los ruidos exteriores me parecían sospechosos y amenazantes. Cualquier transeúnte me parecía portador de malas noticias. Mi mente calenturienta asociaba con mi delito cada ruido, cada paso, cada palabra en voz desconocida.

Nada pasó. Tuve un sueño inquieto, lleno de simbolismos trágicos. A la mañana siguiente, tenía los ojos tan hundidos que casi podía verme la nuca.

El corazón casi chocó con mis anginas cuando vi al hijo de Terencio Zacarías avanzar hacia nuestra casa. Aterrado me separé de la rendija de la puerta por donde lo había divisado y me acurruqué temblando en una esquina.

Atanasio el cuico se paró en el zaguán y gritó:

—¡Don Gildardo!

Al no recibir respuesta, repitió el nombre.

Oí los pasos de la tía Andrea y, después de los saludos, la voz del policía dijo:

—Ha de disculpar, señora. ¿No está don Gildardo?

—No, salió a Bachihualato. Viene mañana. ¿De qué se trata, si se puede? —preguntó la tía.

—Nada importante. Necesitamos su autorización para que su sobrino haga un par de declaraciones en la sindicatura.

—¿Declaraciones? —preguntó la tía, honestamente extrañada.

—Sí; uno de sus amiguitos robó algunos centenarios de don Honorato Varela y nos enteramos que el chico se gastó el dinero en Culiacán. En la investigación, Ampudio, el chofer de la Bola, dijo que un chico había acompañado al acusado en el viaje. Cuando le preguntamos al Alambre, que es el acusado, nos confirmó que Rangel Rivera lo había acompañado.

Al oír esto, casi me da el soponcio. Quise salir corriendo pero las piernas me faltaron al respeto negándose a moverse.

—¿Rangel robó monedas a don Honorato? —preguntó la tía con un tono sorprendido.

—No, no, señora; no es nada de eso. El Alambre dice que él invitó al niño sólo para que lo acompañara porque él no conocía Culiacán. Dice que su sobrino no se enteró de lo sucedido.

No podía creer la última frase: «No se enteró de lo sucedido».

—¿Entonces para qué lo quieren? —preguntó la tía.

—Para corroborar la versión del chofer. Mera rutina porque el chico acusado de todos modos ya aceptó su culpa.

—Pues si quiere volver mañana, mi marido estará aquí después de mediodía. Yo no puedo autorizar nada porque Gildardo es el tío y el directo responsable del niño —dijo la tía.

—Bueno, no creo que hará falta. Para mañana ya habremos enviado al chico a la correccional en Culiacán. Ya la madre está de acuerdo —dijo Atanasio, antes de despedirse.

El sosiego volvió a mi atormentado espíritu. Pensé en los objetos reposando en el fondo del canal.

«Hubiera esperado un poco; para qué los tiré tan pronto. Soy menso», me lamenté interiormente.

La paz interior no me duró mucho. Si bien la temblorina había desaparecido, un vacío en el pecho me decía que mis dificultades no habían terminado aún. La conciencia y un sentimiento de culpa me embargaban: ¿qué sería del Alambre?, ¿seguirían escarbando hasta descubrirme?, ¿qué diría el tío cuando supiera que su sobrino iba y venía a Culiacán como ir a comprar chiles al mercado?

No pasó nada. Cuando el tío se enteró, me llamó aparte y me impuso un castigo.

—Si te vuelves a ir a Culiacán sin mi permiso no volverás al corral nunca más. Hablaré con los pangueros para que no te crucen en la panga y, además, tendrás que ayudarle a Andrea con los niños.

No pasó nada en mi rutina. De mi piel hacia afuera, las cosas siguieron del mismo color y al mismo ritmo. Seguí jugando al trompo y bañándome bichi en el río. Pero en mi interior se había operado un gran cambio: me prometí a mí mismo no volver a tomar lo ajeno. Cuando veía un objeto de valor mal puesto, me acordaba de las *trampitas* que el Alambre le ponía a las llaves de don Honorato. Simplemente me volví cobarde en ese sentido. Me causaba pavor pasar por la zozobra experimentada aquel día.

No supimos qué pasó con el Alambre. Se supo en el pueblo que su madre había perdido el trabajo con don Honorato y, a los pocos días, había abandonado Chavoy.

Con el tiempo me enteré que el Alambre vivía en Guasave pero jamás volví a verlo en mi larga vida; algo que lamenté siempre, después del gesto de amistad de mi amigo. Dios lo habrá protegido. Imposible no recompensar su acción; la acción que salvó «el honor de los Rivera».

CAPÍTULO XII

¿A Dónde se Fueron los Trompos?

¿Los trompos? Desde antes de morir no veo uno. Pienso y caigo en cuenta que por décadas no vi uno. Los trompos y los baleros son juguetes ya extinguidos. Fueron sustituidos por ingeniosos entes mecánicos que hacen todo por sí mismos, dirigidos a control remoto por niños obesos con tendencia a buscar emociones diferentes. En numerosos casos veo los resultados: drogas, jeringas, vandalismo y pasmoso dominio de otros juguetes hechos para adultos: las armas de fuego.

Los rincones pueblerinos como Chavoy de Quintero desaparecen también, absorbidos por un hormigueo humano protegido de nuca a tobillos contra la contaminación. El rústico mundo feliz donde yo viví hace más de 70 años se ha ido para siempre. Los peligros inherentes a la sobrepoblación se reflejan en el comportamiento infantil: niños desconfiados al halago, hoscos al saludo amable.

Veo que los niños de hoy no pueden usar una resortera porque «se prohíbe portar armas» y, si salen por ahí silbando con una corcholata, les pueden romper la boca. Sólo a las Yamaha se les permite hacer ruido. El consenso general es que el progreso produce seres más inteligentes. Yo observo el accionar de niños de todas las épocas y convengo en ello. Pero creo además, que el progreso produce seres menos saludables. Un niño de esos que veo allá abajo nadando en una piscina dotada de agua clorificada, filtros purificadores, tapetes anti resbalantes, tapizada de letreros con reglas interminables y protegidos por salvavidas, tanto de hule como de carne y hueso, no sobreviviría 2 horas si se arriesgara en las cenagosas aguas donde yo aprendí a nadar.

Y mientras en las calles los letreros regulan el comportamiento, dentro de sus casas las familias escuchan el bombardeo de consejos dichos en las ondas radiales o en las pantallas de televisión. En un desvergonzado contrasentido, la voz electrónica comienza: «Combata la obesidad; haga ejercicio, manténgase en contacto con la naturaleza». Luego sigue: «Manténgase en sintonía; dentro de 30 minutos comienza su programa favorito».

En la seguridad del hogar, el niño crece protegido contra el intrincado bosque de peligros creados que saturan la vida diaria. La mente infantil comprende a temprana edad que afuera hay maldad y, al mismo tiempo, disfruta rodeado de comodidades. ¿Para qué arriesgarse?; mejor esperar por ese programa favorito. Y así, mientras engorda escuchando consejos para combatir la obesidad, el cerebro aprende a llenar el tiempo de ocio con ociosidades más placenteras. Surgen ideas geniales para suprimir la actividad física. Sobreprotegido, el niño se atrinchera inconscientemente. En la pubertad, la percepción del mundo ha cambiado totalmente. Para el adolescente no hay otro mundo más que el suyo. Siempre ha sido así, claro. Pero ahora hay una trinchera de por medio. Desafortunadamente, el bombardeo de orientaciones encaminadas a protegerlo ha operado un cambio radical en su inconsciente: El mundo es un sitio en virtual estado de guerra y él es un guerrero entrenado para enfrentarlo. En un punto de su corta vida, el joven sustituyó la inocencia con agresividad *defensiva*.

¿Pero, por qué sustituir a la inocencia con sagacidad cerebral? ¿Qué tan feliz puede ser un niño siempre en guardia contra la amenaza humana y bacteriológica? Al final de cuentas, veo con tristeza que el niño del siglo XXI empieza a ser un enemigo natural de los no niños; un ser con la consigna de denunciar cualquier actitud sospechosa de los desconocidos;

una víctima de la creciente perversidad adulta, resultado de la lucha descarnada por sobrevivir en un mundo cada día más complejo. Consecuentemente, el niño moderno se ha convertido en un ser que aprende a usar la ventaja de la sobreprotección en su provecho.

Un niño que no confía en un entorno más allá de sus progenitores; que tiene en las escuelas un ejército de psicólogos a su servicio, que rocía con líquido antibacteria los manubrios de su bicicleta antes de montarla y lee el contenido de su alimento empaquetado antes de consumirlo, no puede ser un niño *naturalmente* feliz. Un niño que no sabe tomarse un refresco embotellado si no es con popote (pajilla), es un niño presa de su propia inseguridad. Un niño que no puede jugar con tierra y corre peligro bañándose en un estanque, es un niño reñido con natura. Un niño programado para vivir rodeado de máquinas, es un niño artificialmente feliz. Quizá superior y adaptado a su medio, pero dependiente, robotizado a un programa de comportamiento impuesto.

Imposible negar la alucinante complejidad de la computadora personal. No se puede ignorar la deslumbrante sensación de los efectos especiales en el cine, la pasmosa capacidad de la ciencia para aliviar los dolores que antes mataban o el antiséptico ambiente en que se desarrolla la vida moderna. Miro a algunos seres humanos con una estatura superior, gozando de cuerpos espléndidos hechos en la pulcritud de los gimnasios, siguiendo ejercicios masivos guiados por un entrenador. Veo esos magníficos ejemplares y no puedo menos que maravillarme de la evolución del ser humano.

Y sin embargo... el hombre vive esclavo de sí mismo: un día para esto, un día para lo otro. Un minuto para eso y otro para aquello; un lugar especial para los auxiliares vitamínicos y otro para los somníferos. Las mañanas para trabajar, las tardes para descansar, las noches para dormir, el fin de semana para cortar el pasto y las vacaciones para huir frenéticamente del hogar. Son actividades repetitivas, rituales nacidos de la necesidad de ajuste. Rutinas transmitidas por los padres que preparan al niño para una vida irremediablemente reiterativa; Juan Pérez hijo, prolongación de Juan Pérez padre. Juanes Pérez cada día más uniformes, más dependientes de la tecnología; tecnología tan evolutiva que hace obsoleto hoy el adelanto de ayer. Un fenómeno evolutivo que se repite en la especie humana. Un fenómeno que obliga al adolescente a adaptarse al ritmo siempre cambiante.

En virtud de una época computarizada, la capacidad del niño evoluciona entre dos campos yuxtapuestos: su habilidad para resolver problemas armado con un aparato electrónico y su incapacidad para solucionar los mismos problemas si no cuenta con dicho aparato.

El niño moderno puede programar la memoria de una videograbadora, grabar un programa de televisión fijando las claves con días de anticipación o manejar un teléfono celular con la misma facilidad con que enciende la radio. Puede entrar a la Internet y enviar un mensaje electrónico al otro lado del mundo con la misma facilidad con que hace una llamada local por teléfono y, entre taco y taco, puede conectar y volver a conectar el centro de entretenimiento de la casa (TV, video casetera, aparato de DVD, nintendo y aparato estéreo con 1 o 100 bocinas), tan fácilmente como enchufar el tostador eléctrico. Y mientras que con una calculadora puede resolver problemas complicados de matemáticas, le es imposible encontrar el 35 multiplicando 7x5 con un simple lápiz.

El joven promedio del último cuarto del siglo xx era capaz de armar un motor de gasolina pero fracasaba lastimosamente para encontrar Bulgaria en un mapamundi.

La mente de estos hipotéticos jóvenes ya no necesitaba datos obsoletos. ¿Para qué el lápiz si es más rápida la calculadora? ¿Para qué escribir con letra bonita cuando las letras ya están en el teclado? ¿Para qué saber dónde está Transilvania si se puede saber con sólo apretar dos teclas? ¿Ortografía?; ¿a quién le interesa cuando el diccionario de mi computadora me indica cuando una palabra está mal escrita? ¿El botón de encendido de la televisión?; si acaso tiene botón de encendido, quien sabe cuál sea. En el control remoto están los botones necesarios; ¿para qué molestarse en levantarse?

Y el proceso de adaptación va más allá de la pereza mental. El organismo tiene auxiliares extremadamente competentes para mantenerse en forma: la bicicleta y la banda estáticas para pedalear o correr sin salir de casa, el gimnasio personal, el entrenador privado, la dieta guiada, el marcador electrónico cardiovascular, los aparatos de resistencia para la expansión muscular, etc.

En definitiva, al hombre de fines del siglo XX ya no le hizo falta salir a la vereda del bosque, cortar leña por el placer de hacerlo o molestarse en ir al mercado. Todo eso quedó atrás, en la anterior generación.

Otoño del 2004.
En mi cabaña en las montañas a 6.000 pies de altura recibo la visita de una sobrina con sus tres hijos. Nos rodea la majestad de los pinos centenarios, las ardillas y los conejos se cruzan casi saludándonos al pasar. La maravilla de una roca más grande que la catedral de Notre Dame parece venírsenos encima. El conjunto extraordinario de colores, olores y sonidos del bosque me sigue maravillando como el primer día. Después del paseo obligado por ese paraíso, nos detenemos en un café de troncos con tarima volada a modo de patio. Bajo un gigantesco roble negro, disfrutamos del paisaje montañoso. El mayor de mis sobrinos pregunta: «¿Y qué hacen los jóvenes aquí, tío?» La pregunta me resulta ociosa. No que las montañas sean más interesantes que el frenesí de la gran ciudad, pero la pregunta implica simplemente que, a su entender, está en un monte lleno de ramas y de animales. «No sé; yo ya no soy joven como tú», contesto, simplemente con la intención deliberada de no dar explicaciones.

La pregunta es harto ilustrativa de una mentalidad urbana desconectada con el exterior. Es como ir al Congo y preguntar por qué hay africanos. Por la tarde, al llegar a mi morada, los chicos se amontonan alrededor del televisor. Afuera hay vida, hay excitación y un derroche de belleza natural; algo que estos chicos rara vez han visto en su vida. Sin embargo, en el corazón del bosque que se ofrece gratuitamente, mis sobrinos se divierten con lo que a diario miran en su casa. Mientras ven la tele tirados en el piso, los imagino en el viaje de regreso, dormidos, mientras el cómodo automóvil se desliza cuesta abajo entre lagos, arroyos, pinos y montañas coronadas de nubes.

Ellos son la nueva generación adaptada a un mundo diferente al mío. Los miro y los vuelvo a mirar y me pregunto: ¿vale la pena?; ¿por qué adaptarse?; ¿para qué ser inteligente antes que inocente? ¿por qué evitar que el niño se encuentre con los elementos? No encuentro respuestas; creo que no las hay.

La primera vez que la vi estaba sentada al lado del Tino. Enfrascado en el intercambio de cuero con el Chololo, vi su carita de finos cabellos peinados en trenzas que caían graciosamente sobre sus orejas. Los cabellos castaños lisamente peinados hacia los lados despejaban la frente, creando una sensación de cuidadosa pulcritud.

En un momento dado, el guante del Chololo chocó en mi mejilla. Entre las estrellas producidas por el golpe, la vi de reojo y creí ver una expresión de alarma en su cara; las manos casi cubriendo el ovalo, las cejas levantadas en señal de congoja.

La hermana del Tino era una niña de escasos 9 años. Era una niña como cualquier otra niña de su edad. Su cuerpo impúber no mostraba las... protuberancias propias de su sexo y, a mí, las niñas me daban pánico.

En La Cañada, las únicas niñas que había visto estaban siempre a no menos de 5 metros de distancia. Para decirlo llanamente... ¡nunca en mi vida había cruzado palabra con una niña!

En la pelea, la cara compungida en medio de un mar de bocas vociferantes pidiendo descabezarnos mutuamente, me provocó una sensación desconocida.

—¿Tú no sabes que a los boxeadores se les enchuecan las narices? —me había dicho después de la función.

—Yo no soy boxeador —le había contestado.

—Sí eres. No me digas que no eres porque sí eres. Yo te vi —había contestado con un aplomo que me confundió completamente.

—Mira nada más que cochinero —había agregado mientras caminaba en derredor mío—. Y las orejas se les aplastan también.

—¿A quién?

—A los boxeadores como tú. ¿A poco no?

—No.

—Sí.

—Yo no soy boxeador.

—Sí lo eres. ¿Quieres limonada?

Y limonada me dio después de convencerme que sí era boxeador.

A Martha Alicia Solórzano le saqué la vuelta cada que la vi venir. Al mismo tiempo, mi amistad con el Tino fue estrechándose.

Mis visitas a la casa de doña Camila eran tan frecuentes como las escapadas al río. Una extraña sensación mezcla de inquietud y ansiedad me envolvía nada más aparecer la casa pasando Salsipuedes. La sensación crecía cuando ya dentro de la vivienda, la niña aparecía. Y sin embargo, yo evitaba el contacto. Era como si yo no desease su presencia sino hacerle sentir la mía. Todo marchaba bien mientras la chica no se acercase. Cuando por alguna razón el encuentro era inevitable, las rodillas me castañeteaban y sentía como si fuera a derrumbarme. Mientras tanto, Maricha Solórzano martilleaba sobre mi imberbe humanidad su precoz sabiduría.

—¿Naciste zurdo o te gusta ser zurdo? —me preguntó un día la avispada chiquilla.

—*Nnno* sé.

—¿Cómo que no sabes? Yo soy derecha porque no puedo ser zurda. Tú eres zurdo porque no puedes ser derecho o algo así.

—La Colorina me partió el brazo derecho cuando yo era chico —dije, atolondrado.

—Tú eres chico todavía, Rangel Rivera. ¿Cuál Colorina?

—Mi yegua —contesté, mirándola de reojo.

El implacable interrogatorio seguía sin misericordia. Sus preguntas caían inmediatamente después de mis respuestas. Yo no tenía oportunidad de preguntar y, aún si la hubiese tenido, no lo hubiera hecho; sentía un placer masoquista en el ametrallamiento. Tenía miedo de tener que iniciar un tema pero al mismo tiempo deseaba seguirla oyendo.

—¿Cuál yegua?

—La mía.

—¿Y qué tiene que ver una yegua con que seas zurdo?

—Nada.

—¡Ay Dios mío, Rangel Rivera! ¿No te dije que los boxeadores se quedan mensos con los golpes? Me vas a volver loca, Rangel Rivera.

Era gracioso verla desesperarse. Había una gracia innata en sus movimientos y yo, por contraste, podía sentir mi propia torpeza.

—Yo no soy boxeador —le dije.

—Sí lo eres aunque no quieras —dijo, cruzando los brazos y mirándome fijamente.

—Bu... bueno, si soy... aunque no sea.

—¿Es cierto que le pusiste Pelos Quietos a mi hermano?

—No le puse, nomás le dije.

—¿Y por qué?

—Porque estábamos peleándonos.

—Pues si mi hermano es pelos quietos, yo también soy porque su pelo es igual al mío cuando le crece.

Miré sus cabellos. La niña lucía una cabellera limpia, brillante y abundante. En realidad, el pelo fino y sedoso era una característica sobresaliente en toda la familia.

—El Tino no tiene los pelos tiesos; se lo dije de coraje —le dije en tono de disculpa.

—¿Y por qué le tenías coraje al Tino?

—Po… porque me dijo raro. Pero antes de eso no le tenía coraje.

—¿Y al Heliodoro?

—¿Cuál Heliodoro?

—El Chololo, Rangel Rivera.

—Ese me cae gordo. Creo que la pelea de hoy nomás fue un *entre* para calentar. Como que siento que nos vamos a dar de aquí en adelante cada que nos digamos los buenos días.

—¿Ya ves que no me equivoco? Eres boxeador y cuando seas grande, vas a tener las narices chuecas.

Adquirí un poco de confianza. Pelear era un tema que yo podía manejar.

—En La Cañada decían que tengo cuero de lagarto y la zurda pesada.

—No se dice cuero; se dice piel. Nada más los animales tienen cuero.

—Bu… bueno, piel de lagarto.

—¿Y por qué te decían que tenías cuero de lagarto?

—Todavía tengo.

—Ya lo sé, Rangel Rivera. Contéstame antes de que me dé el tareco.

—Porque los golpes nomás me lo ponen colorado pero no me sale mole.

—A todos nos sale sangre cuando nos golpean.

—Sí, pero a mí me tienen que dar bien duro para que me salga.

—A ver, déjame ver —dijo la chica, acercándose con el brazo extendido. Yo pegué un respingo involuntariamente. Las rodillas me temblaron.

—No seas miedoso, Rangel Rivera. Nada más quiero ver por qué dicen que tienes piel de lagarto.

La niña tomó la piel de mi mejilla entre el pulgar y el índice y la apretó. Actuaba como si tocara la piel de cualquier amiguita. Yo me quedé tieso como una pértiga y se me calentaron las orejas.

—No tienes cuero de lagarto —diagnosticó—. Estoy convencida de que por andar a la greña con los otros niños, te van a quedar las narices más chuecas que las cuentas de don Chóforo, aunque tengas la zurda pesada.

—¿Quién es don Chóforo?

—El prestamista. Dice mi papá que sus cuentas siempre están chuecas.

—¿Don Chóforo no se sabe las tablas?

La chica peló los ojos antes de contestar.

—Es nomás un dicho, tú. Es para decir que don Chóforo siempre tiene ganancias. ¡Hay Dios mío!, ¿cómo le hago para enseñarte, Rangel Rivera?

Guardé silencio. Como siempre, la niña había ganado la discusión. Era el epílogo natural y, además, era el epílogo que me gustaba.

Yo nunca fui un ser humano que aceptara un hecho sin ponerle cortapisas. Usaba las discusiones como medio para ejercitar mi cerebro. Mi tendencia a *analizar* los hechos me creó muchos enemigos y también me dio muchas amistades. Al final de mi vida, sin embargo, concluí que la facultad de razonar, con todo y que era el impulso de la especie, era la causa de los antagonismos más virulentos. Tuve la triste certeza de que el razonamiento era una virtud manejada por muchos poderosos para sacar ventaja. El razonamiento en el cerebro de los débiles no tenía fuerza. La fuerza del poder era el razonamiento que prevalecía. El razonamiento de un peón frente al poder de un potentado, era tan inútil como montar una bicicleta sin pedales.

Pero frente a Maricha, yo no sentía el impulso de ejercitar mi cerebro. Cada victoria de la niña en nuestras inocentes confrontaciones era un triunfo para mí.

—¿Te caen gordos los boxeadores? —pregunté por primera vez.

—No me... me gustan —titubeó—. ¡No, no! No es que me gusten sino que no me disgustan.

Hubo un momento en que la atolondrada fue ella. Un secreto placer me invadió. A mi edad yo no sabía lo que sentía y, ciertamente, si alguien me lo hubiese aclarado, yo lo hubiera rechazado categóricamente.

Martha Alicia Solórzano fue la primera imagen que me dio un sentimiento deliciosamente dual. Después, al ingresar a la escuela en Culiacán, la misma inquietud volvió con mi maestra de cuarto año.

El proceso de crecimiento hormonal se dio en mí con cerca de 3 años de adelanto. Muy probablemente influyó en ello mi desarrollo infantil rodeado de personas adultas.

CAPÍTULO XIII
Una Hermana muy Singular

Julio de 1951 se fue de prisa, agosto empezó con la misma velocidad. Cierta mañana, holgazaneábamos chupando cigarros Faros en las orillas del río. Desnudos de la cintura para arriba y con los pantalones arremangados abajo de las rodillas, dejábamos pasar el tiempo desparramados a la sombra de un sauce de lánguidas ramas. En el declive de la orilla, el hermoso sauce llorón besaba la superficie del agua, cubriéndonos como un gigantesco paraguas. Nosotros chupábamos y chupábamos sufriendo los efectos del humo en silencio, los pies sumergidos en la fresca corriente. De vez en vez, un chico tosía apagadamente y en seguida se justificaba para ocultar su falta de experiencia como fumador. «Se me fue por el tubito equivocado», solíamos decir. Seguíamos tosiendo pero persistíamos en nuestra intención de parecer adultos. Despatarrados bajo el árbol, rendíamos culto al no-hacer-nada como un reconocimiento a la ociosidad. La «madre de todos los vicios» nos dominaba.

Aburridos y atarantados, arrojamos los Faros en el agua. Era hora de pensar en algo que rompiera la inercia de nuestros cuerpos. Las resorteras salieron de los bolsillos y un torneo de tiro al blanco nos distrajo por un rato. Pero había que colocar la lata sobre un tronco cada que la derribábamos y siempre faltaba un candidato para acomodarla. Una tremenda alegata precedía al siguiente tiro y, para ahorrar energías, decidimos suspender el torneo.

De nuevo nos refugiamos bajo el sauce contando chistes e inventando groserías.

—¿Mitad de uno?

—Medio.

—No, el ombligo, pendejo.

—¿El nombre de un pescado joto?

—No sé.

—*Mariscón, guey*.

—¿Cuál es el santo más grosero?

—Tampoco sé.

—Santiago con el dedo, menso.

—¿Cómo se dice ambulancia en chino?

—Ha de ser otra *mamada* tuya, pinche Zurdo.

—Se dice ¡*Auuu-yaaa*!, *Mariscón*.

—¿Y el santo de los enfermos?

—San Emeterio?

—San-atorio, Tarado.

Y podíamos pasar el día entero inventando tonterías cerebrales en competencia inútil. Tiempo y vida nos sobraba.

—Tengo dos «palomitas» dijo el Berna, sacando dos cilindros rojos del bolsillo.

Todos volteamos hacia el chiquillo. Un par de segundos más tarde buscábamos una botella. El Birote salió de entre las ramas de batamote con una botella de tequila Cuervo. En bola nos dirigimos hacia el sauce para preparar el petardo.

Con un papel enrollado al grueso del cuello introducimos la palomita en la botella. El petardo quedó sujeto, la mecha colgando hacia afuera.

Hicimos un hueco en la arena y enterramos la botella a la mitad. El Berna sacó una caja de cerillos y encendió la mecha.

Al sonido del fuego corriendo por el cordón de la mecha, todos emprendimos la carrera para ponernos a cubierto.

—¡Ay, pisé un vidrio! —se oyó el grito del Berna.

Seguimos corriendo. Detrás del tronco del sauce llorón yo me asomé para mirar el estallido y lo que vi me dejó mudo. El Berna no corría. Sólo agitaba las manos mirándose el pie.

Alcancé a ver una mancha roja en la planta de su pie derecho.

—Córrele, menso —le gritó el Tírili.

El Berna se incorporó trabajosamente y entonces estalló la botella.

El chico se detuvo después del estallido y se sentó en una piedra. Cruzó la pierna del pie herido y cerrando los ojos jaló el pedazo de vidrio. Se apretaba la zona herida con ambas manos.

Todos salimos de nuestros escondites, aliviados.

—¡Se me olvidó correr! —gritó el Berna, levantando la cabeza.

No había pasado nada. La herida del pie era una cortada dolorosa pero sin importancia. Dentro de 10 minutos estallaríamos el segundo petardo, seguramente.

Pero cuando llegamos al sitio, el Berna pegó un grito.

—¡Estoy herido, me voy a morir! —gritó, mirándose el costado opuesto a donde nos encontrábamos.

—Pinche panzón, no seas gallina. Ni modo que se te salgan las tripas por la pata —dijo el Birote.

Pero el Berna se levantó de la piedra como sonámbulo y giró con la cara bañada en lágrimas. Fue entonces que vimos la enorme mancha roja escurriendo por el pantalón.

La impresión que yo recibí me obligó a abrir la boca. La quijada se me cayó y se me fue el aliento. De inmediato recordé los dos borrachos muertos en La Cañada. A la salida de una cantina, aquellos hombres se habían tiroteado hasta morir. Fue aquel tiroteo el que dejó mudo a mi perro de un tiro. Cuando todo pasó, ambos borrachos yacían con las ropas empapadas de rojo. El mismo rojo que ahora escurría por el cuerpo de mi amiguito.

Miré al Berna y no supe si acercarme o correr a traer agua del río para lavarle la sangre. Supongo que la misma confusión de pensamientos se adueñó de mis compañeritos.

—Hay que avisar —dije, temblorosamente.

—Sí, es cierto. Vete al pueblo, Zurdo —me dijo el Tírili.

—Que vaya alguien más. Yo no sé dónde vive el Berna. Ve tú —dije.

El Tírili no contestó. Echó a correr hacia la cercana calzada. En un minuto desapareció entre los matorrales.

Con la camiseta del chico limpiamos la herida. Unos minutos después, todas las camisetas estaban empapadas. El Berna seguía sangrando de un tajo arriba de la cadera.

—Vamos a cargarlo —dijo el Birote.

Entre el Petardo y el Birote levantaron al herido. Con los brazos del herido sobre sus hombros, echamos a caminar sujetándolo por la cintura. Era inevitable tocar la herida. El chico sollozaba.

Diez minutos más tarde, yo y el Botete relevamos a los chicos.

Habríamos caminado unos 10 metros de la subida al pueblo cuando escuchamos la sirena de la ambulancia. El vehículo se acercaba por la pendiente levantando una enorme nube de polvo.

En 10 minutos, el Berna quedó envuelto en gasa después de aplicarle algunos astringentes. Dos enfermeros del hospital lo subieron al vehículo y, dos minutos después, la ambulancia se había perdido al final de la polvorienta senda.

Bernabé Maclén no se murió. Una semana después, el chico salió de casa armado de su resortera. Había perdido algunos kilos pero seguía siendo rollizo. Su padre, Roberto Maclén, nos premió con un pastel de tres pisos hecho por doña Atilana Estrada, la panadera del pueblo. Fue hasta que salí de Chavoy que supe por qué los Maclén se miraban «diferente»: Roberto Maclén, el papá del Berna, era, en realidad, Robert McClen, mexicano de nacimiento, hijo de un emigrante escocés que llegó a México huyendo de no sé qué problema religioso en los Estados Unidos.

Al día siguiente del accidente, sin decir nada me dirigí al río. Llevaba una caja de cartón y un rastrillo de mango largo del tío Gildardo.

Pasé media mañana rastrillando el sitio en busca de vidrios y objetos cortantes. La escena del chiquillo incapaz de correr por el pie herido no se borró de mi mente por mucho tiempo.

Al terminar mi tarea, vi satisfecho que mi labor se notaba. El claro arenoso alrededor del sauce llorón se miraba limpio de objetos chocantes. Cierto, la basura natural seguía allí: hojas secas, troncos podridos, matorrales muriendo al cumplir su ciclo natural y, tal vez, el esqueleto de algún pajarillo víctima de un depredador. Pero no había ya envoltorios multicolores de golosinas; no había latas de conservas, no había pedazos de trapo viejo ni botellas o vidrios rotos. Las camisetas empapadas en sangre yacían en mi caja de cartón. Creo yo que mi tendencia al orden empezó aquel día.

*

Me preparaba para irme con los plebes al canal, cuando Mabel Arredondo gritó mi nombre en el zaguán. Yo me apersoné al momento.

La Mabe jamás entró en nuestra casa. Su inquebrantable lealtad hacia mi madre, que la enfrentó contra el tío Gildardo en los aciagos días de la lucha contra el ingenio, se prolongó por años; viejos agravios anidaban todavía en el corazón de la pintoresca mujer. Era una posición en contra del tío Gildardo como la de Eduardo Lazcano, con la diferencia de que Lazcano no tuvo que enfrentar al tío personalmente en momentos cruciales. Mabel Arredondo sí.

El antagonismo de Gildardo y Mabel no era virulento. No había choques ni discusiones. Ambos sabían que todo había quedado atrás y no tenían motivos válidos para mantener posiciones belicosas. Pero un sentimiento de orgullo silencioso evitaba la reconciliación final.

Podían ambos departir en un mismo grupo y seguir una conversación común. Sin embargo, no había intercambio de opiniones directas. Más que tolerarse se ignoraban. Era como si no existiese el uno en relación al otro.

Curiosamente, Arnulfo Arredondo mantuvo una comunicación normal con el tío a pesar de la posición de su mujer.

«Mi vieja no te hablará jamás hasta que Ariana te acepte de nuevo, Gildardo. No tiene nada personal contigo. Es pura lealtad femenina hacia tu hermana y no hay forma de convencerla. La vieja es más terca que un burro enamorado» solía decirle Arnulfo al tío.

—Ven conmigo, Rangi; te tengo una sorpresa —me dijo la mujer, jalándome de la mano.

Acostumbrado a que tratándose de la Mabe yo podía salir de la casa sin avisar, eché a andar tras ella.

—'*Horita* vuelvo —les dije a los chicos al pasar por el guamúchil.

Cuando llegamos a casa de los Arredondo, una niña menor que yo se acercó corriendo. La chiquilla vestía de manera vistosa. Al quedar frente a mí se detuvo en seco.

—Hola, hermanito querido —me dijo con desparpajo.

La fulana me echó los brazos al cuello y me estampó un beso en un cachete. Yo me quedé allí, más avergonzado que un perico mudo. Unos colores me subieron y otros me bajaron. Quise limpiarme la mejilla pero no pude. Las manos no me obedecían.

Miré a Mabel como pidiendo auxilio. Lo único que conseguí fue una mirada de complacencia.

—Pero mira nomás; ni siquiera me dices nada, hermanito— dijo la niña con las manos en las caderas.

Yo seguía tieso, mirando sin ver. Me sentí peor que cuando Maricha me sometía a sus desenfadados interrogatorios.

—Me llamo Alicia y soy tu hermanita. Vine a Chavoy de visita y me voy a regresar a Mexicali con mi tía Danelia cuando empiecen las clases —continuó la niña, como si le hubieran dado cuerda.

—Bueno —dije tontamente.

Mi vocabulario me traicionó igual que lo hacía con Maricha. Las palabras se fueron de paseo a pesar de que yo seguía con la boca abierta.

Mi hermana había llegado al pueblo la noche anterior. Mabel Arredondo la había recogido en Culiacán. La niña había hecho el viaje con Rodrigo Salas Mendoza, un tío de mi tío político Santos, el esposo de la tía Danelia.

—Tu hermana va a estar conmigo en estas vacaciones. Hoy la voy a llevar a que conozca el pueblo pero mañana vienes por ella a esta misma hora para que la lleves contigo a tu casa —me dijo Mabel, con una sonrisa maternal en la boca.

La idea me quedó ancha. No me podía imaginar caminando por la carretera en compañía de mi hermana. Era una cuadra y media y tenía que pasar por el hospital. Un ataque de pánico inundó mi ser ante la idea de llegar «acompañado» a la explanada del nosocomio cuando la palomilla estuviera bajo el guamúchil.

—¿Y si vengo más... como en... más noche? —pregunté.

—¿En la tardecita?

—No más noche.

—¿A qué horas?

—¿A las nueve?

—Huy, no. Vamos a ir al cine con las niñas Hermosillo. Nos vemos a esta hora, Rangi.

No se habló más. Mañana «a esta hora», mi prestigio caería por los suelos y por más que busqué una salida a la ignominia, no encontré solución a la embarazosa encrucijada.

Otro día, salí de la casa antes de que los plebes se reunieran. En vez de atravesar por el hospital enfilé a mi derecha rodeando el edificio por el canal para evitar un posible encuentro con un niño *desmañanado*. Era un rodeo inútil, toda vez que yo sabía que al regreso, la mayoría estaría ahí, como de costumbre. Rodear por el mercado a mi regreso sería igualmente tonto. Desde la esquina del hospital, los chicos podían ver la entrada de mi casa sin importar por donde llegase.

Al entrar en casa de los Arredondo, casi me voy de espaldas. Mi hermana me esperaba vestida con unos pantaloncillos cortos y una especie de sostén que le rodeaba el plano pecho con un descomunal moño en la espalda. Las prendas hacían juego en tela de algodón a cuadros de un azul pálido. Fuera de unas sandalias de cuero a colores y un moño en la cabeza, también a cuadros, la niña no tenía nada puesto. No tenía camisa, no tenía cinturón ni pantalones ni nada. El ombligo me miraba desafiante dos centímetros por arriba del pantaloncillo. De inmediato me imaginé viviendo aquella pesadilla en la esquina del hospital.

—¿N-no se va a vestir? —pregunté, mirando a Mabel.

—Estoy vestida para el verano. Este jueguito me lo mandó mi mamá del otro lado. ¿Te gusta? —me dijo Alicia dándose una vuelta como modelando.

«Está bichi y no se da cuenta. Debe estar medio "toniniqui"», pensé. La voz de Mabel me cortó toda posibilidad de eludir el compromiso.

—Bueno, Rangel; andando. Es hora de que los parientes conozcan a Lichita.

Los «parientes» eran el tío Gildardo. Como había hecho por años, Mabel evitó pronunciar el nombre.

Salimos de la casa. Yo caminaba de prisa y la niña apresuraba el paso. Yo desaceleraba y ella también. No había forma de pretender que yo estaba solo.

—¿No quieres mi camiseta?

—¿Para qué?

—*Pa... pa'l* frío.

Miré a lo lejos y vi a mis amiguitos bajo el guamúchil. Todos jugaban a los espadazos a la sombra del eucalipto. Estaban a una cuadra pero yo sentía ya sus miradas clavadas en nosotros.

Al llegar a la esquina ordené a mi cerebro intentar algo para librarme de la niña.

—Aquella es la casa. Espérame allí.

—¿Cuál casa?

—La que está cruzando la calle donde están aquellos niños jugando.

—¿Y por qué no llegamos juntos?

—Porque tengo que hacer un encargo para el papá de un amigo.

—Yo quiero ir contigo —contestó la niña.

—No puedes. Es una cantina y las niñas no entran a las cantinas.

—Ni los niños tampoco. ¿Por qué tú sí puedes entrar a una cantina?

—Porque el dueño de la cantina es el papá de mi amigo.

—Pues entonces él es mi amigo también porque yo soy tu hermana. Y si no entro porque hay muchos borrachos adentro, te espero afuera.

—No puedes esperarme afuera porque hay muchos borrachos en la banqueta también —contesté, empezando a desesperarme.

La niña miró hacia adelante y dijo:

—Bueno; te esperaré jugando con los niños.

Parpadeé sin saber qué decir. Estaba encontrando un remedio peor que la enfermedad. Al fin contesté:

—No puedes jugar con niños. Eres una niña.

—Si no puedo, de todos modos te espero. El *arbolote* da mucha sombra. Además, a lo mejor esos niños tienen hermanitas.

Me di por vencido. Concluí que me sería muy difícil despegarme del *pegoste*. Cambié de estrategia.

—Bueno, vamos. Pero hazme un favor; cómprame ¼ de kilo de azúcar en el estanquillo. Yo voy a avisarle a la tía Andrea que vienes. Si no estás segura de la casa, mira donde voy a entrar y allí es.

—¿No vas a ir a la cantina?

—No.

Le di una moneda de 20 centavos y la niña se encaminó al estanquillo, contra esquina de donde estábamos. Yo apresuré el paso para llegar a la casa.

Doña Lencha tenía que pesar el azúcar y hacer un cucurucho de papel para envolverla. Conociendo a doña Lencha y conciente de la verborrea de mi hermana, asumí que habría presentaciones mutuas: «Yo soy Lichita» y «Yo soy doña Lenchita», ta, ta, ta. Tendría tiempo suficiente.

Cuando llegué al eucalipto, saludé con la intención de seguir adelante.

—Quiubo, *'orita* vengo, me ando *miando* —dije de pasadita.

—¡Rangi; no hay azúcar!— oí la voz chillona de Alicia.

La niña corría hacia nosotros. Yo sentí que el mundo se me venía encima. Mis amigos descubrirían que yo venía con una niña.

Los chicos miraban a la chiquilla con la boca abierta, con expresión boba.

—Yo me llamo Alicia Rivera y soy hermana de Rangi. ¿Cómo se llaman ustedes?

Los niños ni siquiera escucharon. Siguieron mirando.

—¿Cómo te llamas tú?

—Faustino.

—¿Tienes hermanitas?

—Sí, una.

—¿Cómo se llama?

—Ma… maricha.

—¿Puedes traerla mañana?

—Nnno, sí.

—Bueno, mañana nos vemos —dijo mi hermana—. Ándale Rangi, llévame a conocer a los parientes.

El interrogatorio había sido graneado. Los chicos no tuvieron tiempo de reaccionar. Al llegar al zaguán, volví la cabeza y los vi exactamente donde los dejamos. Las espadas de palo descansaban en sus manos, las puntas muy cerca de la tierra.

Las niñas de Chavoy eran más o menos como las de La Cañada. Todas seguían un código de vestir que variaba con la estación: En el verano, vestido largo a la rodilla, amplio, de cuello redondo y elástico en las mangas cortas. Todos tenían sendas tiras de tela que colgaban a ambos lados de la cintura y se amarraban por la espalda en un moño. Los zapatos eran todos, pero todos, negros y cubiertos; las niñas los usaban con calcetas dobladas arriba de los tobillos. En el pelo, usaban broches o prendedores pero no adornos como el moño de mi hermana. El atuendo era el mismo en el invierno, con la adición de un suéter ligero, abierto al frente en Chavoy o uno más pesado y cerrado en La Cañada. Al igual que yo, los de la palomilla veían a mi hermana prácticamente *bichi*.

—Se parece a mi hermana, pero bichi —fue lo primero que me dijo el Tino al día siguiente.

Después llegó el obligado tiroteo: «Ranchi, no hay azúcar», «Ranchi, mira mis calzoncitos con "chichero"», «Ándale Ranchi, llévame a conocer a los parientes», me decían, con voz melodiosa imitando el acento de mi hermana.

La descarga duró más de una semana.

Al principio, la naturaleza precoz de mi hermana me incomodaba sobremanera. Su verborrea me abrumaba, no tanto porque no me gustara escucharla sino porque jamás sabía cómo contestarle. Mi hermana era como una prolongación de Maricha. La diferencia, sin embargo, era que mientras en Martha Alicia el dominio verbal me complacía, en mi hermana me frustraba.

Pero Licha pasó a formar parte de mi rutina. El día que Mabel se la llevó a la playa, extrañé su chispeante parloteo. No obstante, a su regreso me mareó de nuevo con su excesiva descripción de playas, arenas, cocos, camarones, canoas con remos y bailes con la tambora

A pesar de la taimada renuencia del Tino en traer a su hermana, al conocerse las dos niñas se hicieron inseparables. El pueblo era demasiado chico como para mantener a las dos avispadas chiquillas en sus respectivos barrios. Al principio, Maricha empezó a visitar a mi hermana en casa de Mabel Arredondo. Más tarde, ambas niñas dieron en sentarse en el muro del hospital para observar los torneos y las alegatas de los varones. A veces se enfrascaban en sus propios juegos bajo el guamúchil si los «hombres» jugábamos en el eucalipto o viceversa.

Una mañana nublada, con el vientecillo precursor de la lluvia llevé a mi hermana a la tenería. Caminábamos por el bordo del canal, dos pasos hacia adelante, tal vez uno a la derecha o tres a la izquierda, quizá cuatro hacia atrás siguiendo una culebra de agua y las más de las veces deteniéndonos. Nos sentábamos en el bordo con los pies metidos en el agua y trepábamos en los ciruelos o los guayabos para probar la fruta madura. Tirábamos piedrecillas que se iban rebotando sobre el líquido. Yo le enseñaba a la niña y esta trataba, la mayoría de las veces sin éxito.

—Las niñas no sirven para nada —decía yo tras cada fracaso.

—No necesito saber tirar con piedras. Eso es tonto —decía ella, mirando mi destreza.

—Ni sabes subirte a los árboles. ¿A que no te subes a ese guayabo?

—¿Para qué tengo que subirme al guayabo si tú bajas las guayabas para mí? —decía con apabullantemente clara lógica femenina.

Llegamos a la ladrillera. Bajamos al fondo del pozo y nos sentamos en la derruida enramada.

—Ese barril era del abuelo —dije, señalando los restos.

—Ya no es barril. Son puras tablas —dijo, con escaso interés.

La miré tratando de comprender por qué el barril del abuelo no significaba nada para ella.

—Todo esto era del abuelo. Aquí hacían ladrillos y curtían cueros para hacer zapatos y sillas de montar —seguí, tratando de impresionarla.

—Fuchi —dijo con un mohín—. Ha de haber apestado a animal muerto.

Yo la miraba con el ceño fruncido tratando de descifrarla. Lo que para mí era un tesoro abandonado, para ella era un montón de tablas y ladrillos sin significado.

—El abuelo tenía un teléfono y de aquí llamaba a la casa para que supieran que iba a llegar. Además, todas estas tierras eran de nosotros.

—¿Y por qué tenía que llamar si de todos modos tenía que llegar? Ni modo que Mamá Chela fuera mensa.

La lógica de mi hermana siempre llegaba cuando yo no tenía la respuesta.

—Para que pusieran la mesa —contesté.

—¿Y antes de tener teléfono no le daban de comer?

Como siempre, llegamos al punto en que yo perdía.

—Nnno sé. Seguro que le daban —dije.

Temprano aprendí que la mentalidad femenina era más objetiva que la masculina. Con todo, la nuestra seguía siendo más interesante. Yo podía ser Superman con sólo colgarme una capa o Roy Rogers montando un palo de escoba. Mi hermana no pasaba de ponerse un delantal y pretender ser mamá con su muñeca.

Al regreso nos sorprendió la lluvia. La niña brincaba gozosa dejando que la lluvia le lavara el rostro.

Debo confesar que fue una de las pocas ocasiones en que Alicia y yo coincidimos plenamente. El agua caía en gruesas gotas. El intenso chapotear sobre las aguas del canal era extraordinariamente excitante. Los charcos que se formaban alrededor eran una invitación para saltar que se materializaba a nuestro paso. En un punto del camino, la niña resbaló y se deslizó hacia abajo. De inmediato, el lodo del bordo se convirtió en resbaladera. Nos sentábamos y bajábamos a toda velocidad hacia el terreno plano. Al cabo se nos unieron otros niños. Al llegar a casa de Mabel Arredondo, parecíamos dos tabletas de chocolate ambulantes.

Nunca más mi hermana volvió a la tenería del abuelo. Sin embargo, aquel día disfrutamos juntos por todos los días del verano.

*

Un día temprano me puse a leer el Chamaco mientras esperaba por la palomilla. Encaramado en el muro del hospital leía cómodamente recargado en el tronco del guamúchil. Don Estanislao Romero cruzó la carretera y se acercó a mí.

—Rangelito —me dijo—. Por ahí me dijeron que rentas revistas.

—Sssí, don Tanilo —dije, más como una cortesía que como una afirmación. Fuera de las revistas rentadas cuando fui bolero, no había vuelto a rentar ninguna. No obstante, pensé que decir no, sería una negativa descortés.

—Réntame dos; quiero leerlas y que Panchito aprenda *pa'* que no se quede burro —me dijo, dándome una moneda.

—¿Cuáles quiere, don Tano?

—Las que sean, nomás con que tengan monitos.

—Espéreme, *'orita* vengo.

Crucé la calle y trepé a la azotea. Con una cuerda de ixtle bajé el cajón con revistas y ya de regreso lo puse sobre el muro.

—Usted escoja, don Tano. Pero no deje que Panchito las vaya a romper, por favor.

—No, que va. Yo le voy a leer pero no se las voy a soltar, Rangelito. A lo mejor mañana vengo por más —dijo el viejo y se alejó con sus revistas.

Me quedé pensando con el cajón lleno de revistas frente a mí. Por el fondo de la calle vi venir al Tírili.

Pensé en buscar una razón para explicar la caja. No tenía tiempo de llevarla de regreso y no quería que los plebes se abalanzaran sobre las revistas.

—Jíjole, cómo tienes cuentos —dijo el Tírili.

—Son para negocio —dije, sacando la cuerda con que enrollaba el trompo.

—¿Cuál negocio? —preguntó mi amiguito.

—Las voy a rentar. Quiero convertirme en negociante.

—¿Ya no vas a jugar?

—Sí, pero también las voy a rentar.

Al minuto siguiente vi venir al Botete. Rápidamente brinqué la bardita al lado de la calle y até la punta de la cuerda a una saliente de los ladrillos. Luego hice lo propio con la otra punta y quedó un tendido horizontal.

Tomé una revista y, abriéndola por las páginas centrales, la dejé caer con cuidado sobre la cuerda. Luego seguí con otra y otra. Cuando se acabó el cordón, tenía siete revistas colgadas. En el cajón reposaban un par de docenas y yo ya no tenía cuerda.

Pensé en el altero de revistas sin mostrar por falta de cordel y también en la necesidad de cuidar el *negocio*. Concluí que necesitaba un asistente.

—Si quieres te doy trabajo —le dije al Tírili.

—¿De qué? —me preguntó el chico con el ceño fruncido.
—De... de asistente de renta de revistas.
—¿Y qué es eso?
—Es ser asistente mío.
—¿Y por qué asistente tuyo?
—Pues porque yo soy el dueño del negocio.
—¿Cuál negocio?
—El de renta de revistas, menso.

El Tírili quedó pensativo antes de responder:
—¿Y puedo jugar mientras trabajo?
—Sí, pero primero está el negocio.
—No, mejor juego.

Conseguir un asistente fue más difícil que peinarse de rayita. Mi negocio tuvo que arrancar con siete revistas... hasta que llegaron las niñas. Con la palomilla mirando, cerré el trato con Licha y con Maricha.

Mientras las niñas cuidaban el cajón, crucé la calle corriendo y regresé con la cuerda con que había bajado las revistas.

—Tienes que colgar un letrero para que la gente sepa, Rangel Rivera —me dijo Maricha con cara de conocedora. Como siempre, cedí a sus observaciones.

Mientras la palomilla jugaba al trompo, yo me enfrasqué en el letrero:

Renta de Cuentos a 10 centavos.

—Qué bonitas letras, Rangel Rivera. ¿Cómo aprendiste a dibujar?
—Así nací —contesté.
—Ponle que a 15 centavos si no las traen el mismo día.
—¿Por qué?
—Pues porque si no traen el cuento, perdemos dinero si alguien quiere rentarlo.
—Pero no van a querer pagar 15 centavos.
—Pues que las lean aquí.
—Ah.

El flamante letrero decía: Renta de Cuentos, 10 centavos aquí o 15 centavos por día.

Las niñas resultaron ser las socias perfectas. Atendían el negocio mientras jugaban a los *pin jexs* (una pelotita de hule con unas crucecitas metálicas que mi hermana había traído del otro lado). Cuidaban las revistas con celo de propietarias y a la hora de rendir cuentas, nunca hubo problemas. A veces se iban a la esquina a promover el negocio con los transeúntes. Atrás de mi cerebro, yo deseaba que Maricha ganara más de lo que recibía, por tanto, la liquidación diaria se convertía en una actividad de saludable aquiescencia. El *negocio* funcionó admirablemente si se toma en cuenta que días antes yo tenía una reacción alérgica a las niñas; a todas las niñas del planeta. Mientras, en nuestros juegos, los varones seguíamos inventándonos nuevas reglas que nos permitieran ganar las tremendas *alegatas*. Nunca había consenso en el vano propósito infantil de siempre ganar. Las niñas nos miraban sacudiendo la cabeza.

—No hagas caso, Alicia. Están locos; son hombres —oí un día a Maricha decir, sin abandonar su tarea.

A unos metros, la discusión continuó.

—No seas tramposo, pinche Zurdo.

—Tramposa tu abuela. Te maté cuando asomaste la cabeza. *Pa'* qué alegas si estás muerto.

—No me diste. Me agaché y la bala me pasó rozando.

—Te maté o te pegué en las nalgas. ¿Qué prefieres?

Y así por el estilo transcurrieron los días de aquellas vacaciones. El olor a pueblo, a caña quemada, a jazmines y a gardenias, a fruta madura, a cieno de aguas estancadas; el chapotear de los *rojiamarillos* mangos cayéndose del árbol, el susurrar de las quietas aguas del canal deslizándose con apacible pereza entre sombras y rayos de sol. El sonido provinciano tan característico porque es nítido, identificable y familiar; el ulular de la sirena del ingenio, el roce de las víboras y reptiles invisibles entre el fantasmal túnel de verdes hojas de los platanares. El grito de la madre llamando al hijo y este recogiendo las canicas porque es hora de almorzar. Todo ello era Chavoy de Quintero.

Las revistas no me hicieron rico pero me acercaron a Martha Alicia Solórzano en un impulso de mi incipiente formación.

Fue como una probadita adelantada de testosterona para un novato que no sabía qué hacer con ella. Maricha fue mi primer amor; un amor atado con el lazo del platonismo. Desafortunadamente, o tal vez mágicamente, aquel negocio infantil me dio también un cruel resquicio por donde asomé a un mundo familiar inexistente; mágicamente porque en mi corazón se incrustó un recuerdo que duró lo que un sueño y desafortunadamente porque mi hermana, la niña precoz parecida a Shirley Temple, desapareció súbitamente igual que aquel verano inolvidable. Fue un soplo de acomodo, creo yo, entre el *buqui* ávido de vivir y el *plebe* que empieza a aprender que vivir es acomodo.

Tocante a Alicia Rivera, el día de lluvia que visitamos la tenería fue la fecha en que ambos hermanos empezaríamos a actuar ídem. Irónicamente, eran los últimos días que compartiríamos en Chavoy. No sé si sea trágico, ridículo o absurdo, pero el resto de nuestras vidas transcurrió entre contactos esporádicos, todos en ciudades a lo largo de la frontera norte; ninguno en Chavoy de Quintero.

CAPÍTULO XIV

¡Ahí Viene el Toro!

El tío me pidió acompañarlo a la bahía de Altahuata. El nombre de origen cahíta me sonaba chistoso, pero no lo pensé dos veces; mi hermana había picado mi curiosidad por aquel sitio lleno de cocos y canoas.

Arreglé con mis socias la conducción del negocio y al día siguiente, muy temprano, abordamos el camioncito de redilas que llevaba el correo cada tercer día a la bahía.

Salimos del pueblo por el oeste, rumbo al mar. Cruzamos el río en la panga y nos internamos por un increíblemente quebrado terreno. El camino, más que camino parecía una senda cacariza de hoyos y pedruscos. El camión reptaba entre árboles y arbustos. Conforme nos acercábamos a la costa, la vegetación empezó a cambiar. Plantas de aguamas y flexibles cocoteros aquí y allá salpicaron la senda, entremezclados con la flora del interior.

Más adelante, los cocoteros empezaron a delinear el horizonte. El aire me trajo un aroma diferente; el mismo aroma que había aspirado por primera vez en Topolobampo; aroma salobre volando en una brisa húmeda y fresca.

Poco a poco fueron surgiendo jorobas pelonas de blanca arena salpicadas de ramas alargadas que, como espadas, salían en racimos de la arena. Una gaviota pasó planeando, luego otra y otra. El camioncito entró en un camino de rodadas firmes. Se acabaron los hoyos y los tumbos del vehículo. La tierra se aplanó de súbito cuando entramos por una lengua de tierra entre dunas. El espejo líquido del mar hirió mis pupilas a través del parabrisas. Por la ventanilla vi un espectáculo que nunca había visto. Una vasta laguna llena de plantas acuáticas se extendía a mi derecha. Las plantas, de delgado y liso tronco, surgían del agua y extendían sus ramas casi tocándose unas con otras. El agua no se movía bajo el túnel de ramaje. Por la ventanilla opuesta nacía una laguna similar. Un par de hombres con los pantalones arremangados hasta las rodillas se agachaban y sacaban del agua unas conchas negras que metían en un morral.

—¿Qué es allí, tío? —pregunté.

—Son esteros. Aquí es donde el río encuentra el mar —contestó el tío.

—¿Y qué están recogiendo esos señores?

—Son patas de mula. Se crían en el agua. Son como almejas gigantes.

«Estero, patas de mula, almejas». Un lenguaje nuevo nacía en mi mente. Vocablos desconocidos enriquecían mi vocabulario.

Al pasar unas dunas altas, el pueblo apareció a la izquierda de repente. El camino bajó en línea recta hasta la playa y viró al sur, siguiendo sobre la arena húmeda en ruta paralela al caserío.

El espectáculo que se ofreció a mis ojos era de una belleza esplendorosamente tropical. El agua, como un plano metal plateado, parecía dormitar. De vez en cuando, el brillo de un pez saltando rompía la uniformidad de la plata líquida. En la orilla, un suave ir y venir de agua denunciaba la vida propia del océano. Un barco camaronero se bañaba de luz en el centro de la bahía. Al fondo, a la izquierda del pesquero, un promontorio de roca y focas salía del agua como asomando con curiosidad hacia el pueblo. En la playa, cuatro o cinco canoas con sus remos mostrando los extremos descansaban recostadas indolentemente. Las gaviotas revoloteaban sabedoras de que donde hay humanos, hay comida. Un hombre remendando una red agitó el brazo en señal de saludo.

Pasamos un edificio de madera en zancos que, cual monstruo marino se metía en el mar como si empujara un muelle de 15 metros de largo. El angosto tablado del muelle tenía un lado despejado y en el otro se alineaban 4 o 5 cuartos también de madera. Por la ventana de un cuarto vi a una mujer peinando sus cabellos. Al final, con la inmensidad de agua plateada como fondo, un par de pelícanos tomaban la siesta encaramados sobre los postes del muelle. En el edificio en zancos, unos hombres tomaban cerveza sentados en mesas acomodadas en un amplio espacio techado pero sin paredes. Una gran barra dominaba el fondo.

Otra vez a preguntar:

—¿Qué es ese edificio?

—Es un templete. Es como un centro social para bailar y divertirse. Hay dos en Altahuata. Aquel es el otro —contestó el tío, apuntando hacia adelante por el parabrisas.

«Templete», otra palabreja a aprender. A lo lejos divisé otro monstruo similar con su respectivo muelle y, en este, otra hilera de cuartos.

Por el parabrisas vi el camino recto siguiendo una trayectoria en línea con el agua. A nuestro paso, el agua lamía la arena suavemente a 3 o 4 metros de las rodadas. No era un camino seco sino de humedad que teñía de oscuro la arena. Las llantas acentuaban el negro en la rodada al desplazar el agua. Unos segundos después, el agua volvía y hacía desaparecer la huella. Sin embargo, el camino estaba bien delineado. A fuerza de pasar y pasar, las llantas habían abierto surcos. Como una paradoja, el agua que ocasionaba atascaderos en la tierra de Chavoy, aquí compactaba la arena.

Al lado izquierdo del camino, en lo alto del declive de playa, una fila de casitas, casuchas y enramadas, se prolongaba linealmente entre templete y templete. Atrás, algunas dunas y, más allá, como pretendiendo arropar al pueblo, cerros, cocoteros y monte se alzaban por encima de los tejados. Sol, sol y más sol. El pequeño villorrio de madera oscurecida por el eterno golpear del astro rey, parecía una flota de barquillos navegando en un océano de fina arena. El contraste de las chozas en medio del blanco deslumbrante daba un toque surrealista al conjunto. Sol blanco, ardiente; arena fina como el azúcar, agua tibia, transparente, apacible. Todo enmarcado bajo un verde irregular de selva y cocoteros en lo alto. Eso era la Bahía de Altahuata.

Con el mar a mi derecha atravesamos la villa. El camión se detuvo cerca del segundo monstruo con zancos. Miré a mi izquierda por la ventana del chofer, y vi un letrero que decía: Capitanía de Puerto. Finalmente, el camioncito se detuvo.

El chofer le dio una caja al tío y, cargando unos bultos, desapareció por la puerta con el letrero. Nosotros caminamos la subidilla de arena hasta una amplia enramada. La arena calentaba mis huaraches. Un hombre de piel requemada cocinaba en un fogón, el torso desnudo. Giré el cuello con curiosidad insaciable. La transición que experimentaba era total. Había llegado de las tierras donde el hombre tenía que protegerse del medio ambiente a fuerza de cubrirse para descubrir que había sitios donde el medio ambiente pedía a gritos andar desnudo. Traté de imaginar a un jinete apeándose de su montura con botas y chaparreras y no pude. Luego, mi mente trajo mis pantalones de remaches y mis mineros y una sensación de asfixia me invadió. Cuánta razón tenían los plebes de Chavoy en su examen de mi atuendo original. Pero, al mismo, tiempo, llegué a una curiosa conclusión: a pesar de tantas diferencias, Altahuata era una réplica de Urebó: una línea de casas, una línea de camino-playa y el mar sustituyendo al desierto.

—Buenas, doña Lucinda —saludó el tío a una mujer que salía de una casa.

—Bienvenido, don Gildardo. ¿Se va a quedar aquí? —contestó la mujer preguntando.

—Sí, doña. Dos catres por favor.

La mujer saludó ondeando la mano y se alejó y nosotros seguimos hasta la enramada del hombre que trajinaba en el fogón.

Quiubo Gil. ¿Los quieres en salsa o al mojo de ajo? —preguntó el cocinero, como si el tío saliera del cuarto contiguo.

—Para mí, hazme unos al mojo de ajo. Para mi sobrino, prepáralos en salsa pero sin chile —contestó el tío—. El Prieto te mandó esa mercancía —agregó, poniendo la caja sobre una mesa.

El cocinero resultó ser el comerciante del pueblo. El hombre tenía gallinas en el corral y vendía huevos en el villorrio. La caja venía con cigarrillos, golosinas y condimentos.

—¿Es el hijo varón de Ariana? —preguntó.

El tío asintió sin decir nada. El hombre se quitó el sombrero de palma y, limpiándose las manos, me saludó:

—Un honor, jovencito; soy Reginaldo Lugardo; me dicen el Chaco —dijo, estrechándome la mano con respeto.

Comimos con apetito camarones de tamaño gigantesco. Reginaldo Lugardo era un buen cocinero.

El tío me llevó por el caserío. La mayoría de aquellas gentes me recibía con palabras más o menos parecidas. «El hijo de Ariana», «El hijo de Luciano», «Rivera de pies a cabeza», solían decir con cálida entonación.

Por la tarde cruzamos la playa y entramos en el segundo edificio con zancos. Después de subir dos escalones, quedamos en un amplio cuadrado de madera desprovisto de paredes. La única pared del abierto aposento se levantaba al fondo, casi en línea con el agua, detrás de una larga barra. A la izquierda de la barra, un amplio hueco con dos hojas abiertas de par en par comunicaba directamente con el muelle. A la izquierda del hueco, unos instrumentos de música cuidadosamente colocados esperaban por sus dueños. Pensé en los bailes con la tambora que mi hermana me describió. El sol, ya débil al caer la tarde, entraba oblicuo atravesando el aposento de lado a lado. Un fuerte olor a cerveza y a brisa marina inundaba el local.

El cuadrado era amplio. Las mesas iban, una tras otra, siguiendo un cerco de madera apuntalado con barrotes en diagonal. Algunos hombres descansaban sus cervezas en el cercado. El cantinero servía tandas que luego apuntaba con tiza en una pizarra. En los 10 o 15 minutos transcurridos no vi a nadie pagar las bebidas.

El tío se dirigió hacia un hombre con gorra de marinero. Me acerqué y le pedí permiso para entrar en el muelle. Una curiosidad irresistible me atenazaba. El tío me pidió ser cuidadoso y me autorizó a entrar.

Nada más cruzar la puerta sentí el fresco maravilloso del mar. El sol no molestaba aunque pegaba directo sobre mis ojos. En media hora quizá, el astro rey se zambulliría en el agua como ha hecho diariamente por millones de años.

Avancé sobre el tablado del muelle. A mi izquierda, los cuartos numerados, 1, 2, 3 y 4 y, a mi derecha, el agua, serena a mis pies. Un cerco similar al del templete corría de punta a punta del rústico muelle. Sosteniendo el camino de tablas, negros postes circulares cubiertos de conchas se clavaban en el agua.

Me senté en la orilla. Sobre mi cabeza quedó el barrote horizontal del cerco. Bajo mis pies colgando, el agua de una transparencia increíble me dejó arrobado. Podía ver el fondo de arena irregular salpicado de conchitas de colores. Ondas transparentes de reflejo solar denunciaban el ir y venir de agua que parecía no moverse. Un pececillo plateado aparecía nadando en súbitos arranques; otro más pequeño le seguía y luego desaparecía bajo el tablado y luego otro más, de mayor tamaño y de diferente color. Un cangrejo caminaba por el fondo. Otro surgió de una piedra, con relampagueante movimiento atrapó una manchita que flotaba y luego volvió a su refugio. Una nubecilla quedó flotando un instante.

El majestuoso desplazamiento de una manta raya me dejó boquiabierto. Las alas ondulaban ligeramente; el estilete de su cola parecía dirigirla. Al frente, dos protuberancias como cuernos se elevaban por encima de la lisa masa de forma aplanada. Me pareció estar viendo un negro murciélago nadando.

El sol perdió la base de su redondez bajo el agua. Su disco era ya una espléndida bola de fuego de tamaño inmenso. Era como una deslumbrante pelota roja de cuatro veces el tamaño que lucía al medio día. El mar ya no era de plata; ahora era de fuego. Al otro extremo del villorrio, el otro monstruo en zancos ya no era de color blanco; ahora tenía un hermoso tono dorado carmesí. Todo Altahuata estaba envuelto en un fantástico rojo llamarada.

—Vámonos, Rangi —me pidió el tío desde la puerta.

Cuando me levanté, vi una mujer semidesnuda que me sonreía desde uno de los cuartos. Le devolví la sonrisa y me alejé caminando hacia el templete. Un hombre que parecía pescador nos encontró a medio muelle y se metió en el cuarto de la mujer.

Atravesamos la tarima de madera, y sentándome en los escalones me quité los huaraches. Sentí la tibieza de la arena y la disfruté en el recorrido hasta la enramada donde pasaríamos la noche. Después de la presentación de rigor, el tío dijo, antes de traspasar la puerta:

—Regreso al rato —y desapareció rumbo al templete con zancos.

A la luz de una cachimba (bote de lámina con una mecha empapada en petróleo), me desvestí y me preparé a pasar la noche. Afuera, el tío cruzó unas palabras con doña Lucinda, la dueña del lugar y luego bajó al Templete.

El viento trajo las notas de viejas canciones sinaloenses desde el monstruo en zancos. En la pista de los templetes había empezado el baile. Tarde, cuando el tío regresó, le pregunté en voz baja:

—¿A qué venimos, tío?

—A completar el viaje —dijo el tío en la penumbra, recostado en el catre de baqueta trenzada.

—¿Cuál viaje?

—El que empezamos en Topolobampo. Lo que viste aquella vez no fue suficiente, ¿o sí?

No, no había sido suficiente. Imposible que lo fuera. Para un niño que no lo había visto jamás, el mar había entrado como un torrente líquido a mis ojos pero como un mísero buche de agua a mi sed por conocerlo. El océano de los cuadros y fotografías que yo conocía, había cobrado vida en Topolobampo pero había muerto prematuramente ese mismo día. El tío tenía razón; lo que vi aquella vez no fue suficiente.

*

Estaba oscuro todavía cuando escuché el grito. La voz estentórea y ríspida sonó de esta manera:

—¡Ya llegaron los huevos, viejas hijas de la chingada!

—*Alevántate* viejo; ya pasó el Chaco Lugardo —oí la voz de nuestra anfitriona.

Me incorporé en mi catre y vi al vendedor de huevos recortado contra la tenue luz del amanecer. En cada extremo de una gruesa vara colocada sobre sus hombros, colgaba una canasta con huevos y algunos otros artículos. El hombre descansaba ambos brazos a lo largo de la vara, formando una cruz con su silueta.

El grito se repitió más débil. En el cuarto contiguo se oyó el trajinar del ama de casa poniendo el agua para el café. El esposo de doña Lucinda se dirigió a su canoa. Era hora de empezar el día.

¡El Chaco Lugardo era el despertador de la villa pesquera!

Tal como el tío había dicho, salimos a «completar el viaje». Caminamos por la playa y me introduje en las tibias aguas. Con el agua en la cintura podía ver mis pies hundiéndose en la arena del fondo. Un breve paseo nos llevó a la isla-peñasco erizada de focas. El tío remaba con destreza. Yo simplemente disfrutaba.

¿Por qué se había tomado el tío Gildardo la molestia de completar el viaje? No me interesó entonces elucubrar al respecto. Se necesita crear una pregunta para llegar al por qué de las cosas y a mi edad no había lugar para profundizar. Sólo con el tiempo llegué a valorar su acción: Me había llevado para darme el placer que mi hermana había recibido unos días antes. ¿Sería quizá para no quedarse atrás de Mabel Arredondo?

Pasado el medio día nos arremangamos los pantalones y nos internamos en el estero. Bajo el ramaje de árboles chaparros hundí mis pies en el barro. Encorvados, tanteábamos el fondo con las manos. A veces, eran los pies los que sentían la concha. Después de media hora emprendimos el regreso con un morral lleno de conchas gigantes.

Las patas de mula no fueron menú de mi gusto. Nunca las volví a probar.

Poco después de mediodía, algunas nubes aparecieron en el horizonte. Con pasmosa rapidez, el cielo se cubrió de marrón y gris. Un vientecillo que al principio fue refrescante, empezó a crecer trayendo agua en su trayectoria. El mar, tan apacible unas horas antes, empezó a formar espuma al lamer la playa. Al unísono aparecieron las canoas venidas del mar. Los hombres las abandonaron amarrándolas a palos o rocas en la playa. Estremecedores sonidos bajaron de entre las nubes. Era como piedras que rodaran en el negro cielo, moviéndose de un extremo a otro del poblado. Por el oeste, mega arañas extendían sus patas de color azul eléctrico bañando fugazmente de luz al pueblito. Con asombrosa rapidez, la luz solar desapareció y la oscuridad trajo una noche prematura. Truenos, rayos y viento llegaban empapados de agua. El cielo sudaba

—¡Ahí viene el Toro! ¡Ahí viene el Toro!, se oyó cada vez con más alarma.

Yo veía el frenético ir y venir de gente. El viento arreciaba. La posición de las hojas de las palmeras cambió y acabaron todas apuntando tierra adentro. Los techos de las casitas se estremecían.

Poco a poco el mar se fue encrespando hasta alcanzar una furia intimidante. Afuera, los hombres trataban de asegurar sus pertenencias sin conseguir otra cosa que mantenerse en pie. Poco a poco el pueblo se fue compactando alrededor de la Capitanía de Puerto. Ahora el negro cielo lloraba.

En un momento determinado formamos un grupo. Unidos atravesamos las dunas y remontamos los cerros. El viento bramaba en furioso lenguaje haciendo sonar las ropas sobre los mojados fugitivos.

Como una fantasmagórica procesión, la fila de hombres, mujeres y niños cargando lo indispensable, avanzaba hacia lo alto. Un perro temeroso me miraba con mirada triste. Un gatito asomaba por los bordes de un rebozo. En el suelo, las gallinas del Chamuco Lugo mostraban la piel bajo las plumas mientras luchaban por mantener el equilibrio. Las ráfagas de viento eran cada vez más fuertes. La atmósfera circundante me aterró. Inconscientemente me aferré a la mano del tío.

Alcanzamos la cumbre del cerro más alto y empezamos a bajar por el otro lado. Diez minutos más tarde llegamos a un agujero natural agrandado por la mano del hombre. La hendidura se ensanchaba atrás de una abertura de dos metros cuadrados cubierta con una puerta de gruesas tablas. La puerta seguía el declive del cerro con las bisagras en la parte más alta y la aldaba en el nivel inferior. Quien construyó el refugio coronó la parte superior de la puerta con un bordo de cemento. El bordo evitaba que el agua que bajaba en torrente inundara el agujero.

Luchando contra el viento, cuatro hombres levantaron la pesada tapa cuadrada. Dos voluntarios empezaron a jalar una cadena desde arriba y otros dos colaboraron jalando el cuadrado de tablas. Cuando el claro entre la tierra y la puerta fue suficientemente grande, unos hombres empezaron a introducirse para empujar desde adentro. Después de varios minutos de lucha, dos estacas aseguraron la puerta. El viento venido del otro lado del cerro empujaba la puerta hacia abajo con furia.

Con las estacas firmemente sostenidas por cuatro hombres, el resto de la gente se escurrió por la apertura. Bajamos cuatro escalones. Cuando ya estuvimos adentro, uno de los pescadores pasó una soga por el pie de ambas estacas. Un brusco tirón hizo que la puerta cayera con un seco sonido. Algunos hombres deslizaron un pesado barrote por unas argollas, atrancándola por dentro.

Las paredes de la cueva habían sido revestidas con cemento. Una mujer encendió unas cachimbas (botes de lámina con petróleo y una mecha que salía de un agujero), y la cueva se iluminó débilmente. Sobre nosotros el viento rugía enojado como si el escondernos fuera una actitud ofensiva. La tranca en la puerta trepidaba locamente. De vez en vez, un par de lugareños empujaba un extremo para evitar que el tronco se deslizara fuera de las argollas. Viento y agua invadían la cueva por las junturas de las tablas, humedeciéndola pero ayudando a disipar el humo de la cachimba.

Miré a mi alrededor; la cueva era una especie de sótano, socavado aprovechando una oquedad en el promontorio de tierra. El refugio había sido construido verticalmente pero siguiendo la horadación natural, de tal modo que el piso quedaba al terminar los escalones y el techo unos 50 centímetros por encima del nivel de la parte superior de la puerta. La altura del fondo de la cueva, doblaba la de la entrada.

Contra las paredes de la cueva se adosaban bancas de madera, anormalmente altas y anchas. La mayoría del pueblo estaba amontonado en aquel agujero. Después me enteré que en otro cerro, pasando los esteros, había otro agujero similar de dimensiones más pequeñas.

Perdí la noción del tiempo. Pasaron tres horas, tal vez cuatro. Al frente, la inclinada puerta de tablas se sacudía incesantemente. Por las rendijas el agua escurría. Algunas mujeres y niños se acomodaron en las bancas. El olor a petróleo quemado impregnó el ambiente.

Al principio no lo noté, pero pronto el agua me llegó a los tobillos. Una hora más tarde, quizá, mujeres, niños y animalitos estaban sobre las bancas. Encima de las bancas altas, las mujeres se encorvaban obligadas por el techo bajo. Los hombres permanecieron de pie con el agua a las rodillas. Gradualmente todos fueron encaramándose en las bancas.

El agua fue subiendo hasta llegar al nivel del umbral. Las mujeres sollozaban; los hombres se miraban unos a otros.

—El agua ya no subirá; ya alcanzó el nivel de la salida —nos dijo el Chaco Lugardo, consciente de que nosotros éramos visitantes. En efecto, al alcanzar la parte baja de la puerta, en vez de seguir subiendo de nivel, el agua empezó a escurrirse por la rendija que dejaba la tapa.

Quizá por efectos de la humedad o por falta de combustible, las cachimbas se apagaron. En la oscuridad empecé a escuchar gemidos. El llanto de los niños se extendió con ominosa persistencia. A pesar de la indicación del Chaco, el pavor me dominaba.

—Tranquilízate, hijo. Esto no durará ya mucho —me dijo el tío, palpándome en la oscuridad.

El tío tenía razón, el Toro se fue debilitando. El trepidar de la puerta fue disminuyendo lentamente.

Cuando el tableteo se redujo a un nivel manejable, unos hombres corrieron la tranca liberándola de las argollas. Todos esperamos temiendo ver la puerta volar por los aires. Esta siguió temblando pero no cedió. Entre el tío y otros dos hombres empezaron a empujar. Había resistencia pero la puerta fue cediendo hasta que quedó asegurada con las estacas. La oscuridad se diluyó en la cueva. Podíamos vernos las caras en la débil claridad.

—Lo peor ya pasó; ya no llueve con fuerza —dijo el chofer del camión correo.

Por el hueco entraba la ventisca con brisa hecha de millones de minúsculas gotitas. El agua nos golpeaba el rostro sin violencia. Ante el espanto de los pasados momentos, el golpear del viento era casi una bendición.

Como fantasmas fuimos saliendo del agujero. Salíamos lentamente como si una boca de tierra nos vomitara en estertores.

Cuando llegamos a la villa, el espectáculo fue aterrador e imponente al mismo tiempo. Los *monstruos* en zancos habían desaparecido. El oleaje, todavía en agitación, había invadido el camino llegando hasta las dunas. El barco pesquero yacía de costado 20 metros tierra adentro. El camión correo estaba panza arriba sobre un árbol derribado. El caserío ya no existía. Una tuba brillaba entre lo que quedaba del follaje de un eucalipto. A nuestras espaldas, el estero había crecido hasta casi cubrir los arbustos más bajos. Vimos un pequeño grupo de gente bajar por la colina. Reconocí el rostro del hombre de la gorra marinera. La gorra había desaparecido.

Cuando la marea empezó a bajar, los cimientos de los templetes y los postes de madera que sostuvieran los muelles empezaron a surgir sobre el oleaje.

Pasamos 48 horas subsistiendo de lo que la madre naturaleza había respetado. Una vaca moribunda terminó sus días en el cuchillo de un pescador y comimos carne sin sal. El agua provino del refugio; la tela de una camisa sirvió de coladera y, hervida en las llamas de un fogón, palió nuestra sed mientras los fósforos duraron.

La arenisca estaba mojada. Más allá del estero, el terreno se había convertido en un inmenso lodazal. El camino que nos trajo había desaparecido bajo un tramado de árboles, troncos y escombros.

Amanecía el tercer día cuando un barco apareció en el horizonte líquido. Una canoa se acercó a la playa con víveres y ropas.

—¿No hay heridos? —preguntó un hombre de piel curtida con una gorra descolorida que lucía un ancla al frente.

—No, Capitán, dijo el encargado de la Capitanía de Puerto.

Las noticias no podían ser peores. El capitán nos puso al tanto mientras repartía cigarrillos y agua entre los damnificados.

—No hay forma de salir de aquí por tierra. Tenemos que rodear por El Dorado —anunció.

—Capitán; con las vituallas que nos trajo y lo que tenemos, bien podemos aguantar tres o cuatro días mientras se orea el camino. Creo que eso sería mejor que rodear tan lejos, ¿no cree? —opinó mi tío.

—Sin duda sería lo mejor. Pero sucede que aunque se oree el terreno, no hay forma de llegar. El ciclón desbordó el río Culiacán y se inundaron las rancherías cercanas. En Chavoy, el agua entró a los hogares bajos. Sólo las construcciones con banquetas altas se salvaron. Ahora mismo, el agua apenas empieza a bajar; me lo dijeron por radio. Pasará un par de semanas antes de que todo vuelva a la normalidad —sentenció el Capitán.

Yo escuchaba la conversación sin comprender cabalmente su significado. Me era imposible imaginar las aguas del río entrando en Chavoy.

La canoa echó media docena de viajes. El barco enfiló la quilla mar adentro y, bordeando la lengua de tierra que rodeaba la bahía, salió a mar abierto. Hombres, mujeres, niños y mascotas nos desparramamos sobre cubierta.

Mi tío se dejó caer sobre unas redes. El olor a pescado era penetrante. El barco navegaba rumbo al sur; a babor la costa sinaloense y a estribor la inmensidad azul del Mar de Cortés.

Muy pronto dejamos atrás la larguísima lengüeta de la ensenada del Pabellón. El tío dormitaba con un pañuelo echado sobre la cara.

—¿Se inundó la casa, tío? —pregunté.

El tío levantó la tela y sonrió.

—No, hijo. Quedamos muy lejos de la bajada al río y nuestra banqueta está muy alta.

—¿Y por el lado del zaguán? —insistí.

—Tampoco. El terreno sube cosa de un metro pasando la carretera. No creo.

—¿Y los Solórzano, tío? —seguí, poniendo cara de tristeza.

—Esperemos que no haya pasado nada, Rangel. Se supone que los pobladores de las zonas bajas se refugien en la iglesia —dijo, limpiándose la frente con la tela.

—Rangel —agregó, levantándose para quedar sentado—. Debes saber que lo que haya pasado en Chavoy no se compara con lo que pasamos aquí. Las inundaciones se deben a que la cola del huracán alborotó las aguas. Debe haber llovido mucho, pero los vientos que nosotros sentimos no llegaron tan lejos. En Chavoy llovió a cántaros pero no hubo destrozos. Estoy seguro.

En El Dorado conocí a otro hermano de mi madre. El tío Roberto nos esperaba en las oficinas del delegado.

Comimos en un amplio corredor del caserón colonial donde vivía Roberto Ontiveros. En la pared, tras el asiento del tío, colgaba una fotografía de un hombre imponente a caballo. El jinete descansaba el puño sobre la cadera. La mirada altiva y el porte erguido denotaban una persona en control total de la montura y el medio ambiente. Su mirada parecía ordenar, más que mirar; era Indalecio Ontiveros, mi abuelo. Por la cabeza me cruzó la loca idea de que si aquel jinete hubiera estado en

Altahuata cuando El Toro llegó, a reatazo limpio lo hubiera hecho regresar por donde vino.

La brisa salada de mar se fue diluyendo conforme abandonamos El Dorado. Hicimos un día de viaje en una jornada que normalmente se hacía en tres horas. Pedazos de camino y algunos puentes habían desaparecido arrastrados por las aguas.

Cuando llegamos a Chavoy todavía sudaba salado. En un par de semanas, las gentes de Altahuata empezarían la reconstrucción de su querido pueblo. Ha sido así por generaciones y así será eternamente cada que aparezca el Toro.

CAPÍTULO XV

Adiós a Chavoy de Quintero

Chavoy de Quintero olía a fango. Chavoy era puro fango cuando llegamos.

En efecto, como dijo el tío, nuestra casa en la Calle del Reloj estaba seca. Las señales del agua quedaron marcadas en el cemento de la banqueta, unos centímetros por encima del suelo. La acción de los terribles aguaceros había causado considerables destrozos a la carretera. En tramos, el asfalto había desaparecido, arrastrado por la furiosa avenida.

Cuando atravesé Salsipuedes en busca de los Solórzano, doña Camila me recibió con un efusivo abrazo.

—Ese pinche soplo de aire nos hizo lo que el viento le hizo a Juárez, ¿*verdá*, hijo?

Sonreí contagiado de su felicidad aunque no supe qué le había hecho el viento a Juárez.

La predicción del tío fue exacta; los chavoyenses habían tenido tiempo suficiente para buscar refugio. La vacada y los animales domésticos de la bajada al río habían quedado a buen recaudo tierra arriba, por el rumbo del panteón. Algunos vaqueros contratados habían regresado los animales desbalagados después de la tormenta. En el interior de la casa de los Solórzano, el agua había pintado una raya en la pared. Sin embargo, las pertenencias más preciadas habían sido rescatadas. Fuera de los daños normales por la humedad, todo seguía igual. Yo ayudé a bajar algunas cosas que todavía estaban en el techo.

Maricha se acercó con expresión apagada.

—Ven conmigo, Rangel Rivera —dijo, jalándome de la camiseta.

Me llevó a un rincón de su recámara y me mostró un cajón de madera. Todas las revistas estaban hechas un amasijo de papel mojado.

—Le pedí a mi papá que lo subiera al techo porque estaba bien pesado y se le olvidó. El agua cubrió el cajón. Dijo que te iba a pagar las revistas, Rangel.

Rangel. En la pronunciación de mi nombre iba implícito su estado de ánimo. Fue la única vez que la oí decir mi nombre sin pronunciar el apellido y también fue la única vez que vi tristeza en sus ojos.

—No tienes que pagarme; ya me habían aburrido —dije, con una sonrisa.

...Y fue también la única vez que me sentí a su nivel: ¡Martha Alicia Solórzano había cometido un error!

Vi un brillo extraño en sus ojos. Era como si yo hubiera crecido. Ahora era Rangel a secas. ¡Todo un hombre!

La pérdida de mis revistas no me afectó. Fue otra noticia la que ensombreció aquel día: mi hermana se había ido del pueblo horas antes del torrente.

Las noticias eran asombrosas. Mi madre había llegado a Chavoy en un viaje sorpresa y, al enterarse de que yo andaba con el tío Gildardo, había estallado en cólera. Se armó un alboroto en el pueblo y, montando en un taxi, emprendió el viaje de regreso llevándose a mi hermana.

—Te voy a suplicar que mandes a Rangel con Rodrigo Salas —le había pedido a Mabel antes de marcharse.

De acuerdo con los deseos de mi madre, yo debía empezar el año escolar en Culiacán. El rencor guardado contra su hermano se hizo patente en apresuradas decisiones: Yo no debía permanecer un minuto más en la casa de sus padres: Ni un día más al cuidado de Gildardo.

Al partir, no tuvo ni idea de la odisea que me aguardaba en Altahuata.

Probablemente no se enteró de los sucesos hasta que llegó a la frontera. Las noticias viajaban lentamente en los cincuenta.

Chavoy me gustó cubierto de barro. Había lagunas donde podíamos navegar en tablones o cámaras de hule. Infinidad de barquitos de papel aparecieron navegando en el oleaje artificial creado por nuestras manos. Sombreros picudos de papel periódico nos convirtieron en audaces piratas cargados de tesoros.

En el Platanar, la laguna era tan grande que la parte honda nos llegaba a la cadera. Ahí, a horcajadas sobre dos enormes troncos, sostuvimos las más enconadas batallas a daga y espada. Nunca más en mi vida vi tanta agua fuera de sitio.

La víspera de mi viaje a Culiacán me encaminé a la tenería. Por más de una hora deambulé por el sitio. Me bebí en tristeza contenida los contornos y al ver el viejo barril de tablas carcomidas, pensé en mi hermana. Me dieron muchas ganas de llorar. Quizá hice pucheros, quizá sólo rodaron las lágrimas cuando ya no pude contenerme.

Emprendí el regreso por el polvoriento camino cuya delimitación la marcaban los matorros y los árboles. Al llegar al canal seguí de largo. Atravesé el barrio de La Pintada y en la carretera doblé al oeste, dejando el pueblo atrás.

Pasé por El Rincón de las Mangas. El edificio estaba cerrado a causa de la inundación. Seguí mi camino hasta el río y Prajedes me cruzó en su panga.

No sé cuánto tiempo transcurrió. Había tanto que hacer y en mi quehacer sufría con un dolor que casi me hacía falta.

Avancé lentamente por la vereda que llevaba a La Posa. Todo lo que me rodeaba era más hermoso a consecuencia de la humedad y, sin embargo, los aromas del monte y la algarabía de los pájaros parecían haber desaparecido del paisaje. Mis sentidos estaban bloqueados.

Sentía como si quisiera sólo para mí todo aquello que me había dado tanto placer. Los pájaros ya podían irse al diablo; no era para mí motivo de regocijo festejar a los ruidosos pajarracos que se quedarían a disfrutar de aquel sitio. Dejé pasar los minutos sentado al pie del guanacaste. Eché un último vistazo a las letras grabadas a cuchillo y me retiré del gigante bordeando el río.

Cuando llegué al corral del tío Gildardo, un nudo me atenazó la garganta. Como siempre, el bayo y el retinto se acercaron. Los animales caminaban en el barro, hundidos los cascos en el blando terreno. Mansamente, el bayo me pasó los belfos por el pelo. El retinto bajó el largo cuello y escarbó con la pata delantera. De inmediato vino a mi memoria mi yegua escarbando con los cascos cuando la bañaba. Al recuerdo de la Colorina le siguió el de don Damián y, en consecuencia, el de la silla de montar, la máquina de escribir y mis chivitos. Me pregunté qué habría sido de mis cosas.

Abrí el candado y me senté en el bebedero. Al cabo, el becerrito se acercó trotando.

Otra vez los recuerdos recientes parecían empeñados en robarle encanto a todo. Sentado en el bebedero yo miraba a mis amigos. Las bestias no se movían, en su inocencia tan hermosamente ausente de razón. Abracé a la ternerita por el cuello sintiendo al bayo darme topetazos en el hombro.

Me acordé de tía Isabel, de mi capitán Reséndez y de todo lo que tuvo significado en mi corta existencia. No me daba cuenta, pero mi vida era una constante búsqueda de algo que me faltaba. Parecía ser que las cosas buenas siempre quedaban atrás. Me asaltó la absurda idea de quedarme y pasar la noche allí; vivir tal vez en aquel corral. Pero las cosas no suceden de acuerdo a los sueños. La tarde pardeaba y el panguero se iría. La hora había llegado.

Me levanté del bebedero sintiendo que al irme traicionaba la confianza de aquellos animalitos. Me sacudí las asentaderas del pantalón y sumándole segundos al minutero traspuse el portón. Eché llave al candado y pasé la mano por la frente del bayo. El becerrito me miraba hacer. Contra mi voluntad me volví y eché a caminar con rumbo al río. Los animales quedaron atrás sin siquiera percatarse de su triste destino: vivir por siempre encerrados, sujetos a la voluntad del hombre. Otra vez lloré. Hubo un momento en que el sollozo brotó en ronco alarido. Mentalmente recordé mis otras crisis. Me percaté que mis sentimientos, mis dolores más profundos estaban siempre ligados a episodios conectados con animales.

Languidecía la tarde. El sol, ya sin el calor blanco incandescente, había ganado en color lo que perdió en brillo canicular. Los rayos caían casi horizontales en la difusa claridad vespertina, pintando líneas doradas entre las ramas de los árboles. El sendero de tierra negra, maciza, olía a materia vegetal en descomposición. El olor húmedo subía en intensidad conforme me acercaba al río. La vereda, abierta a fuerza de caminar, se podía adivinar en el colchón de hojas secas, Los añejos troncos perdían forma arriba, desvanecidos a medias en brumosa luminiscencia. A 15 metros vi la plata brillante del agua deslizarse en suaves ondas sobre el río.

Metí la llave en el hueco del tronco escogido por mi tío y apresuré mis pasos. Cuando llegué a la orilla, ya los pangueros me esperaban.

Me senté sobre el amplio cuadrado de troncos, consciente de que cruzaba por última vez. Prajedes hundía el varejón y Nicolás jalaba de la cuerda. El agua besaba las orillas de la balsa.

Cuando llegué a casa, subí directamente a la azotea. No tenía hambre y no sentía deseos de sentir la frialdad de la tía Andrea. Metido en el mosquitero de Pancho el Paraguas me fui quedando dormido; la mañana siguiente despertaría de mi sueño nocturno y de mi sueño de verano.

Al día siguiente por la mañana empaqué cuidadosamente mis pertenencias. Los mineros sustituyeron a los huaraches y, por conveniencia, me puse el sombrero de fieltro. No sé si por sugestión o por el clima, el caso es que sentí la prenda caliente.

En una cajita guardé los tesoros acumulados: canicas, trompos, chiflos, resortera y una vieja pelota de trapo que usaba para jugar béisbol. En una pequeña mochila de tela metí los útiles escolares que ya no usaría en Chavoy y me preparé a partir.

—Estoy listo, tío —dije.

Aunque no fue mucho tiempo, había vivido en Chavoy el suficiente como para poder tender un puente de amistad con la tía Andrea. Misión imposible; nunca lo logré.

Y sucedió lo que parecía imposible. El 30 de agosto de 1951, el tío Gildardo y Mabel Arredondo finalmente hicieron las paces. Había pasado una década para que aquellas dos almas se aceptaran. 10 años sin cruzar palabra viviendo a cuadra y media el uno de la otra, con amigos comunes en un pueblo de escasas 20 irregulares manzanas. Al arrancarme de raíz del pueblito, sin proponérselo mi madre había sembrado la semilla de la reconciliación.

Mabel me acompañó a la capital sinaloense. Arnulfo Arredondo, el tío Gildardo, los Solórzano en bola, Eduardo Lazcano y la palomilla me despidieron en La Bola. Yo era el núcleo de un hervidero en la estación. Como era de esperarse, la tía Andrea no asistió y a decir verdad que... ¡me valió madre!

El camión empezó a rodar. La Bola era un medio de transporte elegante en comparación con el camión que me había traído al pueblo.

Desde el mismo momento en que el chofer arrancó me pegué a la ventanilla. Me acordé de la ventana del autovía en La Cañada. Era el mismo cuadro con dos variantes: yo era unos meses más viejo y mi acompañante había cambiado.

El pueblo desfiló por fuera. La Bola rodaba lentamente, como dándome oportunidad de grabarme los detalles. La linda figurita de Martha Alicia Solórzano ondeó la mano derecha en señal de despedida. Quién hubiera creído entonces que jamás nos volveríamos a ver.

La estación de la Bola quedó atrás. Luego pasamos la cárcel, la escuela y el cine y, dando vuelta a la izquierda, entramos a la carretera. Rodeando los huecos que quedaron después de la inundación, el camión cobró velocidad. Pasamos la casa de don Honorato Varela, luego la de los Arredondo y entramos en la última cuadra. Al costado izquierdo pasó la plazuela y adelante, al pasar el tendejón de frutas y refrescos, el camión viró a la derecha. La curva se tragó al tendejón y a la fachada de la quinta de los Camero.

Entramos en el túnel vegetal. Al final de la umbría calzada, la mancha gris de La Pintoresca surgió entre las ramas, a la derecha de la carretera. Por el cristal miré la sólida mole de piedra. La ventana con el crespón negro me vio pasar. Un par de minutos más tarde, el edificio desapareció tras un recodo. Cinco minutos después la chimenea se hundiría también, tragada por el exuberante paisaje. Mi memoria retrocedió:

Unos meses atrás la misma chimenea surge con su nombre en letras negras. Apenas unos días antes, El Fuerte me había vomitado a pesar de haberle abierto un huequito en mi corazón. Y retrocediendo otro día en el tiempo, me veo a mí mismo, muchos kilómetros al norte, envuelto en mi bufanda y con el sombrero hasta las orejas. La Cañada se va encogiendo en el cristal líquido del horizonte invernal. La Cañada, El Fuerte, Chavoy. Entidades que pudieron ser pero que ahora son simples puntos de referencia.

La Bola pareció decidirse y aceleró rumbo a mi siguiente punto de destino. Culiacán me tenía reservada una serie de sorpresas.

El taxi se detuvo en una calle del centro de la ciudad. Mi *tía* Mabe pagó al chofer y de la mano me guió a la puerta de una casa grande de ladrillo ubicada en una esquina. Al lado derecho se sucedían dos ventanas coloniales con sus rejas y su biombo de tablilla cruzada en rombos; la herencia milenaria de la ocupación árabe en España. En lo alto de la casa, un letrero en una placa de cerámica lucía el nombre de la calle: Ruperto L. Paliza. Al otro lado de la esquina, otra placa idéntica decía: Calle Mariano Escobedo. Aparte de las placas, había en ambos lados, letreros que decían: El Gringo, Tienda de Abarrotes.

A lo largo de la calle donde estábamos, se sucedían arbolitos jóvenes sembrados en recuadros dentro del cemento de la acera. Un letrero a mitad de la cuadra decía: Funeraria

Urrea. Más allá en el extremo opuesto cruzando la calle, una bardita con barras terminadas en punta rodeaba lo que parecía ser una escuela.

Tocamos a una gran puerta sobre la Paliza. A los toquidos de la Mabe respondió una dama de aspecto distinguido. Canas plateadas adornaban sus sienes peinadas hacia atrás. Había un dejo de altivez en sus modales. Mabel sonrió y saludó. La dama contestó el saludo con formalidad. Mi mente volvió atrás de inmediato.

Nogales Sonora, cerca de 2 años atrás. Tía Isabel tocando a la puerta de una casa. Una mujer llamada Seferina abriendo la puerta. Una conversación cuyo trasfondo era claro: Yo me quedaría ahí por órdenes de mi madre.

Volví al presente. Ya no era tía Isabel sino *tía* Mabel. Pero el cuadro era el mismo: Yo debía quedarme ahí por órdenes de mi madre.

Rosario Barcenas de Salas no era pariente mía. Tampoco lo era Rodrigo Salas Mendoza, su esposo. Este último era tío del esposo de mi tía Danelia. La conexión con mi madre, pues, no era ni siquiera indirecta.

En 1937, cuando Rosendo Mendoza se casó con María Teresa Ontiveros, las dos familias quedaron emparentadas. Dos años más tarde, cuando Rosendo mató a tiros a otro agricultor en Chavoy de Quintero, Rodrigo Salas le ayudó en su huida a la Baja California. Fue entonces que el matrimonio cambió sus nombres en Mexicali, pasando a ser Santos y Danelia Valdez. Tiempo después, cuando la casa de mis abuelos estaba a punto de perderse, la tía Danelia viajó a Chavoy para recuperarla. De nuevo, Rodrigo Salas Mendoza había hecho valer sus influencias en el problema.

Había, ciertamente, un grado de acercamiento familiar entre Salas y Ontiveros. Pero la verdad, ello no tenía que ver con mi madre. Es decir, yo era un perfecto desconocido a la sazón.

Mi futuro domicilio era una construcción en forma de U, cerrada al fondo por una barda cubierta por una enredadera. La base de la U era la parte que corría por la calle Paliza y, haciendo esquina, la lateral izquierda de la hipotética letra corría sobre la Escobedo.

La familia Salas ocupaba toda la base de la U. Primero la recámara del matrimonio enseguida del pasillo de entrada, luego le seguían el despacho de don Rodrigo, la recámara de la hija, un almacén y la cocina.

El despacho del jefe de la casa lucia tapizado con interesantes fotografías de la época de la revolución. Algunas armas y un par de sables en sus fundas metálicas colgaban cruzadas detrás de un gran sofá. Los muebles de oficina se perdían en un inmenso amontonamiento de papeles. Detrás del escritorio, se veía un gran retrato con la imagen de un soldado de uniforme. A juzgar por el uniforme, el porte y las insignias, el mílite debía ser un oficial de rango.

El almacén era un comedor en desuso acondicionado para almacén y cuarto de costura. En el costurero había una máquina de coser atestada de telas, un refrigerador de piso con hielo y refrescos, unos anaqueles atiborrados de ropa de cama, cortinajes, ollas, cestas de mimbre, costales con arroz, harina, frijol, azúcar y objetos varios. Contiguo a este se encontraba la cocina. Esta última era el corazón de la propiedad.

El brazo derecho de la U subía a partir de la cocina. En esta ala se sucedían un baño con retrete, lavamanos y regadera, un cuartito con un excusado extra, y los lavaderos en ese orden. Bajando un escaloncillo, al final, estaban los gallineros colindando con los patios de otras propiedades. Entre el baño y la cocina, una escalera subía a la azotea.

Los tres cuartos que daban a la calle Escobedo estaban rentados. El primero era la tienda de los letreros, rentado a un matrimonio de norteamericanos y su nieto. Los otros tres cuartos los ocupaban estudiantes o huéspedes ocasionales.

El interior de la hipotética «U», era un amplio portal con piso de mosaico al que daban todas las puertas. Un muro bajo con macetas separaba el portal del patio interior. Este era tan amplio que al final del ala izquierda, de frente al pasillo de entrada, había una sala de elegantes muebles hechos de material apropiado para el clima cálido. El piso de mosaico relucía de limpio. Dos macetones flanqueaban el mobiliario. La base de la U, tan amplia como el área de la sala, albergaba el comedor. El pasillo que llevaba al ala del baño y los lavaderos, en cambio, era angosto. Había espacio suficiente sólo para caminar y entrar a los cuartos de servicio.

Una barda escondida bajo una espesa enredadera daba forma a un patio cuadrado lleno de plantas en flor. Las plantas y le enredadera le daban el toque de vida al caserón.

El comedor estaba a medio camino frente al despacho de don Rodrigo. Un tejadillo de lámina protegía la mesa de la lluvia. Todo el movimiento doméstico se daba en esta área, entre el comedor y la cocina. Es factible que los Salas hayan decidido cambiar el comedor al portal a causa del clima y no para aprovechar el cuarto contiguo a la cocina para almacén. En todo caso, la mesa al aire libre funcionaba de maravilla.

Parecía ser que la L y la U eran diseños básicos en la arquitectura colonial. Al igual que el cuartel en La Cañada, la casa de los Salas Mendoza era una U, la casa de don Honorato Varela en Chavoy era una L con patio interior y, para variar, la casa de mi tío Roberto en El Dorado era otra L con patio.

La entrada que acabábamos de utilizar era una copia elegante de la entrada por el zaguán de la casa de Chavoy. La diferencia era que ahora habíamos utilizado una puerta convencional en vez de un zaguán. Pero, básicamente, ambas entradas eran pasillos formados por paredes laterales que desembocaban en un portal y un patio interior.

Mabel le entregó un sobre a doña Chaya.

—En el sobre está la dirección de Ariana. Adentro viene un número de teléfono para emergencias y un giro. Ariana me pidió que si por retrasos del correo la mensualidad no llegara a tiempo, usted puede contar con nosotros. Mi esposo vendrá a pagar y nosotros nos entenderemos con ella.

Mabel escribió un número en un papel y se lo entregó a la señora.

—Es el número de la Liga Agraria. Puede llamar y dejar mensaje para Arnulfo Arredondo —dijo, entregándole la nota a la Sra. Salas.

Cuando Mabel Arredondo se fue, me quedé solo con doña Chaya. La resignación había suplido a la tristeza. Saber que habría una mensualidad para cubrir mi estancia no compensaba el vacío que sentía.

Segunda Parte

CAPÍTULO I

Rodrigo Salas Mendoza

—Aquí están tus obligaciones —me dijo doña Chaya, dándome un papel cuidadosamente doblado—. Hice una copia que pegué en la puerta del refrigerador. Siéntate y pregúntame lo que no entiendas —agregó, jalando una silla del comedor.
Me senté y leí:

> Entre semana, antes de ir a la escuela: barrer, trapear, colgar el trapeador, enjuagar la cubeta, dar de comer a las gallinas, llenar la pileta del lavadero y cambiar el mantel del comedor.
> Al regresar de la escuela: darle de comer a la perra, ir al mercado a comprar comestibles frescos y lavar el baño.
> Los lunes, limpiar el refrigerador, la estufa y los excusados; regar las plantas.
> Los martes, sacar las basuras y barrer la banqueta.
> Los miércoles y viernes, regar las plantas, sacudir la sala, el despacho de Rigo y nuestra recámara.
> Los jueves, llenar los botes de condimentos de la cocina, bañar a la perra (cada 2 semanas) y limpiar la azotea.
> Los viernes, sacudir las cobijas en la azotea.
> Fin de semana: ir al mercado y a misa el domingo al amanecer. Lavar y planchar tu ropa y asear los cuartos de los huéspedes.
> Horarios de comida: desayuno; antes de ir a la escuela, en el costurero.
> Almuerzo: A las 2 de la tarde, en el costurero.

Cena: a las 7 de la noche. La cena es un vaso de leche y una pieza de pan.
Siempre debes lavar tus platos cuando termines.
Tu tiempo libre lo puedes usar para hacer tus tareas y jugar.
Siempre, después de cumplir con esta lista.

Sin duda, la mensualidad cubriría sólo parcialmente mi hospedaje. La lista era evidencia suficiente para asumir que debía trabajar para ganarme parte del sustento.

Había un problema con la lista: Yo nunca había planchado ni trapeado. El barrido tampoco era mi especialidad aunque lo hacía esporádicamente en Chavoy. El lavado de mi ropa, tengo que reconocerlo, era una tarea que la tía Andrea siempre realizó para mí.

A pesar de que doña Chaya me había autorizado a hacer preguntas, el tono de su voz me recomendó prudencia. No dije nada; sólo acerté a preguntar:

—¿Quién es Rigo?
—Rodrigo, mi esposo.
—¿Tiene una perra?
—Sí, está en la azotea. Tú dormirás allí.

Doña Chaya echó a andar hacia la escalera y gritó:
—¡Chata!

Se oyeron unos rasguños sobre madera y una chata cabeza seguida de un cuerpo musculoso bajó las escaleras agitando un rabo cortado casi en la base.

La Chata me olió las perneras del pantalón y luego se acercó a doña Chaya, agitando, más que el rabo, las caderas.

La Chata era una perra bull terrier de raza; era idéntica al perro con un círculo pintado en el ojo de «La Pandilla Neoyorquina» (*The Little Rascals*), de la televisión americana. El pelo corto era blanco con manchas marrón y, además del rabo, tenía las orejas cortadas.

Sube y acomódate en tu cuarto. Puedes hacer lo que quieras por ahora. Mañana me ayudarás en cualquier cosa y el lunes que empiezan las clases, comenzarás con la lista.

La Chata y yo simpatizamos de inmediato. Mi ángel con los

animales se hizo evidente cuando pude observar después, que la perrita no hacía migas con cualquiera.

Subimos las escaleras. La perra se adelantó y se asomó por la puerta entreabierta. Cuando llegué al último escalón, la Chata hecho a correr. Trotaba y daba saltos, contenta.

A un lado de la puerta había una olla con agua y un mugriento plato embarrado de costras de comida. Miré hacia adelante y vi, en el centro del techo, un cuarto de paredes de ladrillo y huecos sin ventanas.

Me acerqué y me di cuenta que el cuarto estaba a medio terminar. No había nada; sólo un catre colocado contra una pared. En un extremo del catre, una almohada y ropa de cama cuidadosamente doblada. En un rincón, un amasijo de trapos viejos en desorden: era la cama de la Chata.

Me senté y el can se sentó frente a mí en sus cuartos traseros mirándome con curiosidad. Palmeé la lona del catre y de inmediato la perra saltó. Un segundo después colocó el hocico en mi muslo derecho. Yo le pasé la mano sobre la corta pelambre. La Chata tenía quilómetros de cuero. Lo sentí al tomar la piel sobrante entre mis dedos.

Viendo al frente, mis ojos aterrizaron en una caja con las tapas cerradas pero sin asegurar. Levanté las tapas y lo que vi casi me hizo irme de espaldas: cuidadosamente doblado estaba... ¡el mosquitero de Pancho el Paraguas! Lo reconocí al instante por las iniciales escritas en la funda. Ahí estaban la F, la A y la L de Francisco Aguirre Lizárraga.

Di la vuelta y corriendo rodeé el cuarto. Levanté la funda y para borrar cualquier duda, un libro de tapa dura descansaba debajo en el fondo de la caja. ESTUDIO EN ESCARLATA, decía, encima de una ilustración. Era el título de una aventura de Sherlock Holmes.

La Chata olía la funda moviendo el rabo con excitación mientras yo trataba de desentrañar el misterio del mosquitero. El corazón me latía extrañamente. La coincidencia de un mosquitero y un libro, ambos en una azotea era extraordinaria.

Por un momento me sentí en la azotea de Chavoy mirando

el mosquitero abierto.

Cuando bajé de la azotea, doña Chaya cortaba verduras en la cocina. Me acerqué y por primera vez en mi vida vi un refrigerador doméstico. Miré alrededor. La cocina era estrecha y alargada pero cómoda. Tenía telebrejos que yo no había visto jamás. Pensé que los Salas debían ser gente muy rica. Tímidamente pregunté:

—¿Usted conoce a Pancho el Paraguas?

Doña Chaya me miró con extrañeza y contestó, volviendo a su labor:

—¿Pancho el Paraguas? No; en mi vida he oído ese nombre.

—¿El mosquitero en la azotea es de usted?

—No, es de un huésped. Viene cada mes.

—Pancho el Paraguas tenía un mosquitero en el techo de mi casa —dije—. Se llama Francisco Aguirre Lizárraga.

—Doña Chaya dejó quieto el cebollero y me miró.

—Espera, Francisco Aguirre es mi huésped. Ya caigo; es la misma persona. El Gildardón nos lo recomendó. ¿Por qué lo llamas Pancho el Paraguas?

—Así le dicen en Chavoy porque usa paraguas cuando llueve.

—Pues aquí nunca ha usado sombrilla.

—Sólo cuando llueve —repetí.

—¿Y qué crees que cae del cielo aquí, hijo de mi alma? Cuando llueve en Chavoy está lloviendo aquí también.

Doña Chaya sonrió y sacudiendo la cabeza volvió a su labor.

—Pancho el Paraguas. Un hombre tan guapo y agradable con ese sobrenombre —oí que decía, alejándose de mí.

En efecto, Pancho el Paraguas era un huésped de los Salas. Cuando venía de Caborca, llegaba a aquella casa. Aunque las recámaras estaban rentadas de tiempo completo a estudiantes universitarios, Pancho simplemente acomodaba su austero equipaje en el cuartito de la azotea y pasaba las noches en su mosquitero. Me sentí feliz por la circunstancia.

Al caer la tarde se abrió la puerta de enfrente y escuché una voz potente.

—Quisiera ser canoa para que sentadita en mí, me empujaras con esos remos, preciosa.

La muchacha de paso se puso roja y el dueño de la voz entró, arrojando el sombrero. Era Rodrigo Salas Mendoza, el *jefe* de la casa. Le seguía una chica de ojos claros y cabellos color miel.

—Hay, papá. Un día te van a dar con la canasta, ya verás —advirtió la muchacha.

—Cuando la canasta llegue, la dueña vendrá detrás. Nomás no le digas a tu madre —replicó el aludido.

El recién llegado me resultaba extrañamente familiar. Yo estaba seguro de que jamás lo había visto pero al mismo tiempo tenía la impresión de que yo había visto en algún lado aquella cara.

El Sr. Salas era un hombre alto y de bigotes torcidos en las puntas hacia arriba. Al igual que su esposa, peinaba canas plateadas enredadas en una abundante cabellera de ondas desordenadas. Su porte era marcial; erguido y con los hombros echados hacia atrás perennemente. Una chispa traviesa brillaba en su mirada.

La Chata recibió a la pareja con alocados saltos. De inmediato me di cuenta que los recién llegados armonizaban perfectamente con la perra.

—Chiquita bonita —dijo el Sr. Salas, depositando un sonoro beso en la frente de la Chata—. Así quisiera que me recibieran todas, moviendo la popa con salero.

El par se puso a jugar con la perrita. Yo veía la escena desde el fondo, regocijado.

En un giro, los ojos de don Rodrigo tropezaron conmigo. Se irguió y me miró con atención. La chica hizo lo propio al ver que su padre se detenía bruscamente.

—Tú debes ser Rangel; ¿cuándo llegaste? —preguntó don Rodrigo.

—En la mañana —contesté.

—Bienvenido, Rangelito —terció la joven, sentándose junto a mí—. Me llamo Ana —se presentó.

—Los muebles son para las visitas; no me los echen a perder. Vamos, ahuecando —se oyó la voz de doña Chaya, acercándose por el corredor.

—Ya te cayó el chahuistle —me dijo el hombre, levantándose—. Hace hambre, viejita linda, ¿qué hay para almorzar?

Por la puerta entró un joven de esbelta figura cargando un par de libros. Casi inmediatamente después, otro joven hizo su entrada. Después de saludar, los dos huéspedes se sentaron a la mesa.

En el centro del portal yo miraba sin saber qué hacer. La chica me guiñó un ojo. Doña Chaya se acercó.

—Ven conmigo —dijo, caminando rumbo a la cocina.

Yo la seguí, cohibido. Las personas en la mesa conversaban.

—Toma tu plato y acomódate en el costurero —me indicó doña Chaya, dándome un plato con comida.

Cuando terminé mi ración, seguí sentado, indeciso. Tenía hambre y los frijoles eran el complemento infaltable. Yo me pregunté si debía pedir o esperar a que me dieran. Decidí no hacer nada. Me puse a mordisquear la tortilla.

La sobremesa fue larga... o a mí me lo pareció. Cuando escuché sonido de platos entrechocar, inexplicablemente mi corazón se aceleró. Doña Chaya apareció por la puerta del costurero con varios platos en las manos.

—¿Quieres frijoles? —preguntó.

—Nnno, gracias.

Me levanté y la seguí tímidamente.

—Deja tu plato ahí. Cuando yo termine, vienes y lo lavas. Esta es la comida de la Chata —dijo doña Chaya, señalando una bandeja donde iba vaciando las sobras.

En mi primer día aprendí dos cosas: mi comedor era el costurero y no debía usar los muebles de la sala.

Aparte de lo aprendido, intuí que el comer en aquella casa no era la acción de satisfacer una necesidad sino la de ejecutar una orden.

El vaso de leche y el cortadillo de la cena no me ayudaron.

En el hueco que había quedado en mi estómago al mediodía, todavía había campo.

Llegó la hora del reposo. Un negro cortinaje color noche cubría el pequeño cuarto. Una ausencia total de luna impedía la visión más allá de mis narices. La Chata se echó a los pies de mi catre, haciéndole el feo a su cama. Esa noche, los mosquitos me chuparon la mitad de la cena.

Otro día, domingo por la mañana, salí a la calle por primera vez. En la tienda, un niño blanco como el papel pero tinto en pecas me daba el perfil. Un viejo de largos cabellos rubios y acuosos ojos azules peinaba al güerito.

«De seguro es pariente del Chalequín», pensé, demasiado fuera de sitio para saludar. Con la inquietud propia del recién llegado, miré hacia adelante para echar un vistazo a lo que sería mi barrio y al final de la cuadra, del otro lado de la calle hacia el este, vi una pared que parecía ser de un edificio de dos pisos.

No había muchos edificios de dos pisos. Los había visto en Hermosillo y la vez que fui a Oregon a recoger el cadáver del tío Valdemar, pero todas las casas en La Cañada, en Urebó o en Chavoy eran de un solo piso. Miré a derecha e izquierda y lo único que pude apreciar, además de hileras de puertas casi idénticas con sus ventanas enrejadas a los lados, fue el letrero de la funeraria que viera a mi llegada.

No había mucho que explorar. Puro cemento y asfalto por todos lados. Los arbolitos *banqueteros* daban un poco de vida al aburrimiento del concreto pero, fuera de eso y de saber que había una tienda, lo demás no decía nada interesante. Decidí que mi exploración abarcaría más terreno desde la azotea y entré de nuevo en la casa.

El resto de mi primer domingo fue ver desde el techo del cuarto un mar de azoteas y algunos puntos sobresalientes como las torres de la iglesia, la Lomita, como le decían a un templo construido en la cresta de un cerro y un puente con arcos a lo lejos.

Mi nueva amiga la Chata y yo, hicimos corto el resto del día jugando a las escondidas.

*

El lunes, a las 6 de la mañana de una noche en cerrada lucha con los zancudos, oí el grito de doña Chaya. Como sonámbulo bajé las escaleras. Doña Chaya me esperaba con una escoba, el trapeador y una cubeta.

—Empieza a barrer en la sala y termina en los lavaderos. Al terminar de trapear, exprimes el trapeador y lo tiendes en el gallinero para que no se apeste. El maíz para las gallinas está en el costurero. Les das cuatro botes al ras, no más. Luego, con la cubeta del trapeador y aquella otra —doña Chaya señaló un balde que colgaba de las ramas de un guayabo—, llenas la pileta del lavadero y, al final, cambias el mantel del comedor. Asegúrate de que las cubetas estén limpias antes de que empieces a acarrear el agua.

Ese día no pude terminar mis tareas. La única llave de agua de la casa, aparte de la de la cocina, estaba en el patio. Acarrear el agua con una cubeta mientras la otra se llenaba no fue fácil. La tierra se hizo cieno con el agua derramada y me fue menester volver a trapear el área de los lavaderos.

Eran pasadas las 8 cuando Doña Chaya me llamó a cuentas.

—Hoy no irás a la escuela. Mañana te levantarás más temprano o trabajarás más rápido. Pero no saldrás de aquí hasta terminar tus tareas.

Fue un lunes de ajustes. Fueron 24 horas que me sirvieron para ver lo que me rodeaba y adivinar lo que me esperaba.

Las diferencias entre don Rodrigo y doña Chaya eran muchas. La una era un militar doméstico y el otro un calavera retirado. En aquella casa, se hacía lo que doña Chaya ordenaba pero era don Rodrigo el que decidía en cuestiones relacionadas con la vida social o en situaciones verdaderamente cruciales. Rodrigo Salas Mendoza era como un niño mimado y travieso al que no convenía hacer enojar. Doña Chaya era una consumada maestra en el arte de manejar a su esposo y este se dejaba manejar. En el tácito convenio entre ambos, la consigna era:

«tú manejas el changarro, me dices lo que ande chueco para enderezarlo y yo me encargo de que nada se enchueque». Con aquella formula, era claro que yo no podría *enchuecarme*.

Serían las nueve de la mañana cuando apareció Anita.

La única hija del matrimonio Salas era una muchacha agraciada y dulce. Andaría, a la sazón, por los 20 y tantos años y parecía vivir bajo arresto domiciliario. La férrea disciplina paterna ponía ojos vigilantes sobre cada uno de sus actos dentro de la casa cuando los huéspedes estaban presentes y, fuera de ella, las escasas ocasiones en que la chica traspasaba el umbral, el aparato de inteligencia de don Rodrigo se ponía en movimiento.

Aprendí tres cosas: la primera era que a doña Chaya tendría que obedecerla; la segunda, que a don Rodrigo tendría que ignorarlo (a menos que yo necesitara una enderezada) y, la tercera, que Anita y la Chata serían mi refugio. Lo que me fue más fácil entender de todo aquello era que éramos tres bajo arresto domiciliario: Anita, la perra y yo.

A las 10 de la mañana don Rodrigo salió con un rifle en la mano, tomó una silla y colocando el arma sobre el muro, tomó asiento. La Chata cobró una excitación instantánea. Sentada nerviosamente al lado del ex militar paró las cortadas orejas mirando al fondo del patio y al rifle alternativamente. Anita fue a los lavaderos y colocó un tablón bloqueando la entrada al patio. Yo observaba curioso.

Don Rodrigo levantó el rifle y lo apoyó contra su hombro derecho. Lo apuntó a la enredadera en la tapia y disparó. Una rata tan grande como un conejo cayó en convulsiones del ramal. La Chata emprendió la carrera, resbaló cómicamente en el piso al llegar al extremo del corredor e, incorporándose, corrió hacia el lavadero. La perra rasguñó el tablón gruñendo furiosamente y regresó a sentarse al lado del tirador. Otro disparo, otra rata y otra carrera de la perra.

Cuando don Rodrigo se levantó de la silla, tres ratas yacían inermes. El hombre tomó un costal de ixtle y, después de meter los tres animales, roció de cal el interior. Las ratas fueron a dar al bote de la basura. Don Rigo ni siquiera preguntó por qué yo no estaba en la escuela.

*

A las 8 de la mañana del día siguiente, entramos don Rodrigo y yo en la Escuela Primaria Federal Tipo. Una dama flaca de atuendo gris de pies a cabeza se levantó de la silla. En su escritorio había una placa que decía: DIRECTORA.

—Don Rodrigo, pase usted —dijo la angulosa mujer, zalamera.

Don Rigo avanzó entre escritorios atiborrados de papeles, libretas de notas, cajas de tiza y artículos escolares. Yo lo seguí sin esperar la orden. El característico olor escolar a lápiz y papel era penetrante.

—El plebito no conoce la ciudad. Le agradecería si lo enviara de regreso con Billy Jones —pidió don Rodrigo.

—Pierda cuidado, don Rodrigo. Nosotros nos encargaremos de él. Ayer les estuvimos esperando —contestó la directora.

No hubo pregunta pero tampoco hubo explicación a la observación de la mujer.

La influencia de don Rodrigo era evidente. En el mostrador que separaba la dirección de la antesala, un grupo de padres de familia seguían esperando. Era harto notorio que nosotros habíamos pasado sobre de ellos.

Después de que mi tutor se fue, la mujer flaca me guió por un corredor con puertas. En cada puerta, una fila de ruidosos niños desaparecía en los salones correspondientes. Nos detuvimos al fondo del pasillo

—Asegúrese de que este niño regrese a casa en compañía de Billy Jones —dijo la directora.

—Sí, señora Bonilla —contestó una fresca joven, acercándose a nosotros.

Mientras hablábamos, los chiquillos cuchicheaban. Yo me sentía incómodo.

—Me llamo... me dicen Chepita. ¿Y tú, cómo te llamas?

—Rangel.

—¿Y cuál es tu primer nombre?
—Ese.
La muchacha me miró y dijo, sonriendo:
—Bueno, al rato me traerán tus papeles con tu nombre completo.

Comprendí su confusión y, como siempre, tuve que aclarar.
—Me llamo Rangel y me apellido Rivera —dije, con la cabeza gacha.

Como no queriendo, miré a la nube de chiquillos ya acomodados en sus *mesabancos*. Era el segundo día de clases y yo era el «nuevo». Me sentí como la primera vez que entré en una escuela. En la Héroe de Nacozari de La Cañada, tres años antes, yo fui el nuevo también. No lo supe en aquel momento pero yo sería el nuevo siempre, en cada una de las escuelas que conocería en mi eterno deambular.

Al terminar el día, la maestra Chepita me condujo a otro salón a conocer a Billy Jones. Este resultó ser el niño blanco como una ostia y manchado de pecas como una tortilla de harina que yo había visto en la tienda de la esquina con el viejo de ojos azules.

—¿Tú eres rico? —me preguntó Billy.
—No, soy pobre, ¿y tú?
—No sé. Tenemos la tienda pero el edificio es de ustedes —dijo el niño, escarbándose las narices.
—Yo no tengo edificio, ni siquiera tengo cama. Tenía un caballo y un perro y una máquina de escribir y una silla de montar —contesté, mirándolo tallarse el dedo pegajoso en los pantalones.
—¿Tienes un caballo?
—No; tenía.
—¿Y la silla?
—Se quedó en La Cañada.
—¿Y el perro?
—Se murió.
—¿Y para qué quieres una silla de montar sin caballo?
—¿Por qué no hablas, nomás preguntas?

—No sé; como no te conozco, no tengo de qué hablar.
—Ah.

Caminábamos por una calle ancha con camellón en el centro. El Bulevar, como le decían, era la calle más amplia de la ciudad. Dos cuadras adelante doblamos a la derecha en la Ruperto Paliza y al cabo de dos cuadras ya estábamos en la esquina de nuestra casa. Entré con mi compañero en la tienda y, en el fondo del mostrador, el viejo con la piel más arrugada que una nuez, le habló al niño en inglés. Yo no entendí.

—Dice el abuelo que si quieres una soda.
—¿Qué es una soda?
—Un refresco.
—Sí, gracias.
—¿Quieres de cola o una Mister Q? —preguntó el Billy.
—Lo que sea, gracias.

Nos sentamos en una puerta del pequeño comercio. El viejo fumaba en pipa en el interior.

—El Jaime dice que la fábrica de Mister Q no puede hacer refrescos chiquitos porque no saben qué nombre ponerle.

Me quedé pensando y entendí lo que el chiquillo quería decir. No había nombre adecuado para una Mister Q chiquita.

—¿Vives en la tienda?
—Claro que no. Vivo a dos puertas de aquí. La pasamos cuando veníamos de la escuela; es aquella —dijo el niño, señalando una puerta.
—¿Por qué está tan arrugado tu abuelo?
—Pues porque ya está viejito. Todos los viejos se arrugan pero mi abuelo más porque es el más viejo. Ya estaba viejo cuando yo nací.
—¿Es gringo tu abuelo? —pregunté.
—No, es inglés. Se llama Peter Jones pero todos los mexicanos le dicen Gringo. Por eso la tienda se llama así —contestó el chiquillo—. Mi papá se llama Howard. Él sí es gringo. Está en Tucson, Arizona.
—¿Tú eres gringo?
—No, soy mexicano. Parezco gringo pero no soy.

¿Y por qué tu papá no está contigo?

Él se fue. Vivo con mi mamá y mi abuelo. ¿Te gusta el béisbol?

—Sí; los soldados jugaban en La Cañada. Yo era el «corre bolas».

—¿Quieres *cachar*?

—No tengo guante.

—Yo tengo dos. Te presto uno.

El niño sacó un par de guantes del mostrador. Dentro de uno de ellos se escondía una pelota con el cuero raspado por el uso.

El guante tenía la red agujereada. Un par de nudos le dio un aspecto medianamente decente. Como pude lo acomodé en mi mano derecha. El guante para usarse en la mano izquierda renunció a ajustarse. El dedo gordo de piel rellena colgaba grotescamente en la parte baja de mi mano.

Crucé la calle y empezamos a jugar. La pelota iba y venía. Billy tenía práctica, de modo que mis tiros terminaban casi siempre en su guante. Los de él, en cambio, casi siempre rebotaban en una pared. Un chico salió de algún lado. Traía su guante calzado en la mano izquierda.

—Ahí viene el Jaime. Es mi vecino —dijo el Billy, *fildeando* con maestría un rodado.

Jaime Beltrán era un poco mayor que nosotros. El chico era una «chucha cuerera» con el guante. Ocupó el sitio de Billy y este vino a acomodarse a mi derecha.

Después de aquella, mi primera sesión de béisbol, entré en la casa. La Chata salió a recibirme y de golpe recordé que debía alimentarla. Subí a la azotea y revisé la cacerola para ver si alguien le había dado de comer. El utensilio de peltre estaba seco y con costras del día anterior. Rápidamente lavé el cazo y serví las sobras. La perrita comió moviendo el muñón de rabo, agradecida.

Cuando bajé, Doña Chaya trajinaba en su alargada cocina. La ausencia de saludo y una total indiferencia en su actitud me arrugaron el ánimo. Mi cerebro no sudó mucho para encontrar el motivo del frío recibimiento. «Seguro que no le gusta el béisbol», pensé. De inmediato tomé conciencia de que mis errores serían penalizados antes que impedidos.

CAPÍTULO II

El Billy Jones

Me escurrí cohibido y recogiendo cepillo y cubeta me dediqué a lavar el baño. Las tripas me gruñían en escandaloso reproche por la falta de alimento. Sin embargo, en vez de almuerzo, doña Chaya me tendió un billete y la lista de comestibles que debería traer del mercado.

El mercado quedaba a siete cuadras de distancia. Yo aborrecí el trayecto desde el primer viaje y, sin embargo, fue una ruta que recorrí día tras día una, dos o tres veces diarias. A veces, cuando en la cocina doña Chaya descubría que no tenía cilantro, yo debía traerlo del mercado. «Cinco centavos de cilantro. No entiendo por qué la pinche vieja no lo siembra en el patio o lo compra en el estanquillo», pensaba yo mientras caminaba con las quijadas trabadas de coraje.

Aquella tarde transcurrió en medio de un pesado silencio. Anita se acercó a mí en un momento en que doña Chaya entró en el costurero.

—Siéntate a comer. Yo te voy a dar el almuerzo. Mamá está enojada porque te pusiste a jugar antes de llegar —me dijo en un susurro.

Al atardecer cumplí con mis tareas. Después de barrer la basura, acomodé los botes en la acera. Mientras, en la bocacalle los chicos correteaban tras la vieja pelota de cuero.

—Hoy no puedo —le dije al Billy cuando me invitó a jugar.

La «ley del hielo» aplicada por la matrona no era mi castigo principal. Cuando a la hora de la cena me acerqué, cohibido, en busca de mi vaso de leche, doña Chaya dijo, sin voltear a verme:

—No hay cena. Cada vez que tomes decisiones sin tomar en cuenta que debes pedir permiso, te acostarás sin cenar.

No sentí coraje. Una honda tristeza inundó mi espíritu. Con los ojos nublados subí la escalera y me refugié en mi cuarto. La Chata me miraba con aire inquisitivo, sentada en sus cuartos traseros. Echado en el catre la miré; entre los ojos del animal se formaban surcos de arrugas. Evidentemente, la perra se preguntaba qué pasaba.

Me senté en el suelo y me abracé del cuello del animal. De inmediato un tremendo lengüetazo me atravesó la mejilla. Mientras me limpiaba el cachete, la perrita sonreía, la lengua colgando. La abracé y en un momento estábamos forcejeando. Al cabo de un minuto, la Chata saltaba del catre al suelo y del suelo al catre. Sudoroso y oliendo a perro me quedé dormido. Esa noche, los zancudos me dejaron tranquilo.

A partir de aquella vez, noche tras noche me restregaba contra la Chata. Descubrí que los zancudos aborrecían su olor. Aprendí también que pasara lo que pasara, yo tenía una amiga para compartir. La historia de mi Macetón se repetía.

«Cada minuto de ira te hace perder 60 segundos de dicha», algún pendejo lo dijo y yo lo repetía a cada paso cuando tenía que seguir a doña Chaya rumbo al mercado. Primer problema: o era sábado o era domingo. Segundo problema: eran las 5 de la mañana y tercer problema; la pinche canasta era más grande que la *cuna* de Moisés en el río Nilo.

¿Dónde te acomodas una canasta sin que parezcas la señora de la casa? El modo «macho» de cargarla era agarrar el aro por un lado y cargarla recostada en la barriga. El modo macho fracasaba a la mitad, cuando el peso te obligaba a ajustarte a otro modo menos varonil. El modo «señora hacendosa» tampoco funcionaba porque no faltaba uno que no trajera canasta y de pasada me dijera al oído: «¡Adiós, mamacita!». Así que la solución más viable era colocármela sobre la cabeza. Doña Chaya, ajena al conflicto *canasteril*, ponía adentro lo que iba comprando donde quiera que estuviera la canasta.

«¡Adiós, Carmen Miranda!», me gritó un primate 20 años mayor que yo un día que me vio con la canasta en la cabeza. El maldito artefacto iba lleno de manzanas, peras, mangos y otras hierbas. No supe el significado del piropo hasta un mes más tarde que vi una revista de espectáculos con la brasileña luciendo su turbante.

Pero a la inversa; si cada minuto de ira te hace perder 60 segundos de dicha, también hay espacios en que cada minuto de dicha te hace olvidar 60 días de rabia: Al caer la noche los chicos del barrio se arremolinaban en nuestra esquina para jugar béisbol de noche. Una pelota de trapo o de hule, un palo de escoba, cuatro ladrillos para hacer las bases y el foco en el poste de la esquina era todo lo que necesitábamos. Eso completaba mi día. De hecho, eso era lo único que me pertenecía a plenitud, aparte de jugar a las mordidas con la Chata.

Una semana después de aterrizar en las calles de Paliza y Escobedo de la capital culichi, un incidente vivido me hizo preguntarme si uno se fabrica su propio destino o el destino lo corretea a uno:

Era domingo. Al pasar por el despacho de don Rodrigo escuché el tableteo de una máquina de escribir. El escribiente me vio pasar y me llamó.

—Vete a El Chisme y me traes el periódico —dijo, dándome 35 centavos.

—¿Cuál Chisme? —pregunté, con mirada estúpida.

Don Rodrigo me miró como si no entendiera mi ignorancia. Casi de inmediato reaccionó.

—Ah, pues sí; tú no conoces. Al salir doblas a tu izquierda; en la siguiente esquina cruzas la calle y doblas a la derecha sobre la Colón. En la otra esquina también cruzas la calle y a media cuadra a la izquierda está El Chisme. Es una miscelánea que vende periódicos y revistas enseguida del cine Avenida.

Salí con la excitación que produce explorar sitios nuevos y tras dos calles con sus respectivas esquinas vi un gran letrero que decía: Cine Avenida. Sobre mi cabeza una placa decía: Ave. Álvaro Obregón. Sentí una sensación extraña. Era algo etéreo y agradable.

La calle o avenida Obregón era una calle comercial. Con el correr de los días me di cuenta que era la calle principal de la ciudad. Impactado con el gran letrero me dispuse a cruzar la calle, sin pensar que lo primero que le puede impactar a un turista en una ciudad nueva es... un automóvil. Ningún coche me impactó pero tan pronto puse el pie en el pavimento, un bocinazo me sacudió la cerilla en los oídos.

El Chisme, decía el letrero, lo cual me indicó que era el sitio que buscaba. Era un letrero que yo jamás había visto. No obstante, parado ahí en la entrada, el sentido del olfato puso en alerta al resto de mis sentidos. Vi un mostrador de cristal con novedades en exhibición y atrás, colgando de la pared, un reloj con el ratón Miguelito en el ombligo. Como en uno de esos sueños en los que te ves at ti mismo, me vi en un sitio que yo conocía; yo había olido el aroma a carne cocinada mezclado con el aroma a frutas maduras, había oído el zumbido de una batidora una vez que ordené un batido de fresa y reconocí la cara redonda de la chica manejando la caja registradora. Lentamente giré a mi izquierda en busca de algo que yo sabía que estaba ahí. Mientras giraba cerré los ojos y cuando sentí que estaba de frente a la pared, los abrí de golpe. Ahí, sobre mostradores inclinados de pared a pared, se veían en gloriosos colores las portadas con mis héroes: Mandrake el Mago con Diana, su novia inseparable; El Fantasma con su fiel Lotario, su caballo blanco y su perro Diablo; todos los vaqueros de mis sueños, los muñequitos de Walt Disney y la eterna Familia Burrón. El olor a papel y a tinta me embriagó.

Puse más atención y el corazón me saltó en el pecho: en una vitrinita de cristal había muchos llaveros, uno de los cuales como el llavero con una pistolita metálica: ¡Yo había estado antes en aquel lugar! ¡El Chisme era el puesto de periódicos cercano al cine donde yo y el Alambre nos poníamos pandos de golosinas con el dinero de don Honorato Varela! No conocía el nombre del lugar porque nos daba igual dónde estuviera o como se llamara, mientras hubiera lo que buscábamos. Lo cierto era que los duendes que manejan la inmensa resortera del destino, me había lanzado dos veces desde Chavoy y yo había aterrizado las dos veces en un radio de 100 metros.

Había explicación para toparme con el mismo mosquitero después de desplazarme 40 kilómetros desde Chavoy; doña Chaya desentrañó el misterio al anunciar que Gildardo Ontiveros había recomendado al dueño del mosquitero. Pero... ¿quién le puso en las manos del Alambre las monedas de don Nato Varela para venir a gastarlas a 100 metros de mi futura casa?

Todavía ebrio de contento, salí con el periódico en la mano y troté hacia la casa. No lo podía creer: ¡yo viviría a cuadra y media de aquel paraíso!

«Ojalá que la funeraria Urrea no tenga que ver con esto», pensé, acelerando el paso.

Cuando llegué a la casa, ya don Rodrigo me esperaba impaciente.

—¿Avanzaste pecho a tierra o rodeaste *pa'* entrar por la retaguardia? —me reprochó don Rodrigo, abriendo el periódico en una de las páginas centrales.

¡*Jijos de la jijurria*, pelaos *rejijos* de la *rejija*! —gritó con voz de trueno don Rodrigo—. ¡*'Ora* verán estos hijísimos de la más tiznada de todas las tiznadas de este *pinchurriento* pueblo!

Don Rodrigo sacó un tremendo pistolón de una vitrina y se lo fajó bajo la guayabera. Doña Chaya entró en el despacho.

—¿Qué pasa, Rigo? —preguntó, plantándose en la puerta.

—Nomás échale lente al *periózquido* —dijo furioso don Rodrigo, tendiéndole el periódico a su esposa—. Estos hijos de la chingada volvieron a ningunearme. No aparece mi título en el artículo. *'Horita* mismo los pongo pintos. Van a acabar de conocer a Rodrigo Salas Mendoza, Teniente Coronel de Infantería Jubilao; Batallón del 11, Brigada de Camargo de la

División del Norte. No faltaba más, *pues'n*.

Doña Chaya vio el periódico y lo puso sobre el escritorio.

—Espérate, viejo; no hagas burradas. Al fin y al cabo ya estás retirado —dijo doña Chaya.

—*Usté* es la reina de esta casa; déjeme a mí a ser el rey de lo que sea, *jubilao* o no. *'Orita* vengo. ¡*Ma*!

Don Rodrigo se enjaretó el sombrero hasta donde pudo y salió hecho la raya de la casa. Sobre el escritorio vi su nombre en el periódico. El encabezado del artículo en cuestión decía: *La Toma de Culiacán*. Como subtítulo, en letras más pequeñas, se leía: Por Rodrigo Salas Mendoza.

En la edición del día siguiente se leía: *A Juan Carrasco. In Memoriam*. El subtítulo, incluso con letras más pequeñas, rebasaba en longitud al propio título: Por el Teniente Coronel Jubilado del 11 Batallón de Infantería, Brigada de Camargo don Rodrigo Salas Mendoza.

Rodrigo Salas leyó su obra, satisfecho. Los *jijos de la jijurria* habían corregido el error. Yo, un par de días más tarde, averigüé dónde había conocido a don Rodrigo. El viejo Teniente Coronel jubilado, era el joven de la foto colgada sobre el escritorio.

El 16 de septiembre es una fecha de desfiles, tambores y celebraciones. El día previo me presenté a clases y tomé asiento. Sobre mi pupitre encontré un paquetito envuelto en un listoncito. Miré el envoltorio y levanté la vista; todos los niños me miraban. Volteé hacia el escritorio de mi maestra y vi sus ojos iluminados con su esplendorosa sonrisa. Me invitó a abrir el paquetito con un movimiento de su cabeza.

«Para el niño más mexicano de todos. Feliz cumpleaños, Rangel. Con cariño, su maestra Chepita», decía una nota. Junto con la nota había una cadenita en cuyo extremo colgaba una banderita mexicana.

Sin una razón aparente, me puse colorado. Desde mi partida de El Fuerte, nunca más había sentido afecto genuino, expresado espontáneamente. Sin duda, Mabel Arredondo había sido una persona afectuosa. Lo mismo podía decir de su esposo, doña Camila y algunas personas de Chavoy de Quintero. Sin embargo, yo sabía que todas las muestras de cariño tenían su origen en la conexión pasada con mis padres. Esto era diferente; mi maestra había actuado con una autenticidad extraordinaria. No sólo me agasajaba sino que me recordaba la fecha de mi cumpleaños. Un extraño sentimiento había despertado en mí. Un sentimiento muy parecido al que sentí por Maricha Solórzano. ¡Me enamoré como un idiota de mi maestra!

Mi platónico sentimiento me ayudó en gran medida a superar la depresión de los primeros días en mi nueva casa. La pesadez al levantarme desapareció y la lista de tareas dejó de abrumarme. En mi espíritu anidó con fuerza el deseo de llegar a la escuela. En consecuencia, una inusitada destreza me impulsaba a terminar antes de tiempo para atender mis detalles personales.

Por las noches medía la ración de las gallinas. Al despuntar el día brincaba de la cama y como un torbellino, barría y trapeaba el corredor de punta a punta. Colgar el trapeador y alimentar a las gallinas se convirtieron en una sola tarea y una larga tabla en el patio me ayudó a eliminar el barro al acarrear el agua. Era cierto que retirar la tabla significaba una tarea extra pero la rapidez y limpieza resultante compensaba el esfuerzo. Al terminar, tomaba la plancha y alisaba mi ropa del día. 15 minutos antes de la hora, yo estaba reluciente como una taza recién lavada, y ansioso como un potrillo que ventea la yegua que se acerca.

Salir de casa y llegar a la escuela equivalió por tres meses a salir del infierno y entrar en el paraíso. La sola figura de mi grácil maestra me aceleraba el corazón y el pulso. Me convertí en el alumno más aplicado, inteligente y odiado de la clase. Vivía para escuchar el elogio de la chica y descubrí que la motivación traía inspiración a mi alma.

Mis dotes artísticas afloraron y brotó el dibujante natural que yo era. Mis trabajos en la clase de dibujo eran siempre los primeros y, a decir verdad, acabé por disfrutarlos sin que mediara la motivación de mi amada. Yo era un dibujante por naturaleza.

Pasaron los días. Otras distracciones más acordes con mi edad ocuparon mis sentidos. Un día, un joven apuesto y de sonrisa franca entró en el salón. Mi maestra Chepita lo presentó en la clase y juntos abandonaron la escuela. Dos meses después, ambos se convirtieron en marido y mujer.

Terminamos el año escolar con una maestra sustituta. No volví a ver a mi maestra. Josefa Romero de Narváez salió en viaje de luna de miel para no volver. La pareja murió en un trágico accidente carretero. Yo ya no estaba enamorado pero siempre recordé su cara ovalada de piel rosada sobre el delgado cuello. Sin proponérselo, mi adorable maestra me dio la motivación y alegría que necesitaba en mi nueva casa. Gracias a ella, aprendí a esmerarme y alcanzar objetivos. Lavar, planchar y cuidar de mi apariencia se hicieron parte de mi rutina.

La cadena de mi cumpleaños número 11 se convirtió en parte de mi atuendo hasta bien entrada mi adolescencia. Escondido entre mis cuadernos, un boceto de su dulce rostro se hizo viejo y, como todo lo que queda atrás en la formación del ser humano, un día sentí que me estorbaba. Ese día, el boceto fue a dar al bote de la basura. La luz de los ojos color miel de mi maestra se fue apagando con el tiempo pero, en los últimos minutos de mi existencia, el óvalo de su rostro se unió, en vertiginosa secuencia, a las primeras tomas de la película de mi vida.

Culiacán Sinaloa es (o era en los cincuenta), una ciudad hecha para los culichis (originarios de Culiacán). No había entonces atractivos visuales que sirvieran para atraer turistas. El centro era feo y sin personalidad. No había definición de líneas arquitectónicas porque no era una ciudad colonial. Como cualquier población fronteriza, fue edificada con la mira en otro punto, como si el propósito de edificar fuese temporal.

En efecto, los aventureros iberos que le dieron vida, lo hicieron sobre la marcha, como una posta en su ruta al norte.

A diferencia de las ciudades del interior, cuya fisonomía es decididamente colonial, Culiacán era hibrida; una mezcla de dos corrientes: el propósito de no enraizar y la cultura española que se manifestó a medias.

En Culiacán no hubo nunca portales de arcos espléndidos y sombreados corredores convertidos en aceras. Los que hay, (o hubo), fueron simples copias, remedos de tantos y tantos que dominan la vida social de nuestros pueblos y ciudades. Su iglesia no es un ejemplo de la arquitectura churrigueresca típica de los templos del interior y la vida cívica no transcurre alrededor de sus muros. Aunque hay una plazuela, esta se levanta a un costado del templo, aislada de otros edificios de significación. Si acaso el edificio de Correos, el Palacio de Gobierno, el Hospicio, los tribunales y otros edificios gubernamentales que están dispersos en sus calles, son huella del intento conquistador. Son hermosos, cierto, pero no rivalizan con el rico atractivo arquitectónico colonial del interior.

El encanto de Culiacán reside en su gente y en sus orillas. Ciudad levantada en la unión de dos ríos y en las estribaciones de la Sierra Madre, es, por su misma ubicación, un emporio de agricultura. El Valle de Culiacán es y siempre será un centro agrícola de importancia capital para el país.

El Culiacán de entonces era letárgico. Si bien había mucho movimiento generado por la riqueza de las tierras, este se daba alrededor. En el corazón de la ciudad, la gente vivía una vida local sin exigencias. Los hoteles eran escasos y aun cuando había una universidad, la actividad cultural no abría grandes horizontes. La vida nocturna era nula y no podía competir con la efervescencia de Mazatlán. El Teatro Apolo, ya desaparecido, era el único edificio dedicado a las artes, digno de mención.

¿A qué se debía este estado de cosas? ¿Por qué Culiacán no era una ciudad bonita? Simplemente porque no necesitaba ser bonita. Su poder económico le hizo la capital del estado y esa condición le daba el prestigio necesario. Lo demás en la mente de los nativos, era superfluo.

En efecto, los culichis no necesitaban embellecer su ciudad para vivir contentos. Una ciudad aislada por una sierra, no necesitó, por décadas, el contacto con sus paisanos del interior. Sin el enlace del ferrocarril al norte y con el obstáculo de la sierra al este y al sur, sus productos salían al mundo por el puerto de Mazatlán. Fue este el que asimiló la sofisticación que lo convirtió en un atractivo turístico. Mazatlán se convirtió en el actor de cara bonita; Culiacán vino a ser el director de la película.

Sin embargo, Culiacán no era una ciudad vacía. El mismo aislamiento le dio una idiosincrasia muy particular, muy local, muy sinaloense. Culiacán era como la chica fea pero simpática y alegre que nadie corteja pero que todo mundo busca.

En la década de los cincuenta, un añejo puente de arcos de metal cruzaba la Y griega donde se unen dos ríos; el río Humaya y el Tamasula se juntaban para formar el río Culiacán, separando del centro la colonia más célebre de la capital sinaloense: Tierra Blanca. Siguiendo la corriente, más abajo, al oeste de la ciudad, ya con los dos ríos fundidos en uno sólo, otro puente de arcos permitía el paso del ferrocarril. El Puente Negro era lo último que se divisaba desde el malecón, construido exprofeso para contener las crecientes. Corría este a lo largo de la ribera sur entre ambos puentes. Al otro lado, más allá del lecho del río, se divisaban los tejados de Tierra Blanca. Separadas por una hermosa calzada, entre árboles y verdes prados, las casas elegantes de la clase pudiente se alineaban bordeando el Malecón.

Desde el puente Cañedo se veían las copas de los árboles en islotes sobresaliendo del lecho del río. Una persona parada a la mitad de la estructura, podía disfrutar mirando, al oeste, el suave fluir de las aguas alejándose del puente; al sur, el dique de piedra coronado por las residencias y al norte, a la derecha, una irregular orilla semi boscosa y salpicada de casitas. Al este, del otro lado del puente, la Y griega que unía las dos corrientes, con ambas orillas repletas de vida silvestre: álamos, sauces, eucaliptos, aguacates y mangos pintaban dos líneas paralelas con contrastes de verdes interrumpidos con la mancha café con leche de la arena terrosa. La corriente de agua era permanente, tranquila en invierno y tempestuosa en tiempo de aguas. A la inversa de Chavoy, el río crecía sin contención en la ribera norte y, en el sur, el dique contenía las avenidas. Este último era el equivalente al paredón que bordeaba el río en Chavoy; el paredón que cobijaba la fosa con la liana donde el Alambre me enseñó a nadar.

Hoy, los arcos del puente Cañedo han desaparecido. Su pintoresco tablado con pasillos laterales para peatones fue derruido para ampliarlo. Hoy, una fea raya «moderna» permite el tráfico de los automóviles con fluidez. Al igual que los arcos, la corriente se evaporó, convirtiéndose en un insignificante chisguete de agua. El Malecón que en otros tiempos contuvo las aguas en su cauce, ahora es obsoleto. Claro, hay más agua almacenada en grandes presas y más líquido en reserva para las cosechas. Y, aunque el sentimiento Gral. es que la ciudad «está bien grande y bonita», yo sólo sé que ahora hay casas donde antes había un río y, donde antes había un puente con personalidad propia, ahora hay una raya de hormigón que hace la vida más funcional a los automovilistas. Sí, hay más gente, más casas, más dinero y circulan más vehículos. Si Culiacán no necesita ser bella, ¿para qué conservar un puente hermoso y rico en tradición? Como en todos los centros poblacionales que rebasan los recursos naturales, lo primero que se sacrifica es lo que no produce. La belleza, arquitectónica o natural, es la que paga primero el precio del progreso.

La piscina del casino de Agua caliente vista desde la entrada.
(Foto: Archivo Histórico de Tijuana).

La icónica Torre de Agua Caliente.
Consumida por un incendio la noche del 12 de diciembre de 1956.
(Foto: Archivo Histórico de Tijuana).

Fachada de la entrada a la piscina del Casino de Agua Caliente.
El esbelto minarete, todavía visible a la distancia.
(Foto: Archivo Histórico de Tijuana).

La lujosa barra. Nótese el riel para descansar el pie. No hay taburetes sino cómodas sillas con sus mesas al fondo del salón.
(Foto: Archivo Histórico de Tijuana).

El lujo de los interiores del casino en todo su esplendor.
(Foto: Archivo Histórico de Tijuana).

Otro ángulo de la hermosa piscina.
(Foto: Archivo Histórico de Tijuana).

El hipódromo de Agua Caliente.
Inaugurado en 1927 a pocos metros del casino.
(Foto: Archivo Histórico de Tijuana).

El Jai Alai. Santuario de la pelota vasca.
Otro emblema tijuanense.
(Foto: Archivo Histórico de Tijuana).

Año: 1911. Tiempos de revolución. Fila de insurrectos frente a la oficina de correos. Nótese la bandera con la leyenda: "Tierra y Libertad" y el español e inglés mezclados (Foto: Archivo Histórico de Tijuana).

Interior de "Mexicali Beer Hall" o "La Ballena", como se conoció en su tiempo la barra más larga del mundo.
(Foto: Archivo Histórico de Tijuana).

Misma época; gran contraste. Quizá la barra
"mas chiquita del mundo".
(Foto: Archivo Histórico de Tijuana).

Exterior de La Ballena. Nótese en la carpa el letrero de
"Solo para familias"en inglés.
(Foto: Archivo Histórico de Tijuana).

Turistas "empistolados" en la frontera.
Había que estar acorde con los tiempos; tiempos de revolución.
(Foto: Archivo Histórico de Tijuana).

Fecha memorable: el día que el tren de San Diego se unió al que venía de Niland a Caléxico para conectar con Arizona, cruzando 4 veces la frontera de ambos países. Así nació el Inter California.
(Foto: Archivo Histórico de Tijuana).

Tijuana. Cruce fronterizo a principios del Siglo XX.
(Foto: Archivo Histórico de Tijuana).

Mismo cruce pero al revés. Borregos "turistas" rumbo a San Isidro).
(Foto: Archivo Histórico de Tijuana).

Restaurante "El Sombrero" con la torre al fondo.
Eran puntos de referencia para llegar al casino.
(Foto: Archivo Histórico de Tijuana).

La legendaria tienda de curiosidades Río Rita.
Al lado, otro sombrero

CAPÍTULO III

Santo, el Enmascarado de Plata

Un garrote de madera redondeado era nuestro *bat* y cuando no había más, un palo de escoba lo suplía. El garrote, una blanda pelota de trapo o de tenis y cuatro ladrillos era todo lo que necesitábamos para un partido de béisbol. Por las noches, afuera de la tienda, colgando de un poste, una débil bombilla del alumbrado público iluminaba las cuatro esquinas con claridad apenas suficiente para ver la pelota. Colocábamos un ladrillo bajo el poste, otro en la esquina de la tienda de Mr. Jones, el tercero en la esquina oriente y el cuarto en la poniente.

Para escoger un jugador, los respectivos capitanes se lanzaban uno a otro el *bat*. Ambos capitanes iban empuñando el garrote, partiendo de la mano del que lo «cachaba» hacia arriba. Perdía el que ya no podía sostener el palo de la punta cuando el contrario le propinaba una patada. Una vez que el vencedor escogía, el procedimiento se repetía hasta que se completaba el equipo o ya no había jugadores qué escoger.

El garrote era lanzado de nueva cuenta para escoger el equipo que batearía primero. Nadie quería camellar[5]; todos querían batear primero.

Jugábamos bajo la luz del farol hasta que la pelota se deshilachaba; hasta que la rolliza pelota volaba pero se negaba a rodar con el batazo. La esfera, fofa de nacimiento y guanga a fuerza de golpear, protestaba su destino perdiendo la redon-

---

5 Camellar: jugar en el campo a la defensiva.

dez. Cuando la amorfa mezcla de hilos y trapos ejecutaba un remedo de rebote en la roña del pavimento, era hora de apretar los hilos.

En la única Navidad que yo viví en Culiacán, los Salas Mendoza celebraron en grande. En la víspera de la llegada del Niño Jesús, la esquina de Ruperto Paliza y Escobedo se llenó de músicos. A media calle, la banda de los Guamuchileños de Culiacán tocaba los aires sinaloenses de rigor. Adentro, la familia festejaba la Noche Buena.

Al día siguiente, los chicos amanecieron estrenando equipo. El Billy llegó con un hermoso bat amarillo, Jaime Beltrán apareció con un esbelto guante de *short stop*, el Lalo Retamoza mostró la caja cuadrada con una reluciente pelota Rawlings adentro, el Felo Buenrostro aportó una manopla para jugar primera base y Aarón Zamudio se apareció luciendo un guante con la firma del Huevito Álvarez.

Santo Clos repartió los juguetes tal como los niños los habían pedido, de tal forma que no hubo dos bates o dos manoplas repetidas. Como Santo Clos no hizo escala con los Salas, yo seguí usando el guante del Billy Jones.

Los días restantes, entre la Navidad y el regreso a clases, hubo una borrachera de béisbol. Cargados con toda la parafernalia beisbolera, caminábamos las dos cuadras hasta el parque Revolución y jugábamos a placer. A veces, peregrinábamos hasta el estadio y jugábamos realidades e ilusiones. En la fantasía de mi mente, yo era el Zurdo Ángel Castro aunque en realidad, el que jugaba la primera base se apellidaba Rivera y no tenía una manopla de su exclusiva propiedad.

El béisbol era el deporte rey por excelencia. El deporte se salía del estadio e invadía cada rincón, cada restaurante, cada conversación. En El Progreso, una tienda del centro de la ciudad, colgaba una tabla con la palabra: STANDING. El anuncio cambiaba diariamente las posiciones de los equipos profesionales de pelota. Una tabla deslizable con el nombre de los Guindas de Culiacán estaba pintada de color diferente, de modo que los transeúntes podían apreciar desde lejos la posición diaria del equipo local.

La rivalidad culichi con los Venados de Mazatlán era proverbial. En cada visita de los mazatlecos, en la tienda de referencia amanecía, previo al primer juego, un maniquí vestido con los colores del equipo local, dando una mamila a un venadito. En los recuerdos de mi infancia apareció por muchos años la escena de un camión lleno de gente joven sosteniendo una manta que rezaba: Hay un Ford en su Futuro.

El letrero hacía alusión al joven Whitey Ford, que hizo sus *pininos*[6] con Culiacán (¿o Mazatlán?) ya no recuerdo, en la Liga de la Costa del Pacífico antes de conseguir la inmortalidad con los Yanquis de Nueva York.

A fuerza de ser honesto, no sé si la dichosa manta la mostraban aficionados culichis o la habían traído desde el puerto los aficionados *patas saladas*.

La Liga de la Costa del Pacífico se jugaba desde Mazatlán hasta la parte norte de Sonora. Ray Sonta, Ángel Castro, Felipe Montemayor, el Moscón Jiménez, la Muñeca Iturralde, el Grillo Serrel, Tomás Herrera, Héctor Lara, Manuel Arroyo, Lino Donoso, el Zurdo Espiricueta, Manuel Echeverría, la Coqueta Marvin Williams, Arthur Pennington, Whitey Ford, Al Federoff, Milton Smith y tantos otros que los lectores viejos recordarán, eran para nosotros, lo que los héroes del fútbol soccer eran para los niños del interior. Sin duda, el béisbol fue, es y seguirá siendo para la región, lo que es, fue y seguirá siendo la tambora: una identificación de marca regional. Sin embargo, por aquellos días, había un deporte que crecía incontenible: la lucha libre.

Con una lista interminable de luchadores pintorescos, la lucha libre se metió de lleno en el gusto de todos nosotros: El Bulldog, el Cavernario Galindo, la Tonina Jackson, Fernando Oses, Wolf Rubinski, Bobby Bonales, Huracán Ramírez, Black Shadow, Blue Demon, el Indio Cacama. Rudos unos y «científicos» otros, capturaron fácilmente la imaginación de la niñez mexicana.

Hubo un luchador que se hizo una leyenda. El hombre, cu-

---

6 Pininos: mexicanismo; primeros pasos.

bierto de la cintura para abajo con un atuendo plateado y el rostro cubierto con una máscara de satín del mismo color, revolucionó el deporte de los costalazos. Su figura, a cuyas espaldas ondeaba una capa de lentejuelas y satín plateado, escaló alturas casi místicas. El Santo era un ser venido de otro planeta a castigar a cuanto luchador sucio enfrentaba.

Santo, el Enmascarado de Plata fue más que un luchador para mí. Fue el compendio de todo lo que yo hubiera querido ser. Fue, después de todo, quien desplazó a Roy Rogers en mi nicho de adoración.

Semejante veneración llevaba, naturalmente, a frecuentes discusiones. Un día de abril, el Jaime y yo llegamos a los puños.

—La lucha es puro teatro. A poco crees que se dan de a de veras —me dijo Jaime Beltrán una tarde mientras *fildeaba* un roletazo.

—Claro que sí. Les sale sangre.

—No es sangre; es salsa de tomate.

—A poco traen salsa de tomate en las manos, tarugo.

—A lo mejor la traen en los calzones. Mi *'apá* dice que él ha visto cuando se la untan.

—¿Y cuándo vuelan? ¿A poco traen un avión en los calzones?

—Es como en el circo. Los trapecistas también vuelan.

—Yo te apuesto a que ningún trapecista se encierra con el Santo en un ring.

—Y yo te apuesto a que el Santo no se sube a un trapecio.

—¿Y por qué el Santo tendría que subirse a un trapecio? Tú eres el criticón. Tráele a tu trapecista *pa'* que te lo embarren con la salsa de tomate.

Discutíamos mientras jugábamos. La pelota iba y venía. El resto de los chicos oía y hacía comentarios aislados.

—Te estás poniendo bocón. Parece que estuvieras enamorado del Santo con sus lentejuelitas. Nomás los mariquitas usan lentejuelas, ¿sabes?

—Mariquita tu papá que le gusta verlos untarse la salsa de tomate. Como si tu pinche trapecista no usara lentejuelas también.

A estas alturas habíamos dejado de corretear tras la pelota.

Los otros jugadores se habían parado, atentos a nuestras palabras.

—Tú le vuelves a llamar mariquita a mi papá y te rompo el hocico, no me importa que estés más chico. Como si el loco *borrachales* de don Rigo fuera perfecto.

—Me vale que le digas *borrachales* a don Rigo. Él no es mi padre —respondí.

—Pues a mí también me vale. Ya te advertí que te rompería el hocico y sobre aviso...

—Me lo rompías y no. A patadas te pongo pinto —interrumpí, arrojando el guante.

La madre naturaleza estaba de mi lado aquel día. Para combatir el calor, Jaime Beltrán se había quitado los zapatos. Descalzo me enfrentó y yo aproveché. Tímidamente, quizá por la diferencia en estatura, me dio un revés que sólo me enardeció. Sin muchas caravanas le contesté el sopapo con un volado que se estrelló en su cuello. El chico abandonó toda cortesía y se lanzó al ataque.

En el primer encontrón salí perdiendo. El peso de mi contrario me empujaba. Su alcance me impedía llegar y mis puños sólo abanicaban el aire.

En la escaramuza, accidentalmente lo pisé y lo vi saltar haciendo una mueca de dolor. Fue como una señal que capté de inmediato.

En el siguiente encontronazo me cubrí a dos brazos. Enconchado miraba al suelo y, sin más, bailé el jarabe tapatío sobre sus pies. Después de dos despiadados pisotones, Jaime empezó a saltar cual si pisara sobre carbones encendidos. Aprovechando su desconcierto, le solté dos volados de esos que se usan para cazar moscas volando. Los dos puños alcanzaron su objetivo. De inmediato, mi rival empezó a retroceder.

El instinto me dijo que el pleito había terminado. Era como el encuentro entre un hombre desnudo contra otro metido en una armadura medieval. Mis zapatos hacían una gran diferencia. Mi contrario difícilmente repetiría su ataque.

Sin embargo, había que terminar lo empezado. Si yo no remataba, Jaime me buscaría con los zapatos puestos. Era un asunto de manejar la situación en mi provecho e intuí que la intimidación era lo único que me salvaría de una paliza en el futuro.

Avancé tirando golpes y patadas. Jaime se protegía del diluvio con los brazos, pero psicológicamente estaba derrotado. Sus pies retrocedían esquivando mis zapatos. Hubo un momento en que los dos rodamos por el suelo. Yo, montado a horcajadas, no cesaba de golpearlo hasta que aquel se cubrió el rostro, renunciando a seguir peleando.

A pesar del denuedo con que defendí mi punto de vista, el tiempo me enseñó que Jaime Beltrán tenía razón: la lucha libre fue una fiebre pasajera. Aunque las patadas voladoras entusiasmaron al público por algún tiempo, el impulso inicial fue perdiendo fuerza. El béisbol, sin embargo, fue creciendo en el gusto de niños y adultos por igual. Sólo la figura del enmascarado con lentejuelas prevaleció. El Santo fue para la lucha libre mexicana, lo que Babe Ruth para el béisbol en los estados Unidos. Del ring, El Santo saltó a la historieta impresa y más tarde a la pantalla de plata, incrustándose en el folclor mexicano como pocos atletas lo han hecho.

CAPÍTULO IV

El Paraguas de Pancho

Francisco Aguirre Lizárraga era un hombre tranquilo, considerado y culto. Era una de esas personas que se van metiendo gradualmente en la mente de la gente sin hacer ruido. Sus modales eran suaves, un tanto lerdos. A pesar de su aire melancólico, las comisuras de sus delgados labios formaban una sonrisa permanente. Aguirre era poseedor de una distinción discreta, escondida en un atuendo sencillo y cómodo. En Culiacán, Pancho el Paraguas nunca usó sombrilla. En los días de lluvia, llamaba un carro de sitio y en él hacía su recorrido. El sombrero que yo vi en Chavoy reposando en su habitación era parte de su atuendo en Culiacán. Era un Stetson de ala corta color gris. El fieltro de suave textura, era flexible y dócil al tacto. El ala, caída ligeramente al frente, le daba a su rostro un atractivo misterioso; los ojos semi escondidos, el pajizo pelo curvando las puntas hacia arriba sobre las orejas.

Francisco Aguirre era decididamente engañoso, como yo lo comprobé en las noches de verano en Culiacán. Aunque su natural reposado resumía paz, su cuerpo era musculoso y de una agilidad extraordinaria. Semi desnudo, bien podía haber representado un gladiador romano en la pantalla. En la azotea, tirado en paños menores bajo el mosquitero o sin camisa en las largas tardes veraniegas, Aguirre parecía otra persona. Vestido y escondidos los ojos tras aquellas antiparras, podía, sin embargo, pasar por el seminarista que sustituiría al cura local.

El sonorense era como Clark Kent y Superman, con un Superman tan apacible como su contraparte.

Con el tiempo, supe que Aguirre prestaba sus servicios a una poderosa compañía norteamericana de implementos agrícolas. La correspondencia que se acumulaba previamente a su aparición en Culiacán, estaba escrita en inglés y su alquiler en la residencia de los Salas Mendoza era pagado con 6 meses de anticipación por Shannon & Kimberly Corp, con sede en Houston Texas.

El viajero de Shannon & Kimberly era, con mucho, el huésped más respetado de aquella casa. En una ocasión en que Rodrigo Salas se lanzó a una campaña política para la alcaldía de la ciudad, Francisco Aguirre escribió un cheque a nombre del candidato para apoyarlo en su campaña. Fue una suma considerable y un gesto totalmente desinteresado. Sin ser residente del estado, la elección de don Rodrigo no podía, en modo alguno, rendirle dividendos. Sin duda, el sonorense podía fácilmente conducirse entre nosotros con entendible arrogancia. Pero, lejos de ello, era el huésped menos exigente. Al igual que en Chavoy, su sitio preferido era la azotea y su afición favorita la lectura. Basado en tan singulares cualidades, concluí que Pancho era una de las personas menos conscientes de su belleza que yo he conocido. Aguirre no conocía la vanidad.

Había dos características en Pancho que me hicieron estimarlo: amaba a los animales y era un recalcitrante defensor de la Naturaleza. Procedente de Caborca Sonora, su medio ambiente era el mío. Ambos éramos hijos de las planicies; ambos considerábamos toda forma de vida, sagrada. Ambos practicábamos el mismo deporte y, el hombre, en su océano de tranquilidad, se daba tiempo para compartir conmigo aquellos valores. Esto último era, a fin de cuentas, lo que realmente contaba.

La primera vez que vi al viajero en Culiacán, mi ser se inundó de una alegría inexplicable. Quizá inconscientemente asocié a aquel hombre con mi pasado y mi presente. Y, en efecto, Pancho era un emisario de mi pasado cuando llegaba de Caborca: «Saludos del Güero Samaniego… agregaron un patio con tejado en el Sonora Querido... hay un nuevo camino a Urebó», solía decirme al llegar o, ya de regreso de Chavoy: «Saludos de tu tío Gildardo y de la palomilla, doña Camila te manda tacuarines[7], Maricha te manda un abrazo», decía, convertido en mensajero del presente. Pero había algo más que hizo de Pancho el Paraguas algo especial desde el principio: el cajón de bolero y las revistas.

Dentro de la casa de los Salas no había mayores atractivos para mí. Aunque Anita endulzó con su fresca juventud los vacíos de aquella etapa de mi vida, el caserón era como un enorme complejo cuya apariencia había quedado a mi cargo. Cada rincón llegó a representar un espacio más de responsabilidad. Levantar un papel arrugado, sacudir una mota de polvo o limpiar un mendrugo de pan se convirtió en una acción refleja, sin importar el horario.

La parte final de 1951 y gran parte de 1952 heredaron en mí una inclinación casi patológica hacia la limpieza y el orden. Aun cuando no se materializara físicamente, la mirada de doña Chaya flotaba tras de mí. El peso de aquellos ojos me obligaba a inclinarme o a enderezarme, según el caso. Gradualmente, ajusté mi mente a las labores domésticas asignadas y, también gradualmente, un sentimiento de compromiso me fue inundando. Llegué a considerar mía la limpieza en Gral., entrara en mis obligaciones o no. Cuando llegaba de la escuela, aun antes de entrar, ya estaba levantando papeles tirados en la acera. Desde la entrada principal hasta los gallineros, mis ojos buscaban maniáticamente. Con la casa reluciente de limpia, todavía esperaba cualquier tarea adicional imprevista. E incluso entonces, salía a jugar con un desgraciado sentimiento de culpa, cual si salir a jugar fuese un acto de fuga. Después de los partidos obligados de béisbol en la esquina, mi cena era una escala fugaz con rumbo a la azotea. No había nada en aquella casa que me motivara a permanecer en la primera planta. Al acostarme, ya tenía en mente lo que debía hacer la siguiente mañana. Después del ajetreo diario, el contacto con la perrita

---

7 Tacuarines: roscas de maíz tostado.

vino a ser como un bálsamo a mi cuerpo cansado. El chato animal se convirtió en una razón de subir, en una necesidad de escapar de «abajo». En aquel techo de cemento, la Chata y yo compartíamos las noches. Jugábamos o reposábamos con la espontaneidad que yo necesitaba desesperadamente.

Cuando Aguirre llegaba a la ciudad, el sonorense se agregaba a nosotros. Éramos un trío muy *sui generis*: la perrita que tenía su mundo arriba; yo, que secundaba a mi amigo con una lucidez parecida a la de un adulto y Pancho que, consciente de mi situación, dedicaba parte de su tiempo a nuestras charlas.

Al llegar el invierno, el viajero desarmó su mosquitero y empezó a pasar las noches en el catre que me había recibido al llegar a aquella casa. El mismo día del cambio, don Rodrigo agregó otro catre a la vivienda. De súbito, Pancho el Paraguas y yo nos habíamos convertido en compañeros de cuarto.

—¿Dónde está su paraguas? —le pregunté un día al viajero.

—En Chavoy —me contestó.

—¿Y si llueve?

—No lo necesito. Solo lo uso en Chavoy —me contestó, como si Culiacán fuera impermeable.

Lo peregrino de la respuesta me desconcertó. Parpadeé dando a entender que la respuesta había sido incompleta.

—En Chavoy no hay taxis —dijo, a modo de explicación.

Mi amigo se sentó en una silla y me miró.

—¿Alguna vez has visto a un hombre que no sea yo, usando un paraguas? —preguntó.

Negué con la cabeza, un tanto apenado de mi respuesta. No sabía si no ver a los hombres con paraguas equivalía a pensar que Pancho era menos hombre.

—Ni lo verás, quizá por décadas. No es parte de nuestra cultura.

—¿Y usted por qué lo usa en Chavoy?

—Lo *usaba* —contestó Pancho con enigmática sonrisa.

La Chata se acercó al viajero. Este la acarició, sobándole detrás de las orejas. La perra cerró los ojos y se puso lacia.

—Una vez cayó un aguacero en Chavoy, de esos que saben caer en Sinaloa —dijo el sonorense—. Yo estaba en el café de doña Chepa y me dispuse a cruzar la calle para entrar en el mercado. Para protegerme a medias del agua, levanté la revista que estaba leyendo y me dispuse a salir corriendo. Una dama; hasta la fecha no sé quién es, me ofreció su paraguas con la condición de que se lo trajera de regreso. Yo accedí por cortesía y crucé la calle con el paraguas. De inmediato, los clientes varones de la cafetería soltaron la carcajada.

Pancho se levantó y tomó el cepillo de la perra. Luego se sentó y empezó a cepillar al animal.

—En nuestra cultura, el paraguas es un adminículo femenino —continuó—, Quizá sea por el sombrero. Sin embargo, si vas «al otro lado», los hombres caminan bajo la lluvia con sombrero y con paraguas; de modo que debemos descartar el sombrero. Como quiera que sea, el sombrero no basta. De manera que en un aguacero, el paraguas no estorba.

—¿Usted usa paraguas al otro lado? —interrumpí.

—Sí y también sombrero. Pero en Chavoy ya no va a ser necesario.

—¿Por qué? —pregunté, intrigado.

—Bueno, siguiendo con la historia, hubo una explosión de carcajadas cuando crucé la calle. Aquel día no podía regresar y liarme a puñetazos con los que se reían. Hubiera sido tonto y, además, la dama que me asistió merecía respeto. Así que, en vez de armar un espectáculo, le di las gracias a la dueña del paraguas y esperé a que la lluvia amainara para retirarme. En Nogales compré un paraguas y, en mi siguiente viaje, lo usé en Chavoy.

Salí un par de veces bajo la lluvia sin abrir el paraguas. Pero una tarde que llovía intensamente, llegué hasta la esquina del Reloj y entré al mercado. Ya a resguardo de la lluvia, cerré la sombrilla y compré lo que tenía que comprar. Cuando salí, miré mecánicamente hacia el Café de doña Chepa. Entre los parroquianos estaban dos de los que se habían reído de mí. «Llegó el momento», pensé. Abrí el paraguas y crucé en línea recta. No crucé como si no me importaran los clientes. Al contrario; lo hice sin prisas y cerré el paraguas lentamente casi en las narices de los dos individuos. Todo lo hice despacio, esperando una reacción. Debo aceptar que llevaba la intención de confrontarme con el primero que se riera.

Yo escuchaba la historia. Mis ojos decían *siga*.

—Había fijado la vista en los dos individuos desde que me descolgué del mercado y ya no la desvié —continuó Aguirre—. No la desvié incluso cuando cerré el paraguas. Los tipos captaron el mensaje, supongo, porque viraron la vista hacia otro lado. Yo tenía negocios que atender pero sabía que si me alejaba bajo el paraguas, corría el riesgo de escuchar las risas a mis espaldas. Eso me hubiera obligado a regresarme. Después de todo, yo los había desafiado abiertamente. Decidí quedarme hasta que la lluvia cesara o los dos hombres se retiraran. Era como mantener un: «aquí estoy, si algo se les ofrece».

La quijada se me cayó. Lelo, miré a Pancho y pregunté:

—¿Y qué pasó?

—No pasó nada. Los tipos se retiraron pero yo decidí seguir usando el paraguas como una forma de definirme a mí mismo. Ahora, tres viajes después, ya establecí el punto. Mi paraguas ya no es necesario.

—Mi capitán Reséndez se peleó con un señor que le dijo Virgencita porque estaba regando las plantas —observé, casi sin venir al caso.

—Quien quiera que sea tu capitán Reséndez, estoy seguro que no le importa usar paraguas —respondió Pancho.

—¿Usted sabe cómo le dicen en Chavoy? —pregunté.

—Pancho el Paraguas. Me pusieron el mote por venganza —fue la respuesta.

—¿Y usted no se venga?

—No hay razón porque el mote no importa. Es la connotación y eso ya desapareció. Cada que me miran, murmuran, pero nadie me ha llamado así en mi cara.

—¿Qué es connotación?

Pancho se rascó la cabeza.

—Connotación, connotación es valor atribuido. Algo que tiene un sentido pero que se puede entender diferente.

No entendí muy bien pero yo volví a mi punto.

—¿Y qué va a hacer cuando llueva en Chavoy?

—Usar mi impermeable y mi sombrero. De hecho, ya los usé este verano —contestó Pancho.

Acto seguido, Aguirre sacó del fondo de su veliz un elegante impermeable y lo colgó de un clavo. El Stetson encontró acomodo en otro clavo.

—Te conté esa historia porque tú tendrás que enfrentar situaciones similares en tu vida. Probablemente la confrontación no sea el mejor consejo. Pero la moraleja debe ser: no dejes que te llueva sobre tus principios... aunque tengas que usar paraguas.

El paraguas de Pancho terminó en manos de Anita. Aguirre dejó de usarlo cuando él lo decidió, no cuando lo obligaron. Aprendí que si sigues la tendencia de la gente, acabas siendo una prolongación de ellos. Aprendí también que, los hombres seguros de sí mismos, no renuncian a sus convicciones. De hecho, eso lo había aprendido de Reséndez hacía ya cuatro años.

La Chata se apareó con un perro de su misma raza. El acuerdo con el propietario del perro macho fue que tendría derecho a un cachorrito que él escogería a las seis semanas de nacido. El período de gestación terminaría aproximadamente al final del ciclo escolar. Yo empecé a contar los días con impaciencia; ansiaba ver cómo lucía un cachorrito chato como su madre. Los días en que la perrita se fue de luna de miel, la azotea perdió su calor. El cielo me negó su brillo y el cuarto de la azotea se amplió asombrosamente a mis ojos. En la ausencia de mi Chata, me grabé de memoria cada estría, cada mancha y cada agujero que el tiempo había marcado en las paredes. No había nada de extraño en extrañar a la perra de semejante manera. El animal era, virtualmente, mi mundo en aquella casa. Hasta el día de mi muerte, el mapa de aquellos muros estuvo fresco en mi mente.

Y fresca en mi memoria quedó la ocasión en que cometí el único acto reprochable en Culiacán. Un acto tan reprochable en mi mente, como el robo de los centenarios de don Honorato Varela:

Un lunes, al limpiar el refrigerador, miré en un rincón, envueltos en papel encerado, unos pedazos cuadrados de mantequilla. Sabía que era mantequilla porque doña Chaya la embarraba en el pan tostado que servía a los huéspedes. El olor exquisito que flotaba en la cocina cuando la cremosa sustancia se derretía en el pan, enervaba mis sentidos.

Yo nunca había visto la mantequilla antes de llegar a aquella casa y sin haberla probado previamente, era comprensible que el olor me estimulara. Nada había en la casa de los Salas que yo ansiara más que probar la mantequilla... ¡y me robé aquel pedazo de mantequilla!

Aquella tarde regué las plantas, limpié el retrete y la estufa y dejé el refrigerador para lo último. Al terminar mi tarea, tomé furtivamente el cremoso trozo y lo coloqué en mi bolsillo. Salí de la casa con la mantequilla abultando en la bolsa del pantalón y me uní a los demás chiquillos. Diez minutos después, todos corríamos tras la pelota.

—Te orinaste —dijo el Billy, señalando una mancha oscura a la altura de la entrepierna de mi pantalón.

Todos voltearon a verme. La mancha se extendía lentamente hacia abajo. Yo sentía un calorcillo recorrer mi pierna izquierda. ¡La mantequilla se estaba derritiendo!

Presa del pánico, metí la mano en el bolsillo y extraje el papel encerado con los residuos de la aceitosa sustancia.

Arrojé la mantequilla lejos y mi cerebro trabajó vertiginosamente buscando una salida a la situación creada.

—Es mantequilla —dijo el Felo, levantando el papel con la punta de los dedos.

La crueldad de la niñez sólo es equiparable a su inocencia. Inconscientes del estado de vergüenza en que me encontraba, los chicos soltaron la carcajada.

—Te robaste la mantequilla, pinche Zurdo —empezó el Jaime.

Al rato, un convite coreaba la misma frase. Me sentía como la pecadora bíblica señalada por la plebe.

Arrojé el guante y corrí sin pensar. A los gritos, Mr. Jones salió a ver que sucedía. Yo pasé de largo, dejando al viejo rascándose el escaso pelo de la nuca.

Entré en la casa con la intención de perderme en las escaleras. Mi alma ansiosa sólo quería refugiarse del escarnio. No temía ni siquiera al castigo. Yo quería morirme simplemente.

Doña Chaya tejía en la sala. Me vio entrar huyendo de los gritos y, ya enfilado rumbo al fondo del corredor, escuché la autoridad de su grito:

—¡Rangel!

Quedé congelado en medio de los relucientes mosaicos. No me atrevía a volverme.

—Ven acá —ordenó la matrona.

Lentamente giré. Cuando finalmente quedé frente a la mujer, sentí su mirada clavada en la mancha.

—¿Qué sucede? ¿Qué es esa mancha? —preguntó en rápida sucesión.

No contesté. Simplemente hundí la barbilla en el pecho y dejé que los acontecimientos se precipitaran.

Dos noches sin cenar y una semana sin salir a jugar fueron mi castigo. Castigo cruel que me hizo odiar aún más mi desdichada vida en aquella casa. Sin embargo, el escarnio sufrido con mis amigos caló más hondo que cualquier castigo. Mi autoestima se hundió y en mi infortunio, prolongué el castigo: por dos semanas no toqué la pelota. Había perdido completamente uno de mis únicos placeres: salir a jugar béisbol.

Hubo, sin embargo, una retribución inesperada que, quizá, alivió más que cualquier cosa mi desconsuelo: Anita apareció muchas veces en la azotea con una mitad de birote[8] embarrada en mantequilla. La primera vez lloré y la sal de mis lágrimas cayó sobre la mantequilla. La noble chica me estrechó y sus manos se deslizaron por mis cabellos. La Chata mariposeaba alrededor.

---

8 Birote: pan francés.

Consciente de lo que había ganado, sonreí y compartí mi mantequilla con la perrita. Nunca olvidé aquel episodio.

*

Un día del mes de mayo, Aguirre entró en el despacho de don Rodrigo y se encerró con el matrimonio. Llovía a torrentes. La lluvia se mecía con el viento en oleadas de gotitas pulverizadas en el aire. Anita y yo desenrollamos las cortinas de lona que protegían el corredor y enganchamos los extremos a unas alcayatas clavadas en el muro. La fuerza del viento bamboleaba la lona cual si fuera la vela de un buque pirata. En el corredor, Anita y yo dejábamos pasar los minutos acariciando el abultado abdomen de la perrita.

Los aguaceros veraniegos del semitrópico son diferentes de las tormentas del desierto. Estas llegan de súbito y de igual manera se van. Aquellas se anuncian y son renuentes en retirarse. Las tormentas en Culiacán venían precedidas de un nublado que se iba cargando gradualmente. Había truenos y rayos que danzaban aquí y allá en un alegre preámbulo. Luego venía el chaparrón. Caía agua cual si fuera a acabarse en el planeta y el diluvio no cesaba. Las gotas seguían golpeando el suelo mucho después de cubrirse de agua. El chapoteo semejaba caldo de frijol hirviendo. A veces cesaba un momento para volver con más fuerza un minuto después. Contrario a la rápida evaporación que yo observaba en La Cañada cada que llovía, en Culiacán las charcas permanecían por días.

—Qué raro; Francisco nunca había pasado tanto tiempo con mis padres —dijo Anita.

—Ha de estar pagando la renta —observé.

—No; la renta está pagada hasta septiembre.

No presté más atención.

Cuando Francisco salió, sin más se dirigió a nosotros. La Chata movía el muñón vigorosamente como siempre que Pancho se acercaba.

—Debemos hablar, caballero —me dijo, acariciando al animalito.

Anita nos miró y preguntó con inocencia:
—¿Estorbo?
—No, Anita —dijo el de Caborca—. No hay ningún secreto. Si quieres subir, ven con nosotros.

Un extraño sentimiento de felicidad me envolvió. Como en una premonición, me vi rodeado de todos aquellos símbolos de afecto subiendo hacia nuestro mundo. No que fuese la primera vez; ya en otras ocasiones Anita nos había acompañado y había departido con nosotros hasta tarde en la noche. La muchacha corría tras la pelota de tenis que nosotros arrojábamos para la Chata o jugaba damas chinas pagando la «manda» que el perdedor debía pagar. A veces, Anita se sentaba a conversar con Aguirre bajo el manto estrellado de la noche. Era como si la chica retrasara el momento de bajar. Podría jurar que Anita Salas Mendoza detestaba la planta baja tanto como yo.

Ya arriba, sorteamos la lluvia en veloz carrera. Aguirre sacó un papel y, poniéndose sus antiparras, empezó a leer:

> Ave. A. Obregón No. 1559
> Mexicali, B. Cfa.
> Tel: 25-72

Estimado Sr. Aguirre:

Mi nombre es Danelia Valdez. Envío esta carta a mi hermano en Chavoy como un medio de ponerme en contacto con usted. Quizá suene como un atrevimiento de mi parte. Sin embargo, siguiendo el consejo de Gildardo, paso a decirle lo siguiente: Mi hermana Ariana desea traer a Rangelito a Mexicali. Aunque nosotros podríamos pasar a recogerle, eso sería hasta fin de año y la realidad es que quisiésemos inscribir al niño para el siguiente ciclo escolar en esta ciudad. Es decir, traerlo antes de septiembre. Si bien yo soy la que escribe, la realidad es que el niño no vendría a vivir con nosotros sino con una familia de nuestra confianza.

Nosotros no regresaremos a Mexicali hasta que termine el ciclo de cosechas. Para ese entonces, el niño ya no alcanzaría a matricularse. Mi hermano me ha dicho que usted viaja periódicamente hasta Caborca. Si usted pudiera traer a Rangel consigo, la Sra. Mariela de Tarango lo recogería en Sonora y nosotros le recompensaríamos a usted como nos lo indicara.

Por separado estamos escribiendo a don Rodrigo y a doña Chaya para que estén al tanto de nuestra decisión. Le agradeceremos que nos deje saber su posición. Si esta fuese positiva le agradeceríamos que nos diera una fecha para viajar a Caborca y, desde luego, nos deje saber sus honorarios. Si nos diera una respuesta negativa, de cualquier manera la dirección que aparece al calce es la misma que ponemos a sus órdenes si algún día quisiera visitarnos.

P.D: Si llama a nuestro número, no habrá quien le conteste porque estamos en el rancho. La persona que cuida la propiedad sólo entra a ver que todo esté en orden. Pero puede comunicarse con la Sra. Tarango al teléfono 28-90. Es el número de una vecina.

Atentamente,

DANELIA VALDEZ

Hubo un prolongado silencio. La emoción me embargó. Me vi abordando el tren con Aguirre y una extraordinaria impaciencia inundó mi corazón. Por primera vez en mi vida, sentí gozo ante la perspectiva de dejar un sitio. Miré a Pancho con ojos de esperanza.

—Te vas conmigo en mi próximo viaje —dijo el viajero.

Yo pegué un brinco. Grité con todas mis fuerzas y abracé al hombre. La Chata saltaba, contagiada de mi excitación.

En mi alegría, no miraba a mi alrededor. De hecho, no miraba nada. Mi espíritu se permeó del entorno. El estéril paisaje de mi niñez temprana saturó mi pensamiento. Los cactos, las choyas, los cerros pelones, las rocas incrustadas en el desnudo suelo y hasta el olor seco del aire del desierto volvieron. Excitación, ansiedad, júbilo. Toda una amalgama de sensaciones positivas se adueñó de mí. En ese océano de egoísmo, pasé por alto a los que me rodeaban. Anita me miraba con una sonrisa de felicidad. Miré sus ojos y los vi brillantes. Las cejas subían en su entrecejo, delatando una mezcla de sentimientos encontrados.

La chica se alegraba por mí. Sin embargo, anticipaba más soledad en su opaca vida. Partiendo yo, Anita perdería un aliado. Las reuniones en la azotea terminarían para ella. Por mucha confianza que Aguirre despertara en sus padres, ella era una linda joven y Francisco era un hombre atractivo. Imposible pensar en ambos conversando en la azotea sin mi presencia.

Volví a la realidad y la miré, desconcertado. Anita me tendió los brazos. De inmediato me refugié en ellos y fui yo, entonces, el de los sentimientos encontrados.

—¿Anita no puede ir a Caborca? —pregunté, inocentemente.

Aguirre miró a la chica y esta le regresó la mirada. Antes de que Pancho contestara, Anita balbuceó:

—¿Podría, Paco?

Totalmente desarmado, Aguirre se le quedó viendo, las antiparras en la mano. Los ojos húmedos de la chica eran harto indicativos de la tristeza que se incubaba en su corazón.

—Anita irá, Rangel. Más tarde o más temprano, Ana María Salas irá a Caborca— contestó Francisco, mirándola con extraña intensidad.

¡Magia! No encuentro otra palabra para describir aquel momento. Anita sonrió abiertamente y se talló los ojos. Se arrodilló y me estrechó como si de pronto quisiese fundirse conmigo. Recordé al viejo Damián Bedolla despidiéndose de mí cuando me arrancaron de La Cañada para llevarme a Nogales. Era el mismo abrazo, intenso, apretado y cálido. Había una diferencia, sin embargo: Damián se había despedido de mí en desesperanza mientras que el abrazo de Anita decía a gritos:

—¡Gracias!

CAPÍTULO V

Tata Rigo

Aguirre partió y mis lazos con Anita se estrecharon. La chica tenía una nueva ilusión. La azotea devino en un templo para ella. Me convertí en un amigo, en un hermano pequeño y... en un confidente. Nuestro tema de conversación giraba alrededor de mi nuevo ídolo: Francisco Aguirre Lizárraga...

Una semana después de que Aguirre partió, recibí una carta de Caborca. Normalmente, una carta personal para mí viniendo de un huésped, hubiera resultado incongruente. Después del acuerdo, sin embargo, la misiva se vio como algo natural.

En la intimidad de mi cuartito abrí el sobre. Anita había subido con una actitud de complicidad. La chispeante muchacha mostraba su impaciencia.

—Qué dice, qué dice —repetía Anita entre brinquitos de impaciencia mientras yo rasgaba el sobre.

Había dos cartas; una para mí y otra para Anita. Esta última cuidadosamente doblada y con el nombre de la chica en el dorso.

La joven se quedó muda. Miró la carta sin atreverse a desdoblarla. Me miraba con los ojos brillantes y sobaba el papel con delicadeza. Me dirigió una mirada llena de alegría y le correspondí, invitándola a leer.

—Tú primero —dijo, a pesar de su ansiedad.

—Yo ya sé de qué se trata pero tú no. Tú primero —contesté.

No esperó más. Con evidente nerviosismo extendió el papel y leyó en silencio.

Nunca había yo visto una gama tan variada de expresiones en un rostro tan concentrado. Sus ojos recorrían las letras levantando las cejas, sonriendo, abriendo los ojos, entrecerrándolos o levantándolos hacia mí como una señal de que yo era parte de su felicidad. Los ojos de la chica corrían velozmente sobre el papel como si quisiese beberse de un sólo trago todas las letras. La mirada brillante delataba sus sentimientos.

Anita terminó de leer y comenzó de nuevo. Luego se colocó la carta contra su pecho entornando los ojos. Cuán evidente resultó para mí lo que la chica sentía. Ana María Salas Mendoza estaba enamorada como un cupido de Francisco Aguirre Lizárraga. Y a decir verdad, eso me hizo más feliz que mi propia partida.

Otra noticia llegó casi simultáneamente. Doña Chaya me gritó desde la cocina mientras yo barría el portal:

—Ariana se casó y vas a tener un hermanito, Rangel.

El tono de doña Chaya era el tono del portavoz de buenas noticias. Mi respuesta tardó y cuando llegó, contrastó vivamente en entusiasmo.

—¿Sí?, gracias.

«Vas a tener un hermanito» no me dijo absolutamente nada. Fue igual que decirme: «nació un becerro en Van Horn Texas». Huelga decir que la amargura empezaba a embargar mi espíritu.

En el cine, en la televisión y en la literatura, el advenimiento de un niño es un suceso. A veces trágico, a veces mágico, pero siempre un suceso. «Voy a tener un hijo» es la confesión que irremediablemente cambiará la trama de la telenovela. Es el anuncio de la heroína entre altiva y orgullosa, seguido de un fondo musical dramático. «Vas a ser padre», dice una cara femenina radiante de felicidad y le sigue la explosión del varón, que parece convertirse en candidato a una camisa de fuerza. « Él no es tu padre», «ella no es tu madre», son siempre frases climáticas, repetidas una y otra vez, siempre con el mismo resultado.

«Vas a tener un hermanito», dijo doña Chaya. «¿Y qué? Con que no se le ocurra venir con el plebe porque, si me ponen a cuidarlo, le pongo chile en el pañal», pensé. Mi autodefensa contra la gente menuda empezaba a manifestarse abiertamente.

Las clases terminaron. Aunque yo seguí disfrutando los partidos de béisbol con la palomilla, ya no sentía avidez por reunirme con ellos. La clara tendencia en mí al trato con personas mayores se acentuó, en gran medida debido al bochornoso incidente de la mantequilla. Hubo un cambio anímico del niño hacia sus congéneres imberbes. El gusanillo de la desconfianza hizo presa de mí y, curiosamente, eso me dio seguridad. Pinté una raya que no me interesaba brincar. Para mi sorpresa, fueron mis amiguitos los que la brincaron. Muchas veces, aun cuando los muros de la casa me asfixiaban, me di el lujo de rechazarlos. Entré en picada en una etapa en la que tenía de donde escoger: podía salir a jugar, quedarme solo en mi cuarto a leer, a jugar con la Chata o compartir con Anita sus fantasías.

«Necesitamos un primera base, ¿quieres jugar?» «No puedo, tengo que bañar a la Chata.» Cualquier excusa era buena. El eslabón creado por Aguirre era mi nueva prioridad.

Aprendí a lidiar con la ambigüedad, a *ver* más allá de la superficie. La válvula de escape para respirar un poco de libertad ya no me atenazaba; ya no necesitaba salir de la casa para sentirme libre. Las hirientes carcajadas de mis amiguitos al ver la mancha de mantequilla en mis pantalones ya no resonaban en mis oídos. Con todo y que Ruperto L. Paliza No. 92 Norte seguía siendo un reclusorio, mi espíritu ya no estaba preso.

A veces, al salir a jugar, Anita recargada en el pretil de la azotea festejaba mi desempeño. Ya sin la presión de hacerme merecedor, me hice un mejor jugador. Encontré, ciertamente, un cómodo balance: la palomilla ya no era una necesidad. La casa había dejado de ser mi némesis y la esperanza había inundado mi corazón.

Una noche de mediados de julio, cosa de una semana antes de que Aguirre volviera, la Chata se acomodó en sus tendidos con mirada cansada. En el transcurso de mi sueño yo la entreveía echada sobre su costado pero con la cabeza erguida, la lengua colgando en esa especie de sonrisa canina que siempre me cautivó. La perrita no dormía ni saltó a mi lecho como regularmente lo hacía.

Al amanecer de un glorioso día, me incorporé de mi catre para iniciar el eterno ajetreo doméstico. Miré a la perrita, tirada cual larga era y el corazón me dio un vuelco: unas manchitas se movían a lo largo de su vientre. ¡La Chata amamantaba una camada de cachorritos negros con blanco, blancos con manchas marrón y blancos de orejas a rabo, todos con el hocico negro!

No supe qué hacer. Me quedé estático como mil años ahí parado y, de pronto, salí hecho la cochinilla gritando:

—¡La Chata tiene perritos, la Chata tiene perritos!

Mi alborozo puso la casa en movimiento. Anita subió corriendo. Al rato apareció doña Chaya y a media mañana un huésped se apersonó en la azotea. Fue aquella la única ocasión en que doña Chaya subió a mis dominios.

Don Rodrigo había salido a su rancho en las faldas de la sierra, pero antes de salir, había dejado instrucciones para que algunos interesados en comprar cachorritos pasaran a verlos. Antes de que el Sr. Salas regresara, ya cuatro de los ocho cachorritos estaban vendidos.

La camada se componía de cinco machos y tres hembritas. La perra cuidaba de sus hijuelos como lo haría la mejor de las madres. Cuando se levantaba a comer o bajaba al patio a evacuar, lo hacía de prisa y, a su regreso, caminaba en círculos sobre sí misma, buscando el hueco donde echarse sin lastimar a los perritos. Estos dormían y mamaban; mamaban y dormían, todos hechos una bolita al calor de la madre. Los tenues gemidos sonaban con reminiscencias de desamparo.

Una semana después del nacimiento, apareció Francisco Aguirre. Lo vi llegar y sentí una mezcla de alegría y tristeza. Mi partida era inminente y ello significaba que no volvería a ver a la Chata y su pequeña familia. De pronto, había perdido el entusiasmo por salir de ahí.

En los calurosos días de julio, las tertulias en la azotea se reanudaron. Los cachorritos se convirtieron en el centro de nuestra atención. Anita pasaba largos minutos observando a los perritos en su tarea por alcanzar y prenderse de las tetas de la madre. Entre risas por los esfuerzos fallidos de los cachorritos, la muchacha los ayudaba colocándolos en posición. Aguirre colaboraba con un entusiasmo casi infantil. Aquellos afortunados animalitos nacieron de padres múltiples: la Chata, madre de nacimiento y, Anita, madre adoptiva. Aguirre y yo fuimos algo así como dos padres por convicción.

Aguirre y Anita hacían una hermosa pareja. Si bien, lo que sentían era más que evidente, resultaron consumados maestros en el arte de disimular. El fuego que los consumía nunca rebasó las ardientes miradas o los furtivos roces de sus manos. Pero para ellos, el tiempo que pasaban juntos era más precioso que el oro.

La fecha de mi partida quedó fijada para una semana más tarde. Dejaríamos Culiacán cuando Aguirre regresara de Chavoy.

Casi simultáneamente con Aguirre, don Rodrigo llegó del rancho. Antes de sacudirse el polvo del camino, subió a la azotea. Atardecía y las sombras se alargaban sobre los techos. Después de saludar, se fue directo al rincón donde la Chata amamantaba a su descendencia.

Mira papito, que hermosura —dijo Anita, inclinada frente a los cachorritos con las palmas de las manos sobre sus rodillas.

Don Rodrigo se echó el sombrero hacia atrás y se agachó. Un fuerte olor a alcohol se desprendía del viejo.

—Rangel —me llamó, inclinado sobre los animalitos.

Yo acudí con la sonrisa en la boca.

—¿Cuáles son los perritos vendidos? —me preguntó, mirando a la camada.

—No sé, don Rodrigo. Sólo sé que son cuatro —contesté, acercándome.

—¿Machos o hembras? —volvió a preguntar, con un tono un tanto seco.

—Escogieron puros machitos. Las hembritas no tienen dueño aún —dije, medio cohibido por su tono.

Pancho había suspendido su quehacer al escuchar a don Rodrigo. Había un barrunto de molestia en la voz, en el lenguaje corporal del viejo. En cuclillas ahí, hablando conmigo sin voltear la vista, los ojos fijos en los perritos, ignorando incluso a su hija, el viejo mostraba su arrogancia. La Chata había aplanado sus orejas hacia atrás en manifiesto gesto de temor, el corto rabo moviéndose nerviosamente. La perrita temblaba ostensiblemente.

Al escuchar mi respuesta, don Rodrigo revisó los genitales de los cachorritos.

—Estas son hembras —dijo, levantando tres cachorritos—. No sirven para nada.

Salió a descampado con los tres animalitos. Dos colgando en la mano izquierda y el otro sujeto con la derecha. De pronto, don Rodrigo levantó el brazo con la clara intención de arrojar al cachorrito lejos. En busca de impulso, el brazo derecho salió hacia atrás con el indefenso animalito bien sujeto en el puño.

Un soplo de horror me paralizó el corazón. En aquella fracción de segundo, imaginé a la perrita estrellándose contra el duro cemento de los techos y me estremecí. Involuntariamente cerré los ojos.

—¡Qué va a hacer, don Rodrigo! —escuché la voz de Aguirre, con un tono potente, más de reproche que de pregunta.

Don Rodrigo se volvió, sorprendido por el tono de su huésped.

—Deshacerme de ellas. ¿Qué no se mira? —dijo don Rodrigo con voz de trueno.

—Esos animalitos son míos. Nadie los puede tocar —dijo Pancho, acercándose al viejo.

—Chaya no me dijo que usted los hubiese comprado —observó el ex militar, desconcertado.

—Tampoco yo. Sin embargo, los quiero. ¿Cuánto?

Don Rodrigo vaciló. Parado con las perritas en las manos, miró a Aguirre pensativamente. Este se acercó y le quitó los cachorritos delicadamente.

—¿Cuánto? —repitió, dándome los animalitos que me apresuré a colocar en sus tendidos.

—*Bbbueno*, no es que me importe únicamente el dinero. Es que no quiero llenarme de perros que nadie quiere —contestó el viejo.

—No se llenará de perros, don Rodrigo —dijo Pancho—. Después de lo que he visto, no dejaría a esos perritos un segundo a su cuidado.

La frase fue dicha de frente, sin rodeos. Yo escuché una censura abierta en las palabras del viajero, como si la frase «llenarme de perros» hubiese tocado una fibra escondida en él. La misma fibra que me tocó a mí al oírla.

Don Rodrigo se encrespó de inmediato. El golpe había sido directo y donde dolía.

—¡*Ma, pelao* este! ¿Quién se ha creído que es, *pues'n*? A mí no se me habla así. *'Ora* mismo se disculpa o después de terminar con los animales sigo con usted.

—Papá… —intervino Anita.

—¡*Usté* se calla! ¡*Asilénciese* inmediatamente!

Anita calló. Sus ojos denotaban un temor insuperable.

—Con que… ¿decía? —dijo el Sr. Salas, desafiante.

Yo temblaba. El miedo que el viejo teniente me inspiraba era mayor que el respeto que le tenía.

Y entonces sucedió algo que nunca olvidaré. Aguirre se dio la vuelta y echó a andar hacia el cuartito. Su paso era tranquilo. Hablaba con tono pausado mientras se alejaba del viejo. Al llegar a la puerta se volvió.

—Decía que su tiempo ya pasó, don Rodrigo; que usted es ya sólo una caricatura de su pasado. Las chicas que le toleran sus piropos lo hacen porque están conscientes de que usted es algo así como Tata Rigo. Para ellas, un cartucho quemado. Igual pienso yo, don Rodrigo.

Dicho lo anterior, Aguirre lo miró directamente. Ahí, bajo el marco de la puerta, el sonorense se irguió como si su presencia fuese un escudo protector de los perritos. Don Rodrigo no supo qué responder. Su mano voló a su cintura. Hurgó bajo la guayabera y su mano se enredó en la cacha de la pistola. El arma salió resplandeciendo contra la débil luz del sol. Los ojos del viejo centelleaban. Anita temblaba, las manos juntas, los nudillos blancos por la presión. Al ver la enorme escuadra, suplicó:

—Papacito, por favor... empezó la muchacha.

¡Repliéguese *pa'* abajo! ¡Paso redoblao! —la interrumpió don Rodrigo.

En unos segundos, la muchacha desapareció tras la puerta de las escaleras.

—Ahora resulta que me va a matar. Y luego tendrá que matar a Rangel y a los perritos. Al final, tendrá que taparle la boca a Anita y, a estas alturas, a doña Chaya, que de seguro escucha sus gritos.

Don Rodrigo me miró y luego miró a Pancho.

—Te voy a perdonar la vida, desgraciado. Pero ahora mismo sales de mi casa. ¡Pero ya! —gritó Salas Mendoza, más rojo que de costumbre.

—Sea —dijo Aguirre—. Rangel, empaca lo que puedas y vámonos—. Luego agregó: —Me debe usted dos meses de renta pagados por adelantado y lo que resta de julio. Ese dinero se lo abona al valor de las tres perritas y lo que cueste alimentarlas hasta cumplir seis semanas. El 1 de agosto pasaré a recogerlas. Si me encuentro con que los animalitos han sido víctimas de abuso, le juro por Dios, don Rodrigo, que le pegaré donde más le duele. No lo olvide.

—Muchos truenos, jovencito; muchos truenos y ni un méndigo chisguete de agua. ¡Vamos, fuera de aquí!

Aguirre se desprendió del cuarto. Lo vi acercarse al viejo. Este empuñó la pistola con fuerza.

—Yo nunca juego, don Rodrigo. Si usted les hace daño a esos perritos... lo voy a poner como Santo Cristo el Viernes Santo —dijo Francisco silbando las palabras.

Después de un instante de embarazoso silencio, Rodrigo Salas habló:

—Me has insultado en mi propia casa, infeliz. Por la prudencia que le debo a mi familia no te mato aquí mismo. Si para mañana por la noche no te has ido, vendré con un par de agentes y te sacaremos por la fuerza.

Don Rodrigo se dio media vuelta y desapareció en la escalera. Aguirre no dijo nada. Regresó al cuarto y empezó a acomodar su ropa en el veliz. Unos segundos más tarde, hasta la azotea llegó el rechinar de llantas y el ruido del violento arrancón del carro del ex militar.

—Hora de cenar —me dijo Pancho, fajándose la camisa.

No capté el significado de sus palabras. Mi mente continuaba ofuscada, afectada por lo sucedido. Sólo acerté a seguirlo cuando insistió con un movimiento de cabeza.

Cuando bajamos al comedor, Aguirre jaló una silla y me pidió que me sentara. Luego se sentó en la siguiente y parsimoniosamente se colocó una servilleta sobre el pecho.

Un instante después, doña Chaya emergió de la cocina. Por el rabillo del ojo, yo vi a Anita mirando fijamente hacia nosotros.

—Qué ha pasado, por Dios, Francisco. Rigo salió como tromba —dijo doña Chaya, limpiándose las manos en el delantal. Me miró y agregó: —Déjanos solos, Rangel. Necesito hablar con el señor.

—No, doña Chaya. Lo que debemos hablar requiere de la presencia de Rangel. Déjelo por favor —contestó el viajero.

La mujer me miró sin saber qué hacer. A la vuelta de 11 meses, ahí estaba yo, sentado donde nunca había estado. Yo deseaba salir corriendo pero Aguirre empezó a hablar.

—Esta tarde se ha violado la privacidad de mi morada, señora Salas. Don Rodrigo invadió mi cuarto sin el menor respeto. De acuerdo con su ultimátum, yo ya debería ir camino de la estación. Considere pues, esta, nuestra última cena.

—¿Su última cena? Pero si tiene pagado hasta septiembre.

—Sin embargo, debo irme. Ya nos perdimos el respeto y permanecer aquí sólo agravaría el problema.

—Bueno, de cualquier modo se iba a ir pasado mañana. El mes que entra lo esperamos como siempre.

—Eso no sucederá doña Chaya. No pienso volver.

Doña Chaya frunció el entrecejo. En su cara se reflejó la preocupación.

—Señor Aguirre, si de algo sirve, quisiera decirle que Rigo no sería capaz de invadir su habitación. Estoy seguro que entró porqué Rangel duerme ahí. Además, traía unos tragos —dijo la Sra. Salas.

—Señora, en realidad yo no me consideré invadido. Creo que es don Rodrigo quien se considera violado. Fue bastante claro cuando dijo que yo lo insulté en su propia casa, lo cual me forzó a pensar que no era la suya sino la mía; fue en mis terrenos donde se originó el problema. Pero a fin de cuentas, quién tenga la razón ya no viene al caso. Y venir tomado no justifica lo que pretendía hacer con esos pobres cachorritos. En mi caso, cuando tomo, reacciono al revés; todo me enternece —dijo Aguirre.

Doña Chaya quedó pensativa. La congoja se reflejaba en su expresión.

—Siendo así, le pido disculpas. Le regresaré el resto de su dinero.

—No, Señora. El dinero de los meses restantes quiero que los abonen al costo de las tres hembritas de la Chata. Si bien he decidido comprar tres, quisiera, sin embargo, negociar los cuatro animalitos y, si fuera posible, la madre incluida.

El corazón me dio un vuelco. ¡Aguirre quería comprar a la Chata también!

Anita se desprendió de la sala y jalando una silla, se sentó a la mesa. Había una expresión de desconcierto en su cara.

—¿Por qué quiere comprar a la Chata, señor Aguirre? —le preguntó la muchacha directamente al viajero ante el azoro de la madre.

—Usted vio el temor visceral de ese animal cuando se acercó su padre, señorita. La perrita temblaba de miedo. Yo conozco el miedo visceral. Es un sentimiento espantoso de impotencia. Francamente, deseo rescatarla. Más ahora que pudiera ser víctima de represalias —contestó Aguirre.

—Señor Aguirre, le prometo que a la Chata nadie la maltratará. Yo la cuidaré como lo hacía Rangel. Le aseguro que nadie la tocará.

—Estamos hablando de su padre, señorita. De un hombre acostumbrado a hacer su voluntad. De actuar arbitrariamente si ese fuese el caso.

—Tengo 23 años, señor Aguirre. Son 23 años de obediencia, de respeto a mi familia. ¿No cree usted que tengo derecho a recibir lo mismo?

—Sin duda, Anita. Pero hay reglas que el tiempo establece como inmutables. Una de ellas es la relación padre-hija. Déjeme hacerle una pregunta: hace media hora escasa, su padre estuvo a punto de matar esos animalitos; ¿estarían vivos aún si yo no hubiera intervenido?

Anita no contestó de inmediato. No obstante, sostuvo su mirada. Con sus enormes ojos fijos en los de Aguirre, dijo finalmente:

—No, Francisco. Estarían muertos, sin duda. Pero están vivos y son suyos. Me acabo de enterar que a Tata Rigo ya se le acabó la pólvora —dijo Anita con un brillo de complicidad en la mirada—. El tiempo y... las circunstancias, pueden cambiar las reglas más inmutables. ¿Me creería si le dijese que defenderé esos cachorritos como si fueran míos?

Francisco sonrió al comprender que la chica había escuchado sus palabras. Con seguridad se había quedado detrás de la puerta de las escaleras.

—Sí, le creo —contestó Aguirre.

—Entonces váyase sin cuidado. Mi padre no los tocará. De hecho, quiere tanto a la Chata como yo. Es el alcohol lo que lo transformó y yo tendré especial cuidado cuando tome.

Doña Chaya pareció despertar de un letargo. Mirando a su hija, le reprochó sus palabras.

—Fíjate en lo que acabas de decir, Ana María. Estás faltando a uno de los Sagrados Mandamientos.

—Mamá, hablas como si el guardarle respeto a mi papá fuese un deber unilateral. ¿Es decir que ese mandamiento de que hablas considera el amor y el respeto de un sólo lado?

—No, pero yo no veo en qué te ha faltado tu padre. La Chata no es más que un animal.

Anita se encendió instantáneamente.

—¡Es un ser vivo igual que tú o yo! ¡Una criaturita del Señor! Y además, es un animalito que me pertenece. No olvides que papá me la regaló cuando cumplí 19. Es hora de que respete mis cosas como yo respeto las suyas. En todo caso, todos los cachorritos son míos. Curioso pero no lo había pensado así. Ahora me doy cuenta que papá no me toma en cuenta. Igual que no tomó en cuenta que Francisco paga renta para ir a meterse en su cuarto. No me defraudes mamá.

La muchacha hablaba con convicción. Un profundo convencimiento de saber lo que decía brotó de sus palabras. Doña Chaya, por primera vez desde que llegué a aquella casa, había pasado a segundo término en una conversación directa con un huésped. La vi revolverse incómoda en su silla. El inquilino, tal vez inconscientemente, había tendido una línea directa con la chica. Sus ojos se estacionaron en el rostro de Anita mientras hablaba.

—¿Cuánto pagaron por cada cachorrito, Señorita? —preguntó Aguirre sin dejar de ver a la muchacha.

—Cincuenta pesos, señor Aguirre —contestó Anita, como saliendo de un trance.

—Medio mes de renta por cada uno —dijo Aguirre, empezando a escribir números en una servilleta—. ¿Dice que la Chata es suya?

—Sí, papá me la regaló hace 4 años.

—Están pagados 300 pesos por los meses de julio, agosto y septiembre. Si descontamos 15 días que han transcurrido de julio, quedan 250 pesos. Restemos 150 por las tres hembritas y quedan 100 pesos. Suponiendo que quiero comprar el otro machito, restarían sólo 50 pesos. Vamos a decir que si los abono por los cuidados de los cachorritos, quedaríamos a mano.

—Por los cuidados de los perritos no tiene que pagar ni un centavo, señor Aguirre. Yo los cuidaré personalmente —dijo Anita.

—Siendo así; ¿cuánto quiere por la Chata?

Anita miró a Aguirre con aire ofendido.

—Yo no vendo a la Chata —dijo la chica.

—¿Ni siquiera para protegerla? —preguntó el viajero con aire enigmático.

Anita no contestó. Lo miró, miró a su madre y enarcó las cejas.

—Francisco, creo que no están hablando realistamente. Estas cosas las atiende Rigo —terció doña Chaya.

—No, mamá. De hoy en adelante, lo relacionado con mi perra lo atiendo yo —dijo Anita, decidida—. ¿Quiere explicarse, señor Aguirre?

—Si le compro a la Chata, yo puedo hacer lo que me venga en gana con ella. ¿Qué tal si se la regalo a usted?

—No le entiendo. Quedaríamos en las mismas; la perrita es mía.

—Sin embargo, usted. me firmaría un recibo cediéndomela. De ese modo, legalmente la Chata sería mía. Usted solo sería su guardián ante su padre. De suceder algo, y solo en ese caso, yo tendría el derecho de llevármela. Es meramente un mecanismo para facilitarle las cosas a usted.

Anita quedó pensativa.

—Suponga que papá se opone a un perro ajeno en casa.

—Usted me escribe, me telefonea o me telegrafía. Usted tiene mi dirección y el teléfono se lo daría ahora mismo. Yo vendría a Culiacán inmediatamente.

—Pero al final, tendría que cederle a la Chata de cualquier manera —protestó Anita.

—No necesariamente. Con el dinero que yo le de ahora, usted podría comprármela de regreso. Para entonces, si usted logra imponerse a su padre en lo tocante a la perrita, la situación habría cambiado —explicó Pancho.

Los ojos de Anita se iluminaron. Una sonrisa asomó a sus labios y dijo:

—Trato hecho.

Aguirre sacó un papel de su eterno portafolios, redactó el convenio y se lo dio a firmar a Anita. La muchacha estampó su firma y el trato quedó cerrado. La joven recibió un cheque por $ 300 pesos y Aguirre guardó el papel. En seguida sacó dos cuartillas, metió un papel carbón entre ambas y redactó el acuerdo comprometiendo a Anita a cuidar de la perra. La muchacha tomó su copia y sin siquiera leerla la dobló y se la guardó.

—Nos veremos aquí a mediados de agosto para recoger a los perritos. Ahora comamos, si le parece, doña Chaya.

Doña Chaya no reaccionó de inmediato. Nos miraba con aire ausente como si de pronto hubiese entrado en trance. Poco a poco su rostro fue recuperando la expresión. Una sonrisa empezó a formarse en su boca y, en un par de segundos, la dama volvió a la realidad en una especie de tácita aceptación. Yo intuí que en ese momento había nacido una especie de alianza entre madre e hija.

—Tienes suerte, Rangel. Has caído en manos de un gran negociante —dijo la dama—. Acompáñame a servir, hijita.

—Sí, mamacita —contestó Anita, y las dos mujeres salieron rumbo a la cocina.

Comimos en una especie de celebración. Aparte de mi vaso de leche, doña Chaya me trajo una mitad de pan birote embarrado con mantequilla. La cena que se me sirvió a mí fue la misma que Aguirre comió. Fue la última y la única vez que yo comí en aquella mesa.

Doña Chaya entró en el despacho de su esposo y salió con una botella de coñac y tres copas.

—Una probadita para nuestro invitado, otra para mí y otra para la Srta. Ana María Salas —dijo la señora mientras servía—, es hora de que *m'hija* empiece a crecer. Le prometo, señor Aguirre, que su perra tendrá dos guardianes más celosos que un cancerbero. El primero que quiera hacerles daño a sus animalitos, tendrá que lidiar con Rosario Barcenas de Salas y su hija.

—¿Y don Rodrigo? —me atreví a preguntar.

—No te preocupes, hijo. Salió hecho una furia y no volverá hasta mañana. Tendrá que llegar mansito o dormir en el gallinero, *'onque* sea Teniente Coronel de Infantería Retirado del 11 Batallón —contestó doña Chaya, guiñándome el ojo.

CAPÍTULO VI

El Viajero de Caborca

Corría el mes de julio de 1952. Habíamos dejado la capital sinaloense nueve días antes y, para el décimo, apenas íbamos llegando a la bifurcación de Santa Ana.

Aguirre hacía escala en cada pueblo donde la actividad agrícola requería de implementos. Por la excitación, el largo viaje se me había hecho corto a pesar de las constantes paradas.

—¿Siempre anda de aquí para allá como arreando chivos? —le pregunté a Aguirre.

—Es mi trabajo. Tengo que atender a mis clientes y la única forma es yendo a verlos —me contestó Aguirre.

—¿Qué vende? —pregunté, curioso.

—Refacciones para tractores, *barbechadoras*, despepitadoras y todo lo relacionado con maquinaria agrícola. También distribuyo semilla, forraje y fertilizantes.

—Yo también quiero vender cuando crezca —dije, convencido.

Aguirre sonrió y se enfrascó en la lectura.

Con el viajero de Caborca conocí todas las conexiones de ferrocarril y las rutas aledañas que atraviesan el norte de Sinaloa y el estado de Sonora. Siempre a su lado, lo mismo tomábamos el tren en la vía principal que el autobús en un camino vecinal. Al llegar a El Fuerte el corazón me había latido desbocado. Después de pasar la plaza de armas y el imponente edificio de gobierno, habíamos llegamos al cuartel. Un enorme desaliento se apoderó de mí al ver el edificio vacío. Al constatar que tía Isabel y Rangel Reséndez ya no estaban en el pueblo, la desolación de aquella construcción hueca me contagió. Fue como si algo se hubiese marchitado dentro de mí.

En el recorrido, La Cañada no era un punto de destino de Aguirre. El caserío no tenía ninguna actividad agrícola. Y aun cuando la hubiese tenido, esa escala estaba descartada por razones de tiempo. Aguirre se disculpó por no llevarme. Sin embargo, bajamos del tren en Urebó. De inmediato retrocedí cuatro años.

Fue como renacer. La vieja estación había sido renovada. La estructura lucía brillante de limpia y recién pintada con pintura de aceite. El viejo y descarapelado letrero lucía ahora la alba blancura del fondo contrastando con la pintura negra de las letras. Urebó, se leía, con el familiar acento figurando el clavo de ferrocarril en la O.

Atrás, calle de por medio y a ambos lados de la terminal ferrocarrilera, como eternos guardianes empeñados en vigilar el solitario edificio de madera, se alineaban las casas, siempre cenizas de polvo, siempre silenciosas a la espera del siguiente tren, Tras las casas, nada; del otro lado de los rieles, tampoco. Sólo una sucesión interminable de espinas, piedras y matorros. Desierto por los 4 puntos cardinales. En medio de tanta nada, un destartalado cuartucho al otro lado de los rieles: el retrete de Artemio el boletero.

Miré el hotel, exactamente detrás de la estación, y luego mis ojos se perdieron en la distancia sobre la calle que se prolongaba después de las últimas casas. A 30 escasos minutos de allí estaba La Cañada. Yo imaginaba las casitas aunque no podía verlas. Una oleada de nostalgia me humedeció los ojos. Imaginé al viejo Damián Bedolla reclinado en su mecedora, el cuartel con su asta bandera, el campo de tiro, el ojo de agua.

Viré hacia el otro lado de los rieles y vi con emoción el solitario retrete del boletero. Sólo, absurdo, rodeado de espinosos matorros, el cuartucho sobrevivía, golpeado por los elementos, enmarcado por la inmensidad del desierto. El excusado de Artemio parecía tener, dentro de su ridícula pequeñez, más espacio que todo el pueblo. Visualicé al boletero abriendo la puerta de madera carcomida, ennegrecida por el tiempo. Lo vi renegando, arrastrando tras de sí el *taca taca* de su pata de palo. Nada había cambiado en el pueblo. Las mismas casas, los mismos tejados.

Urebó seguía siendo una línea de casas amontonadas a lo largo de la ancha calle, con la estación al frente, como un general al mando de su tropa. El único cambio visible, quizá, aunque no era parte del pueblo, era la nueva carretera que nacía en el extremo sur del caserío.

Mis ojos se posaron en el cobertizo pegado al hotel. Me pareció ver al Macetón bebiendo agua ruidosamente, a la tía Isabel cargando con el perico de Reséndez y a los soldados cubriendo la carreta antes de iniciar el viaje que me llevó por primera vez al corazón mismo del desierto.

Sentí la presión de la mano de Pancho sobre mi hombro y reaccioné. Eché a andar siguiendo a mi protector. Este cruzó la calle hacia el hotel y entramos. No había nadie; el amplio cuarto que servía de recibidor y comedor estaba desierto. Tras la chaparra división de madera, los rayos filtrándose por los huecos de la enclenque pared de la cocina perforaban la oscuridad como polvosos estiletes.

Parado ahí, mirando todo aquello que era parte de mi ser, al lado feliz de mi memoria acudieron la Chapeada saliendo a recibirnos y la estoica india Tanaíquia en la semi penumbra, echando tortillas entre agujas de luz envueltas en una etérea nube de humo azul.

«Va llegando gente al baile», había gritado la Chapeada al recibirnos. «Te presento a Isabel Terrazas casi de Reséndez y a mi tocayo Rangi», había contestado Reséndez al saludo de aquella mujerona.

Los ojos se me abrillantaron sin remedio ante la punzada de aquellos fantasmagóricos recuerdos. Sentí el salobre líquido en mis ojos. Me los tallé y sorbí la acuosa nariz. ¡Cosa divina la memoria!

Un hombre salió de la puerta a nuestro costado derecho. La figura de Heleno, el encargado de la oficina de correos se acercó.

Al instante pasé de la tristeza a un estado de alegría. Al principio, Heleno no me reconoció, la vista fija en Aguirre.

—¿En qué puedo servirles? —preguntó Heleno, guardándose un lapicero en el bolsillo de la mugrienta camisa.

—Buenas tardes, don Heleno —dije, antes de que Aguirre contestara.

El hombre bajó la vista y me reconoció al instante.

—¡Rangelito! —exclamó y se acercó tendiéndome la mano. ¡Qué gusto me da verte, muchacho! Mira que has crecido.

Tras la euforia del encuentro, el viejo nos acomodó en una mesa y se asomó al cuarto de donde había salido.

—Anselmo, prepara el fogón. Tenemos invitados —dijo el encargado postal.

Después de un plato de sopa de gallina, comimos conejo, arroz y frijoles con queso. El aroma del omnipresente café negro saturó el ambiente y los recuerdos brotaron en la sobremesa.

—Reséndez e Isabel pasaron por aquí rumbo a La Colorina. Quisieron ver el campamento antes de irse a Cananea. Estuvieron en La Cañada para ver a Damián. El viejo está bien. Tiene tus chivitos, gordos y contentos. ¿Vas a ir a verlo? —me preguntó el viejo.

—No puedo. Tenemos que tomar el siguiente tren.

—Tengo que alcanzar el tren de hoy para estar en Santa Ana al anochecer —había terciado Aguirre, a modo de explicación.

Como en el pasado, al silbato del tren el letárgico poblado se llenó de gente. Nos despedimos de Heleno y, cruzando la polvosa calle, alcanzamos el andén. La negra máquina vomitaba chorros de blanco vapor por un costado. Los vendedores ambulantes gritaban su mercancía cuando subimos a bordo. A través de la ventanilla, mis ojos identificaron una figura conocida: Damián el Cojo leía en la boletería de la estación. A pesar de que nunca crucé palabra con aquel hombre, sentí deseos de gritarle y decirle adiós. El tren empezó a rodar y Urebó empezó a *irse*. Damián el Boletero desapareció tras el marco de la ventana después de unos segundos de marcha.

Santa Ana se fue acercando por la ventanilla. Cuando el gusano de hierro se detuvo al fin, lo primero que divisamos fue el letrero del hotel Lunes. «Por ahí debe estar el Güero Samaniego», pensé.

—Hablaremos con la señora Tarango desde aquí —dijo Aguirre, colocándose el Stetson.

Aguirre se incorporó y tomó su maleta. Luego entonces, haríamos escala en Santa Ana. Otra vez sentí el galope de mi corazón ante la posibilidad de volver a los sitios frecuentados en el pasado. Mi mente recogió imágenes grabadas dos años atrás:

El letrero del restaurante llenó mis ojos: SONORA QUERIDO, rezaba en letras rojas.

Entramos. Como ahora lo hacía con Aguirre, yo había entrado tres años antes con Reséndez y con tía Isabel. Pancho se dirigió al mostrador.

—Necesito una conferencia a Mexicali en este número. Mientras, quisiéramos algo de cenar —pidió mi compañero de viaje, extendiéndole un papel a la camarera.

—¿Con quién conteste? —preguntó la chica.

—No, con Mariela Tarango —contestó Aguirre.

—Tomen asiento. En seguida les atiendo —prometió la muchacha.

Recorrí con la vista el aposento. Frente a mí, contra la ventana, una mesa de metal había sustituido a la de madera que ocupamos tía Isabel, Reséndez y yo aquella vez que hablamos por teléfono con mi madre. Al fondo se abría la puerta que comunicaba con las casetas telefónicas.

En aquella aciaga conferencia, mi madre le ha ordenado a tía Isabel enviarme a Nogales. Es de Nogales que me fugo cuando llego a este lugar con mi perro. Es al salir de aquí que conozco a Regulano Camargo, el garrotero que me llevó de vuelta a Urebó, al constatar que el tren en el que había llegado me había dejado. ¿Algo más por si no te llenas, buquito?, me dijo la chica con sarcasmo al surtir mi pedido. Y es por eso, por bajarme a saciar el hambre, que no pude regresar al tren a tiempo.

Treinta minutos después de cenar, la camarera se acercó.

—No hay respuesta en su número, señor. ¿Quiere que insistamos?

—Si es tan amable, señorita —contestó Aguirre—. Nos urge comunicarnos.

La mesera se alejó y Aguirre se volvió a mí.

—Debí comunicarme desde Culiacán. Si no hubiese logrado contacto, al menos este sería el segundo intento —dijo Pancho, empinándose la taza de café—. ¿Tienes sueño?

—No —contesté con la verdad.

Esperamos más de una hora. Ya tarde, Aguirre decidió que era hora de irnos.

—¿Dónde vamos a dormir? —pregunté.

—En el hotel Lunes —contestó Aguirre, ya sobre sus pasos.

—Es el hotel del Güero Samaniego, ¿verdad? —pregunté. Pancho me miró con curiosidad.

—Conoces más gente que yo —dijo.

—Mi capitán Reséndez lo conocía. Mi Capitán conocía a todo el norte de México —aseguré.

—Sí, es el hotel del Güero —dijo mi amigo.

—¿Lo veremos?

—Tal vez, pero nunca se sabe.

En efecto, con el Güero Samaniego nunca se sabía. El empleado nocturno nos indicó que su patrón andaba de cacería.

Otro día temprano, desayunamos en el mismo restaurante e intentamos comunicación de nuevo. Tampoco hubo respuesta.

—Bueno, nos iremos a Caborca. De allá intentaré localizar a esta señora.

—¿No esperaron su llamada? —pregunté.

—Es mi culpa. Debí llamar con más anticipación.

En la noche de aquel día llegamos a Caborca. La siguiente mañana, en la conversación con la misteriosa Sra. Tarango, acordamos que yo pasaría el tiempo que hiciese falta en Caborca.

«Cambio de planes. Te pasarás unas vacaciones aquí», había dicho Francisco. La fecha para mi viaje final sería una decisión personal de los Tarango.

—¿Qué tal 15 días holgazaneando? No tienes escuela hasta el 2 de septiembre —me ofreció Pancho.

Fueron 15 maravillosos días pasados en la apacible población sonorense.

La primera semana de agosto, Aguirre adquirió una camioneta tipo *pick up* en la que aprendió a manejar.

El 20 de agosto, Aguirre volvió a llamar a Mexicali.

—Bueno, pues irás conmigo a Nogales. Desde ahí, viajarás con un gringo que tú conoces —dijo Aguirre después de colgar.

—¿Un gringo?

—Sí, se llama Joe Kenniston.

De inmediato recordé al esposo de Seferina. La mujer de la que había huido de Nogales.

—No quiero ir a Nogales— dije, poniéndome de mal humor por primera vez.

Aguirre me miró inquisitivamente.

—¿Te cae gordo Mr. Kenniston?

—Él no. La que me cae gorda es su esposa.

—¿Por qué?

—Porque quiso amarrar al Macetón en el patio.

—¿Cuál Macetón?

—Mi perro; ya se murió. Mi tía Isabel me llevó a Nogales porque mi mamá se lo ordenó. Cuando llegamos, la vieja Seferina nos encerró. Yo me escapé y nos venimos el Macetón y yo en un carguero a La Cañada. Un garrotero llamado Regulano me llevó de contrabando hasta Urebó.

—¿Y cómo cruzaste la frontera?

—¿Cuál frontera?

—La línea divisoria.

—No había frontera. La línea divisoria estaba a unas cuadras.

Aguirre sonrió.

—Nosotros no vamos a Nogales Sonora. Vamos a Nogales Arizona, en el lado gringo.

—¿Y la Seferina? —pregunté, un tanto aliviado.

—No sé. Pero vamos a buscar a Mr. Kenniston en la Greyhound. Es chofer de autobuses.

Recordé que Joe trabajaba del *otro lado*. Gracias a que tenía que madrugar para cruzar la línea, aquella vez pude evadirme mientras ellos dormían.

—¿Y por qué tenemos que ir a Nogales?

—¿No quieres? —preguntó Aguirre a su vez, con cierta picardía.

—Sí, sí quiero. Pero nomás preguntaba por qué.

—Bueno, porque yo mismo me ofrecí. Yo tengo que ir a Nogales y resultó que la señora Tarango conoce a Joe y Joe te conoce a ti. No tenía caso hacer venir a esa mujer hasta acá, pudiendo llevarte yo.

—Ah —dije, poniendo en orden el enredijo de palabras.

El día 22 de agosto nos subimos en el vehículo y emprendimos el viaje.

En Nogales, la carretera que viene del sur se convertía en la calle principal. Tenía que ser la principal porque yo nunca vi otra. El asfalto corría entre dos macizos de cerros salpicados de casitas entre callejuelas. Miré hacia arriba, a mi izquierda.

—Allá arriba vive Seferina —dije, apuntando con el índice.

Cruzamos la frontera al final de aquel desfiladero. No recuerdo qué clase de trámites hizo Pancho para pasarme, pero en mis recuerdos me veo de pronto en territorio gringo. En la terminal de autobuses de la población homónima norteamericana encontramos a mi viejo conocido.

Joe Kenniston manejaba un autobús de la Greyhound. Era un hombre corpulento, afable y de fácil trato. Su español de simpático acento lo había aprendido con su esposa Seferina, una antigua amiga de mi madre. Viéndolo en cordial coloquio con sus pasajeros, casi todos mexicanos, recordé las circunstancias de nuestro primer encuentro:

Nogales Sonora, tres años atrás. Pueblo de estrechez sofocante, de callejuelas entre los cerros, todas bajando a la calle principal; arteria que termina en la línea divisoria su recorrido desde Santa Ana. Joe Kenniston abre la puerta de su casa para recibirnos. La tía me lleva de la mano y él sonríe amablemente mientras llama a su mujer. Serafina aparece y Joe va y se sienta en la mesa del comedor de su casa, en el Nogales mexicano. Su enorme humanidad se pierde en un enredijo de cables y bulbos. Parece ser que el gringo está reparando un radio. Joe Kenniston fue la nota amable de aquel recibimiento. Su esposa fue lo opuesto.

Había sentido estrechez sofocante al llegar aquel día a Nogales Sonora. No podía ser de otra manera; yo venía de un lugar donde la vista viajaba libremente por los 4 puntos cardinales y Nogales era la cara opuesta; la pared más lejana de la casa vecina parecía estar al alcance de mi mano. Sumido en mis recuerdos, un pensamiento absurdo me invadió: si yo me sentí como un elefante en una caja de zapatos en la casa de los Kenniston, como es que Joe no se sentía como un dinosaurio en una cajita de cerillos. Sonreí ante el absurdo pensamiento y volví a la realidad.

Kenniston se acercó; vestía el uniforme gris de los choferes de la empresa.

—¡Macetón, *gousto* de verte! ¡Ya casi salirte *bigoste*! —dijo, seguramente confundiendo mi nombre con el de mi perro.

Después de la obligada aclaración y las presentaciones, Joe se alejó hacia las oficinas.

Cuando quedamos a solas, Pancho sacó su llavero.

—Toma esta llave. Ya sabes qué puerta abre —dijo, entregándome la llave de su casita—. Serás bienvenido siempre, Rangel.

Yo tomé la llave con un nudo en la garganta. El momento de la despedida se acercaba.

Aguirre me estrechó la mano con afecto.

—No cambies. Sigue siendo como eres. Por ese camino vas bien, muchacho —dijo, agitando mi mano con la derecha y poniendo la izquierda en mi hombro derecho.

Cuando Aguirre subió en su camioneta, yo estuve a punto de correr tras el vehículo. Mi amigo dio la vuelta en la siguiente esquina y la camioneta se perdió de vista. De nuevo debía preguntarme hacia dónde iba sin estar seguro de dónde venía.

Entré en la terminal. Gente de aspecto campesino se mezclaba con atildadas damas de encajes y vaporosos vestidos con crinolina. Me sentí totalmente fuera de sitio; igual que me había sentido al llegar a El Fuerte, al entrar en Chavoy, al llegar a Culiacán y, 2 años antes, al verme sólo en la pelona ciudad gemela del Nogales gringo. Igual que decidí huir de allá tras el tren de medianoche que se llevaba a tía Isabel, desee con todas mis fuerzas tener la autonomía para decidir de nuevo. Quería alcanzar aquella camioneta y pedirle a Francisco Aguirre que me ayudara a encontrar una identidad; algo que no quedase atrás al siguiente día o a la siguiente semana. Pero aquí nadie me estaba encerrando. No tenía motivos válidos para huir. Me hice el ánimo de que Pancho el Paraguas se había ido. Acaricié la llave en mi bolsillo y pensé: «Hasta luego, Pancho. Algún día iré a visitarte, algún día».

CAPÍTULO VII

...encaramada en las Montañas

Eran las 2 de la tarde del 24 de agosto de 1952 cuando el autobús se detuvo en la pequeña estación.

—¡Brawley! —gritó Joe Kenniston jalando una manivela. La puerta se abrió y, como si de pronto todo mundo tuviese prisa, los pasajeros abandonaron sus asientos. La prisa inicial del pasaje murió, sin embargo, en una lenta marcha hacia la salida. Me acomodé el sucio sombrero y tomando mi bolsa de mezclilla, me incorporé al desfile de viajeros.

Habíamos dejado la ciudad de Nogales Arizona tarde el día anterior para terminar el viaje el día siguiente. El autobús rodó en puro suelo desértico, incluido un tramo de arenas blancas muy cerca de los dos estados vecinos. El autobús iba haciendo paradas en pequeños poblados del camino.

—Vete a la cafetería y espérame ahí. Yo va contigo cuando terminando aquí —dijo el chofer con su extraño español—. Tómate uno Coca Cola —agregó, extendiendo el brazo.

Tomé la moneda que me daba y eché a andar. El calor era insoportable, Un pesado olor a carburantes quemados impregnaba el ambiente. Un autobús idéntico al que acababa de abandonar empezó a rodar en reversa. EL PASO, se leía en el visillo.

En el interior de la terminal, la atmósfera se sentía cargada de un penetrante humor humano. Observé que los pasajeros que abandonaron el autobús, casi todos eran hombres de piel tostada por el sol. Los pasajeros de tez pálida y cabeza descubierta continuaron su camino rumbo a Los Ángeles. A mi alrededor, un gran número de gente con ropas burdas de trabajo, sombreros de diferentes clases y velices de lámina, se dedicaban cada cual a lo suyo. Por el cristal de la terminal observé al chofer de mi camión. Inclinado, Joe sacaba velices y maletas de la panza del vehículo.

Me llevé la acinturada botella del refresco a la boca. A mi alrededor, una docena de personas hacían lo propio.

Joe dejó caer la puerta del compartimiento para equipaje y, después de despedirse de un hombre maduro que reía tocándose el estómago, se acercó a mí.

—¡Mexicanos locos! Contándome un chiste de un señor Quevedo que yo no conocer. Señor Quevedo sacar las nalgas por la ventana del tren. Yo no entiende nada —dijo el buen gigante sacudiendo la cabeza.

—¡Joe! —gritó la mesera detrás del mostrador—. Cuando te cuenten un chiste de Quevedo no prestes atención. Son puras leperadas.

Joe me miró rascándose la cabeza.

—¿Qué son *lempereadas*, Rangi?

—Groserías —dije.

—Señor Quevedo, muy popular. Todos los mexicanos lo conocen —dijo Joe, guiñándome un ojo.

Así era Joe Kenniston. Un hombre de cerca de dos metros de inofensiva humanidad. Uno no podía imaginar que aquel bondadoso individuo alguna vez entró en Sicilia a las órdenes de George Patton con la Cruz de Bronce y la Medalla de Servicios Distinguidos en el bolsillo.

—El relevo de Joe llegó a los 10 minutos. Ambos hombres hicieron el papeleo de traslado de la unidad y 5 minutos más tarde, el plateado autobús abandonó la estación con un nuevo chofer al volante.

Joe se acercó a otra unidad y me ayudó a subir. Me acomodó en el primer asiento y sentándose a mi lado, dijo:

—Este va a Calexico. Salimos dentro de 10 minutos.

Cuando el chofer llegó, nos saludó de mano, sonriente.

—*Hey, Joe; how about a beer in Mexicali?*
—*Not today. I have a job to do with the kid.*
El chofer me miró con sus ojos azules.
—*Do you want a piece of gum?* —dijo, extendiéndome una delgada tabletilla rectangular.
Yo lo miré pelando los ojos. Me encogí de hombros.
—¿Tú *querrerr* chicle? —preguntó, mostrando los dientes.
Tomé la pastilla y di las gracias.
—*I have to go to the school to study English. The kid didn't understand me* (tengo que ir a la escuela a estudiar inglés; el chico no me entendió) —dijo el gringo, soltando tremenda carcajada.

El autobús entró a una somnolienta población de escasos vehículos y más escasa población. Parecía que en Calexico todo era escaso, excepto el calor y los sembradíos de algodón.

Cuando el pesado vehículo se detuvo, bajamos a un patio sin delimitaciones. Una bocanada de aire caliente me pegó de lleno en la cara.

Entramos por la puerta posterior de la terminal y el fresco del interior nos recibió. El deleite duró lo que tardamos en cruzar. Al salir a la calle por la puerta de enfrente, la misma bocanada de aire caliente que me había recibido en el patio me golpeó la cara. Vi un alto cerco de alambre al otro lado de la calle. Era la línea divisoria. Del otro lado del alambre trenzado en rombos se miraba gente, mucha gente. Niños y adultos, todos eran como los que yo había dejado en Sonora; gente morena de pelo negro. Mi país se miraba del otro lado de aquella cerca.

—Ahora a cruzar frontera, mi amigo. Es hora de tú ver tu familia —dijo Joe, echando a caminar a la izquierda. Yo lo seguí.

Miré hacia adelante y vi una triste sucesión de banquetas bajo feos portales angulares y de pilares cuadrados. Dos o tres automóviles aparecieron fugazmente para desaparecer tras las esquinas. Las calles lucían desiertas. El calor era abrasador. Acudió a mi memoria la figura materna despidiéndose de mí aquel frío día de 1947. Ella partió y yo quedé atrás, en el corazón mismo del desierto. Muchas cosas habrían de pasar en aquellos 5 años.

Un par de cuadras adelante cruzamos la calle a la derecha y vi una construcción pequeña bloqueando el paso a la mitad de la calle. La caseta tenía una ventana en la parte de atrás y una puerta enfrente. Era la caseta de revisión para autos que entraban a Mexicali.

Frente a la caseta, sentado en un taburete alto, un hombre de uniforme verde, cachucha y negros cabellos, revisaba las bolsas de los peatones que venían del norte. Por sobre la caseta, un gran letrero cruzaba de acera a acera. BIENVENIDO A MÉXICO, decía en enormes letras negras.

Avanzamos por la acera. El uniformado mexicano revisó mi bolsa.

La construcción era la garita internacional. Extendí la vista y miré. A unos metros hacia el este, una construcción más grande absorbía el tráfico que fluía. En uno de dos carriles, un hombre, también uniformado, revisaba la cajuela de un vehículo. Era la garita americana.

Cruzamos de norte a sur, siguiendo el curso de una calle perpendicular a la línea. Sentí de nuevo la sensación de apretujamiento experimentado en Nogales Sonora. A lo largo de la calle, siguiendo la acera de cruce, se alineaban, en sucesión, una serie de pequeños comercios apiñados uno tras otro. Había cabarets, tiendas de curiosidades, restaurantes, cantinas, oficinas de divorcios y misceláneas de baratijas folklóricas: piñatas, sombreros charros, sarapes, banderitas de papel de china etc. Predominaban los letreros en inglés.

Del otro lado de la angostísima calle se levantaba un edificio de cuatro pisos con feos ventanales semejando *pichoneras*. Un ostentoso letrero decía: HOTEL DEL NORTE. Al llegar a la bocacalle, mire hacia todos lados y no vi más edificios. Sólo construcciones de una sola planta.

Mexicali nacía en la línea divisoria. El alambre divisor se extendía de la garita hacia el este. Partiendo del mismo punto, las vías de ferrocarril se abrían con rumbo sureste, formando un abanico de 65 grados con la línea de alambre. Un amasijo de feos edificios con portales semejantes a los de Calexico era la característica arquitectónica principal. A la derecha (oeste), un feo barranco de aguas hediondas dividía el centro de la ciudad con una zona de incipientes colonias proletarias. El agobiante calor formaba danzantes espejismos en la distancia.

Cruzamos la calle y nos detuvimos a un lado de los rieles. En la punta de una cuchilla donde convergían tres arterias, dos viejos automóviles cubiertos de polvo se alineaban contra un muro. Joe se acercó al más próximo y lo abordamos. Por el parabrisas vi un letrero que decía: ESTACIONAMIENTO PARA CARROS DE SITIO. Madero 1664, pidió Joe. El taxi arrancó por una calle paralela a la cerca fronteriza, pero una cuadra al sur de la cerca de alambre.

Viajamos en línea recta dejando atrás el primer cuadro rápidamente. Conforme avanzábamos, nos adentramos en una zona residencial muy semejante a algunas que habíamos pasado en el viaje por el lado americano. Palmas y arbustos de flores rosadas bordeaban la ancha arteria. Agradables casitas con pasto bien cuidado en los frentes desfilaban ante mis ojos. Rociadores mecánicos giraban en abanico humedeciendo la hierba.

Pasamos el edificio de un periódico. ABC, decía el letrero. El pavimento terminó. Rodamos otra manzana y nos detuvimos ante una casa con frente de tierra apisonada. Una cuadra más adelante, el bordo de un canal parecía delimitar la ciudad.

Había árboles frente a la casa escogida, de madera esta. No había cerca ni pasto. Un largo columpio colgaba del brazo de un eucalipto. Las copas de algunos árboles asomaban por detrás del techo inclinado de la construcción, sugiriendo un patio igual de sombreado. La sombra era la característica predominante.

La modesta vivienda, construida a considerable distancia de la calle, irradiaba una apacible atmósfera de oasis. Por efecto de la espesa sombra, la tierra se veía negra. Las casas aledañas, menos ostentosas que las que dejamos atrás en la zona pavimentada, proyectaban, sin embargo, una confortable sensación de paz. Dos o tres lotes baldíos aquí y allá acentuaban la sensación de quietud.

—Esperarme un momento —pidió Joe al taxista y caminamos hasta la entrada.

Una mujer de mediana edad contestó a nuestros *toquidos*.

—Pásese Joe —dijo amablemente.

Entramos. El interior era amplio con muebles de baja calidad. No había divisiones entre sala, comedor y cocina. Sólo una pared que despegaba apenas medio metro a cada costado dividía el comedor del recibidor y otra división idéntica separaba la cocina.

Cruzamos la sala y nos sentamos en el centro del comedor en una mesa enorme atiborrada de objetos en desorden. La mesa era el centro de todo lo que se veía.

La mujer me miró con curiosidad.

—De modo que tú eres Rangel —dijo, mirándome amablemente.

Rangel Rivera para servirle, señora —contesté a la observación.

—Tanto gusto hijito, mi nombre es Mariela —dijo a su vez, extendiéndome la mano.

—¿Y Danelia? —preguntó Joe.

—Están más atareados que nunca con el algodón. La cosecha pinta extraordinariamente bien. Todos están en el rancho atendiendo las pizcas. Rangel se quedará con nosotros.

—¿Y Ariana? —preguntó de nuevo Kenniston.

—No puede venir. Está encaramada en las montañas, en un rancho cerca de un pueblo que se llama Kalispell en Montana, como a 50 millas del Canadá.

—¿Entonces? —preguntó por tercera vez Kenniston.

Lo planeado. Deje a Rangel con nosotros mientras regresa Danelia —contestó Mariela.

Joe se sobó la barbilla con una expresión de indecisión.

—¿Estar segura, Mariela? Yo creyendo que Rangel iría a vivir desde ahora con Danelia.

—Ira con ella. Pero mientras tanto, no podemos hacer más. El niño tiene que empezar la escuela

—¿Usted siéntase segura que no tener problemas con Elpidio?

—No se preocupe, Joe. Yo hablo con él.

La duda me asaltó. Mi tía no estaba y tanto Joe como Mariela conjeturaban sobre lo que debían hacer. Me sentí como una ficha de damas. Volvió a mi mente mi primer encuentro con Joe y su esposa en Nogales Sonora.

«Ya no estás en tu rancho; estas son las reglas y tienes que acatarlas», había dicho Seferina de Kenniston aquella vez, cuando me instruyó de amarrar a mi perro bajo un nogal. Fueron palabras pronunciadas por una mujer que yo jamás había visto, en una casa que yo no había pisado nunca en mi vida.

La historia se repetía ahora. En mi corazón anidó el temor. Mariela, Elpidio, nombres que jamás había escuchado, en una casa que yo no había visto jamás. El desconocimiento de los seres que me rodeaban parecía ser el elemento repetitivo en mi destino inmediato.

«Estas son las reglas y tienes que acatarlas.» La oración de Seferina repiqueteó en mi cerebro.

A los 12 años no tenía opción. Mi ser entero se aferró a mi última esperanza: mi madre.

—¿Dónde está mi mamá, Joe? —pregunté cuando salimos al portal.

—Está muchos lejos, hijo. Mucho nieve en el área donde vive. Pero ella venir —contestó el gigante.

—¿Por qué no me lleva con mi tía Danelia?

—Porque ella no estar en Mexicali. Muchos todos los familia estar en rancho. No *poeden vienir* todavía.

—¿Usted no se puede quedar? —indagué, cuando hubiese querido preguntar: ¿Puedo irme con usted?

—No *poede*. Yo *tenerr* pasaje para Santa Fe mañana temprano.

Joe subió al taxi y se marchó. Al momento llegó la primera situación de duda. Sólo en el porche, miré la puerta y no me atreví a abrirla. Me senté en una silla de bejucos, cavilando sobre mi siguiente paso. El simple acto de entrar se convirtió en un dilema. No era mi puerta; no era mi casa.

Y cuando Mariela salió en mi busca, mi inseguridad creció.

¿Qué haces aquí sentado? ¿Por qué no pasas? —Mariela habló dulcemente.

Estaba a punto de hacerlo, señora —mentí—. Estaba mirando los árboles; son muy bonitos.

Ciertamente, los árboles eran hermosos. Pero no tenían qué ver con mi actitud.

—Vamos, pásale. Te daré de cenar.

Mariela Tarango era una mujer de edad indefinida. Era uno de esos seres que pueden ser jóvenes avejentados o viejos bien conservados. A pesar de que su piel era fresca, lucía algunos surcos en la frente y unos mechones de canas empezaban a aparecer en su cabello. Su estructura ósea, erguida, era, quizá, lo que la hacía parecer más joven.

De Mariela, lo que más recuerdo eran sus dientes. Finos y parejos, asomaban tras los labios carnosos de una boca amplia con hoyuelos cuando sonreía. Rara vez sonreía, sin embargo. Parecía vivir en un estado de meditación inalterable; una actitud de infelicidad casi estoica. Era un aura que atraía a la gente. Como si Mariela absorbiera los males ajenos, parecía ser que los que la rodeaban se iluminaran. Tal vez era el contraste. No lo sé. Pero yo la busqué siempre como un refugio contra mi desesperanza.

Entré detrás de Mariela y me acomodé en una mesa pegada a un rincón de la cocina. Un ruido en la ventana llamó mi atención. Por el vidrio se asomaba la cabeza de un perro. Con la pata rasguñaba el cristal con impaciencia. Su expresión alegre me indicó que más abajo, el rabo debiera estar moviéndose con placer. Me asomé y miré hacia abajo. En efecto, la cola del can se movía de flanco a flanco.

De inmediato olvidé mis cavilaciones. Acerqué mi mano al vidrio de la ventana y el perro trató de lamerla.

—Doña Mariela —dije—, ¿me deja salir con el perrito?

—Sí, sal. Cuando la comida esté lista yo te llamo.

—Salí y el animal de inmediato me abrumó. Era harto evidente que ansiaba compañía. En un movimiento mecánico reflejo busqué sus utensilios. Un viejo plato con sobras de comida rebosaba de hormigas y el agua en una palangana de peltre lucía lodosa. De seguro el animalito estaría hambriento y sediento.

Macaco, como se llamaba el perrito, era un cachorro crecido mezcla de labrador y alguna otra raza. A pesar de su dinamismo, no era un perro ruidoso. Sus zalamerías me ganaron de inmediato

Para cuando Mariela me llamó, Macaco ya tenía agua limpia y la mayor parte de su comida estaba libre de hormigas. Por la ventana lo vi comer con entusiasmo.

A mitad de la cena, una voz sonó a mis espaldas:

—¿Y *este*, quién es?

Las palabras del Pelos Quietos saliendo de otros labios. La frase que poco a poco se convertiría en el preámbulo de mis relaciones futuras en una vida inconexa, empezada y vuelta a empezar al filo del camino.

—Es el hijo de Ariana, Elpidio. Danelia vendrá por él tan pronto como terminen las pizcas.

Al voltear, mi mirada tropezó con unos ojos llenos de hostilidad. El hombre era de constitución maciza, torso erguido y hombros echados hacia atrás. Su corpulencia se asemejaba a la de Joe Kenniston. Tendría 40 años o andaría cerca. Los cabellos se escondían bajo un sombrero de fieltro tipo *Fedora* de ala baja en el frente. Era un hombre blanco de ojos aceitunados. Su mirada era dura. Una característica en su atuendo llamó mi atención: usaba tirantes.

Yo no había visto un par de tirantes en toda mi vida. Los únicos que vi fueron en películas de vaqueros, casi siempre en personajes insignificantes. Elpidio Tarango no me gustó, quizá por los tirantes.

El hombre me miró fijamente sin decir nada. Giró en redondo y desapareció dando un portazo. Mariela, apenada, me apretó una mano.

—Tranquilo, hijo. Él no es así regularmente. Algo pasó en su trabajo. Ahora regreso.

Mariela desapareció tras la misma puerta y el murmullo de voces llegó a mis oídos. La voz de Elpidio predominaba.

Cuando Mariela salió, me encontró sentado en el patio en un viejo asiento de automóvil, la cabeza del Macaco reposando en mi regazo.

—Ven conmigo, Rangel. Te mostraré dónde vas a dormir —dijo la Sra. Tarango tomando mi mano.

Había habido una discusión; la había habido. Yo escuché las voces alteradas. Pero Mariela no mencionó lo sucedido.

«Mal asunto; no hubo arreglo», pensé.

Entramos en un cuarto con ventana al patio. Una cómoda con los cajones a medio cerrar, una mesa cuadrada con útiles escolares, una lámpara de pie, una especie de ropero y dos literas dobles componían el mobiliario de la habitación. Un *bat* de béisbol, guantes, pelotas, zapatos, calcetines y ropa, mucha ropa de talla pequeña regada en impresionante desorden, hacía difícil caminar sin mirar al piso.

—Aquí dormirás —dijo Mariela señalando la habitación—. En las literas duermen mis hijos.

—¿Cree que mi mamá vendrá pronto? —me atreví a preguntar.

Hice la pregunta con la intención de establecer de algún modo que mi presencia era un incidente pasajero más que una molestia permanente.

—Lo dudo, el viaje desde Montana toma tres días, mínimo, por tierra. Además, está agobiada de trabajo. No podrá venir hasta el fin de año —contestó Mariela, metiendo prendas en las gavetas de la cómoda.

Mi estancia con los Tarango estuvo salpicada de emociones encontradas. A la inversa de Chavoy, aquí me sentía más cómodo cuando el jefe de la casa no estaba.

Aquél día por la noche, los hijos del matrimonio llegaron. Eran cuatro varones y una niña. El menor de los hombres tenía escasos 5 años, el mayor andaba cerca de los 16 y la niña contaba 6 años de edad. Los otros dos tenían edades intermedias.

No duré mucho tiempo en aquella casa. En mi corta estancia, como era de esperarse, encajé mejor con el mayor de los chicos. Vivía, sin embargo, un desesperante vaivén de contrastes. Fueron, en total, 12 semanas de tensión salpicadas de ocasionales lagunas de vida normal.

No puedo culpar a Elpidio Tarango por oponerse a mi presencia en su casa. El hombre trabajaba duro para sostener a una familia tan numerosa. Pero su actitud rebasaba la simple oposición. Había en el Sr. Tarango un disgusto permanente, rayano en el odio hacia mí, como si yo representara lo más malo que pudo sucederle. Considerando que yo era un buen negocio, a juzgar por el dinero que mi madre enviaba, su aversión no estaba del todo justificada.

La casa era amplia pero sólo en apariencia. Si bien la sección frontal era de tamaño más que regular, tenía únicamente dos recámaras y estas eran sumamente pequeñas. En una dormía el matrimonio y en la otra se amontonaban los hijos. Pareciera que aquella casa hubiese sido construida por una pareja sin hijos y sin intenciones de tener familia.

Había dos literas. Sergio, el mayor de los hijos, dormía en la cama baja de una litera. Otros tres chicos ocupaban el resto de las camas. La niña dormía con su hermanito de 5 años. Aquella primera noche fue señal inequívoca de que yo sobraba.

En la atiborrada habitación sobraba un espacio de apenas dos metros por lado: un cuadrado de piso donde colocaban un ventilador giratorio. Yo quedé en aquél pedazo de piso, pegado al ventilador. Un espacio demasiado reducido, considerando que era el área de circulación. El ventilador, orientado hacia arriba, no me era de gran ayuda.

—Mamá, quiero orinar y Rangel no me deja —oí gritar a la niña en la penumbra.

Me levanté del suelo de inmediato para que la niña pasase y en mis prisas tiré el ventilador. Este se desconectó y paró. Encendí la luz para maniobrar.

—Mamá, Rangel descompuso el ventilador. Hace mucho calor —chilló el chico de 6.

Yo no sabía qué hacer. Recordé a Gildardito y los nervios hicieron presa de mí. Conecté el aparato y los dos niños se miraron.

—Mira, ya está —dije, sin dirigirme a ninguno en particular.

Apagué la luz y de la oscuridad salió el grito de la niña.

—Quiero orinar, mamá. Dile a Rangel que me deje pasar.

Me levanté y el paso quedó libre. En la oscuridad le pedí a la niña que pasara.

—Ya me levanté. Puedes pasar.

—Ya, dejen dormir —gruñó Sergio el mayor, desde abajo.

En la puerta se recortó contra la luz del pasillo la corpulenta figura de Elpidio en paños menores. Encendió la luz y rugió, sin mirarme siquiera:

—¡Qué pasa aquí!

Los niños se tendieron de inmediato cual si jamás hubiesen despertado. Aquel hombrón barrió el cuarto con la mirada como si yo fuera transparente. Ahí, en medio del cuarto, me sentí chiquito y culpable. Gildardito y la tía Andrea se materializaron de inmediato en mi mente, madre e hijo haciendo una sola entidad.

Sin más comentarios, Elpidio pasó a mi lado y levantó a la niña en brazos. En la puerta se volvió y me miró por primera vez.

—Súbete a la litera. Estás obstruyendo a todo el mundo —dijo, señalando el hueco que la niña había dejado en la camita. El hombre desapareció con la niña en brazos.

Pasaron largos segundos de indecisión, al cabo de los cuales comprendí que si no me subía en la litera, Elpidio volvería. Subí y me hice bolita. Elpidio volvió, sin embargo.

Habrían pasado 5 minutos cuando el niño empezó a revolverse, incómodo. Yo sentí sus pies presionando sobre mis costillas.

—Hazte para allá, estás en mi lugar —dijo.
Presuroso me corrí hacia la orilla.
—Yo quiero la orilla. Vete para la pared —se quejó.
Obedecí, rogando a Dios que el niño se quedara quieto.
El chiquillo siguió protestando hasta que Mariela entró.
—Cállate, Noe. No dejas dormir. Rangel va a dormir por el lado de la orilla para que no te vayas a caer.

Todo esmirriado me acomodé al bordo de la litera. Mariela desapareció rumbo a su cuarto.

Noe no se dio por vencido. En silencio me empujaba con los piecitos. Cuando vio que no reaccionaba, empezó a protestar.
—Vete de mi cama; es mía.

Sergio se levantó reprendiendo al niño. A los ruidos, Elpidio entró como tromba por encima de mí, propinó dos nalgadas al chiquillo y como entró se fue. Noe soltó el llanto.

Yo me sentí culpable. Sentí la acción del hombre más como un reproche hacia mí que como una reprimenda a su vástago.

Mariela entró en el cuarto y dijo en voz baja:
—Ven conmigo, Rangel.

La mujer cogió una sábana, una almohada y la colchoneta donde yo había estado hasta antes del incidente. Yo la seguí hacia el recibidor.

Mariela tendió la colchoneta frente a la puerta abierta de la sala. A través de la malla de alambre se miraban las formas indefinidas de la noche. Yo me tendí con el alma encogida al igual que mi cuerpo. Mariela se sentó en el piso de madera recargada contra la pared y ahí, en la oscuridad, sentí su mano sobando mis cabellos. Sentí una profunda gratitud por la Sra. Tarango.

Me fui quedando dormido con el fresco del exterior aliviando un poco el insoportable calor. No sentí cuando Mariela se alejó.

Clareaba el amanecer cuando escuché ruidos. Elpidio encendió la luz, recogió una caja de herramientas y se dirigió a la puerta. Sin instrucciones previas, yo no sabía si levantarme o quedarme donde estaba. Opté por fingir que dormía. El hombre pasó sobre de mí y azotando la malla se perdió en la calle.

A pesar de que el Sr. Tarango ya no estaba en casa, yo sentí que los demonios no se irían. Dos o tres Gildarditos despertarían muy pronto. Los podía imaginar empujándome, haciéndome sentir que aquella no era mi casa.

La inconciencia infantil, inocente pero cruel, fue una realidad que yo vi desde temprana edad. Y más que a los niños, aprendí a temer el apoyo de los padres. Aquella noche, Elpidio me había dado un adelanto: «Súbete a la litera. Estás obstruyendo a todo el mundo». A pesar de que aquella noche infame yo no había abierto la boca para provocar, acabé cargando con las culpas. Mientras tanto, desde muy lejos, mi madre seguía moviendo los hilos de mi vida.

CAPÍTULO VIII

El Güero Lora

El taxi que nos había traído había viajado en línea recta 13 cuadras al este, corriendo a 1 cuadra al sur de la frontera. Cuando nos bajamos, lo hicimos sobre la misma calle. Es decir, el carro de sitio y la casa de los Tarango se encontraban ambos a una cuadra de la línea. En el corazón de la ciudad, este hecho pasó desapercibido por la continuidad de edificios. Sin embargo, acá, a 13 cuadras, los claros de lotes baldíos nos permitían ver la calzada de tierra pegada a la cerca que la gente llamaba calle Internacional.

No pasaría mucho tiempo sin que los claros de terreno se llenaran. El mayor crecimiento de la ciudad se daba hacia el oriente. La casa de los Tarango quedaba casi en el extremo oriental del centro y, aunque la propiedad se ubicaba en las afueras, la zona no lucía ese aspecto de arrabal que suele verse en los lugares alejados del centro comercial. Las incipientes colonias proletarias se ubicaban lejos del primer cuadro, separadas por grandes extensiones de terreno llano. El centro comercial de Mexicali se expandía sin delimitaciones. Nosotros, aun viviendo en las orillas, seguíamos en el centro urbano.

Mexicali era beisbolero y tenía el aire de un pueblo americano. Había una razón que contribuyó poderosamente; esa razón se llamaba Zona Libre.

La Zona Libre era una franquicia libre de impuestos de importación concedida por el gobierno central para impulsar la colonización de aquella zona, la más remota de México. En Mexicali no cabía el concepto equivocado de que lo que es gratis no vale nada y lo que es caro es valioso. La vida era demasiado dura para buscar lo superfluo. Una ráfaga de aire fresco en medio del calor abrasador, el aguacero inesperado que aliviaba la perenne sequía, el impresionante silencio que sucedía al ulular del viento después de un ventarrón de dos días o el tibio calor del sol en las frígidas mañanas invernales, tenían más valor que estrenar una corbata de seda en una fecha especial, por muy especial que fuera.

La fecha de nacimiento oficial de Mexicali quedó registrada en 1903. Ese año, el hombre abrió el tajo que desvió las aguas del río Colorado hacia el desierto peninsular. Un viejo canal que, a pesar de estar seco se le seguía llamando Canal Álamo, resucitó con las aguas procedentes del célebre río. La herida abierta al costado oeste del caudal, creó la arteria vital que dio a luz al Valle de Mexicali y a su vecino americano, el Valle Imperial. Si bien el entusiasmo colonizador fue abrumador, la travesía del interior del país era una odisea. La total carencia de vías de comunicación hacía imposible el aprovisionamiento de los colonos. A pesar de todo, algunos audaces descubrieron que valía la pena desafiar las inclemencias del gran desierto de Altar y se establecieron.

La Zona Libre en la Baja California redujo las carencias y abrió la frontera a productos americanos que, más allá del Paralelo 28, debían pagar los impuestos correspondientes. Esto no sólo resolvió el problema del aislamiento sino que originó todo un estilo de vida. La Zona Libre de la Baja California transformó al Territorio en un apéndice de los Estados Unidos. En Tijuana, la moneda nacional era una curiosidad; por razones logísticas, la moneda circulante era el dólar. Fue hasta la década de los sesenta que el peso vino a sustituir al circulante norteamericano.

Todo venía del «otro lado»: la ropa, los juguetes, los aparatos domésticos, los alimentos, los artículos de aseo personal y de limpieza, los implementos agrícolas, los vehículos de motor y sus correspondientes refacciones y algunos servicios públicos como la electricidad y los teléfonos que funcionaban en concesión. Con sólo cruzar la línea, se podía ver en Calexico, una película en inglés inmediatamente después de estrenarse en Hollywood. Curiosamente, la misma película tardaba semanas en llegar a los cines de Mexicali. Esto se debía a que la cinta iba primero a la ciudad de México donde se subtitulaba con textos en español.

En la década de los treinta, El ferrocarril Ínter California corría a lo largo de la frontera desde Los Algodones, un pequeño caserío ubicado casi en los límites con Sonora. De ahí al vecino estado, sólo se interponía el río Colorado. Durante algún tiempo, el corto trayecto ferroviario fue la solución al aislamiento. Una persona que viajaba del interior, podía trasladarse por carretera desde Nogales Arizona y en Yuma, trasbordar al tren para llegar a Mexicali. Ahí, el Ínter California penetraba de nuevo a territorio norteamericano al costado occidental de la garita de cruce.

Estos borrones no son de carácter deportivo. Hago alusión a las actividades beisboleras simplemente porque ese deporte estaba enraizado en los lugares donde aterricé de niño. Y, ciertamente, la afición al deporte de los bates y las pelotas no era, de ninguna manera, el deporte nacional de mi país. El béisbol llegó del norte porque, igual que los toros o el fútbol, no podía llegar del interior.

En los cincuenta la liga de la Costa del Pacífico se jugaba con equipos de Sonora y Sinaloa. El desierto de Altar y la escasa población, eran un obstáculo insalvable para la incorporación de ningún equipo bajacaliforniano.

Pero en Baja California había afición y el béisbol profesional llegó del lado gringo. Llegó como una rareza que no se ha vuelto a repetir. Se formó una liga con la participación de equipos del estado de Arizona y el territorio bajacaliforniano. La liga se llamó: Arizona México. En el circuito participaban equipos de ambas entidades, creando así la única liga deportiva internacional de béisbol (y quizá de cualquier deporte), que ha existido en el territorio mexicano.

Hoy por hoy, con el mundo encogido, la vieja Liga de la Costa sigue jugándose en Sonora y Sinaloa, pero con otro nombre y con Mexicali Baja California como el equipo benjamín.

Nosotros jugábamos pelota en los lotes baldíos del Mexicali viejo. Jugar pelota se convirtió en una necesidad para mí. Era, como en Culiacán, mi escape de un mundo opresivo y asfixiante.

Para un niño que vive una vida normal, la motivación que le asiste para salir a jugar es regresar a casa después de gastar las energías sobrantes corriendo detrás de la pelota. Cansados, los chicos del barrio simplemente se retiraban en busca del plato caliente o la jarra sudorosa de agua con hielo. El agua, la comida o el techo protector, eran parte de su patrimonio. Ellos tenían una casa y unos padres cuya mayor prioridad eran sus hijos.

Pero yo no era un niño *normal*.

Para mí, salir a jugar era escapar de un entorno ajeno, enajenante y carente de estímulos. Invariablemente, yo era el que deseaba seguir jugando, el último que abandonaba el campo. Para mí, regresar a casa significaba volver a lo que tan ardientemente deseaba dejar atrás.

Poco a poco, el béisbol se fue convirtiendo en mi refugio. Un pedazo de terreno cualquiera me ponía a mano con los otros niños. Libre de la presencia de padres o parientes, mi habilidad natural me daba un sitio especial en cualquier encuentro.

Gradualmente fue creciendo una doble personalidad en mí. En el campo de juego me cobré las cuentas acumuladas en la casa. Mi desempeño en el juego me dio una posición de liderazgo que no se limitó a los niños Tarango. Arrasé parejo con todo chiquillo que fuese hijo de familia o que tuviese casa propia.

Pero mi seguridad en el campo de juego desaparecía al traspasar el umbral de la casa. Ya adentro, otro Rangel apocado e inseguro se apoderaba de mí. En la década de los cincuenta, en la avenida Madero del viejo Mexicali se pintó la raya que marcaría mis días: la fobia a la vida familiar; el rechazo automático a todo niño acompañado de un adulto.

En una ocasión, en el almuerzo me tocó levantar la última tortilla. Armando, dos años mayor que Noe, protestó de inmediato.

—Tú ya te comiste tres tortillas y yo nomás dos —dijo, levantándose de la mesa.

Al momento me arrepentí y coloqué la tortilla bajo la servilleta.

—Yo ya terminé, Mando —dije, con la esperanza de que el niño regresara. Pero no fue así.

—¿Qué ocurre? —preguntó Mariela, desde el fregadero.

—¡Rangel agarró la tortilla de Mando! —gritó el pequeño Noe.

En otra ocasión, el que precedía a Armando en edad, viéndome sentado en el columpio, dejó de jugar con sus canicas; corriendo se acercó a mí y, con esa crueldad inconsciente propia de los niños, me increpó, furioso.

—¡Es mi columpio! Mi papá lo instaló para mí. Si quieres uno, dile a tu papá que te lo compre —y dándome un violento empellón, se posesionó del columpio.

Como supuse, el niño regresó a sus canicas tan pronto logró su propósito.

Una vez una tortilla, otra vez un columpio. Una cuchara, la jarra de limonada, el uso del baño, una silla o un juguete. En la casa había infinidad de cosas para hacerme sentir al final de la línea.

Si yo hubiera sido uno más de la familia, ningún incidente me habría afectado. Yo hubiera reaccionado como lo haría cualquier hermano y, si hubiera habido pelea, no habría quedado cicatriz. Una pelea entre hermanos siempre queda en familia. Pero los Tarango no eran mis padres ni sus hijos mis hermanos. Las consecuencias derivadas de cualquier nimiedad, se clavaron profundamente en mi corazón. El vivir con niños, en vez de ayudarme, me enajenó. Mi mente empezó a demonizar a la gente menuda. Vivir en casa ajena no es el mejor destino para un huérfano y vivir en casa ajena con niños, es virtualmente el infierno.

Mi instinto me enseñó a recelar de los niños. Donde había niños había problemas y, si el asunto era conmigo, yo perdía. Siempre fue igual: aun cuando la evidencia apuntara abrumadoramente al niño de turno, yo perdía. En Mexicali, durante tres meses, los herederos de los Tarango aprendieron a aprovechar la presencia del padre para golpear en mi autoestima en la etapa en que el ser humano está aprendiendo a vivir en sociedad.

Mi comportamiento puertas adentro era apocado e inseguro. Simplemente no me atrevía a mostrar mis habilidades o a exteriorizar mis deseos. Temía sobresalir frente a los chicos Tarango y, presuponía, en la mayoría de los casos acertadamente, que pedir algo era usurpar los derechos de los otros niños.

La marginación enajena; marchita el espíritu y encoge todo. Físicamente te relega a un espacio no más amplio que el que te rodea. Incluso tu entorno resulta ajeno. Y si el terreno que pisas no te pertenece, un metro más allá es territorio prohibido. En mi acosada mente siempre reinó el temor a invadir. Era un temor que llegaba al pánico cuando en el terreno contiguo se movía Elpidio Tarango. Debo admitir que algunas situaciones no existían de hecho. Mi mente las creaba como una prolongación de mi estado paranoico. Pero, en el fondo, un hecho prevalecía: yo me movía al margen de mi propio espacio.

Después de El Fuerte Sinaloa, no volví a sentir la estabilidad emocional que nace de una interrelación. Aun cuando mi fugaz estancia en Nogales Sonora me había dejado el resabio de una Seferina de Kenniston forzándome a vivir en un mundo totalmente opuesto al que había conocido hasta entonces, de aquella amarga experiencia me quedó, al escapar de ahí, la dulzura del regreso, de tía Isabel estrechándome contra su corazón, del afecto que te hace sentir valioso. En Mexicali las cosas fueron diferentes. Aquí no había para dónde huir.

En aquella desgraciada etapa que empezó en Chavoy de Quintero, fue Andrea de Ontiveros la primera que levantó un muro que me orilló a vivir un mundo aparte. Después, en Culiacán, doña Rosario Barcenas de Salas sucedió a la tía Andrea y luego, en Mexicali, el turno le tocó a Elpidio Tarango. Me puse a considerar los hechos y pensé que si mi vida fuese un embudo, conforme crecía yo resbalaba irremediablemente hacia la parte más angosta.

Tarango nunca me aceptó. A la inversa, yo sentía un alto grado de comprensión en su esposa. El extraño afecto de Mariela se manifestaba mayormente cuando nos encontrábamos solos, como si mi trato directo en presencia de su familia fuese pecaminoso o, al menos, inaceptable.

¿Qué era lo que impulsaba a Mariela a ofrecerme su furtivo consuelo? ¿Por qué aquella mujer proyectaba una actitud de silenciosa crítica hacia el comportamiento abusivo de sus hijos en mi contra?

En más de una ocasión, yo sentí que Mariela explotaría. Vi en sus ojos el reproche contenido; la ira a punto de soltarse. Y siempre, a la rabia sucedía una frustración evidente en los puños cerrados y las mandíbulas trabadas. En este punto, los chicos se escurrían, concientes del volcán a punto de hacer erupción.

No era la de Mariela la actitud de una madre que sabe que sus retoños necesitan una reprimenda. Era algo más hondo, algo que pareciese querer salir de adentro, era un algo más allá del impulso disciplinario. Después de aquellos ataques de ira contenida, la mujer pasaba largos minutos en silencio. Callada, con la mirada ausente, la Sra. Tarango se enfrascaba en un frenesí de limpieza que no terminaba hasta que, rendida, se desplomaba en una silla. Sentada, dejaba pasar el tiempo con las manos reposando en su regazo. Luego se levantaba y se dirigía a la cocina. Momentos después, el aroma del café recién hecho era como la señal de que la crisis estaba a punto de terminar. Mariela tomaba el café en silencio y sus facciones se iban suavizando. Al cabo de 10 minutos de terminar con la bebida, Mariela volvía a su estado anímico habitual.

¿Cuál era la razón de su estoico comportamiento? Pasarían tres meses redondos antes de enterarme de que yo no debí jamás llegar a aquella casa.

La escuela Benito Juárez era una vieja construcción con pisos de madera alquitranada. De holgada arquitectura, el edificio decía a leguas para qué había sido construido. Era, olía, parecía y siempre sería escuela hasta el final de sus días. Cuadrada, con una escalinata en media fachada y ventanas bajas en paredes empotradas sobre cimientos que despegaban medio metro del nivel del suelo, la parte alta de la fachada quedaba más alta que la altura de las edificaciones circundantes. Orientada para evitar los candentes rayos solares en verano, la noble construcción se llenaba de luz conforme el astro rey pintaba su curva de este a oeste.

La Benito Juárez tenía sus aulas a derecha e izquierda de la entrada. La hilera de esbeltas ventanas flanqueaba ambos lados del asta bandera y doblaban ambas esquinas hasta el extremo posterior del edificio Una cerca de alambre que remataba en pequeños arcos no más arriba del pecho de un adulto, circundaba la edificación comiéndose un tercio de manzana.

Frente al pasillo de entrada rematado en T, se encontraba el auditorio. De lado a lado de un doble portón, alguien había escrito: POR ESTA PUERTA SÓLO CRUZAN LOS ELEGIDOS. El letrero se podía ver desde la escalinata.

A lo largo del tope de la T, flanqueando el auditorio, se alineaban, a la izquierda, la dirección y el salón de sexto grado y, a la derecha, un almacén y otra aula.

En el almacén se guardaban los bártulos deportivos y los instrumentos de la Banda de Guerra. La puerta posterior del almacén llevaba al inmenso patio. En este, al salir, una cancha de baloncesto en descampado y, en una esquina del fondo, un terroso diamante de béisbol.

Dicen que lo que más disfrutas es lo que menos te complace. El adagio encajó en mí durante muchos años: los árboles, tan escasos en mi entorno, por ejemplo, ejercieron una marcada fascinación en mis años tempranos.

Fuera de mi efímera estancia en Chavoy, mi vida me llevó por regiones áridas, carentes de vegetación, pelonas y extremosas.

Sonora primero, Baja California después y años más tarde la histórica Chihuahua.

Pues bien, amable lector, en el patio de la escuela Benito Juárez no había un sólo árbol. No había pasto ni arbustos ni flores; el mismo «diamante» carecía de zacate. Era un campo para jugar pelota porque la lomita del lanzador en el centro y un armazón de madera y alambre detrás del receptor lo identificaban como tal. Todo el patio era tierra, excepción hecha del rectángulo de cemento de la cancha de baloncesto aledaña. Cada que podíamos, jugábamos bajo el ardiente sol en aquel terreno, con temperaturas que llegaban a 50 grados centígrados (120 grados Fahrenheit para los fronterizos). El patio era tan grande, que los batazos más largos no alcanzaban a los chicos que jugaban junto al edificio. Se jugaba sin barda, en consecuencia, no había cuadrangulares. Si un batazo rebasaba los jardineros, la pelota rodaba y algún otro chiquillo la regresaba.

Yo hice del patio de la escuela una especie de reducto. Gradualmente fui consumiendo más y más tiempo en aquel lugar. Había una amargura permanente en mi interior. Odiaba el medio ambiente en que vivía y usaba todos mis recursos para minimizar mi tiempo en casa.

En Chavoy tenía mi azotea. Pero la casa de los Tarango era de techos inclinados y, aunque hubiese habido un rincón en el techo, los niños Tarango no me hubieran permitido usarla. «Es mi azotea», me hubiera aclarado alguno de ellos.

Con un viejo guante de cuarteada piel, solía acercarme después de clases al estrecho corredor de sombra que daba el edificio y esperar por jugadores. Cuando un grupo se retiraba, cansado de jugar, yo volvía a la sombra y esperaba. Si alguien aparecía con un balón, lo mismo me daba. Una *cascarita* de baloncesto era excusa válida para retardar mi regreso.

Con el correr de los días, los chicos empezaron a venir a *cachar* un rato a sabiendas de que ahí me encontrarían. Sentía una enorme necesidad de expresarme y al mismo tiempo, comprendía que no podía revelarme. A raíz de mis prolongadas ausencias, mi situación con los Tarango se fue deteriorando.

—Tienes que respetar las reglas de la casa. Esto no es un hotel y si no llegas a tiempo, te quedarás sin comer —me increpó Elpidio, una vez que Mariela me sirvió llegando de la escuela.

Esa fue la primera vez que me quedé sin comer. Luego vendrían otras muchas.

La situación se hizo un círculo vicioso: mientras más tiempo pasaba yo en la calle, más grande era el castigo; mientras más grande el castigo, más tiempo pasaba yo en la escuela.

La espiral ascendente llegó al castigo físico. El cinturón se estrelló primero en mis posaderas y después me marcó las piernas y la espalda.

Poco a poco, mi relación con los chicos Tarango se fue enfriando. Me convertí en un niño huraño sin interés por los pequeños placeres que endulzan la vida cotidiana. Los fines de semana salía a jugar porque no tenía mejor excusa para salir de casa, pero jugaba mecánicamente, en silencio. Lo mismo me daba si jugaba en el cuadro, en los jardines o me convertía en lanzador. La furia contenida era obvia. Mis lanzamientos eran salvajemente veloces y no me importaba el contacto físico. Es más, adrede lo buscaba. Necesitaba descargar mis frustraciones y mis compañeritos pagaban los platos rotos. La consecuencia directa de mi comportamiento fue ambigua: A la vez que me solicitaban por mi destreza, me odiaban por mi agresividad. Eso me daba un malévolo placer.

En las escuelas hay chicos sociables, los hay pasivos y también retraídos. El chico inteligente se distingue porque siempre está limpio y tiene sus libros ordenados. El «inteligente» de la clase es el que siempre levanta la mano con la respuesta detallada y correcta. Este chico es el más popular a la hora de los exámenes. Suele suceder, sin embargo, que su popularidad termina tan pronto como el maestro entrega las calificaciones finales.

Y está el eterno grupo de bravucones. Nunca falta porque en el desarrollo, algunos chicos crecen más rápido que otros. Los rezagados suelen ser las víctimas de los primeros.

Un día, hubo necesidad de reparar el techo de la escuela y a todos nos mandaron a una secundaria ubicada a un costado de Palacio de Gobierno. La Escuela 18 de marzo tenía clases matutinas de secundaria pero no había clases por la tarde.

El patio de la 18 era una copia al carbón del de la Benito: un diamante de béisbol con una explanada para baloncesto y mucho terreno pelón adicional.

Entre los estudiantes de secundaria había una pareja de abusadores: el Perro Saavedra y el Güero Lora.

El adjetivo *abusadores* encajaba perfectamente por los antecedentes y las características físicas de los dos estudiantes: altos y musculosos, siempre luciendo los brazos y con la cajetilla de cigarros Dominó en la manga de la camiseta.

El Perro Saavedra y el Güero Lora nunca se separaban y, sospechosamente, siempre estaban juntos cuando armaban gresca. Debido a su estatura, ambos chicos acaparaban la cancha de baloncesto.

En cierta ocasión en que yo jugaba béisbol con otro chico, nuestra pelota se metió tras la cerca de una casa del vecindario. Cruzamos la calle para recuperarla pero un enorme perro policía nos mostró los dientes. Tuvimos que regresar al patio escolar y esperar a ver si los inquilinos de la propiedad aparecían.

—¿Nos echamos una cascarita? —gritó el Perro con el balón en la mano.

Mi amigo y yo nos miramos, dudando.

—¿Tienen miedo? —secundó el Güero Lora.

No era una cuestión de miedo. Era una cuestión de estatura y de recelo. Sabíamos que el baloncesto era un deporte de contacto y, ciertamente, no nos atraía la posibilidad de jugar con ambos muchachos.

—Nos ganan —gritó mi amigo, el Sordo.

—Jugaremos despacio —insistió el Perro.

De todos era conocido el cerrado dominio que el Perro y el Güero ejercían en la escuela. Eso se sabía incluso en nuestra escuela, toda vez que el par incursionaba algunas veces a la cancha de la Benito Juárez. La reputación del par nos intimidó. No era para menos; los que nos invitaban eran los amos de la 18.

Aceptamos para no tener que decir no. Siempre sucede: cuando alguien ejerce un tipo de poder, el resto ansía, secretamente participar. La naturaleza humana tiende a expandir su círculo de dependencia, sintiendo halago ante una simple actitud de condescendencia.

Nos acercamos tímidamente y el Güero nos entregó el balón.

El Sordo *sacó* y el juego empezó.

Al cabo de 10 minutos jugábamos sin camisa, empapados de sudor. La superioridad de nuestros contrarios era notoria. En un momento dado, el Güero se posesionó del balón y yo me abalancé a pelearlo. El chico aprovechó para hacerme sentir ahí mismo quien mandaba en la cancha.

Con el balón sujeto con ambas manos, el Güero me recibió con un violento codazo en el plexo solar y encestó fácilmente. Yo caí sin aire con una idea en la mente: «Este pinche Güero me las paga»... y me las pagó.

Seguimos jugando. El Sordo me lanzó el balón y yo giré de cara a la canasta. Sentí el cuerpo del Güero arropar mi cuerpo con los brazos extendidos. Me incorporé violentamente a sabiendas de que mi contrario estaba inclinado en mis espaldas. Mi cabeza encontró su frente y el Güero se puso rojo. Yo encesté con facilidad.

La tensión subió a partir de aquel momento. Forcejeábamos sordamente. El marcador era abrumador en nuestra contra. Pero yo ya no jugaba para anotar sino para demostrarme a mí mismo que podía hacerlos sudar. El Sordo, mientras tanto, participaba menos.

Y lo que se veía venir llegó. El Perro se colocó detrás de mí y el Güero, tomando el balón con ambas manos, se lo lanzó. Yo vi los ojos del Güero clavados en los míos cuando el muchacho soltó la pelota. Una fracción de segundo después, sentí el duro cuero estrellarse en mi mejilla. Antes de recibir el balonazo, yo ya sabía que el Güero me lo había lanzado a propósito.

Atarantado, me doblé con los ojos llenos de lágrimas. El Güero recuperó el balón y lo metió en la canasta.

Estuve cosa de un minuto tratando de recuperarme. El Sordo se acercó y trató de ayudarme. A dos metros yo veía a los dos muchachos rebotando el balón como si nada hubiera sucedido.

—¡Pinche Güero; si estaban ganando no tenías que hacer eso! —grité, congestionado por la ira.

El Güero miró a su compañero con estupor. Este sonrió con descaro.

—¡A mí ningún hijo de la chingada me llama pinche y menos un méndigo huérfano arrimado! —gritó el Güero, amenazador.

Fue la primera vez que oí la frase «huérfano arrimado» golpear mis oídos directamente. El insulto había sido dicho en una escuela ajena, lo cual lo agravaba. Era ocioso pensar que no se repitiera en la Benito Juárez.

Oír aquello me enchiló como nunca antes. Ni siquiera el *pinche perro mudo* del Pecoso en alusión al Macetón en La Cañada, me ofendió tanto como aquella frase. De inmediato sentí que el dolor se iba. Cerré los puños e instintivamente apreté las mandíbulas. Sabía lo que venía en seguida. Lo había experimentado infinidad de veces con el Pecoso en La Cañada, con el Chololo en Chavoy y con algunos chicos menos afortunados entre ambos.

Cuando el Sordo me vio decidido a enfrentarme al Güero, me aconsejó prudentemente.

—Mejor vámonos. Está más grande que tú —dijo.

No era lo grande lo que aconsejaba al Sordo a ser prudente. Era la reputación de los dos bravucones.

No hice caso. El Güero Lora recibiría algo de lo que ya era inevitable que saliera de mí.

—Pinches arrimados. Ya es hora de que se…

Cuando el Güero iba a media frase ya me tenía encima. Abalanzarme sobre él fue la decisión más sabia del breve pleito. Cuando el Güero quiso reaccionar, ya era tarde.

Arranqué de frente hacia mi rival. Yo tenía 12; el Güero 16.

Una zurda volada le volteó la cara hacia la izquierda a mi rival y un derechazo se la echó hacia atrás antes de que el Güero siquiera levantara las manos. Frenéticamente empecé a mover los brazos. Sentía la urgencia de descargar lo poco que me quedaba después del agotador encuentro de baloncesto. Mi otra urgencia era tomar toda la ventaja que fuera posible.

El Güero se sacudió de mí y se sobó la cara con la derecha. En ese momento le estrellé de nuevo la zurda sobre la mano sin darle tregua. El golpe aterrizó en el metacarpo. Mi puño empujó su mano y esta le empujó la mejilla derecha. El Güero empezó a sacudir su mano con desesperación. Un peleador derecho cuya derecha duele, es un peleador imposibilitado. La suerte me ayudó; el Güero estaba vencido.

Pero para mí no era suficiente. Seguí machacando sobre mi rival hasta que sentí un pavoroso puntapié en las costillas. Inmediatamente me doblé y el Perro se encargó de ayudarme a caer con un puñetazo en la nuca.

Desde el suelo vi algunos chiquillos del vecindario viendo el pleito desde afuera de la cerca. El dueño del perro que nos pelara los dientes media hora antes, gritó desde el otro lado de la calle:

—¡Hey, grandullón abusivo! ¡Vamos a ver qué tan bravo eres conmigo!

Tanto el Güero como el Perro emprendieron veloz carrera. Para cuando me levanté, ya el señor que salió en mi defensa ayudaba a mi amigo a atenderme. Entre ambos me sentaron en una piedra y yo recobré la lucidez.

El Sordo y los que vieron la trifulca desparramaron la noticia. Esta se extendió por ambas escuelas.

Aquel incidente me enseñó dos cosas: yo era un niño sin hogar pero podía defenderme de cualquier plebe que me lo hiciese sentir. También averigüé que para Sergio, el mayor de los Tarango, yo no era más que un huérfano arrimado. Fue Sergio el que sembró aquella semilla. Fue él el que corrió la voz de que yo vivía de agregado en su casa.

El Perro vio de inmediato su reputación en peligro. No era cosa de aceptar que un chico de sexto año de primaria tuviese posibilidades frente a su amigo. Poder contra el Güero Lora, significaba que podía contra él. El Perro empezó a acosarme hasta que logró hacerme perder los estribos; tres días más tarde lo confronté.

El Perro me venció porque era humanamente imposible imponerme. Él era ya un chico fuerte y correoso y la diferencia era insalvable. Sin embargo, después del encontronazo, gané el respeto que ellos perdieron. Salí vencido físicamente pero toda la escuela ganó moralmente.

Fue una pelea desigual pero sostenida. Toda la escuela la presenció y duró hasta que un maestro intervino. Ambos contrincantes recibimos nuestro castigo en la dirección de la secundaria pero, el hecho de haber sido castigado junto al mismo Perro, me puso a su nivel. Tanto el Perro Saavedra como el Güero Lora perdieron la agresividad. Lo de *arrimado* quedó atrás en la corta temporada que pasé ahí.

Mientras escribía estas líneas, mi última esposa me preguntó: «¿Por qué siempre tienes que ser el héroe?».

«¿Cuándo has visto que los perdedores escriban la historia? Escribir mis fracasos sería una pérdida de tiempo. Van a sobrar los que los cuenten; ya verás», le contesté.

Yo nunca fui un bravucón. Antes bien, mi misma condición de desamparo me colocaba en una posición pasiva. No obstante, aquellos episodios me ganaron un respeto que no tenía antes en Mexicali. Me convertí en un solitario solicitado.

CAPÍTULO IX

La Noche más Fría

El achicharrante verano mexicalense empezó a hacer maletas pausadamente. El otoño empezó a tomar tiempo prestado al padre invierno, alternándose los días fríos con el calor veraniego.

Una tranquila mañana de mediados de octubre, el Macaco se escapó del patio trasero. Inocentemente, el cachorro se acercó al perro vecino moviendo el rabo con entusiasmo. Al enorme mastín no le gustó la invasión de su territorio y el Macaco recibió una mordida a la altura de la paletilla. Los aullidos del Macaco rompieron la tranquilidad del vecindario. Cuando el dueño del mastín separó a su can con energía, el Macaco salió disparado hacia nuestra casa. El perrito temblaba de rabo a orejas hecho bolita sobre la tarima de tablas donde dormía. Todavía gemía cuando me acerqué.

Era domingo. La familia entera había salido a misa. Me arrodillé frente al cachorro y empecé a sobarlo procurando no tocar la herida. El animalito se fue calmando. Después de un par de minutos, paré de tallarle el lomo y revisé la herida. Los colmillos habían desgarrado la piel sin penetrar realmente. El exceso de cuero del Macaco le había ayudado.

Tranquilo ya, al comprobar que la herida no era seria, calenté agua en una palangana y, después de lavar la tierra con cuidado, le vacié media botellita de sulfatiazol que encontré en el baño. Luego, para distraer al animalito, me hice de una costilla que había sobrado del día anterior. Cinco minutos después, el Macaco roía su hueso con denuedo.

El Macaco llevaba una vida muy similar a la mía; efervescentemente gozosa en presencia de Mariela y reducida al rincón de su dormitorio cuando Elpidio aparecía.

La primera vez que vi al cachorro hecho bolita mirando con temor al jefe de la casa desde el suelo, aquellos ojos temerosos me trajeron las palabras de Pancho el Paraguas hablando con Anita: «Usted vio el temor visceral de ese animal cuando se acercó su padre, señorita».

Elpidio no era precisamente un amante de los animales. El Macaco había llegado temporalmente a la casa de los Tarango debido a que el dueño, un hermano de Elpidio, había salido siguiendo las corridas (trabajo migratorio tras las cosechas) en California.

—Tú te harás cargo del Macaco —dijo Mariela al ver la devoción de mis cuidados al animalito herido.

—¿Y si los niños no quieren? —pregunté, presa de mis eternas aprensiones.

—Eso no sucederá porque a Elpidio no le gusta que los niños lo toquen.

Con gusto me hice cargo del perrito. La vida siguió su curso. Un otoño moderado arrastrando su melancolía antecedió al terrible invierno mexicalense y una mañana de noviembre, el hermano de Elpidio recogió al Macaco. Nunca más volví a ver al simpático perrito.

*

La tía Danelia anunció su llegada para la tercera semana de noviembre. Mi vida pintó diferente. La esperanza sustituyó a la resignación y empecé a contar los días. Pero uno no puede moldear su destino a capricho. Son las circunstancias las que deciden y un hecho imprevisto vino a alterar mi futuro. Escasos dos días antes del arribo de la tía Danelia, un corto circuito en las instalaciones eléctricas de mi salón obligó a suspender la clase. La escuela siguió en funciones pero mi salón fue enviado a casa.

Durante la noche había caído un tremendo aguacero y el patio de la escuela se había inundado, de modo que haraganear en el edificio no era una opción. Me dirigí a la casa de los Tarango, zigzagueando entre las charcas.

Normalmente, yo entraba a la propiedad por el patio, jugaba unos minutos con el Macaco y luego me asomaba al interior anunciando mi llegada a Mariela. Ese día, el patio de la casa era un enorme lodazal y, de seguro, me embarraría la ropa hasta las rodillas si entraba por atrás. Elpidio pintaba exteriores de casas, de modo que aquel día no había trabajado. Me dirigí a la puerta de enfrente, conciente de que lo vería en algún lugar de la sala.

Antes de abrir, oí voces. Mariela pronunció el nombre de mi madre y eso me detuvo.

—No tienes cara para cobrar los giros de Ariana. El chico no se merece el trato que le das —había dicho Mariela, con voz entre dolida y protestante.

—Tiene casa, comida y ropa limpia. ¿No es eso suficiente a cambio?

—No, no es suficiente, Elpidio. El miedo que te tiene es más grande que lo que le damos.

—Bueno, cierto o no lo que dices, ya es tarde. El domingo viene la Danelia a recogerlo.

—Quisiera suavizar la estancia del niño estos últimos días y... y que no estés presente cuando lo entregue —pidió Mariela.

«...y que no estés presente cuando lo entregue.» Mariela había hablado con voz apagada después de la pausa que envolvió la frase como una súplica.

—Esta es mi casa y de aquí no me muevo, Mariela. Mejor le dices a la Danelia que venga entre semana, si quieres verte a solas con ella.

—No se trata de verme a solas con Danelia. Ella me pidió llevarle al niño o que tú no estuvieras si tenía que venir. Por favor, Elpidio.

La pareja hablaba sin cortapisas. Los chicos volvían de la escuela hasta pasado el mediodía y yo, invariablemente me retrasaba. Incluso, si yo apareciese, la entrada posterior era visible desde la sala. Hubo un silencio. Por la ventana abierta llegaban las palabras nítidamente. Con sigilo me asomé por el hueco entre cortinas y pared. Elpidio hablaba arrellanado en el sillón con el periódico en las manos.

Había escuchado perfectamente que la conversación tenía que ver conmigo pero no entendí el significado de las palabras: La tía Danelia no quería ver a Elpidio, ¿por qué?

—Veo censura en tu tono. Me estás acusando ¿verdad? —señaló Elpidio.

—Yo no puedo acusarte de nada, Elpidio. Ya pasó y estoy en el proceso de olvidar. Pero lo que pasó autoriza a Danelia a evitarte. Es su hermana y la entiendo.

—Ariana me provocó. Yo estaba tomado y no supe contenerme.

El corazón me dio un vuelco. Afiné los oídos, ansioso de seguir escuchando. El grito de Mariela me demostró que no necesitaba concentrarme. La frase llegó estentórea y desprovista ya del tono sumiso.

—¡¿Te provocó?! ¡¿Me vas a decir que salió de su cuarto para invitarte a su recámara?! ¡¿Te pidió que le rasgaras el camisón?! ¡¿Crees que mi silencio te autoriza a calumniar?! ¡¿Por qué crees que me ofrecí a recibir al niño mientras Danelia regresaba?! ¡La atacaste en nuestra propia casa, borracho o no!

El tono de voz de Mariela me asustó. Fue como si hubiera decidido soltar todo en un borbollón de palabras.

—¡No pasó nada, carajo! —protestó el hombre.

—Eso no te disculpa. Seguramente no hubiera pasado nada aunque yo no hubiera aparecido. Pero yo no quiero hablar ya de lo que *no* pasó. Ese niño estaría con su madre ahora si Ariana no hubiera tenido que irse. Y ahora, sólo desprecios le das, como si maltratándolo te redimieras.

—¡Rangel, ahí te va, cáchala! —escuché una voz a mis espaldas.

Me volví al tiempo que un vecinito me lanzaba una pelota. Desconcertado con la impresión de lo que había oído, no acerté a cortar el vuelo de la esférica. Esta se estrelló en la pared de madera. Miré hacia adentro en la esperanza de que Tarango no se hubiera percatado y eso me delató. El hombre se dio cuenta de que yo había oído todo. La expresión de mi cara era un sello acusatorio. Lo vi venir a grandes zancadas. Abrió la puerta y me gritó con fuerza:

—¡Escuchar tras las puertas es una costumbre de viejas chismosas! ¡Ven acá, muchacho de porra!

Sentí que algo me ensanchaba mi raquítica humanidad. El apoyo moral que me inundó me dio poder de réplica y contesté con furia:

—¡Usted se ha robado el dinero que mi madre le manda! ¡Prefiero vivir en la calle que verle la cara todas las mañanas! ¡Métase el dinero donde ya sabe! —le grité con los ojos centelleantes.

Le arrojé los libros a la cara y retrocedí. Elpidio titubeó un momento, desconcertado con mi atrevimiento. Luego reaccionó y avanzó un par de pasos. Yo eché a correr y el hombre emprendió la carrera tras de mí.

Elpidio me persiguió por una cuadra y la mitad de otra y probablemente me hubiera alcanzado a no ser porque la fatiga lo obligó a detenerse cuando estaba a punto de lograrlo. El cigarrillo y el exceso de peso eran hábitos incompatibles con una carrera de distancia.

—Te vas a acordar de mí si llego a ponerte la mano encima —fue lo último que oí.

En el frenesí de la carrera, viré la cara y vi al hombre apoyado con ambas manos en las rodillas. La boca abierta parecía protestar por la falta de aire. Doblé la esquina a toda carrera y no paré por cosa de cuatro cuadras.

Cuando agotado aminoré el paso, me encontré en un sitio en el que jamás había estado. En mi mente repiqueteaban las palabras de Mariela: «La atacaste en nuestra propia casa, borracho o no». Después, en mi deambular mis pasos me llevaron a otro Mexicali; un Mexicali hostil, no apto para niños fugitivos. Apenas rebasaba los 12 años y esta era mi segunda fuga.

Errante, llegué al centro de la ciudad. La tarde empezaba a tender un velo en la luz solar. Sin saber cómo, me vi de pronto en un sórdido hacinamiento de casuchas y callejoncillos. El olor a comida era penetrante. Miraba al frente y a ambos lados y veía muchas caras orientales. Un letrero en la entrada de un callejón más amplio me dio una referencia. El letrero decía: Callejón Chinesca. Estaba en el barrio chino.

El olor a comida flotaba por todos lados y yo estaba hambriento. A mi alrededor, grupos de orientales comían moviendo sus palillos con una mano, mientras con la otra sostenían tazones llenos de arroz o fideos. Hombres de piel tostada y sombreros arriscados se mezclaban con los chinos. El olor era un tormento insoportable. O comía o salía de allí cuanto antes.

—¿Le puedo lavar los platos sin que me pague, señor? Sólo quiero comer —le dije a un chinito que se me quedó viendo y luego sonrió, moviendo la cabeza. «Chino pendejo; nunca va a conseguir lavaplatos si no aprende español», pensé.

Ofrecí mis servicios de puesto en puesto, sin éxito. Recordé los caballitos de oro que me había regalado mi tío Valdemar en La Cañada y los acaricié en su cadenita. El hambre era mucha pero pudo más el significado del regalo.

Ya oscuro y viendo que no convencía como lavaplatos, me abrí el cuello de la camisa pretendiendo ser un chico adinerado. Me senté en un mostrador y ordené un Chop Suey. Los caballitos brillaban en mi pecho aunque dudo que alguien haya prestado atención.

El corazón me latía locamente. En el mostrador había un grupo de 5 o 6 personas. Yo me encontraba en el extremo más cercano a la puerta.

Cuando el humeante plato llegó, rebosando de comida, miré hacia otro lado deliberadamente. El hambre me mataba pero yo no quería mostrarla.

Cuando el chino se retiró, yo empecé a comer conteniendo las ganas de atizarle al plato. Cuando estaba a punto de terminar, miré a los dos cocineros tras el mostrador. En el momento que creí oportuno, me levanté y salí hecho la raya del lugar.

No supe si me perseguían. Corría y no paré porque el miedo me empujaba. Era mi segunda carrera de ese día.

Cuando paré de correr, eché a caminar hacia adelante. No tenía ni idea hacia donde me dirigía pero, comprendí que parado, no encontraría un sitio donde guarecerme. Al levantar la vista, vi la fachada de Palacio de Gobierno iluminada y, recortada contra la luz, la estatua de Álvaro Obregón, de pie frente al edificio público.

De inmediato me ubiqué. El Palacio de Gobierno estaba en mi ruta diaria hacia la escuela, de modo que la casa de los Tarango quedaba a la izquierda, tres cuadras en diagonal hacia el noreste. Caminé hasta la esquina más próxima de mi ex hogar y agazapado en el porche de una tienda de abarrotes cerrada, esperé a que las luces de la casa se apagaran.

El frío empezaba a calar los huesos. Corrí la cremallera de mi chamarra hasta el cuello y me acurruqué con las manos en los bolsillos laterales.

Media hora después de que las luces se apagaron en la casa, me acerqué de prisa. Al pasar la propiedad del vecino, acaricié al enorme mastín. El animal movió la cola al reconocerme. Entré por el patio y abrí una ventana de guillotina.

Debido al hacinamiento, yo dormía en la sala y mis tendidos iban a dar al cuartito de lavar, próximo al patio. En una completa oscuridad, busqué una cobija a tientas. Mi pecho palpitaba aceleradamente.

Hurgué en la alacena. Mis dedos tocaron la forma ovalada de una lata de sardinas. De un cajón de la cocina saqué una cuchara y un cuchillo pequeño que usábamos para afilar los lápices.

Del canasto de la ropa sucia rescaté el pantalón que me había quitado en la mañana y lo metí junto con lo demás en la pequeña maleta de tela con que había llegado a Mexicali. La cobija abultaba más que nada.

Salí por donde había llegado. Sabía que mis huellas quedarían marcadas en el piso. No era posible atravesar el lodazal del patio y entrar sin dejar huellas.

Con el bulto al hombro me alejé de la casa rápidamente. Al pasar por el tendejón donde había esperado, se me ocurrió que era un buen sitio para pasar la noche. Sabía que la tienda la abrían a las 7 de la mañana y, durante la noche, el pequeño portal de la entrada permanecía desierto y a oscuras.

Eran los tiempos en que Mexicali era inocente. Los juguetes de los niños amanecían en las aceras sin que nadie los tocara. Los lecheros repartían su producto dejando los litros de vidrio en las entradas. A veces, el inquilino ataba con una liga un sobre con el adeudo al cuello de la botella vacía. El lechero recogía el dinero junto con el envase y sustituía el vacío con otro lleno. Nunca oí que nada desapareciera.

Clareaba el día cuando enrollé la cobija y me alejé de la tiendita. Había dormido vestido, enfundado en los dos pantalones y con los zapatos puestos. Sentí un frío atroz en los pies y me lamenté de no haber recogido un par de calcetines la noche anterior.

Aquella noche aprendí que se puede aliviar medianamente el frío en cualquier parte del cuerpo excepto en los pies. Un poco de movimiento te calienta y, si te enconchas juntando brazos y piernas, te das un poco de calor a ti mismo. Frotando tus manos sientes como si el alivio se extendiera a tus brazos. Te sientes mejor, incluso, hundiendo la cabeza y levantando los hombros. Son pequeñas soluciones cuando tu cuerpo protesta. Pero los pies. Hagas lo que hagas, tus pies son los que más sufren.

¿Cómo aliviar unas extremidades encerradas en zapatos de cuero casi congelado? Para masajearlos tienes que desnudarlos. Pero, descalzarse con una temperatura de 0 grados centígrados es una invitación a congelarse por completo.

El sol sale todos los días. En nuestro diario vivir lo miramos sin sentirlo, sin apreciarlo en toda su esplendorosa gloria. El sol, la tierra y el aire son parte integral de nuestras vidas, como lo son las células de nuestro organismo o nuestros propios sentidos. Son elementos inadvertidos, interactivos con nuestras acciones. Aquella mañana, con mis pies a punto de congelación, aprecié los primeros rayos solares como un regalo divino. Mi nariz y mis mejillas enrojecidas sintieron la tibia caricia como un náufrago sentiría quizá, la tibia arena de la playa bajo sus pies. Con los hombros subidos hasta las orejas, los brazos pegados a lo largo de las costillas buscando calor y los dedos de los pies entumidos dentro de los fríos zapatos, busqué un claro dónde bañarme de luz. Temblaba lo suficiente como para pensar que los huesos asomarían en las coyunturas.

Aterido de frío caminé sin rumbo. La maleta me estorbaba. Mi mente trabajaba febrilmente buscando una solución a mi problema.

Desenrollar la cobija y echármela sobre los hombros llamaría la atención y, sin embargo, lo hice. Con las puntas de la cobija arrastrando y la maleta en la mano, caminé sin rumbo.

Llegué a una esquina cubierta de escombros. La casa que ocupaba aquel lugar se había quemado hasta los cimientos y, por una semana, las tablas carbonizadas habían permanecido intactas. Yo sabía esto último porque había presenciado el resplandor del incendio desde las ramas altas de un pino salado.

Avancé sobre las ruinas y me senté al pie de la chimenea. Cuando me levanté de ahí, lo hice con la cuchara, el cuchillo y la lata de sardinas. La maleta quedó estratégicamente escondida bajo un promontorio de ladrillos tiznados.

Descarté el porche de la tienda como dormitorio. Sabía que no podría volver al vecindario sin riesgo de que me descubrieran y sabía que tampoco podría dormir a plena calle. Descartado el portalito, era vital encontrar dónde pasar la noche al abrigo de los elementos. Tenía 24 horas para encontrar un refugio antes de terminar el día.

Doblé en una calle lateral. Normalmente las calles de menor tráfico ofrecen mayores resquicios y recovecos. A las dos cuadras miré un letrero: EL MOTOR DE ORO, decía un anuncio colgado de un portón de alambre. En el corral se apiñaban media docena de carros en condiciones de uso. Había también un par de vehículos abandonados y otros tantos camiones urbanos en proceso de reparación.

Disimuladamente estudié el corralón. Este se prolongaba hasta un callejón y el capacete de uno de los autos abandonados daba directamente al ruinoso cerco. Me detuve en la esquina y me volví para mirar. El taller era un simple tejado volado. No había construcción alguna en la propiedad. Decidí que alguno de los autos abandonados sería mi recámara. Seguí caminando empujado por el frío.

Deambulé sin rumbo por el vecindario. Poco a poco empecé a recuperar el calor corporal. A media mañana, el sol me había inyectado nueva vida.

Encaminé mis pasos al Motor de Oro. Tenía que ver el movimiento del negocio para decidir cómo entrar furtivamente. No tardé en darme cuenta que había perdido el rumbo. El taller no apareció donde yo supuse encontrarlo.

Después de varias vueltas, finalmente divisé el tejadillo. Me aposté tras un fresno y miré con disimulo. Al cabo de 30 minutos, decidí que un Studebaker pegado al cerco era un buen sitio para introducirme. La abandonada carrocería gris estaba bajo un pino salado y, juzgando por los costados llenos de polvo, aprecié que las ventanas tenían vidrios.

Un par de individuos entraron en la propiedad. Por una hora, los sujetos pulularon alrededor del tejadillo sin alejarse más de cuatro metros. Además, un autobús urbano se atravesaba en el ángulo visual de los mecánicos. Decidí que ahí pasaría la noche. Seguramente el viejo automóvil estaría más acogedor que el portal de la tienda.

Preocupado por sobrevivir, mi mente se enfocó en conseguir los medios. ¿Qué era lo más urgente?, ¡mis pies! No quería sufrir de nuevo el tormento de la noche anterior y, al pasar por un tendedero, me convertí, tal vez, en el primer ladrón de calcetines del candoroso Mexicali. Con las dos prendas de lana emprendí la carrera. Los calcetines en mis bolsillos me dieron un sentimiento de confort, incluso antes de ponérmelos.

Era hora de atender una necesidad biológica impostergable. La lata de sardinas me alivió el hambre. Sin embargo, el estómago merecía atención constante. Durante el día, las tripas empezarían a protestar si no recibían su ración de combustible. Pensé en el banquete gratis de la noche anterior y descarté la idea. Intuí que volver a ordenar comida y pagar con una carrera podía terminar con un asiático sustituyendo a Elpidio. «La mayoría de los chinos son flacos», pensé, como un disuasivo a repetir el truco.

Esa tarde consumí el resto de las sardinas. Cuando oscureció, recogí la maleta de entre los escombros, trepé el desvencijado cerco del taller y me introduje en el automóvil abandonado.

Pasé la noche en posición fetal. Los calcetines robados fueron increíblemente acogedores. No fue igual que dormir con calefacción, pero ciertamente fue mejor que en el portal de la tiendita.

Otro día por la mañana, esperé a que el sol se asomara antes de salir del auto. Al cobijo del autobús salí, salté sobre los alambres y me dirigí a los escombros del incendio. Entre ceniza y negros tablones quedó la digerida sardina del día anterior. Salvada la necesidad de evacuar, me hice bolas en una piedra. El astro rey me devolvió las fuerzas.

A esa temprana edad, ya necesitaba el café por las mañanas. No era un hábito pero el negro brebaje era lo que me daban con el desayuno. Por dos días consecutivos no había probado ni lo uno ni lo otro. Pensé que en esas condiciones, me sería muy difícil salvar los caballitos.

CAPÍTULO X

Un Techo y Tres Comidas

Me orienté buscando el centro. Eché a andar por la acera de una calle llena de hoyancos. Pasé dos semáforos de piñata y la calle me llevó a un enorme edificio. CINE CALI, decía un anuncio vertical que parecía ser de neón.

El cine se levantaba a mi derecha y, al frente, las vías del ferrocarril se cerraban en diagonal. Seguí caminando, esta vez sobre las vías y, cosa de cuatro cuadras más tarde, me vi de súbito en el lugar donde tres meses antes, Joe Kenniston alquiló el taxi que nos llevó con los Tarango.

Parado sobre los rieles miré hacia atrás y observé que las vías se abrían en ángulo con la avenida Madero. Más tarde comprendería que el primer cuadro de Mexicali era un triángulo rectángulo encerrado entre la recta de la línea divisoria que se desplazaba de occidente a oriente y las vías que se alejaban de noroeste a sureste. Al sur de la hipotenusa de dicho ángulo, se abrían las carreteras que llevaban al puerto bajacaliforniano de San Felipe y a San Luís Río Colorado, Sonora.

Abrí el broche de la cadena y con mis caballitos de oro en la mano eché a andar por la Madero. Me metí en la primera joyería que vi y pedí dinero por mi tesoro. La chica me rechazó argumentando que era una empleada y no podía tomar decisiones. Me pidió volver por la tarde.

Después de insistir un par de veces en otros tantos negocios, vi un pequeño anuncio en un escaparate: SE COMPRA Y SE

VENDE ORO. Sin pensarlo dos veces entré en el comercio. En un cubículo, rodeado de lupas, pinzas y relojes desarmados, un hombre obeso levantó la cabeza.

—Quiero vender mis caballitos —le dije, extendiendo mi mano abierta.

El hombre me miró y luego examinó las alhajas.

—¿Cuánto quieres por ellos? —preguntó, moviendo los mostachos como si masticara chicle.

No me esperaba una pregunta así. «Valen tanto, te doy tanto», esperaba oír.

—No sé. Necesito dinero para comer —dije, agregando: —Yo pensé que usted sabía cuánto valían. —El hombre me miró sonriendo con el ceño fruncido ante mi salida.

—¿No te dan de comer en tu casa? —me preguntó con aire inquisitivo.

—No tengo casa. Me dejó el tren que iba para Caborca. Quiero comer mientras mi tío regresa —mentí.

—¿Cuál tío?

—Pancho el Paraguas —dije, atropelladamente.

—¿Y cómo llegaste aquí?

La pregunta era tonta, a mi ver.

—Pues caminando.

—Ah —dijo el hombre, tornando a examinar los caballitos.

Mi historia no tenía lógica. Yo decía lo que acudía a mis labios. El hombre quedó pensativo.

—Te doy un techo y tres comidas al día mientras tu tío Paraguas regresa —dijo el relojero.

Pensé en la proposición, deseoso de aceptar. Luego pensé en la posibilidad de que el hombre quisiese sacar ventaja.

—¿Y si mi tío regresa ahorita?

—Hagamos un trato. Te voy a dar tres pesos para que comas. Yo guardaré tus caballitos. Si tu tío regresa ahora, me pagas y te los regreso. ¿Qué dices?

¡Tres pesos! La codicia me venció.

—Te daré para que comas hasta que tu tío regrese o hasta que mi dinero termine de pagar los caballitos.

—¿Y cuánto valen?
—Después de evaluarlos te digo.
—¿Y dónde voy a dormir?
—En mi casa —dijo el gordo—. Tenemos espacio de sobra.
—Acepto —dije.
El bigotudo me dio 3 billetes de a peso e indicó:
—Cierro a las cinco. Ven antes.

Treinta minutos más tarde tenía ante mí un humeante plato de huevos rancheros y una taza de café caliente. El día pintaba bien.

En el automóvil de Catarino Escalante llegamos a su casa. Una mujer de rojas mejillas se asomó por una ventana.

—Vieja, prepara un cubierto extra. Tenemos visita.
—Claro, viejo. ¿La visita toma Tecate o Mexicali? —dijo la dama, mirándome con simpatía.

Aquella noche, en la mesa, el matrimonio y su hijo compartieron conmigo cual si me conociesen de mucho tiempo. Reí de buena gana con las expresivas bromas de doña Dionisia. Yo reía enseñando los dientes y no me acordaba haciéndolo desde que estuve en Caborca. Había una razón de peso para mi exuberancia: yo estaba pagando por lo recibido. No sentía el complejo del «arrimado».

La familia Escalante me dio su hospitalidad sin condiciones. Por primera vez en meses dormí en una cama. Las sábanas limpias acariciaron mi piel como hacía mucho tiempo no sentía. No me dieron un rincón sino una habitación para mí solo. ¡Una habitación para mí solo, con calentón y todo!

Otro día por la mañana, don Catarino tocó a mi puerta, dejó un billete de a peso en una mesita y me dijo:

—Con este billete tomas un taxi hasta la joyería. Lo tomas a dos cuadras de aquí, en la esquina de la Obregón. Todos van por la misma ruta. No lo vayas a tomar al revés. Allá te espero.

Dicho lo anterior, me sonrió y cerró la puerta. Después del desayuno, doña Dionisia me repitió las instrucciones.

Tomé el taxi y este rodó por la calle, en sentido opuesto a la estatua del general Obregón. Al llegar al primer cuadro, el polvoriento vehículo dio vuelta al norte en una esquina y un par de calles más tarde enfiló a la izquierda, sobre la Madero. En Mexicali parecía que todo convergiere en la Madero. Abandoné el coche en un parquecillo frente al negocio de don Catarino.

Después de atender algunos clientes, el joyero tomó un letrero y lo colgó en la puerta. SALÍ A COMER. REGRESO EN UNA HORA, decía el cartoncillo.

Nos metimos en un pequeño restaurante y, ya con los platos frente a nosotros, don Catarino me dijo:

—Vamos a ver, Rangel. Como comprenderás, me preocupa que te anden buscando y luego me acusen de haberte secuestrado o algo así. Desde luego, la historia de Pancho el Paraguas está muy jalada de los pelos. No hay un tío que se fue en el tren, ¿verdad?

—Sí, Señor, Pancho vive en Caborca y...

—Rangel, un tren sale al sur casi a media noche y otro una hora después de que te aparecieras por la joyería. Yo estoy seguro que si algo como lo que dices hubiese sucedido, hubieras dormido en la sala de espera y no te hubieras despegado de la estación. No tiene sentido alejarse del único sitio donde puede localizarte un tío que va a regresar —dijo, endulzando su café—. ¿Puedes decirme dónde queda la estación del tren? agregó, llevándose el brebaje a la boca.

Agaché la cabeza. No tenía ni idea de la respuesta.

—Hijo, a ti no te dejó ningún tren, ¿verdad? —dijo el viejo con voz pausada.

—Nnno —fue mi respuesta.

—No tengas miedo; dime la verdad y yo te ayudaré —me dijo aquel hombre, limpiando el plato con un trozo de tortilla.

Para cuando terminamos de comer, ya le había contado toda la verdad. Al final de mi historia, don Catarino simplemente preguntó:

—¿Tienes la dirección de tu madre?

—No.

—¿Y la de tu amigo Pancho... el Paraguas?

—Tampoco... pero sé cómo llegar. Esta es la llave de su casa —dije, esperanzado en volver con Pancho.

—No, Rangel —dijo el joyero—. No sería correcto que viajaras solo. Me temo que tengo que llevarte con esa familia Tarango.

Me levanté de un salto, alarmado ante semejante posibilidad.

—No, don Catarino. Si quiere quédese con los caballitos aunque no me haya terminado de pagar. Yo me iré y no lo molestaré. Le prometo no decirle a nadie que lo conozco, de veras.

Hablé con el atropello de la desesperación. Con la vehemencia del condenado en busca del indulto. Estaba decidido a emprender la carrera si don Catarino se empeñaba en entregarme.

Don Catarino intuyó lo que pasaba por mi mente. Metió la mano al bolsillo y sacó una bolsita de celofán con mis caballitos dentro. Dejó la bolsita sobre la mesa y dijo:

—Siéntate, hijo.

Obedecí en una mezcla de resignación y agradecimiento, la cabeza clavada en mi pecho. Sentí los ojos preñados de agua.

Hagamos una cosa, Rangel. Pondremos un anuncio en el periódico de Caborca buscando a tu amigo. Hay un joyero allá que me debe el oficio. Si le pido el favor, me lo hará. Es más, a lo mejor lo conoce. ¿Qué te parece?

La cara se me iluminó de pronto. Me tallé los ojos y, de no ser por la mesa, hubiera abrazado al viejo.

—No se llama Pancho el Paraguas. Se llama Francisco Aguirre Lizárraga —dije, alborozado.

—Bueno, hoy mismo hablaremos a Caborca —concluyó don Catarino, pidiendo la cuenta.

De regreso en la joyería, don Catarino se metió en su cubículo y me sugirió matar el tiempo mientras él terminaba sus labores.

Salí de la pequeña relojería y crucé frente a un cascarón de hormigón de techos altos que parecía sin terminar; las desnudas paredes de cemento sin pintar. La Especial, decía el anuncio en la entrada. Adentro, tras un mostrador, un hombre despachaba refrescos naturales. Un par de parroquianos hojeaba revistas locales y nacionales que el local vendía.

Un poco más adelante, el olor a ropa nueva hirió mi olfato. Alcé la vista y leí el letrero: La estrella Azul, rezaba el anuncio en la fachada de una elegante tienda de ropa y artículos deportivos.

Para matar el tiempo, crucé la amplia avenida rumbo al parquecillo. Este parecía ser un lugar en vías de desarrollo; los arbolitos eran jóvenes y había algunas bancas.

El clima era benigno a esa hora del día. Al costado oriental del parque, un soberbio edificio de dos pisos con columnas y escalinata lucía su clásica elegancia. En el centro de la fachada, un amplio salidizo daba forma a un pórtico cuadrado cuyo techo era sostenido por columnatas toscanas (cilíndricas) con capiteles. Las columnas, esbeltas y elegantes, descansaban sobre bases cuadradas en juegos de tres en cada esquina. El techo del pórtico servía de piso para un segundo porche en la planta alta. En la base de este, con letras de madera que parecían en relieve, se leía: Escuela Cuauhtémoc. La azotea se prolongaba en otra saliente de las mismas dimensiones de la de abajo, techando el porche superior.

Me senté en una banca, fascinado con la soberbia estructura. La fachada era, en realidad un conjunto de tres salidizos; el central, que daba forma a la entrada y otros dos, uno a cada extremo de la fachada. Esta, vista desde el aire, recordaría una especie de M horizontal con tres patas de idéntico grosor. Las altas ventanas suponían un torrente de luz en los interiores a la vez que proporcionaban el toque diferente. Una balaustrada de pilares torneados corría a cada lado del salidizo central, uniendo las «patas» de la hipotética M. Estos pasillos-terraza dividían en dos partes el inmueble, dándole un sello especial al edificio. La estructura, vista desde el parque vecino, ocupaba toda la manzana. Una explanada de cemento frente a la entrada, separaba el parque de la escuela.

La gallardía del diseño arquitectónico garantizaba que aquel edificio superaría con creces la prueba del tiempo. Supuse, con la incipiente analítica de mi corta edad, que las construcciones circundantes serían escombros al paso de algunos años mientras que aquella edificación, con el mantenimiento adecuado, podría convertirse en uno de esos símbolos que la Historia respeta.

El edificio no era una joya arquitectónica con pretensiones al estilo del Palacio de Bellas Artes de nuestra capital. No había mármoles ni cantera importada. Fuera de aquella balaustrada, construida, obviamente para romper la monotonía de líneas, el resto del edificio era un ejemplo de sobriedad del neoclásico. Todo el conjunto podía definirse con una simple palabra: armonía.

Si bien, la madera con que habían sido completados los adornos sucumbiría a los embates del tiempo, el uso de aquella era, quizá, el factor más relevante en la personalidad lograda.

Presté más atención a la mole de concreto armado. Algo no encajaba. Aunque la fachada daba al parquecillo, el público entraba por la «pata» que daba a la avenida Madero.

Desde el punto donde me encontraba, el costado occidental era, a todas luces, más grande e imponente que la supuesta entrada. No pude menos que pensar que el edificio descansaba atravesado en medio de la manzana... ¡con la entrada principal en su costado sur!

Me levanté de mi asiento y caminé hacia la calle para ver por dónde entraba la gente. Pude ver que la misma balaustrada corría a los lados de un pórtico similar al primero. Lucía esta, el mismo pasillo-terraza, las mismas columnas y el mismo diseño, salvo que estos detalles eran de dimensiones menores, pero en el centro del costado, había cuatro escalones y una puerta.

De pie en la esquina del parque, miré hacia el otro lado de la calle y observé que la arteria que venía del sur, perpendicular a la Madero, desembocaba exactamente en la explanada de cemento. Traté de imaginar el trazado original y la luz se hizo en mi cerebro: la explanada había cerrado la prolongación de la calle, convirtiendo la entrada principal en patio de recreo.

La escuela Cuauhtémoc fue construida en la esquina noreste de Madero y Altamirano con la fachada sobre esta última. Al cerrar la calle Altamirano, que llegaba hasta la línea divisoria, la esquina original desapareció. Con el tiempo y la explosión del automóvil, el costado sur se convirtió en la entrada principal.

Eché a andar hacia la entrada. Subí los escalones y, al pie de la puerta, a modo de tapete, vi un letrero de letras negras con fondo blanco. Dentro de dos líneas paralelas se leía: Escuela Cuauhtémoc. Alguna frase adicional que no recuerdo completaba el mensaje. El letrero junto con un par de cuadros en las paredes laterales, había sido hecho de mosaico blanco. Era obvio que no eran parte del diseño original. Seguramente fueron añadidos después, para orientar al peatón hacia la nueva entrada.

Hacia el oriente, otro edificio luchaba por «hacer sombra» al primero sin lograrlo. Este, de techo inclinado de tejas, era rectangular y mucho más modesto. Con el tiempo supe que era el edificio de Correos de México. Ambos seguían la línea arquitectónica de principios de siglo y, aunque se sucedían en la misma manzana, no eran construcciones típicas de Mexicali.

En el curso de dos años de sufrir dulcemente en aquella peculiar ciudad, comprobé la existencia de seis edificios más, dignos de mención: La Cervecería de Mexicali, la Colorado River Land Company, el Palacio de Gobierno, el Palacio Municipal, que parecía ser primo lejano de la Cuauhtémoc y dos escuelas más; la Leona Vicario y la Benito Juárez.

Para ser honestos, seis edificios como aquellos en los primeros años de vida de la ciudad, no eran pocos. Y si se piensa en el hecho de que tres de ellos eran templos del saber, es inevitable dar crédito al gobierno de la época. En el primer cuarto de siglo, Baja California alcanzó el 96% de alfabetización. Un hecho portentoso, considerando que el Valle de Mexicali era, apenas en 1901, un páramo tan desértico y remoto que si hubiese habido camellos habrían necesitado una segunda joroba para subsistir.

Un hecho, quizá circunstancial, abonaba prestancia a la escuela Cuauhtémoc: Esta se levantaba libre de vecinos. Al oeste, la explanada lo separaba del parque y el parque mismo prolongaba la amplitud. En la parte trasera, un patio más pequeño separaba la escuela del edificio de correos. En la parte posterior (o costado norte, según se mire), una valla de alambre trenzado dibujaba la raya que señalaba el final de nuestra República. La Escuela Cuauhtémoc jamás tendría más delimitación al norte que el inmenso espacio abierto de los Estados Unidos de Norteamérica.

Empecé a caminar hacia el oeste preguntándome quién habría costeado la construcción de la valla de alambre. «De seguro la hicieron los gringos», pensé, concluyendo que nosotros no necesitábamos un cerco.

Al final del parquecillo vi una cuadra de feos portales de pilares cuadrados rematada con el no menos feo edificio del elegante Hotel del Norte. Eran los mismos portales angulares que vi al bajar del autobús en Calexico. No había diferencia. Aquellos adefesios eran los mismos que había visto en las pequeñas ciudades californianas a mi llegada de Arizona. Mi mente viajó hacia atrás y mi memoria no me trajo nada parecido, ni en Sonora ni en Sinaloa. Concluí que Mexicali tenía que ser un apéndice de Calexico o viceversa.

Recordé el cruce de la Línea Divisoria con Joe Kenniston. Instintivamente viré la cabeza hacia la cerca. Acercándome a través de las veredas *encementadas* del parque, llegué a la calle y me detuve en el bordillo de la acera. Del otro lado, alta y esbelta, la línea de alambre tejida en eslabones de forma romboide se extendía infinita a mi derecha. Crucé y, curioso, miré por los huecos de la malla. Del lado americano no había gran movimiento. Altas paredes de construcciones que parecían bodegas obstruían la vista. Un hombre de ojos claros me sonrió al pasar. Más adelante, pareció meter una moneda en una máquina y retiró un periódico. El hombre se alejó.

363

Giré la cabeza a la izquierda y mis ojos volvieron a territorio mexicano. A poco más de una cuadra, vi la caseta de cruce.

Una extraña sensación me invadió. Mis ojos podían viajar a los Estados Unidos y volver a México. Sin embargo, yo no podía ir tras de mis ojos más allá del alambre. Escasos días atrás yo había estado en aquel país y ahora no podía regresar. «Puedo viajar en mi país hacia atrás hasta Guatemala, mojarme los pies en el Golfo de México o nadar en el Océano Pacifico sin que nadie me diga nada. Pero no puedo dar un sólo paso más allá de esta cerca», pensé.

Picado de una poderosa curiosidad, me encaminé al este. Del otro lado del cerco, las paredes de bodegas terminaron dos cuadras después. Alejadas de la Línea, empecé a ver la parte posterior de simpáticas casitas cuyas fachadas daban al norte. Era fascinante y decepcionante a la vez, ver los contrastes. Al «otro lado», casas con patio y jardín, circundados con chaparras cercas de madera o alambre, tendederos de ropa colgando de postes bien clavados en el pasto y automóviles estacionados a los costados Del lado de *acá*, de mi México querido, una larga fila de viviendas se alineaba viendo el final de su país al cruzar la calle. No pude menos que pensar que mis paisanos miraban a los «gringos» mientras estos les daban la espalda. A mis espaldas, a una cuadra escasa, la vida transcurría en una ciudad llena de vitalidad. Frente a mí, un detalle me llamó la atención: No vi seres humanos; las casitas parecían desiertas.

Seguí caminando, la vista clavada a través de la malla. Una calzada de tierra extrañamente lisa y sin marcas corría pegada al cerco. La calzadilla tendría 2 metros de ancho. Paralelo al caminillo, vi un camino asfaltado. Poco a poco, las casas se fueron acabando. Al cabo de media docena de cuadras, ya sólo se veían terrenos de sembradío, separados por el camino asfaltado y el caminillo de tierra.

El ruido de un motor me obligó a voltear. Al principio no distinguí nada entre la tupida malla del alambre. Sin embargo, el ruido se fue acercando, muy cerca del cerco. Un instante después, un Jeep arrastrando un rastrillo pasó de largo. Un hombre armado, uniformado de verde, montaba el Jeep. En la cabeza, un sombrero de ala plana con cuatro *pedradas* lucía una brillante chapa en el frente. El agente de Inmigración pasó arrastrando su rastrillo. La calzada de tierra era para marcar las huellas de posibles alambristas (personas que brincan el cerco de alambre para internarse en los Estados Unidos sin documentación legal). El hombre me saludó tocándose el sombrero y yo contesté el saludo.

Pensé en mi madre; Montana estaba en la frontera con Canadá. Eso significaba que, a lo mejor, mi progenitora vivía en casitas que daban la espalda a los canadienses. Luego pensé, en mi lógica infantil, que a lo mejor era al revés: los canadienses dándole la espalda a los gringos.

De súbito reaccioné. Había caminado rumbo al este y me asaltó el temor de haberme acercado demasiado a la casa de los Tarango. Crucé la calle y desanduve el camino andado. Mientras caminaba, elucubraba en el hecho de que mi madre estaba en el extremo norte de un país extraño mientras yo miraba el extremo sur desde el norte del mío propio. Enredado en puntos cardinales llegué al parquecillo. Me metí a una refresquería y ordené un refresco. Del otro lado de la calle, un largo letrero decía: EL SUBMARINO BAR.

El tiempo pasó mientras yo bobeaba, ocioso. Súbitamente recordé algo que me venía bailando en el magín: «Avenida A. Obregón». ¡La carta que tía Danelia había enviado a Pancho el Paraguas tenía su dirección... y su teléfono! La tía vivía por la Obregón, la calle que remataba en la estatua del Manco de Celaya, frente al soberbio edificio de gobierno.

Presa de la excitación, atravesé la calle y entré en la joyería.

—¡Don Catarino, mi tía Danelia vive por la Obregón! —dije.

Don Cata me miró y arrugando el ceño preguntó:

—¿En qué número?

—No sé —fue mi respuesta.

El viejo me miró y dijo:

—¿Por qué no me dijiste que tenías una tía?

Tampoco tenía una respuesta clara para aquella pregunta. En la historia de mi escapada no entró la tía Danelia porque en mi alma empezaba a crearse un resentimiento contra todo lo relacionado con mi familia. Después, cuando el joyero había sugerido enviarme de regreso con los Tarango, el mundo se me cerró y sólo pensé en Pancho. Simplemente, mis esperanzas se centraron en la posibilidad de volver con Aguirre.

—Porque no quería volver con la familia —contesté.

—¿Y ahora sí? —preguntó el viejo.

—Es que no quiero volver con los Tarango si no encuentro a Pancho. Él es agente viajero y pasa mucho tiempo fuera de Caborca, pero yo sé que regresa.

—Bueno, de cualquier manera, no va a ser fácil dar con tu tía —objetó don Catarino.

—Ella nos mandó su dirección y su teléfono pero Pancho tiene la carta —dije.

Don Catarino se rascó la cabeza.

—Mira, no sé de qué carta me hablas pero si mandó un teléfono, tiene que estar en el directorio. Vamos a ver, ¿cómo se llama tu tía?

—Danelia Valdez.

El grueso índice del joyero se deslizó por la columna de nombres:

—Ramírez, Retamosa, Rodríguez, Valdez Alfredo, Valdez Cleveriano...a 'pa nombrecito, Valdez Anselmo, Valdez Santos, Valdez Felipe...

—¡Su esposo se llama Santos! —grité, pensando que Cleveriano no se diferenciaba mucho de Catarino.

El relojero cerró el libro, levantó el teléfono y marcó un número.

—2, 5, 7, 2. Ya está.

La conversación fue breve. Del otro lado de la línea pidieron algo a lo que don Catarino accedió. Dio la dirección de la joyería y luego colgó el aparato.

—Te andan buscando. En cuanto tu tía llegue de la delegación, llamará —dijo el viejo.

Nadie llamó. A los 20 minutos, un Oldsmobile blanco y rojo de capota negra se estacionó frente al edificio.

Yo conocía aquel vehículo. Una Navidad, algunos años atrás, de él había bajado la familia Valdez frente a nuestra casa en La Cañada. Luego había llegado el tío Valdemar. A aquella reunión llegaron los Valdez con sus dos hijos y mi abuela. Traían un perro llamado Tata Bolo. El tío Valdemar llegó un par de días más tarde. En la velada de aquella Nochebuena, éramos nueve personas felices: Mis tíos Danelia y Santos Valdez, que entonces se llamaban María Teresa y Rosendo, mi abuela Chelita, tía Isabel, el tío Valdemar, mi madre, los dos chicos y yo. Los Valdez se fueron después de la Navidad y el tío Valdemar partió el día de Año Nuevo. Poco después lo haría mi madre. Sorprendentemente, no había vuelto a ver a ninguna de estas personas. Hasta que murió mi madre, 58 años después, no se volvieron a reunir a tantos miembros de mi familia.

Una guapa mujer bajó del vehículo y se encaminó al negocio; tras de ella, un hombre de botas y sombrero. Los reconocí; eran ellos, la hermana de mi madre y su esposo.

Después de los saludos y las presentaciones, los caballitos volvieron a colgar de mi cuello. A cambio de lo recibido, yo prometí limpiar la maleza en casa de don Catarino. Cumplí mi promesa puntualmente y de aquella aventura quedó una estrecha amistad entre el viejo relojero y mis parientes.

En efecto, la tía Danelia vivía por la avenida Obregón. Sólo que la Obregón que yo conocía terminaba en el palacio de Gobierno. Los Valdez vivían atrás de Palacio, en la prolongación de la calle, en el sector de los ricos llamado Colonia Nueva.

Tía Danelia recogió mis pertenencias de la casa de los Tarango. La maleta de mi huída quedó en el viejo automóvil que me sirvió de recámara.

La ruleta rusa de mi vida me llevaba ahora a las alturas; la casa de mis tíos era lo más elegante que yo había visto hasta entonces. ¿Hasta dónde era yo parte de aquello?

CAPÍTULO XI

La Familia Jones

No pasé mucho tiempo en casa de mis tíos. El cupo en las escuelas estaba agotado y yo me negué a volver a la Benito Juárez. Afortunadamente, ellos coincidieron conmigo en mis razones y movieron todas sus influencias para acomodarme en una escuelita rural a un kilómetro del rancho de su propiedad.

Cuando me instalé en mi nueva casa, me encontré de nuevo en mi elemento. Del fondo del veliz surgió el manchado sombrero de ala corta que me acompañó desde La Cañada. La prenda me empezaba a apretar. Me di cuenta que muy pronto ya no me entraría en la cabeza.

El Rancho se llamaba Los Álamos y estaba situado a unos 20 metros de una carretera. La casa, construida entre dos álamos, era fresca y amplia. A 10 metros de la construcción corría un canal de riego. Sobre las aguas del canal colgaba una cuerda atada al brazo de otro álamo. Al otro lado de la casa se alzaban las casitas de los peones y, frente a estas, en un terreno amplio y libre de maleza, los campesinos practicaban su deporte favorito: el béisbol.

Sin duda, un lugar como Los Álamos tenía los ingredientes ideales para un vaquero frustrado como yo. Pero a pesar de ser un rancho, la atmósfera de nuestra casa no era rústica. El tío venía de una familia adinerada en Sinaloa y la hermana de mi madre era una mujer fina y educada. De modo que en el rancho había una pequeña biblioteca, un fonógrafo y una radio, estos últimos funcionando con una planta de luz.

La temporada que pasé en el rancho de mis tíos fue un período feliz. La tía Danelia se había quedado en la ciudad por el año escolar y en Los Álamos no había niños a mi alrededor. A no ser por la supervisión de mi tío Santos, que iba y venía a la ciudad, yo era libre. Había animales, árboles y espacio y la presencia de alguien que llenó un vacío en mi vida: mi abuela.

Mama Chela, como le llamaban, era una reminiscencia en carne y hueso de doña Sara García. En todos los años que rodé por el planeta, nunca escuché un comentario negativo referente a su persona. Su bondad era tal, que el día que murió, los peones del rancho se acercaron a tía Danelia para pedir que la enterraran en el rancho *porque estamos seguros que mamá Chelita nos hará milagros si le rezamos.*

Yo era el nieto consentido de Mama Chela. Contaba el hecho de que era lo más cercano al único huérfano en la familia, además de mi hermana ausente. Además, la anciana siempre cargó, como una loza descomunal, un sentimiento de culpa por no haber sabido manejar la tormentosa relación de mi madre y su otro hijo, Gildardo. A los ojos de la bondadosa viejita, yo era una víctima inocente de los demonios del pasado.

El frío mexicalense parecía primo hermano del invierno sonorense. No nevaba en la región, pero la temperatura llegaba al punto de congelación. El viento corría libremente, golpeando el cuerpo sin obstáculos. Las frías ráfagas, filosas, casi cortaban la piel. Pasaba las tardes con Tata Bolo, el perrito que los Valdez llevaron consigo a La Cañada. El perro, ya adulto, no se me despegaba jamás. Ni el perro ni yo sentíamos los rigores del clima. Para mi fortuna, los tres hijos de mis tíos vivían en Mexicali por las ventajas obvias de vivir en la ciudad y asistir a la escuela.

Pasé la Navidad de 1952 en el rancho. Mama Chela y las esposas de un par de jornaleros hicieron los tamales y cenamos con champurrado y buñuelos. En el portal de la casa, los campesinos nos acompañaron al calor de tres braceros colocados alrededor de las mesas. Una botella de licor se paseó discretamente por las tazas de café de los humildes trabajadores y el cielo estrellado atestiguó la armonía de aquel grupo. Tata Bolo devoró su cena de Navidad y juntos nos retiramos a dormir. Al despertar en la mañana siguiente, un flamante guante «zurdo» de béisbol reposaba a un lado de mi almohada. PEDIDO A SAN NICOLÁS POR TUS TÍOS Y TU ABUELITA, decía una tarjeta con flores de nochebuena. Era mi primer guante nuevo y era el de la mano correcta.

En aquel invierno, para ir a la escuela Mama Chela me envolvía en trapos como si fuera una chica japonesa y me retacaba las bolsas de panecillos y golosinas. En la puerta de la cocina me daba la bendición haciendo una cruz sobre mi frente y cuando no me daba 10, me daba 20 centavos «para el recreo». Vestido con dos pantalones, bufanda, guantes de algodón, calcetines de lana, el sombrero hundido hasta donde me lo podía meter y una chamarra que me hacía ver más ancho que largo, yo caminaba diariamente a la escuela. Tiempo después, me hice de una vieja bicicleta. Asistía a clases montado en ella. El Tata Bolo trotaba detrás de mí y se iba en busca de un rayo de sol que lo calentara esperando la hora del recreo. Mamá Chelita siempre se daba tiempo para echarme agua y comida para el perro en la canasta de la bicicleta y ambos emprendíamos el camino.

La ida a la escuela era un desafío, pero el regreso era una fiesta perruna. El paisaje, más feo que agarrarse a las trompadas con el cura, era polvoso. Si bien en la temporada invernal el polvo se asentaba, con sólo ver los pinos salados y los matorros, cenizos de tierra, era fácil adivinar las tolvaneras que se formaban en los meses «locos». Una prueba de ello llegó, a modo de muestra, a fines de febrero. De pronto, las hojas de los álamos temblones empezaron a moverse más de lo normal y, escasos 30 minutos después, el silbar del viento se posesionó de mis oídos por dos días continuos. La experiencia de una ventisca como aquella, fue algo nuevo para mí. A pesar de haber vivido los aullantes vendavales de La Cañada, el polvo que todo lo cubría en el valle de Mexicali era una molestia irritante adicional. Por 24 o 48 horas, el ser humano se condenaba a vivir blanquizco de polvo en todo lo que tuviera la virtud de retener la tierra. Las cejas, las pestañas, los oídos, el pelo y las fosas nasales se endurecían con la transpiración. Los árboles, que con la brisa inicial recuperaban parcialmente su color, terminaban del mismo tono que las paredes de las casas. Sin exagerar, era posible vaciar en una cubeta el polvo que se introducía por puertas y ventanas. El Valle de Mexicali era como un tazón de tierra en cuyo fondo viviera la gente. La diferencia entre este desierto y «el otro», era eso; la tierra.

En el invierno, la escasa lluvia que caía era otra pesadilla. El suelo, salitroso, no filtraba el agua como sucedía en La Cañada. Las charcas, pegajosas y negras, duraban días sin evaporarse. Los lodazales, al secarse, subían del suelo cubriendo el paisaje de una fina capa de polvo. Paredes, calles, árboles, vehículos, cercas, piedras y objetos se cubrían de tierra. En Mexicali, los vehículos de motor contribuían con el viento invernal para crear tolvaneras que convertían la joven urbe en una virtual ciudad de tierra. Conforme el polvo se reintegraba al suelo, la ciudad recuperaba su fisonomía.

Por fortuna, debido a la escasez de precipitación, el viento y la lluvia eran molestias esporádicas, con el atenuante de que la época de lluvias empezaba cuando el verano se iba. El Creador, en su infinita magnanimidad, decidió «secar» el verano mexicalense eliminando el efecto invernadero, propio de las tormentas de las zonas tropicales. Si bien, el valle de Mexicali es una de las regiones más calientes del mundo, el calor seco evita las enfermedades propias de la humedad. Sin aguas estancadas, no hay caldo de cultivo para mosquitos transmisores y parásitos intestinales.

El tío era un hombre fácil de llevar. No hablaba mucho pero su silencio no era del tipo de quietud que aísla. Su carácter abierto eliminaba las barreras de trato tan comunes entre gente de distinto nivel social. En el rancho, el tío podía ser el pelotero que faltaba en la novena o el peón al final de la fila descargando costales de fertilizante. Cuando Vicente Fox llegó a la presidencia, lo imaginé en su rancho. «El señor Fox ha de ser como mi tío», pensé. A resultas de esa flexibilidad, yo era un chico más. Nunca recibí trato preferencial, lo cual hacía sentir cómodo a todo el mundo.

Los Álamos, a 60 kilómetros de Mexicali, tenía atractivos que yo disfrutaba porque crecí con ellos: el silencio, el murmullo de un árbol solitario en medio del campo abierto, el sonido de una lagartija que se arrastraba alejándose de mí. Me regodeaba, incluso, en la curiosidad del Tata Bolo husmeando entre los matorros igual que lo hacía el Macetón en nuestros paseos. Tata Bolo se convirtió en la *persona* más popular entre la chiquillería. Llegó el día en que el perro asomó la cabeza por la puerta del salón. Como si supiera que era territorio prohibido, el Tata Bolo se había anunciado mostrando tímidamente la trompa a ras de suelo. Arrastrándose con sigilo, a la trompa siguieron los ojos, mirando hacia arriba de soslayo con esa candidez propia de los de su especie. La maestra, conmovida, le dio el pase y de ahí en adelante, Tata Bolo se tomaba largas siestas a los pies de mi pupitre, a veces usando el guante de béisbol como cojín.

Colindando con el rancho había otros terrenos propiedad de los Valdez. Según supe después, los tíos los habían comprado antes de construir la casa. A pesar de ser terrenos colindantes, por razones legales de tipo agrario los tíos habían mantenido ambas propiedades separadas, es decir, como dos ranchos distintos. Los Valdez bautizaron los terrenos como La Danesa, una composición de «Dan» por Danelia y «Esa» por Teresa. Por las mismas razones que mantuvieron los dos ranchos separados, la propiedad adicional quedó a nombre de la tía Danelia y no del tío.

En la Danesa había una construcción alargada que se levantaba en diagonal viendo al camino. Había una cruz en lo alto de una torreta y esta se levantaba en el centro, sobre el costillar de dos techos inclinados. Bajo la cruz, en la fachada, se leía en un modesto letrero: LA LUZ DE DIOS. En ambos costados se abrían ventanas alargadas en sentido horizontal; una daba directamente a la casa de mis tíos.

A un lado de la puerta de entrada había otro letrero. Este era pequeño e invitaba así:

> Bienvenido a tu refugio.
> La Paz que Buscas, aquí la Encuentras.
> Abre tu Corazón al entrar
> Y Cierra la Puerta al Salir.
> Abierto de 9 a.m. a 7 p.m.

La Luz de Dios era una iglesia sin pastor ni sacerdote. Adentro había un ventilador, un surtidor de agua, media docena de sillas, una pizarra con sus tizas y un cordón colgando de una campana en la torreta. No había mesas ni sillones cómodos. Otro letrero pegado al pizarrón decía: Si Tienes Hambre, yo Tengo trabajo. Toca la campana.

Al fondo se apreciaba, desde el mismo momento de entrar, un Cristo tallado en madera. Era el crucifijo, la única manifestación religiosa fuera del nombre y la cruz en lo alto.

La solitaria construcción ejercía una extraña fascinación. Un hermoso letrero a la orilla del camino, clavado en la tierra al lado del asfalto, contribuía enormemente con su mensaje. La leyenda rezaba así:

> Centro de meditación.
> Todos son bienvenidos.

La iglesia tenía un guardián. Este guiaba a quien tocara la campana hacia Los Álamos. Ahí, la tía le daba alguna tarea y, si no había nada que hacer, de cualquier manera el peregrino se llevaba un taco. La familia del guardián lo sustituía cuando este no se encontraba alrededor.

Tarde una noche, la campana rompió el silencio. Melquiades, el guardián, se levantó alarmado. La iglesia debía estar cerrada con llave, por tanto, quien repicaba la campana tenía que haber entrado furtivamente. Melquiades tomó un bate de béisbol y una lámpara de mano y corrió hacia la construcción.

Lo que la lámpara iluminó a través de una ventana rota, aceleró el corazón del vigilante: Anselmo, su vecino, lloraba de hinojos ante el Cristo. A su lado yacía un cuchillo ensangrentado.

Anselmo fue apresado y al día siguiente la noticia cundió en los ranchos vecinos: Anselmo había matado a su esposa y a su amante.

A raíz del acto del asesino, La Luz de Dios devino en una especie de centro de culto. Cuando la tía Danelia quiso reducir el exceso de visitantes, hubo un clamor generalizado. No obstante, a la oleada de morbo siguió una corriente de fervor y respeto. Con el tiempo, el área de la iglesia que daba a la carretera rebasó la cinta asfáltica y se extendió del otro lado, creando una pequeña comunidad de devotos de La Luz de Dios. Debido a este desarrollo demográfico, el letrero ofreciendo trabajo desapareció. Mis tíos decidieron hacer el templo de uso público y mantener las puertas abiertas. Un sacerdote venía del poblado Luis B. Sánchez, popularmente conocido como Kilómetro 57, a oficiar misa cada 15 días.

El destino guió mis pasos lejos del corazón agrícola del valle. Quizá el culto y la capillita de La Luz de Dios hayan desaparecido. Quizá ambos sobreviven o quizá ninguno. Quizá nunca lo sabré, pensé entonces. Y en efecto nunca más supe nada, ni del culto ni de la pequeña iglesia.

Un sábado de primavera, el tío me pidió que lo acompañara a la ciudad y yo me trepé en la camioneta. En el acto, Tata Bolo saltó a la cajuelilla.

Cuando llegamos a la casa en Mexicali, un automóvil con placas de California estaba estacionado atrás del Oldsmobile. En el interior del vehículo se amontonaban prendas de vestir, gorras, pañoletas, lentes de sol y un sin fin de objetos en desorden. Un guante de béisbol se agazapaba en una esquina del vidrio trasero. Un pequeño trailer estaba enganchado a la defensa del carro visitante. El tío Santos viró y estacionó al lado, sobre las baldosas del portal delantero.

Yo salí del vehículo y me encaminé a la entrada. Cuando iba a medio camino, la sorpresa me detuvo. A través de la ventana, una cara pecosa me miraba.

—¿No muerde tu perro? —preguntó el Billy.

—Nnno —contesté, todavía turulato.

¿Qué hacía el Billy Jones en Mexicali?

Entramos. El Billy vino a nuestro encuentro. Mr. Jones sonreía, sentado en la mesa del comedor. A su lado, Nancy, la madre del Billy conversaba con tía Danelia. Un hombre joven se levantó de la mesa al vernos entrar.

Tú debes ser Rangel —dijo el individuo, mirándome con unos ojos asombrosamente azules.

—Sí, Señor —contesté, sin saber con quién hablaba.

—Mi nombre es Howard. Soy el padre de Billy —se presentó a sí mismo.

Howard Jones hablaba un español casi perfecto. Aunque un ligero acento se notaba en las erres y algunas vocales, su pronunciación era mejor que la de su padre. A no ser por el color de la piel y el pelo, parecía ser una réplica del tío Santos. Las botas, el sombrero y la ropa, decían claramente que Howard Jones era un hombre de campo; un ranchero próspero.

—¿Cómo llegaron aquí? —le pregunté a mi amigo.

—Porque vamos a Blythe a vivir.

—Sí, menso. Pero, ¿cómo vinieron a la casa de tía Danelia? —insistí.

—No sé. Mi papá llegó de pasada. Yo también le pregunté y me dijo que tu tía conoció a una amiga de mi abuelo.

—¿De tu abuelo? Si tu abuelo está re viejo.

—Era una viejita, *menso* —se vengó el Billy—. La conoció hace un chorro de años en Tucsón. Era vecina de tus tíos cuando llegaron a Mexicali y luego se vino a vivir con ellos. Una vez que el abuelo visitó a la viejita, comentó que planeaba radicar en México. Tu tía le sugirió ir a Culiacán y por eso le rentamos la tienda a don Rodrigo.

—Y tu papá, ¿de dónde salió?

—Pos de Blythe. Vino por nosotros porque mi mamá heredó un rancho cerca del río Colorado. Y como mi abuelo ya está muy viejo, decidimos venirnos todos.

—Pos no entiendo nada. Pero de todos modos, que bueno que vinieron —dije, genuinamente contento.

—Mi papá y mi mamá se fueron a Sinaloa con el abuelo antes de que yo naciera.

—Pero tu papá no estaba en Culiacán. Yo nunca lo vi.

—Mi mamá tampoco estaba, ¿te acuerdas? Cuando tú llegaste a Culiacán, ellos habían venido a registrar los terrenos. Ella regresó después pero mi papá se quedó.

—¿Y la viejita?

—Ya se murió. Creo que se llamaba Doña U.

—Doña U nomás?

—No. Se llamaba Urticaria pero le decían así.

Aparte de lo curioso, el nombre no me dijo nada. Nunca había oído hablar de Doña U.

—¿Y cómo está la Chata? —pregunté, con más interés por el perro que por los humanos.

—Ya no vive con los Salas. Anita se la trajo *pa'l* Norte.

Por un instante, no estuve seguro de haber oído bien. Las palabras del Billy no tenían sentido.

—¿Anita no está en Culiacán? —pregunté.

—No. Se casó con Paco Aguirre y se fueron a vivir a Caborca —contestó el Billy, como si le hubiera preguntado la hora.

El corazón se me aceleró. Un gozo difícil de describir me inundó y se reflejó en mis ojos. No obstante, indagué:

—Me estás vacilando, pinche cara cagada de moscas —dije, aplicándole al Billy el remoquete que tanto molestaba al Pecoso en La Cañada.

—No, en serio. Nosotros fuimos a la boda. La banda tocó en la calle y el resto de la noche no nos dejaron dormir.

Poco a poco fui asimilando la noticia. Tenía la llave de la casa de Pancho pero no la dirección. Yendo hacia atrás, caí en la cuenta de que no tenía direcciones. En La Cañada no había número; las cartas llegaban a «domicilio conocido», lo mismo que en Chavoy. En El Fuerte, nunca supe que el cuartel tuviese un número y en Culiacán, este estaba sobre la puerta de enfrente, de modo que lo retuve en la memoria. Tocante a la casa de los Tarango, quizá había un número, quizá no. El hecho es que no sabía la dirección de nadie; ni de don Catarino ni de Mabel Arredondo ni de Joe Kenniston. Lo más asombroso era que ¡no tenía la dirección de tía Isabel!

—¿Tú no sabes la dirección de Anita? —pregunté, aunque ya sabía la respuesta.

—¿Y tú no sabes la de Eisenhower en Washington? Pinche mexicanichi, ¿cómo voy a saber la dirección de Anita? Ni que yo fuera el esposo —fue la vengativa respuesta del *gabacho*.

—Bueno, ya; llévame al bote, siéntame en la silla eléctrica, cuélgame. Nomás era una pregunta.

—A 'pa preguntitas —dijo el Billy, jugando con el Tata Bolo.

—Oye, y el viejo don Rodrigo, ¿no se puso *furibo*?

—¿Por qué?

—Pues por el noviazgo, tarugo.

—Pues sí. Cuando Paco llegó a pedir a Anita, a don Rodrigo casi le da el tareco. Pero entre todos lo pusieron como lodo con zacate. Le llovió tupido con doña Chaya y con Anita. Nosotros oímos a través de la puerta de la tienda. Francisco no habló mucho. Yo nomás lo oí decir: «…nos casaremos; eso está decidido, don Rodrigo». Al final, como que don Rodrigo cambió. Para mí que don Rodrigo es como un pedo tronado: más ruido que aroma —dijo el Billy, sin darse cuenta cabal de la emoción que sus palabras producían.

—¿Y el Jaime Beltrán?

—El Jaime te tenía estimación a pesar de la chinga que le arrimaste. Siempre comentaba que le ganaste porque andaba descalzo. Pero dijo que no le hace; que él provocó el pleito.

—Es cierto. Pinche Jaime, tenía razón; no hay como el béisbol. Y también es cierto que si no lo agarro descalzo me deja como pitaya desflorada.

La familia Jones estuvo dos días en Mexicali y luego se fueron a California. Yo me apresuré a apuntar su nueva dirección.

Al día siguiente, ya de regreso en el rancho, dediqué una sección de mi cuaderno escolar para anotar direcciones. Más tarde, escribí una carta para mi tío Gildardo preguntando la dirección de Pancho el Paraguas. Diez días después recibí la respuesta en Mexicali con la dirección del sonorense. Ese mismo día, antes de anochecer, ya tenía un sobre rotulado a nombre de Francisco Aguirre Lizárraga.

La carta salió de Mexicali y a Mexicali llegó la contestación. De adentro del sobre saqué 1 foto en blanco y negro; hincados, Ana y Pancho acariciaban a la Chata. Un cachorrito ya crecido acostado panza arriba parecía empujar a la perra con las patas.

«La "niña" se llama Cleta. Es más popular por su nombre que por su belleza. Fue la que quedó de la camada, ¿te acuerdas?», decía un párrafo de la carta. «Déjate venir para acá, Vaquero. Yo te mando para el pasaje», decía otro y, uno más, con letra diferente: «Aquí no hay azotea; toda la casa es para nosotros. Nunca te olvidaré, Rangi. Anita S. de Aguirre».

Miré la foto, embobado. Considerando los bandazos que venía dando mi vida, era en extremo placentero sentir que alguien se tomaba la molestia de enviarme una foto. En el ir y venir de lo que uno quiere, la felicidad, veleidosa como el capote de un torero, solía hacerme muecas desde lejos.

Doblé el papel, cual hubiera hecho en caso de alcanzar el hipotético capote y sentí en mi ser que un soplo de autoestima desplazaba el sentido de insignificancia arraigada en un oscuro hueco de mi inconsciente. Las palabras de la carta no eran como la limosna de una mirada que oculta el cruel atisbo de la indiferencia. Las letras eran como señales en una encrucijada guiando a un viajero perdido en la mitad de dos caminos sin final.

La realidad de que no estaba sólo en la vida golpeó con fuerza las paredes de mi entendimiento. La frase que pregunta «¿cómo, si los perros piensan, pueden amar al ser humano?», perdió significado ante aquella carta y aquellas palabras.

A pesar de atravesar por un período de relativa felicidad, no tenía con quien compartir y vislumbré que la felicidad no compartida es como un capullo que no florece. Pegada con engrudo a esa realidad, la carta me dio vida nueva, sin embargo. Después de todo, yo no era tan insignificante. Había gente que sabía que yo existía y que se felicitaba de haberme conocido.

«Cleta no está tan mal», razoné. «Tata Bolo, Regulano, Cleveriano, Catarino, Elpidio están peor. Por ahí hay algunos que se llaman Esdrújulo Caralampio y Espiripitiflauticótico. Eso es llamarse feo», pensé sonriendo, mientras veía y reveía a Cleta en el retrato.

«No hay nada como saber que uno ocupa un lugar en el espacio», pensé guardándome la carta.

*

El invierno mexicalense es de corta vida. Pero la primavera, como todo lo hermoso, dura menos que un orgasmo. Llega a fines de marzo y se diluye en el fuego del verano. Este, un auténtico sietemesino, se presenta prematuro y se hace eterno. Es como si el calor desplazara las bondades primaverales cuando apenas empiezan a ser disfrutables.

Así mismo, el invierno, corto, pero que se siente largo como una noche de insomnio en la cárcel, llega arrojando pedazos de hielo cuando el melancólico otoño apenas termina de secar el sudor del verano ido. En Mexicali, las dos estaciones reinas son visitas que llegan de pasada. Mexicali es tierra de hielo y fuego. Ahí todo es extremoso. Mexicali es el Cuartel General de los 4 Elementos, con el agua o en estado sólido o a punto de ebullición.

La primavera de 1953 asomó su fresca cara pintada de colores y así mismo se fue. Los trinos y los zumbidos llegaron con el resucitar de los pájaros y las abejas y, casi de inmediato, llegaron las moscas y los calorones. Las cortas vacaciones que mi espíritu se tomó en el rancho terminaron al concluir las clases. A la inversa de lo normal, el fin del año escolar vino a ser para mí como el fin de mis vacaciones personales.

Al día siguiente del cierre de la escuela, contra mis deseos, el tío Santos me pidió que hiciera maletas y montara en la camioneta. «No sé cómo estará el "pasquín" pero Ariana quiere que estés en Mexicali; parece que vendrá pronto», dijo a modo de explicación. Guardé sombrero y bicicleta y me preparé para regresar a Mexicali. Tata Bolo hizo el viaje con nosotros pero, en la mañana siguiente, tío y perro regresaron a Los Álamos.

Lo que para cualquier niño hubiera sido el regreso al paraíso, para mí era volver a la inseguridad; a la tensión inevitable de vivir en un hogar ajeno.

En casa de los Valdez había tres herederos: Salvador y Mariluz, mayores que yo y un tercero que había llegado tarde a este mundo. La llegada tardía del niño lo convirtió en el eje de la vida de los Valdez. Mis tíos difícilmente ocultaban su orgullo de padres.

Y había sobrada razón para sentir orgullo: Miguelito era poseedor de una belleza deslumbrante. Por desgracia para mí, tía Danelia resultó ser una madre consentidora; «alcahueta», en opinión de su esposo. Los atributos físicos de mi primo trabajaban aplastantemente en mi contra. No que yo estuviera tan *pior* pero no era hijo de mi tía; apenas llegaba a sobrino.

A pesar de los esfuerzos de tía Danelia para mantener un balance, la historia de Chavoy y Gildardito se repitió en Mexicali con «Miguelito» en el papel principal. Si bien nunca sentí rechazo de parte de mis tíos, la incómoda sensación que lo pone a uno al final de la cola estuvo ahí siempre. Una vez más, constaté que los niños podían sentir la protección paterna y sacar partido.

Por eso, cuando supe que debía irme a California por órdenes de mi madre, más que resignación sentí alivio. Por primera vez, mi espíritu se adaptó al cambio como algo natural. Esta vez, ya no esperé encontrarme con mi madre. Mi mente se concentró en la preocupación de «caer» en un sitio con niños pequeños. Cuando terminé con mi maleta, estaba listo. Mi punto de destino: Brawley California.

CAPÍTULO XII

Alcibíades Retes O'brien

El motivo que tuvo mi madre para mandarme a Brawley fue tan confuso como inútil. A decir de tía Danelia, fue con el fin de tenerme cerca de ella y lejos de los Tarango. A decir del tío Santos, fue «para que aprendas inglés». Una ardiente mañana de julio, el tío Santos me cruzó la frontera. Hubo algunos trámites en una sala limpia y con gente esperando en sillas plegadizas.

El *gringo*, en un uniforme de pantalón azul y una reluciente chapa dorada en su camisa esplendorosamente blanca, nos atendió en un simpático español. Por lo que pude entender, el tío negoció un permiso de tránsito.

—Pensé que mi mamá iba a venir por mí —dije, sabiendo que era una observación ociosa.

—No pudo. Te recogerá en Brawley —fue la respuesta que yo ya sabía... a medias.

—En Calexico entramos a la estación que ya conocía y el tío me montó en un autobús plateado con el galgo dibujado en el costado.

—El señor Pergulis te estará esperando. Es un buen hombre. Vas a estar muy bien con él, créeme —dijo el tío.

Nos despedimos de mano, con la solemnidad de dos adultos. El tío deslizó un billete en mi camisa y me sonrió.

—Es el salario por tu ayuda en el rancho. Úsalo para tus vacaciones —dijo, sonriéndome con simpatía.

Le di las gracias y sentí tristeza. Bien sabe Dios que no era dinero lo que me hacía falta.

El sentimiento de melancolía se agudizó cuando el autobús empezó a rodar. Vi al tío ondear la mano. Su sombrero se perdió entre la gente y miré al vacío.

El pesado vehículo enfiló rumbo al norte. Sobre una recta asfaltada, las ruedas del autobús dejaban atrás sembradíos cuadrados de algodón y otros vegetales. Las parcelas parecían interminables; algunas, más grandes que otras, pero todas con plantas en plena etapa de crecimiento. La recta se alargó cual si fuera elástica. Fue un viaje sin variantes, sin curvas, sin subidas ni bajadas. El sol afuera se adivinaba agresivo en su empeño de calentarlo todo. Adentro del vehículo, sin embargo, el aire acondicionado me dio un efecto relajante.

Una hora más tarde, algunas curvitas pendejas y cuatro paradas después, entramos al poblado. Más portales cuadrados feos, patios con implementos de labranza, árboles raquíticos en sorda lucha contra la resequedad y gente de ropas burdas y sombrero. Sombreros *fedora* oscureciendo rostros de piel clara y sombreros de ala más ancha, unos de palma y otros de fieltro, cubriendo cabezas de piel morena.

Al bajar del autobús, un hombre corpulento se acercó a mí. El «griego» Pergulis tomó mi maleta y echó a andar a la fuente de sodas.

—Dos Coca Colas y una Pepsi —pidió, sin consultarme.

Me tendió la Pepsi y se bebió de un tirón una de sus botellas. Dejó un par de monedas en el mostrador y, guardándose la segunda botella en el bolsillo, echó a andar hacia la salida.

—Una para el camino —dijo, palpándose el refresco en el bolsillo.

Subimos a una vieja camioneta. Diez minutos después, nos detuvimos al final de una calzada con árboles de un lado y casas con jardín del otro. La casa era la última de la larga hilera. Atrás, parcelas sembradas; al otro lado de la arboleda, parcelas sembradas y, al final de la calzada, parcelas sembradas. La calle que nos había traído era una lengua metida entre parcelas.

La casa de Mikis Pergulis tenía una veranda (adición que corre a lo largo del frente de una casa, como un porchecillo cubierto), con malla de alambre en ventanas que cubrían la mitad de las paredes. El gigantesco mosquitero, equipado con ventiladores, funcionaba como una sala de verano. Un refrigerador repleto de refrescos de cola, mayormente Coca Cola, se acomodaba en una esquina. Había botellas vacías del refresco por todos lados. El griego Pergulis era un adicto a la cafeína. Hombre sólo, el excéntrico individuo era alegre y comunicativo. Su parloteo excesivo parecía encaminado a romper las bolsas de silencio, como si la ausencia de ruidos fuesen anuncios ominosos de inminente soledad. La radio estaba permanentemente encendida, en absurda complicidad con el dueño de la vivienda. Me felicité de ser el único huésped de la casa. ¡No niños!

Mikis Pergulis era agricultor. En sus tierras se sembraban frutas y verduras. El trato con él me comprometía a rescatar la fruta en buen estado que, por su tamaño, no era apta para su venta. Yo debía separar melones o sandías según el aspecto y colocarlas en cajas separadas. Los rodillos de empaque estaban a unos metros de la propiedad, de modo que era como trabajar en casa. Las cajas ya terminadas, unas cruzaban la frontera y otras iban a los ranchos cercanos. Lo mismo pasaba con lechugas o repollos, según fuera la cosecha. No era un trabajo formal. Lo hacía en mis ratos libres y en los fines de semana entre la fruta pendiente de sortear o entre los cajones a medio llenar que quedaban entre turno y turno. Si bien mi trabajo redituaba el valor de los cajones vendidos, no era, ciertamente, una ganancia que hiciese diferencia. Aunque no hubo un acuerdo que lo especificase, tengo la certeza de que mi verdadero trabajo en Brawley fue hacer compañía al griego y ejecutar las pequeñas tareas que un chico realiza en una casa.

El año escolar de 1953-54 lo hice en una escuela en Brawley. No hay mucho que contar, excepto que los edificios no rivalizaban en belleza arquitectónica con los de Mexicali, aunque debo decir que el equipo de enseñanza y los salones de clases eran muy superiores. En Brawley la tendencia era tener escuelas chicas en diferentes sitios. En Mexicali, en cambio, las escuelas eran grandes y escasas en comparación.

El intento de hacerme bilingüe nunca funcionó; ir a Brawley a aprender inglés era como ir a Oaxaca a aprender arameo. En Brawley el inglés se oía o se leía pero no se hablaba. Aunque era obvio que el inglés era el idioma oficial, no se hablaba por una muy simple razón: no se necesitaba.

Por los días de mi llegada, Brawley era un pueblo de braceros. El castellano sonaba en todos los rincones. El inglés era un idioma escrito en documentos legales, en las puertas y letreros de las dependencias oficiales, en la papelería comercial o burocrática, en las etiquetas, en el nombre de algunas calles, en la guía telefónica, en los periódicos y revistas, en la cartelera del único cine y en el menú del restaurante «gabacho». El polvoso pueblo parecía un reducto mexicano; una avanzada de mi país para recuperar California. Pero Brawley no era una punta de lanza mexicana para eliminar el inglés como primer idioma. La lengua de Shakespeare podía oírse en labios del uniformado que te daba una infracción de tráfico, en la voz de la operadora que te atendía en la línea del teléfono, en boca de los maestros de la escuela, en el cine y entre los camioneros, en el merendero gabacho. Ahí, el inglés se oía a voz en cuello entre hombres corpulentos y desaliñados. Las maldiciones en español e inglés rebotaban entre las paredes lo mismo en roncas voces aguardentosas que en agudos tonos femeninos.

La vida en Brawley no difería demasiado de la vida en cualquier pueblo del suroeste norteamericano. Vida lánguida navegando en océanos de sol. Mentes conservadoras atisbando en el comportamiento ajeno. Seres secretamente ansiosos de extender su mundo pero reacios a aceptar a los de afuera. Pueblos condenados al enanismo por la construcción de supercarreteras que transportan la vida a las grandes ciudades sin necesidad de hacer escalas.

Brawley no fue víctima de ninguna superautopista. Su condición de secular pueblo chico se debía mayormente a que fue comprimido por riquísimos terrenos de cultivo. Brawley decidió seguir siendo para lo que fue creado: un centro eminentemente agrícola. Brawley era, para el sur de California, lo que Culiacán para Sinaloa.

Como en los pequeños pueblos aledaños, en Brawley las vías del tren partían el pueblo en dos. La carretera, convertida en calle principal, cambiaba fugazmente de nombre en el centro, donde los automóviles, dos terceras partes de los cuales eran de fuera, aminoraban su velocidad respetando el límite local. Pasado el pueblo, la calle perdía el nombre y los carteles de tráfico anunciaban la vuelta a la velocidad normal. En el pueblo, la carretera llegaba recta como un tiro de flecha y se iba igual.

En cada pueblito, antes y después de Brawley, las omnipresentes estaciones del ferrocarril, casi todas en desuso, eran cual remansos de tiempo estancado en pintura descascarada y desiertos andenes con hierba silvestre creciendo entre los tablones. La estación de Brawley no era distinta de las demás. Sin embargo, dentro de su similitud, todas eran diferentes.

Nunca vi un tren llegar a la estación. El ferrocarril pasaba por rieles nuevos que habían sido construidos en las afueras y ni siquiera se detenía en el pueblo. Pero la vieja estación seguía ahí como un fantasma condenado a la espera eterna. Como un anacronismo que el pueblo necesitase para no perder la memoria.

Su triste soledad me *jalaba* cual canto de sirenas. Lo mismo me pasaba con el merendero. Pero era una atracción distinta. Mientras que el café de paso despertaba mi imaginación y en mi mente surgían fantasías de aventuras y personajes pintorescos y audaces, la estación del tren me provocaba un sentimiento mucho más hondo, más profundo, más íntimo. Yo sentía ternura por la solitaria construcción de madera. Yo... amaba a la estación.

¿Cómo explicarlo? ¿Sería que venían a mi mente los días de Urebó, bajando de un tren o abordándolo en una estación similar pero vibrante de gente y de movimiento? ¿Sería acaso que los rieles, el andén y el edificio de madera de techos inclinados revivían cruelmente recuerdos felices de tía Isabel, de Reséndez, de mi querido perro y de otros personajes que me amaron y que no volvieron? ¿Era quizá que mi subconsciente se negaba a aceptar la «muerte» de aquel estilo de vida? No lo supe nunca pero aquel sentimiento era tangible. Dolía físicamente. Dolió siempre a la vista de aquellos tristes emisarios del pasado. Una parte de mi ser ancló en el tiempo. Sentí siempre ese sentimiento intemporal como un quejido ante los embates del progreso.

La abandonada construcción me partía el corazón. La sentía como un noble perro al que jamás se permitió la entrada en la casa de los amos y, viejo de aburrimiento, encontró resignación en aprender a morir poco a poco, sin mostrar los síntomas de su deterioro, sin conocer más vida que un cuadrado de tierra, igual ahora que en aquel remoto primer día.

Ante mis ojos, obedeciendo a una memoria ávida de calor humano, los pasajeros parecían surgir eludiendo el vapor de la locomotora mientras los vendedores voceaban su mercancía. El vapor de la locomotora prevalecía en mi mente, cuando en la realidad los trenes modernos eran de diesel y tendían a ser eléctricos.

Brawley California era un pueblo enclavado en el mero corazón del valle Imperial. Este no era más que la prolongación del valle de Mexicali, del otro lado de la frontera. El mismo desierto partido en dos por una raya artificial. Un gran pedazo de tierra árida que nació el día en que las aguas del río Colorado fueron desviadas para crear un sistema de irrigación.

El lazo que unía a ambos valles era lo más parecido a un nudo Gordiano. El río Colorado nacía en Estados Unidos y desembocaba en México; en el Mar de Cortés. Debido a la configuración del terreno, el tajo que desvió las aguas hubo de hacerse en territorio mexicano y enviarla por gravedad a través de la frontera. Esto creó una situación en extremo peculiar: México enviaba agua a los Estados Unidos desde un río perteneciente a estos. El acuerdo fue dividir el líquido a partes iguales para irrigar los dos valles. Por tres décadas, Brawley dependió de aquellas aguas para su desarrollo. A su vez, Mexicali debía su existencia al mismo caudal. Por mucho tiempo, el río Colorado fue, para los habitantes de ambos valles, una soga con nudos corredizos en ambos extremos. El pico que abrió el torrente líquido, en manos de un consorcio gringo, apretaba sistemáticamente los lazos en el cuello de ambos gobiernos. Era como un triángulo pasional: el grupo de capitalistas norteamericanos y las autoridades mexicanas cortejando las mismas tierras del desierto.

Tanto el restaurante de los gabachos como en otros tiempos la estación del tren, eran lugares que conectaban con el mundo de afuera. En esencia, eran lugares visitados por viajeros y desligados geográficamente de la rutina del pueblo. Eran, de cierta manera, lugares de paso *per sé*. Y yo, de hecho, sabía que no podría durar mucho en Brawley. ¿Por qué habría de echar raíces ahora en un país extraño cuando en mi amado México no lo había logrado?

*

Una tibia mañana de fin de semana, caminé la sombreada calzada hasta la carretera. A la izquierda, el pueblo desperezaba su modorra y a la derecha se extendía la explanada del café gabacho con el eterno revoltijo de remolques. El sol caía en diagonal a medio camino hacia el cenit, arrancando destellos luminosos en los ribetes niquelados de los pesados vehículos. Los enormes muebles rodantes descansaban la jornada cual gigantescos paquidermos. Algunos ronroneaban suavemente, otros guardaban silencio.

Desde el restaurante me llegaba el acostumbrado ajetreo mezclado con la melancólica armonía de la música country. Afuera, un enorme letrero de gas neón lucía un vaquero montando un camión ensillado que reparaba como un potro. Las riendas bajaban hasta las defensas delanteras del tractor. Truck Stop, Hot Meals. Open 24 Hrs, decía el letrero, con letras en arco sobre la peculiar *montura*.

Nunca supe cómo se llamaba el restaurante gabacho. Sin embargo, el sitio ejercía una hipnótica fascinación en mí; la misma misteriosa fascinación que sentía por la abandonada estación.

Ubicado en las afueras del pueblo, una amplia explanada rodeaba el edificio a la orilla de la carretera. El comedor recibía luz a toneladas desde ventanales que corrían a lo largo de la fachada, paralela a la línea del camino. Dividía la cocina, en línea con los «reservados», un mostrador con taburetes. Frente a cada banco, una raca de metal sostenía el correspondiente menú, la azucarera, el salero y una caja tragamonedas para escuchar música de la *sinfonola*. La circunferencia que rodeaba al redondo edificio era de grava, sin cercado. En la amplia explanada, remolques en desorden, con placas de todos los puntos del país esperaban por sus dueños. Del interior de algunas cabinas escapaban las notas de alguna melodía. La cadencia melancólica y casi plañidera de la música ranchera americana marcaba la pauta, tanto dentro como fuera del paradero.

Mis vueltas al merendero incluían siempre un paseo obligado alrededor de los tráileres. Me fascinaba el descomunal tamaño de las llantas, el gigantismo en cada detalle, el poder de las masivas estructuras; el ir y venir de los choferes, unidos intrínsecamente a sus vehículos. Seres que sin sus muebles rodantes quedarían incompletos, igual que un vaquero sin caballo.

Me colé entre los enormes neumáticos, absorto en el poder que emanaba de los camiones. Minnesota, Wisconsin, Idaho, Arizona, Louisiana, Ohio, Texas, se leía en las placas. Caminaba en eses en aquel bosque de metal y aluminio. Al doblar una rastra, vi un espléndido remolque estacionado casi en la orilla del terreno. Miré, extasiado, la mole de metal en su conjunto. Las rectas, largas y precisas, se suavizaban en las esquinas, rematadas con romas esquineras. El aluminio daba dos sensaciones antagónicas: ligereza de peso y solidez de forma.

Me acerqué sin despegar la vista. Arriba, en la punta de la cubierta del motor, el perro bulldog, emblema de la marca

Mack, miraba agresivamente hacia adelante. El azul cobalto de la carrocería contrastaba arrebatadamente con el níquel de los ribetes. También niqueladas eran la defensa, los estribos, la visera, los cubre polvos y los tubos verticales de escape, sobresaliendo estos entre la cabina y la rastra.

Recorrí el vehículo por el lado del conductor y rodee hasta regresar a la cabina por el otro lado. Las placas del remolque eran de New México y en las puertas, en letras blancas y amarillas, se leía: Alcibíades Retes O 'Brian, Truck Service.

Del interior de la cabina salía, con reminiscencias lejanas, la plañidera voz de un cantante acompañado de guitarra eléctrica. Levanté la vista y vi unos ojos avellana mirándome con atención. El color amarillo dorado y las orejas cayendo a los lados de la cabeza cuadrada denunciaban el inconfundible aspecto del perro perdiguero dorado (Golden retriever).

El perro parecía sonreír, la lengua colgando en la punta del hocico. Yo sonreí a mi vez y chasquee la boca un par de veces. El can se movió inquieto y las orejas se pronunciaron hacia adelante, agudizando la expresión de atención. Era evidente que el perro gozaba con mi presencia.

Hubo un movimiento en el interior. Creí ver que unas cortinas se movían y en el siguiente instante, una cara asomó por la ventana. De pronto no supe qué hacer, si saludar o echar a correr. La cara me impactó por su fisonomía poco común. De mi boca salió una mueca que no pudo llegar a sonrisa. Abrí los ojos como platos.

La cara me examinó de una manera extraña. Normalmente, en un examen visual, la vista salta de un sitio a otro. Los ojos se pasean a saltos, deteniéndose un instante en un punto y luego cambiando a otro. Esta cara no me examinaba así. Las pupilas parecían moverse sin detenerse en un sitio de mi anatomía en particular. Los ojos resbalaban y trepaban, se deslizaban de lado a lado o giraban lentamente en círculos. La cabeza del hombre estaba fija al lado del perro. Sólo los ojos se movían. Vivamente impresionado, traté de saludar y alejarme. La cara se me adelantó.

—¿Te gusta el Gringo? —preguntó, sin dejar de mirarme.

—¿Cuál gringo? —pregunté a mi vez.

La cara levantó las cejas y se ladeó ligeramente hacia el perro.

—Sí, claro —contesté.

—Llámalo entonces —dijo la cara.

—¿Se llama Gringo?

—Sí. Háblale en inglés para que te entienda.

—Gringo —dije.

—*Gringo, ¿do you like the kid?* —preguntó el individuo, volviéndose al perro—. *He wants to be your friend.*

El animal lo miró un instante y luego me miró con los ojos chispeantes. Un par de patas se posaron en el filo de la ventana. El hombre abrió la puerta y ordenó en inglés:

—¡*Jump!*

El perro saltó con una agilidad extraordinaria. Aterrizó en la grava y me miró jadeando con la lengua de fuera. De inmediato extendí el brazo y lo toqué bajo el hocico con la palma de mi mano extendida hacia arriba, tal como me había enseñado Reséndez cinco años atrás.

Después del perro salió la cara. Se alisó el cabello hacia atrás con ambas manos y encendió un cigarrillo.

—¿Se llama Gringo porque no habla español? —pregunté.

—No; se llama Gringo porque los mexicanos no hablan inglés —pregunté.

—¿En Nuevo México no hablan inglés?

—Las placas son de Nuevo México pero yo vivo en Arizona, en Douglas. Antes de comprar el tráiler manejaba uno ajeno y tenía que dejar al gringo en Agua Prieta porque no me permitían traerlo.

Arrugué el ceño y también la nariz en claro mensaje de confusión.

—Verás —explicó el camionero—. El Gringo antes se llamaba Cypress. Pero cuando yo les decía el nombre a los paisanos, en vez de pronunciar Cypress, terminaban diciendo Zipper o algo parecido. Así que le cambié el nombre. Ahora todo mundo le dice Gringo, gringos y mexicanos por igual y a todos les gusta el nombre. ¿Ya desayunaste? —preguntó.

—Sí —contesté.

—¿Qué tal un vaso de leche con donas? —insistió, echando a andar hacia el merendero.

Mecánicamente seguí al individuo. Con el rabillo del ojo lo miraba, preguntándome cuando llamaría al perro. El camionero ni siquiera volteó hacia donde el can olfateaba los arbustos con fruición.

—¿Y si se va? —pregunté, mirando hacia el Gringo.

—No lo hará. Sabe que tendrá su desayuno tan pronto como termine con el mío —dijo, entrando en el restaurante.

—Siéntate —pidió, viendo que yo dudaba.

Tomé asiento mirando hacia los lados. Después de chocar mis ojos con un enjambre de barbas y maxilares masticando, miré la cara reflejada en el espejo.

El rostro de Alcibíades Retes O 'Brian era un rostro que se grababa en cualquier retina. Un poco de pintura roja en la frente y en las sienes y el camionero hubiera representado a la perfección a Cristo después del Vía Crucis. En aquel rostro parecían haber azotado todas las tormentas. Las facciones alargadas subían en vertical desde una mandíbula fuerte y agresiva hasta una frente despejada con rebeldes mechones curvados hacia atrás. Maxilares, pómulos y parietales se ubicaban casi en la misma vertical. La abundancia de cabello en desorden acentuaba la altura de la frente. Las cejas, casi ondulantes en el arco, eran delgadas y definidas.

En el centro, en un ceño ligeramente fruncido hacia arriba, bajaba una nariz recta y delgada, dibujando una cruz que hubiese sido perfecta a no ser por una leve inclinación de las cejas hacia los pómulos. Bajo aquellas, en cuencas hundidas, los ojos luchaban por hacerse notar bajo unos parpados casi caídos sobre las pestañas, como si la mirada estuviese permanentemente entrecerrada.

La profundidad de las cuencas, daban una apariencia sombría a las pupilas. La boca, de labios finos, era, quizá, lo más suave del conjunto; boca larga, como una cuchillada sobre la dentadura. Sendos surcos verticales entre boca y orejas partían en dos ambas mejillas.

La alargada cara estaba como incrustada sobre un cuello igual de largo. Las mandíbulas parecían atornilladas al cuello y no existía continuidad con la cabeza. Era como si las dos partes anatómicas hubiesen sido hechas del mismo material pero en tiempos distintos. Un par de nervios que subían por la garganta desde la clavícula, encerraban la manzana de Adán en un corredorcillo y se perdían bajo la angulosa mandíbula. Por la parte de atrás del cuello, el pelo bajaba en ondas hasta casi tocar la base. No había gran diferencia en el resto del cuerpo, delgado, casi flaco, largo de extremidades y ligeramente encorvado. En cualquier circular policíaca, la descripción de Retes hubiese sido simplemente: nervudo.

Sobre el taburete, Alcibíades hurgó en el bolsillo de su camisa y sacó un paquetito.

—En estos restaurantes gringos nunca hay chile, compa— dijo, espolvoreando el polvo rojo de chile pequín en sus huevos revueltos.

—Pero tú eres gringo —me atreví a opinar.

—No cuando estoy con mis paisanos. Me gusta hablar español y comer chile. Mi madre me enseñó.

—Yo pensé que eras Retes por tu papá.

—No; si fuera gringo, gringo, mi nombre en la puerta diría «Al R. O'Brian». Aquí en los Yunaites, se usa el nombre materno primero que el del padre. Bueno, se usa sólo la inicial, pero a mí me gusta todo completo. Es mi manera de decirle a todo mundo que tengo sangre hispana, nomás para que no me chinguen.

Un par de tipos peludos luciendo gorras de béisbol se acercaron. Dos o tres frases en inglés y un intercambio de billetes sellaron una apuesta. Sobre los resultados del béisbol de fin de semana, según me explicó Alcibíades.

Cuando salimos del merendero, el Gringo estaba sentado sobre sus cuartos traseros. Meneó la cola con deleite y yo me acerqué. Acaricié al perro con suavidad pensando en lo afortunado que era el camionero. El perro correspondió lamiendo mi mano.

Caminamos al remolque y de un compartimiento lateral, O'Brian sacó un par de latas y un abridor. Vació el contenido en un plato de metal y lo colocó en el suelo. Después de servir al perro, sacó una maletilla de cuero para viajes y una toalla y encendió un cigarrillo.

—Nada como un buen *regaderazo* antes de pegarle al camino —dijo—. Puedes jugar un rato con el Gringo y luego le abres la puerta de la cabina si te vas —agregó y se alejó rumbo a los baños del merendero.

Jugué con el perro en mi mocho inglés por espacio de 30 minutos. Cuando Alcibíades salió, su piel brillaba, estirada con el agua. Subió en la cabina detrás de su perro y se despidió. No volví a verlos.

Es asombroso cómo ciertos episodios intrascendentes quedan grabados en la memoria. Igual que mi estación y mi merendero, el Gringo y Alcibíades dejaron en mi cerebro un pedacito más de melancolía. Ellos eran el modelo que yo anhelaba para mí.

CAPÍTULO XIII

La Patria Arrinconada

El año escolar se fue como un suspiro. Una noche ventosa de fines de abril, un ruido extraño escapó de la habitación del griego. El ruido, junto con el jadeo pesado del ranchero, parecía venir del suelo. Mis oídos, desconectados de la realidad en los sopores del sueño, oyeron sin escuchar en las tinieblas. Lo continuado del ruido en la quietud de la noche me obligó a abrir los ojos. A tientas busqué el interruptor de la luz y alerté los sentidos, especialmente el auditivo. Salí de mi cuarto y, presa del nerviosismo, encendí también el foco del pasillo. Miré frente a mí la puerta de mi patrón. No había duda; Pergulis jadeaba del otro lado de la hoja. De pronto, un estruendo de vidrios rotos y trastos al caer me hizo dar un respingo.

—Mr. Pergulis —dije en voz alta, esperando una respuesta que no llegó.

—¡Mr. Pergulis! —grité, ya asustado. Me contestó el silencio.

Abrí la puerta lentamente. Un temblor involuntario me recorría el cuerpo. El corazón brincaba en protesta por la tensa situación. La luz se abrió paso en las tinieblas, iluminando el piso. El resplandor de luz se fue haciendo ancho conforme la puerta cedía.

De pronto, un pie desnudo invadió la claridad. La tensión era insoportable.

Solté la puerta, temblando de miedo. La hoja de madera siguió su camino lentamente, impulsada por su propio peso.

Al pie siguió una pierna y luego, un pedazo de tela de los calzoncillos asomó por la esquina de la cama. Pergulis yacía boca arriba sobre las desnudas tablas del piso.

No recuerdo si grité o no pude abrir la boca. Tampoco pensé en auxiliar al caído. Sólo viene a mi memoria la rigidez de mis miembros incapaces de moverse a la vista del cuerpo inmóvil. Al cabo de algún tiempo, me vi corriendo hacia la salida. Sentía que tras de mí, el «muerto» estiraba los brazos, más que correr, flotando. Casi sentía los dedos sujetándome por los hombros.

A decir de los médicos, el agricultor murió de un síncope. El ataque fue fulminante, mortal de necesidad. Pergulis hubiera muerto, incluso con un médico al lado en el momento del ataque. Es decir, era más que inútil mi intervención en el momento del suceso. No que eso me sirviese de consuelo. Yo era un chaval que no cumplía los 14 aún y no consideré en ningún momento, haber contribuido a su muerte por falta de auxilio. Antes bien, recuerdo con meridiana claridad haber pensado que si el ranchero se iba, las cosas se complicarían para mí porque... ¡no quería vivir sólo en la casa del muerto!

Y no viví solo. Las autoridades me retuvieron en un refugio temporal por dos días. Al cabo de ese tiempo, un hermano del griego y su familia vinieron y se quedaron a vivir en el caserón vacío. Yo salí de mi «cautiverio» y, de golpe y porrazo, mi vida cambió. Al ver a los tres niños del matrimonio, las nubes de la incertidumbre afloraron. La paranoia sustituyó a la paz de mi espíritu y mi ceño se frunció. Todos los recelos de mis amargas experiencias con gente menuda renacieron y, como un mecanismo de defensa, mi cerebro me ordenó aislarme.

No creo que la familia Pergulis haya influido en mi actitud. Creo más bien que el trauma ya se había formado. Una vez más, yo era desplazado por extraños. Los Pergulis, en mi opinión, no eran herederos del difunto sino invasores de mi hábitat. Una vez más, niños que jamás había visto entraban en control de mi destino inmediato. Curiosamente, no eran los adultos mis enemigos; eran los niños, pequeños entes perversos que me miraban con malicia, maquinando las maniobras que pudieran golpearme en mi autoestima. Curiosamente también, los pequeños monstruos cambiaban diametralmente cuando los padres los dejaban a mi cargo. Entonces se convertían en hermosos querubines, dóciles, regordetes y obedientes. Semejante metamorfosis, sin embargo, no me motivaba a buscar la compañía de los niños. Siempre tenía latente el temor de meterme en problemas y perder. No obstante, en Brawley confirmé que yo podía convivir con los infantes, siempre y cuando los padres no estuvieran alrededor. Y por supuesto, esto no acontecía más que en aisladas ocasiones. Sospecho que desde entonces, yo no temía a la mala crianza de los pequeños demonios, sino a la discriminación de los padres: la preferencia natural por los hijos propios sobre de mí.

Ya no hubo independencia en mis actos. El cuarto que yo ocupaba, lo tuve que compartir con dos hijos del matrimonio. Faltaban dos meses para el final de clases y, conforme a las palabras del menor de los Pergulis, yo regresaría a Mexicali al final del año lectivo... y así fue.

Dos semanas antes de salir de Brawley, la niña pizpireta que presumió de ser mi hermana en Chavoy, apareció en la casa. Inicialmente pensé que era mi turno para presumir que ella era mi hermana. Pero no pude, la niña llegó presentándose y presentándome como si hubiéramos llegado juntos: «Yo soy Alicia pero me dicen Licha y él es mi hermanito», y así por esas. Su presencia me ayudó a sobrellevar el tiempo. No obstante, un foco rojo se encendió en mi cerebro cuando vi cómo mi hermana se adaptó de inmediato a su nuevo hogar. Fue obvio entonces que el problema era yo. Tuve que aceptar que yo era un antisocial o un ser precozmente resentido.

En esa nube espesa que opaca la memoria, los recuerdos se abren paso trabajosamente. No hay fluidez de pensamiento. A veces, el cerebro consigue distinguir seres y objetos amorfos de significado incierto. Se materializan vagamente entre la niebla caprichosa. La mente trabaja tratando de ubicarlos y cuando un nombre surge de nuestro subconsciente tratando de completar el cuadro, las formas se diluyen, amorfas otra vez. La cortina neblinosa se cierra, oscureciéndose gradualmente. Queda entonces esa incómoda sensación de sé qué es pero no puedo recordarlo. Sólo queda ese vaivén *claridifuso* del olvido y el recuerdo jugando al escondite en los intrincados recovecos del pensamiento. Lo más confuso de mi juventud temprana fue mi incapacidad para establecer algunos lapsos de tiempo. El constante peregrinar no ayudaba en absoluto, a mantener un cierto orden cronológico; a veces aquí... a veces allá. No sé cómo fue que mi hermana y yo coincidimos en Brawley. Ni siquiera me detuve a pensar en los hechos que la llevaron al pueblucho. A decir verdad, yo ya había perdido interés en el por qué de mi perenne rodar. Sin embargo, la cadena de «coincidencias» de mi vida apenas se iniciaba.

Tres semanas más tarde, el opio del olvido traiciona nuevamente mi memoria: me veo cruzando la frontera pero el final de mi viaje no es Mexicali sino Chavoy de Quintero. ¿Cómo puedo recordar que salí tres semanas más tarde y no recordar cómo hice un viaje de 1.000 kilómetros? No lo sé. Como no sé dónde dejé las llaves hace una hora pero recuerdo nítidamente el sitio, la hora y cómo se dio mi primer encuentro con Rangel Reséndez 70 y tantos años atrás.

No duré mucho en el pueblo de mis ancestros. Una mañana, Juan Manuel Ontiveros, un medio hermano de mi madre que hizo su vida en Utah, se apareció en Chavoy y, dos días después, yo viajaba en su automóvil con rumbo a Mexicali. No había nada que me enganchara en Sinaloa y volver a la frontera fue casi natural. Pero lo que fue casi sobrenatural fue que aterricé... ¡a cuatro cuadras de la familia Tarango!

A pesar de que pudiera lucir como si el planeta tuviese el tamaño de una pulga, el hecho de rebotar de un lugar a otro y volver de nuevo a escasas cuadras del sitio original tenía una explicación lógica:

En 1939, el tío Santos tendió el puente, llegando el primero a esta área de la ciudad. Cierto que el tío Juan Manuel ya estaba en la tierra de los güeros. Sólo que Juan Manuel Ontiveros resultó ser un vago de pata ancha: pasó una década antes de que la familia supiera que vivía en un pueblito del estado de Utah. Y cuando apareció en Mexicali, según la historia, resultó ser un costal de mañas. De modo que el tío Juan Manuel nunca fue realmente parte de los Ontiveros.

Al tío Santos le siguió su esposa, la tía Danelia y, metido como con calzador (ni recuerdo cuando ni recuerdo cómo) el tío Rodolfo. Casi inmediatamente después llegó Mariela siguiendo el consejo de tía Danelia. En el intervalo llegó mi madre.

Aun cuando el tío Santos no vivió jamás en la calle Madero, había abierto una refaccionaria o una casa de partes agrícolas frente a la casa donde ahora yo vivía. Tres o cuatro lotes al este de la refaccionaria, había una pequeña tienda de abarrotes llamada «El 2 de Abril». Aunque después la refaccionaria pasó a otro domicilio, era en esa tiendita donde el tío, recién llegado a Mexicali, adquiría sus provisiones de «soltero». Luego, el mismo tío acomodó en el mismo barrio al otro tío llegado de Utah. Era pues, obligado que yo o algún otro pariente de los Valdez planeáramos en los alrededores.

Mexicali, 1954; ciudad inocente, sucia de vestiduras pero de albo corazón. Con la maleta a medio abrir... o a medio cerrar, según se mire, aterricé en una simpática casita de madera, con porche y jardín al frente.

No recuerdo cómo es que mi medio tío me trajo. De pronto me veo en mi nueva casa. Esquina de Madero y calle E; la vivienda es blanca con vista a la Madero. Una cuadra atrás, al norte, la valla de alambre donde la patria cambia de idioma, aunque más allá sea la mima tierra. Al este de *mi* casa, quizá a tres o cuatro cuadras, la casa de los Tarango. «Me vale...», pensé cuando lo supe. ¡Yo era ya un hombre!

De pronto, el mundo se encogía y yo crecía. No me di cuenta entonces, pero acababa de entrar en el período de crecimiento en que nada cuenta, solo el yo; ese lapso de transición en que el niño se siente hombre pero en el que sin darse cuenta, arrastra el ropaje de su niñez. En pocos meses cumpliría 14 años y sabía decir *thank you, good morning* y una que otra grosería en inglés. Eso era suficiente para sentirme el «ombligo galáctico» de los alrededores. Por primera vez enderecé la raya de mi peinado y me atreví a explorar por mí mismo el mundo exterior, cuidando los detalles de mi apariencia. Era como revivir a Chepita mi maestra, pero con nuevas sensaciones, con escondidos deseos. El llamado de las hormonas se abría paso con ímpetu incontenible en mi pubertad. Traspasando el chaparro cerco de tablas puntiagudas del jardín, era vital ser el mejor, lucir como el mejor y ser el más ágil, audaz y temerario del vecindario.

En mi caso no era, en modo alguno, la entrada en la adolescencia o el abandono de la niñez. Era, virtualmente, el mundo en que yo había vivido hasta entonces y que se me había negado en virtud de mi edad. Era, por decirlo así, mi debut atrasado como adulto o, si se quiere, mi escape tardío de una niñez que no viví. Biológicamente, seguía siendo un chaval; mentalmente, sin embargo, salté por encima de la adolescencia sin mirar abajo. Con todo, sentía una necesidad patológica de demostrarme a mí mismo que no era un remiendo; que podía ser parte integral de un conjunto. En Mexicali me ubiqué de un brinco como un joven de 14 que pensaba como uno de 19. Sin duda, el brinco había sido extraordinario y, por asociación, el sitio de mi salto tenía que ser necesariamente maravilloso. Ciertamente, Mexicali entró por todos los poros de mi cuerpo y lo amé desde el primer minuto.

El aprender a peinarme no fue un hecho fortuito. La primera vez que entré en El 2 de Abril, dos niñas de grandes ojos conversaban en la entrada de la tiendita. Todavía a medio camino sentí mi corazón galopar. Me «apendejé» igual que me pasaba con Maricha. Cuando una de ellas clavó sus ojos en mi flaca humanidad, quise mantener la distancia como en Chavoy pero no había forma de emprender la huida. Instintivamente me fajé la camisa y con disimulo me acomodé los pelos parados.

Supongo que todo el mundo se ha apendejado en una situación similar. Las piernas tiemblan, el paso se descompone y no hay lugar dónde mirar sin que parezca que uno es ciego y no sabe por dónde va. El hueco más grande de la banqueta se atraviesa y uno cae en él irremediablemente. Uno siente que las miradas se dirigen al ridículo agujero en el calcetín o a la mancha de manteca en la manga de la camisa.

Pasé entre el fulgor de las miradas de las niñas. Miraba sin ver las enormes pestañas aletear y mientras más caminaba, más lejana veía la puerta dónde desaparecer. Risitas apagadas me hacían sentir incómodo. «A lo mejor traigo la bragueta desabrochada o, quizá tengo un agujero en las nalgas del pantalón», pensaba mientras rogaba a Dios pasar el examen femenino.

En El 2 de Abril conocí a mi primera novia. Una de las dos niñas que supervisó mi llegada a la tiendita me aprobó instantáneamente y, aparentemente la segunda también. Henchido de satisfacción, hice mis primeros *pininos* en el arte de jugar con dos, aunque al final las dos me dieron los primeros palos.

El 2 de Abril se convirtió en mi universo chiquito. De hecho, era el universo de los chicos a lo largo de dos cuadras y fracción.

Fui afortunado en aterrizar en la Madero. No era la zona más elegante pero sí la de más tradición. La gran mayoría de residentes de la manzana donde yo habitaba eran fundadores de la joven ciudad. Propietarios de sus casas, habían enraizado profundamente en el ardiente asentamiento. Amaban su suelo y veían la península como una isla a prueba de los males endémicos del país: la pobreza y el burocratismo rapaz. Los más viejos habían participado, con Guillermo Andrade primero y con la Colorado River Land Company después, en sendos intentos de colonización a principios del siglo xx. Otros, hartos de violencia, habían llegado buscando la paz después de la Revolución de 1910. Después, en la conquista del desierto y, con la repartición de tierras en tiempos de Lázaro Cárdenas, el territorio se abrió a la colonización en toda forma.

El tío Santos llegó con dos talegas de dinero y un par de hectáreas en la mente. Junto con él llegaron otros, procedentes la mayoría del norte del país. Tras años de lucha a brazo partido contra los elementos, vino el *boom* algodonero de los cincuenta que definió el futuro del valle. Entonces, todas las rutas de México apuntaron a la Baja California. Familias enteras se trasladaron al nuevo emporio. El soplo vital que aquellos le dieron, convirtieron a la ciudad en un fenómeno de crecimiento que ya no se detuvo. Aunque sin las carencias de otros niños, yo seguí la misma ruta.

La magia de mi relación con la ciudad cachanilla[9] se debió a dos hechos fortuitos: llegué cuando la vida se abría ante mí, pletórica de ilusiones, y mi llegada a una zona tan privilegiada de la ciudad coincidió con la etapa más esplendorosa de su historia.

El Tavo era un muchacho de proporciones *kinkonescas*. A los 17, ya usaba ropa y calzado hechos especialmente para él. Yo, con 14, apenas le llegaba a las costillas. Las descomunales medidas de Gustavo Nevares no lo hacían un ser cómico o grotesco. Antes bien, sus proporciones eran parte de su magnetismo. Grandote y basto, el Tavo era una torre de carne maciza. Su padre, un miembro de los Dorados de Villa, había llegado de Chihuahua en 1923 hastiado de la vida errante. En Mexicali nacieron todos sus hijos, grandes todos, de finos rasgos todos. Gustavo, el menor de ellos, nació en una casita de madera recién traída del otro lado. La casa, con techo de dos aguas, tenía dos escalones en el portal. Era este un cuadrado cercado con un barandal. Una banca esquinada con el barandal donde el Tavo se sentaba a hacer nada, convertía el porche en una suerte de «recibidor» donde nos reuníamos para hacer... lo mismo que el Tavo.

En el interior de aquella casa había un closet (armario) en cada recámara, y un foco con pantalla colgando en el centro de sus respectivos techos. Había muchas ventanas de guillotina y, empotradas estratégicamente en las paredes, una tabla de planchar, algunas repisas y una alacena, amén de un sinnúmero de aditamentos de uso práctico: cajoneras, enchufes eléctricos, línea de teléfono cuando el número no pasaba de cuatro dígitos

---

9 Cachanilla: planta que crece únicamente en el valle de Mexicali.

y, desde luego, la infaltable cochera separada de la casa. Un cuarto para lavar ocupaba la mitad de la parte de atrás.

La casa descansaba sobre pilotes, más o menos igual que otras que fueron llegando a Mexicali antes y después de la década de los veinte. Construcciones cómodas traídas de los EE UU, con mil recovecos para aprovechar al máximo el espacio. Aunque de deshecho, las simpáticas casitas eran un dechado de funcionalidad.

En el barrio, todas eran construcciones similares en su conjunto aunque con variantes de estilo. Y todas, absolutamente todas, con espacio para jardín enfrente. Mi casa, en la esquina, era una más del barrio de la Madero.

—¿Dónde vives? —me preguntó el Tavo el día de mi debut en el barrio.

—En la casa de la esquina.

—¿Con el *Chefe*? —preguntó de nuevo el gigante.

—Con los Ontiveros —aclaré.

—Sí, pues, con el *Chefe* Ontiveros. ¿Es tu papá?

La pregunta me tomó de sorpresa. Asombrosamente, era la primera vez en mi vida que me endilgaban un papá.

—No, e... es mi medio tío —aclaré.

—¿Qué es un medio tío?

—Que es hijo de mi abuelo pero no de mi abuela.

—Bueno, ojala no seas ni la mitad de largo de lo que es tu medio tío —observó el gordo individuo.

—¿Largo?, no entiendo.

—El *Chefe* Ontiveros es más largo que una cruda en el desierto. Con decirte que le voló la pistola al Charrascas Iturralde y luego se la vendió al Calela Estrada.

—¿Cuál Charrascas? —pregunté, más despistado que un actor judío haciendo el papel de Hitler.

—El Charrascas Iturralde es policía y el Calela Estrada es el Presidente Municipal. Calela es por escalera. La dicen así por flaco y larguirucho.

—¿Mi tío le robó la pistola al Charrascas? —pregunté, incrédulo.

—Y el contrabajo a Cosme Frías y la moto al Beethoven Alcorcha. 'Ta grueso el *Chefe*.

—¿Y no lo meten al bote? —pregunté, sin darme cuenta de lo cándido de mi pregunta.

—Al principio creo que lo mandaban preso. Pero se hizo cuate de todos los cuicos y ahora hasta el Charrascas le acomoda clientes.

—¿Y las víctimas?

—Las víctimas le soplan en dónde hay otro fulano descuidado. Al ratito, ese se suma a los demás y hay va creciendo la bola. Es como si se divirtieran con el *Chefe*. Cuando hay un cantinero quejándose de que no le pagaron la cuenta o una mesera gritando que alguien se esfumó sin pagar los tacos, la gente dice: «segurito que fue el *Chefe*». 'Ta grueso tu tío.

—¿Y qué es *Chefe*?

—Lo correcto es chef. Quiere decir jefe de cocina en *totacha*[10]. Pero la raza le dice *Chefe* porque decir chef como que suena muy sangrón.

—¿Y por qué le dicen así?

—Porque dice que fue cocinero de Gene Autry.

Pelé tamaños ojos.

—¿De Gene Autry, el vaquero?

—Simón. Nadie se lo cree, desde luego.

—Bueno, de todos modos, a mí me vale. Al fin que no es más que mi medio tío.

Aquel año yo era ya un nómada consumado. Por aquellas fechas, sentía que vivir como yo, era, si no normal, tampoco algo extraño. Yo había vivido así toda mi vida. Por eso, cuando supe que en Mexicali vivían el tío Juan Manuel, la tía Danelia, Mama Chela y el tío Rodolfo, no me puse a conjeturar por qué, con tanta familia, yo andaba rodando.

Juan Manuel Ontiveros no era mi tío «completo». Mi abuelo lo había tenido con una joven que trabajaba en el rancho propiedad de los padres de Santos, el esposo de mi tía Danelia. Por eso, aunque el niño vivió siempre al margen de nuestra

---

10 Totacha: inglés.

familia, mi tío Santos (o Rosendo), le tenía estimación y lo ayudaba en lo que podía.

De acuerdo a las historias que oía, la familia se vino «como hilo de media» cuando el esposo de tía Danelia se enredó a tiros con otro agricultor y se vio forzado a huir a la Baja California. Él escogió la península norteña y los demás lo siguieron. El último fue el más chico de los Ontiveros, Rodolfo. Este se acomodó a trabajar en el Hotel del Norte, a la sazón el más elegante de la ciudad.

El primero que viajó desde Sinaloa fue mi medio tío, Sólo que este, en vez de quedarse en Mexicali, se fue de «alambre» hasta que se casó en algún lugar de Utah. Cuando el matrimonió tuvo sus primeros vástagos (un par de gemelitos), el tío Juan Manuel decidió instalarse en la frontera, seguramente pensando que Rosendo y su media hermana ya estaban establecidos. Más tarde, cuando yo llegué a su casa, los hijos de la pareja eran tres. Desde el principio quedó claro que yo sería la «niñera designada».

El tío Juan Manuel era el pícaro más célebre de la frontera y sentirme ligado a él me halagaba.

Como todos los malandrines, el tío era un tipo sin trabajo fijo. Las historias de Juan Manuel Ontiveros (alias el *Chefe*), incluida su supuesta relación con Gene Autry, se repetían en las cantinas, casinos, centros de apuestas y clubes de desocupados de Baja California y parte de Sonora. Historias tan descabelladas como la de ser el creador del «chili con carne» o la de haberle quitado una novia a Ernest Hemingway, se mezclaban con estafas tan increíbles como la venta de cupones de la cantina El Tío Pepe, para pagar las cervezas a mitad de precio de por vida por módicos 20 pesos o a 10 pesos por cinco años para los bolsillos más «flacos», o los de a 5 pesos por cinco fines de semana para que pudieran «aprovechar la oferta».

Lo fantástico del *Chefe* no era su habilidad para quedarse con el dinero del prójimo sino su prodigioso poder para que se lo festejaran: «¿Ya sabes que se fueron sin pagarle la cuenta al mariachi de don Cosme Lomelí?», decía una voz con el inconfundible barullo de cantina como fondo. «Ha de haber sido el *Chefe* Ontiveros; de seguro le salió a don Cosme con que: si no me tocas no te pago la anterior», contestaba otra voz igual de estropajosa. «¿Cómo adivinaste? Ahorita ya están apostando a que don Cosme le vuelve a fiar», decía la primera voz. Era frecuente que alrededor de las dos voces, otras se unieran para contar sus propias historias del *Chefe* Ontiveros, el pícaro más célebre desde Tijuana hasta Cd. Juárez

Pero en la Madero, el *Chefe* no era el único. El barrio entero estaba plagado de personajes pintorescos: Beethovencito era el hijo de Beethoven Alcorcha, alias *el Contrabajo*; *el Farina* (o Farino) Irigoyen, se llamaba en realidad Mariano, pero le aplicaron el mote debido a su color moreno renegrido (farina significa harina en italiano); el Gua Gua era un borracho que se emborrachaba dos veces por semana y, a las 2 de la mañana de cada borrachera, terminaba la parranda en un duelo a ladridos con el perro de doña Eufrosina Dávalos (como doña Ufro estaba sorda como una tapia, los ladridos despertaban a todo el vecindario menos a la dueña). Osvaldo Ibarrola usaba unos lentes tan gruesos, que sus ojos parecían asomar de un acuario. Su miopía convenció a los encargados de poner apodos, que el chico miraba mejor con el «ojito de atrás» porque *ahí* no necesitaba lentes. El mote resultante fue: el Cíclope. Al Aristeo Medina le decíamos el Tololoche o el Cara de Raqueta y justificábamos el remoquete diciendo que era un modo «elegante» de librarlo de su nombre.

Todos teníamos un sobrenombre. En lo personal, creí salir bien librado cuando empezaron a llamarme «Zurdo». Hasta que el Tavo encontró que yo era de boca grande y entonces comenzaron a llamarme «Boca de Bagre» o «Cara de Corbata» por mi cara alargada. Y el Aristeo, en venganza, redondeó mi sobrenombre sustituyendo el «bagre» por «pisa corbata». Para el Aristeo, yo era el Cara de Corbata con Boca de *Pisacorbata*.

A pesar del calor infernal, Mexicali era benigno. La población flotante era rápidamente absorbida por la pujante economía. No había limosneros y la gente vivía como en un oasis de abundancia. Había pobreza como en cualquier ciudad. Pero no era una pobreza acuciante. Los pobres siempre tenían para cubrir sus necesidades. Había pobres, como yo, que podían, incluso, navegar en el mundo de los ricos sin sentir el rechazo. La cercanía con Estados Unidos daba la pauta para un estilo de vida diferente; más «americanizado», menos apremiante. De hecho, los bajacalifornianos del norte vivían en dos mundos paralelos: el «local» que alimenta los sentidos y el «ausente», el de origen; el que se lleva en el corazón. Sin serlo, la Baja California de la primera mitad del siglo xx parecía un país aparte. La enorme ventaja de los bienes materiales adquiridos fácilmente a través de la frontera le daba fuerza y autosuficiencia. Era como una pequeña república, mucho más mexicana que gringa pero más que todo, bajacaliforniana. Supongo que los lugares aislados tienden a «atrincherarse»; sucedió también con Texas y con la «Hermana República de Yucatán».

En el Mexicali de los cincuenta los adultos nativos eran más raros que un tiburón zacatecano. La ciudad nació oficialmente en 1903 con un territorio que daba 4 kilómetros por habitante. Es obvio que debió haber hijos de los primeros pobladores pero había que buscarlos con cedazo. De hecho, aparte de los chinos, los fundadores fueron colonos llegados de Sonora, Sinaloa y Chihuahua, mayormente. Guillermo Andrade, un sonorense de Hermosillo, llegó entre los primeros y prácticamente se convirtió en el dueño de cada centímetro del estéril terreno.

Antes de abrirse las puertas a la colonización no hubo mucha afluencia de viajeros. Las condiciones previas a la repartición de tierras en 1937 eran duras en extremo. La tierra era controlada por la Colorado River Land Co. y el calor infernal del desierto ponía a prueba el temple de los visitantes. Los escasos pobladores que llegaban, pronto aprendían que regresar era más difícil que llegar. Quedaban atrapados, por decirlo de algún modo, en una zona hostil pero donde podían sobrevivir con esfuerzo y un algo de sacrificio. Por las anteriores vicisitudes, un 70% de los incipientes colonos eran hombres solos, aventureros unos, campesinos otros, inconformes con la vida en sus lugares de origen y un número considerable buscando el anonimato. Con el tiempo, las familias empezaron a crecer y los niños a nacer. La población mexicalense original era fuereña, la nativa era joven en su gran mayoría. Todo empezó a cambiar con el auge algodonero de la segunda guerra mundial.

El Mexicali de aquel tiempo era inocente y hasta cándido. Las rejas eran virtualmente desconocidas; los cercos de madera no rebasaban la cintura y los de alambre difícilmente llegaban a los hombros. La propiedad no merecía ser vigilada porque no había manos que robaran. Los juguetes de los niños quedaban regados en los jardines y, algo que se antojaría increíble 40 años más tarde: los patios traseros carecían de cercados. Debido a esta carencia de «acción», los perros no actuaban como guardianes de la propiedad sino como turistas de vacaciones.

El recién llegado debía ajustar su ritmo a una serie de novedades porque las cosas de uso cotidiano, las que cuentan para subsistir, todas eran gringas. Con un encanto nacido de una fisonomía internacional, el estilo de vida norteamericana se evidenciaba en el trazo de las calles, en la ausencia de edificios coloniales, en la diversificación del comercio y en la arquitectura, copia obligada de los pueblos del suroeste norteamericano. La dieta y el vestido tenían también una fuerte influencia americana. Ingredientes como la bolonia y la mayonesa, desconocidos en el interior, eran comunes en comercios desparramados por toda la ciudad. El tendido eléctrico permitía que estas pequeñas tienditas trabajaran hasta tarde (El 2 de Abril es un ejemplo), haciendo opcional la visita al Mercado Municipal.

La población *flotante* más notoria era el paso por la ciudad de los braceros. Al final de la temporada de pizcas, hombres cargando grandes velices de lámina y vivos colores, cruzaban la frontera luciendo sombreros tejanos, pantalones de mezclilla con remaches y zapatos toscos o botas vaqueras. En una procesión que a veces duraba una semana, se dirigían en grupos a la estación del ferrocarril con rumbo a sus lugares de origen. Eran hombres de paso y, cuando decimos de paso, lo decimos literalmente. Eran trabajadores desconectados totalmente con la vida en la frontera. En realidad, en Mexicali no había población flotante. Y, lo más asombroso de la vida en aquel ardiente rincón, era que jamás oí a nadie mencionar la idea de irse «*pa'l otro lado*». Antes bien, los mexicalenses hablaban con sorna de los que ansiaban cruzar la frontera. Aunque a fuerza de ser honesto, debo decir que también lo hacían con los recién llegados «del sur», entre ellos yo, aunque prácticamente llegué de *Brole* (pronunciación de Brawley, en inglés).

No creo que el primer amor perdura para siempre pero creo firmemente que los primeros coqueteos se graban en la memoria con la tinta necia de lo indeleble. A la llegada de la adolescencia, en la mente se abre un universo infinito que no existía. Todo es nuevo: la brillante mirada de la niña que pasa, su peinado, su extraordinaria pulcritud. Lo que antes me espantaba, ahora me estimulaba. Las chicas que me paralizaban, ahora absorbían mi atención.

Como algo mágico, mi despertar al sexo y mi llegada a Mexicali fueron simultáneos. Fue como el chocar de platillos en una sinfonía; como la entrada de una nave en la órbita terrestre: en Brawley yo era un niño interesado en ser bombero; un pestañeo después, todo el cuerpo de bomberos de Mexicali hubiera sido insuficiente para apagar mi fuego interior. Fue inevitable conectar el medio ambiente con mis nuevas emociones. Por asociación, Mexicali pasó a ser el laboratorio de mis inquietudes bisoñas. El tiempo fue pasando. Rangel Rivera se coronó a sí mismo y Mexicali vino a ser su reino.

CAPÍTULO XIV

Copetes y Crinolinas

Por enésima vez pasé el peine por el enorme copete. La atención a los detalles ya me había llevado media mañana y la figura que me seguía en el espejo no acababa de convencerme. Con los cuidados que un equilibrista pone a la torre de tazas y platos sobrepuestos, me acomodé el rebelde mechón que arruinaba mi peinado y salí. Caminaba eludiendo la brisa que pudiera despeinarme. Mi paso era suave, no por la elegancia de mi caminar sino por mi empeño en evitar los taconazos. Era un trayecto de media cuadra y mi intención era llegar con mi peinado ileso.

La moda de la juventud de aquellos días exigía zapatos deslumbrantes, calcetines coloridos bajo los pantalones de burda mezclilla sin cinto y sin lavar, con un largo no más abajo del tobillo para lucir los calcetines. Bajo el pantalón, cayendo por el liso estómago, la camiseta blanca de algodón tipo T (*T shirt*, para los locales) y el infaltable peine de plástico en el bolsillo. Podías salir de casa sin calzones, pero no sin peine.

Predominaba en el atuendo el azul oscuro de la gruesa mezclilla y el blanco de la camiseta. El negro-azul del pantalón combinaba con los boleados zapatos que tenían que ser negros. Los calcetines eran la única nota colorida del atuendo, por tanto, unos buenos calcetines eran tanto o más importantes que la camiseta, porque esta podía ser sustituida por una camisa del mismo color; los calcetines no.

Me acerqué a El 2 de Abril. La palomilla holgazaneaba como siempre. Las chicas conversaban en la esquina más alejada de la tienda.

Desde el mismo momento de mi llegada, noté un ambiente diferente. Los chicos, habitualmente en grupos separados, se amontonaban entonces frente a la tienda. Parecían conversar pero al mismo tiempo me miraban de soslayo. Las muchachas sonreían con complicidad, las manos juntas en clara señal de excitación.

—*Quihubo* —dije, con tono entre afable e inquisitivo.

Algo me decía que la situación era anormal y que la anormalidad tenía que ver conmigo. El Zancudo se separó disimuladamente y se colocó a mis espaldas.

La astucia es fundamental en el arte de tender trampas. Y en un grupo de mozalbetes cuyo núcleo tiene en cada individuo, el único propósito de emular a sus compañeros, la astucia es un elemento esencial. Al Zancudo, evidentemente, le faltaban unas clases de actuación. Con el rabillo del ojo miré al chico extender los brazos y abalanzarse sobre mí.

Me agaché instintivamente. El Zancudo cerró los brazos en tijera, aprisionando el aire que quedó donde estuvieran mis hombros. Huelga decir que mi peinado desapareció instantáneamente.

—Pendejo, si fueras zancudo de a de veras ya te hubieran destripado de un manotazo —dijo el Tavo, al tiempo que el resto de la palomilla echaba a correr detrás de mí.

Me atraparon. Pero les dio más trabajo que la tabla del 88. Corrimos como locos; a campo traviesa, girando, deslizándonos y forcejeando. Me sentía John Wayne con la bola de indios aullando detrás de mí. Los espectadores de aquella película eran, desde luego, las niñas. Cuando al fin me atraparon, sin embargo, desee con todas mis fuerzas no haber participado. Los indios, sedientos de venganza, sujetaron a John Wayne y le bajaron los pantalones hasta arriba de las rodillas.

—¡Traigan al Febo, traigan al Febo! —gritaba el Gordo en su papel de líder del grupo.

Sujeto boca abajo, vi al Farino acercarse con un perro boxer. El animal trotaba con una lengua descomunal colgándole del hocico. Mientras unos chicos me mantenían inmóvil y otros hacían valla para taparme de las niñas, el Tavo destapó una botella de Pepsi Cola y, colocándola en lo alto, me dejó caer un chorro en las nalgas. El Febo, ni tardo ni perezoso dio cuenta de la soda con un par de lengüetazos. Otro chorro y otro par de lengüetazos.

Cuando terminaron, me soltaron entre risas. Yo sentía la entrepierna pegajosa.

A pesar de que después, yo sentía que los ojos de las chicas me veían hasta debajo de los calzones, la verdad es que a los 15, los tropiezos en la vida son menores. La mayor y quizá la única preocupación a esa edad es pasar los exámenes semestrales. Lo demás es comer, dormir, peinarte y lucir. Hablo, desde luego, de los jóvenes en general. No era ese mi caso, aunque me las arreglaba para pretender ser exactamente como los demás. El estigma de vivir en casa ajena seguía siendo mi némesis y los niños del *Chefe* mi tormento.

Pasaron los meses. Antes de cumplir los 16, era yo un consumado seductor. Las chicas del barrio eran como una obsesión persiguiéndome a todas horas. Me iba a la cama planeando el atuendo del siguiente día. Despertaba desechando lo planeado la noche anterior y, en términos generales, yo sentía que mi aparición en El 2 de Abril era siempre un acontecimiento. En mi cabeza, yo sentía que sin mí, el barrio tenía que ser un sitio aburrido, sin personalidad, carente de caras nuevas, lleno de actividades viejas. Porque, después de todo, ¿no era yo el que llegó cargado de conocimientos de lejanas tierras? ¿Acaso no se iniciaron por días nuestras reuniones conmigo hablando con conocimiento de la vida «al otro lado» cuando todo mundo aparecía por el sur preguntando qué quería decir «dar la yuta» o «chuco de Calesia»?

«Pinches pantaloncitos ridículos del sur», se mofaban los locales de los chicos recién llegados cuando veían los pliegues que bajaban de la pretina a lo largo de los muslos.

Pero a mí, el tiempo vivido en Brawley me preparó anticipadamente. Para cuando llegué a Mexicali, los Levi's, los kakis Dickies y un par de camisetas T, ya habían sustituido a los ridículos pantaloncitos sureños.

En Mexicali, había tres tiendas especializadas en mercancía importada. Pero el pantalón favorito de la juventud se encontraba sólo en una: La Estrella Azul.

El pantalón vaquero que nosotros vestíamos era una prenda en verdad codiciada en el interior del país. Lo supe en un par de viajes que hice vistiéndola. En La Estrella Azul nos *ajuareábamos* todos. Un pantalón Levi's costaba 4 dólares exactamente. Claro que para juntar 4 dólares, había que trabajar un día y medio.

La célebre prenda nació durante la fiebre del oro en California. Un día, un francés apellidado Levi que comerciaba en los campamentos mineros, recibió por equivocación un cargamento de lona que resultó muy delgada para fabricar tiendas de campaña. El comerciante, no sabiendo qué hacer con ella, la convirtió en pantalones de trabajo. El pantalón fue un éxito instantáneo dadas las características de la prenda: resistente, duradera y fácil de vestir.

Los rudos mineros lavaban sus pantalones simplemente golpeándolos contra las piedras de los riachuelos y se metían en ellos sin la preocupación de plancharlos. El pantalón vaquero Levi's estaba predestinado a convertirse en un icono mundial.

Los Levi's tenían una ventaja adicional para los chicos que como yo, no contaban con un guardarropa: debido a que venían en un sólo color y un sólo estilo, podían vestirse por días y pretender que el de hoy *no* era el de ayer. La verdad era que yo tenía un solo pantalón y nadie cometió la indiscreción de preguntarme si era el único.

Aunque 20 años después se convirtieron en emblemáticos del *jet set* internacional, los vaqueros que se popularizaron en todo el planeta eran muy diferentes a los nuestros. Los clásicos *jeans*, deslavados y hasta rotos que se convirtieron en prenda infaltable de celebridades y millonarios, hubieran sido una vergüenza para nosotros.

Desde el momento en que comprábamos un pantalón, el ritual de vestirlos empezaba. Había que dormir con ellos para amoldarlos. La mezclilla, dura y pesada, caía sin arrugas hasta el zapato y, por la misma forma, eran pantalones tableados, es decir, sin raya de plancha entre las costuras laterales. Era pues, menester que las piernas moldearan la tela. Sólo cuando a fuerza de acuclillarse las arrugas aparecían en las corvas y la bastilla dibujaba un fino aro sobre el zapato, nosotros considerábamos que la horma estaba completa.

El jean es una prenda para vestir sin cinturón. La correa no debe pasar sobre el cuadro de fina vaqueta que lleva la marca y, el botón de metal al frente, es como un distintivo adicional.

Pero el Levi's nuestro era parte de nosotros mismos. Olía a nosotros, el roce continuo se llevaba vellos de nuestros muslos y nos pintaba de azul los calzoncillos. El Levi's que comprábamos azul oscuro, se oscurecía aún más con la mugre y con la brillantina que a propósito le untábamos para que brillara y luciesen cual si fueran de cuero. En efecto, nunca lavábamos nuestros pantalones. Cuando finalmente comprendíamos que no era posible seguir acumulando mugre sobre mugre, los desechábamos y empezábamos el ritual de nueva cuenta. Era un ritual descabellado pero, por increíble que parezca, nos hacía sentir diferentes, independientes y viriles. Salíamos de La Estrella Azul estrenando y, en el primer bote de basura, arrojábamos los pantalones viejos. A veces, estos caían casi parados.

Quizá el eslabón que me ató con más fuerza a Mexicali fue el hecho de que era una tierra joven y yo también lo era. Abierta y sin convencionalismos, la fea ciudad se abría por los 4 puntos cardinales sin obstáculos. Los paisajes eran ilimitados y la brisa y el olor del desierto me traían recuerdos de mi niñez. Sí, hacía mucho calor, tanto, que mojábamos las sábanas de noche para mitigar la sofocante temperatura. Pero como dije antes, era joven y yo venía arrastrando el calor desde mi nacimiento.

En alguna fecha perdida en la maraña de mis recuerdos, un fulano flaco como una astilla y tan cabezón que parecía traer un casco de astronauta se apareció en el barrio. Traía los pantalones ridículos y de inmediato lo ubiqué: venía del *sur*.

—¿Cómo te llamas? —le pregunté.

—Aristeo —me dijo y de inmediato parpadeé.

—¿Cómo?

—Aristeo —repitió.

«Ya tengo chiste *pa'* más tarde», pensé, urdiendo un plan para anunciar el nombre del recién llegado.

—¿Vienes del sur?

—No, vengo del norte.

—Aquí es el norte.

—Mocorito también pero no tan al norte —contestó y preferí imaginar que el tipo andaba «norteado».

«Tiene cara de raqueta», pensé, y Cara de Raqueta se le quedó entre la raza del barrio.

*

Un frío día de diciembre, me preparaba para ir a la escuela cuando el tío se me acercó todavía en calzoncillos.

En el curso de la mañana, mi tío había actuado de manera extraña. A las siete de la mañana su esposa había salido a su trabajo en Calexico. Tan pronto como el auto de la mujer dobló la esquina, el tío saltó de la cama y se encerró en el baño con la sirvienta. Cuando uno de los gemelitos empezó a llorar, la sirvienta salió alisándose el cabello.

Seguramente el «asunto» entre el tío y la sirvienta no quedó terminado, porque aquél mandó a la chica a un remolque que estacionaban en el patio. La chica iba a medio camino cuando el tío me dijo:

—Hoy no vas a ir a la escuela. Necesito que cuides a los niños.

—Pero, tío —protesté—, tenemos exámenes.

—Bueno, llega una hora tarde. Inventa cualquier disculpa.

El tío no me dio razones pero yo ya tenía edad. Pregunté:

—¿Por qué no los cuida la Consuelo?

El tío tosió.

—¡Ejem! No puede. Tiene que ayudarme a arreglar el remolque. Un comprador va a venir a verlo.

—Pero, tío, insistí —si repruebo, voy a perder el año y ya perdí uno. Tengo que asistir.

El tío arrugó dos veces las narices con un tic nervioso muy propio de él. Luego sacudió la cabeza en sentido negativo.

—Bueno, bueno. Yo creo que en 45 minutos terminamos de limpiar —dijo, mirando de soslayo hacia el remolque.

—De veras, tío, tengo que irme.

Otra mirada al remolque y otra arrugada de narices. Las manos del tío bajaron a los costados como buscándose los bolsillos. Al no encontrarlos, corrió al dormitorio y volvió con la cartera.

—Bueno, habremos de darnos prisa. En 30 minutos terminaremos —dijo, hurgando en la cartera y, tendiéndome un billete de cinco pesos, agregó: —Toma, te echas unos refrescos a mi salud y le compras un pirulí a tu maestra.

¡Cinco pesos! Para el *Chefe*, un año escolar valía cinco pesos. ¡cinco pesos con tal de aliviar la calentura! No dije nada. Di media vuelta y monté en mi bicicleta.

El tío reaccionó cuando se dio cuenta que no le obedecería. Trató de seguirme pero su desnudez lo detuvo.

—¡Un momento, jovencito! ¡Qué falta de respeto es este! ¡Acuérdese que soy su tío! ¡Pariente postizo! ¡Mocoso pariente a medias! ¡Méndigo hijo de tu pinche media hermana míaaaa! —gritaba, brincando como chango en el jardín.

El tío seguía gritando en calzoncillos cuando alcancé la acera opuesta.

Asistí a la escuela con los gritos del tío resonando en mis oídos. El peso de lo que había hecho me acongojaba porque sabía que al regresar a casa tendría que pagar por mi desacato. Fui uno de los últimos en abandonar el salón. Pero, para mi propia sorpresa, terminé el examen con excelentes probabilidades de aprobarlo.

Al sonar el timbre me senté en una de las gradas del gimnasio. Tenía que tomar una decisión: o encaraba al tío y continuaba en mi puesto de niñera designada o, de una vez por todas tomaba las riendas de mi destino.

«¡*Ma*! —pensé—. Si me hace la vida cansada, le pongo el dedo con la tía Margarita». El que se quería ejecutar a la Consuelo era él, no yo. Cuando crucé el cancel de salida ya sabía lo que haría. Pedaleé rumbo al Motor de Oro.

«Lo que me puede es que ya no podré tirarme a la Consuelo», pensaba, mientras maduraba mi siguiente paso.

El taller estaba igual. Si acaso una tonelada más de tierra acumulada desde la noche en que huí de casa de los Tarango. El viejo Studebaker gris continuaba en el mismo sitio. Otra vez me enfrentaba a la adversidad en medio del atroz frío mexicalense. ¿Cómo resolver el problema del frío y del hambre? Buscar a don Catarino ahora y no haberlo hecho desde que mis tíos me recogieron en la relojería, a mi modo de ver era casi insultante. Buscar a la tía Danelia me obligaba a dar una razón para justificar mi huida. ¿Qué decir?: «¿Me salí porque el tío quería que yo le cuidara a los plebes mientras él se tiraba a la Consuelo?». Imaginé las consecuencias: broncas, divorcio, el «pícaro más célebre de la frontera» privado de sus hijos y buscándome con un fusil en la mano. Había que encontrar soluciones menos tormentosas. Con los libros en la mano y con el estómago vacío, me encaminé a El 2 de Abril.

—Te empeño mi bicicleta, Gordo —fue lo primero que se me ocurrió decir.

—Ponle un asiento de tractor y te la compro —contestó el Tavo.

—En serio, Panzón. Necesito lana para comer.

—¿El *Chefe* te puso a dieta? —preguntó mi amigo, mostrando los dientes en una sonrisa.

—No, me corrió. Bueno, más bien me corrí yo solo —contesté.

En unos minutos le conté la historia. Al terminar, el Gordo pagó por un par de tamales y un refresco.

Comí como damnificado. El segundo tamal atropelló al primero y los dos entraron casi juntos. Satisfecho, me sobé la panza.

—Quedé como perrito milpero; panzoncito y adormilado —dije,

—¿Dónde vas a vivir?

Dudé en la respuesta. No me resultaba fácil confesar que no tenía donde.

—Necesito rentar un cuarto.

—*'Tas* culeco. Ni vendiendo la bicicleta completas para un cuarto.

—*Adió*, ¿qué no tengo gente yo? Mi tía Danelia me presta —dije, presumiendo la mentira.

—¿No te digo que estás culeco? Si tus parientes se enteran que te huiste, te van a prestar puros coscorrones y maldiciones.

Terminé confesándole al Tavo mi situación, cosa que debí hacer desde el principio.

El Gordo hurtó dos cobijas que me dio de contrabando y un par de calcetines más grandes que mis calzones. Con mi tesoro en la canasta y las pesadas ropas que por fortuna había vestido para combatir el frío mañanero, pedaleé vigorosamente hacia mi nuevo domicilio. Ocultar mi bicicleta fue la empresa más difícil. La solución fue abrir un hueco en la cerca y meterla debajo del automóvil. Con todo, los manubrios quedaban a la vista.

A partir del día siguiente, agregué una nueva actividad a mi rutina. En parte por el frío y en parte por la necesidad, mi mañana empezaba al clarear el alba. El hueco en la cerca me permitió eliminar el brinco por el árbol. Así que muy temprano, montaba en la bici y no paraba hasta llegar a la trastienda de El 2 de abril. Sabía que las entregas del día quedaban atrás de la tiendita hasta que Salvador, el dueño, las metía a la hora de abrir el local. Durante dos semanas robé dos piezas de pan de dulce cada mañana. Con el pan en la bolsa de mi chamarra, esperaba a que abriera sus puertas un cafecito que frecuentaban los burócratas de Palacio de Gobierno. Dos piezas de pan y una taza de café fueron mi desayuno por 15 días. Con la ayuda del Tavo Nevares y algunas monedas que ganaba cortando pasto o haciendo mandados, aplacaba el estómago el resto del día. Cuando la suerte me daba la mano, comía con sal y con manteca. Cuando me daba la espalda, me tocaba pan con Pepsi Cola.

No pasé mucho tiempo desapercibido en mi recámara de lámina. Una noche en que me disponía a abrir la puerta trasera del vehículo, encontré una nota metida entre el vidrio y el empaque de la ventana.

> Estimado huésped:
> Haga el favor de pasar mañana a nuestras oficinas. Abrimos a las 9 A.M.
>
> Atentamente,
> La gerencia del hotel El Motor de oro,
> El Chasis,
> Gerente Gral.

«¡Chin, ya me cayeron!», pensé. La congoja me acompañó al lecho. No obstante, el tono festivo de la nota y el mero hecho de haberla dejado sin la amenaza de un castigo, me tranquilizaron en gran medida.

Al día siguiente, al salir de la escuela, pedaleé directamente al tejado del taller. El Chasis se presentó a sí mismo antes de que yo abriera la boca.

—Distinguido huésped —dijo el mecánico nada más mirarme traspasar la cerca—; nuestro hotel desea ofrecerle disculpas por las fallas en el sistema de calefacción. Soy el gerente Gral. de la hostería y quisiéramos reparar nuestra negligencia —dijo, limpiándose las manos con un trapo manchado de grasa.

Callé apenado. No sabía cómo interpretar las ironías del individuo.

—Le... le puedo pagar con trabajo, señor —balbuceé, con la esperanza de mantener el tono inocuo de mi interlocutor.

—No te aflijas, muchacho —me dijo el Chasis después de jugar con mi aprensión—. Muchos hemos pasado por eso.

El Chasis era un hombre que parecía vivir dos vidas. Era abierto y locuaz con sus clientes y conocidos. Las ocasiones que me tocó convivir con él en el taller, vi a una persona feliz con su trabajo. Era el dueño del negocio y su único empleado le tenía una estimación a toda prueba. Sin embargo, su estado de ánimo cambiaba asombrosamente tan pronto aparecía su mujer. Era como si la presencia de su familia le chupara la personalidad. Y cuando hablo de la familia, me refiero a todos, mujer, hijos, suegros, cuñados; incluso el perro. Era tal la dependencia de Jorge Calzada, que con toda discreción me sugirió que minimizara mi presencia cuando su mujer apareciera.

El día en que nos conocimos, me confió que él se había colado al corral igual que yo. Dijo que la notita que me dejó en la ventana, era una copia de la que él había recibido 10 años atrás.

—Tú has tenido suerte porque te tocó el invierno. Yo me hospedé aquí en el verano. Las noches eran cortas porque el calor se iba tarde y llegaba temprano y se alargaban porque los zancudos llegaban con la fresca. Era una lucha permanente contra los mosquitos. Siempre andaba con los ojos de ombligo por las desveladas. Cuando don Brígido me dejó la nota, casi se lo agradecí. Después de aquella noche, me quedé a trabajar, aprendí el oficio y al final me vendió el taller en abonos.

Como siempre, mi ángel con los adultos funcionó. Después de ofrecerme una disculpa no muy creíble por no ofrecerme un rincón en su casa, el Chasis me autorizó a quedarme en el taller. Como recámara, nada cambió; era más cómodo dormir en un automóvil que en el alero descubierto. La diferencia, sin embargo, fue que el taller tenía un excusado, un lavamanos, una parrilla y un viejo radio de baquelita. Las dos cobijas y una extensión con un enchufe me permitían leer o escuchar la radio a la luz de una bombilla.

Pasaron los días y los días se convirtieron en semanas A pesar de vivir rodeado de parientes, hice del taller un santuario vedado a la familia. Curiosamente, mis parientes aceptaron mi posición y me dejaron en paz. Todos sabíamos de todos pero todos nos manteníamos alejados de todos. Yo visitaba a la tía Danelia para ver a Mama Chela y, claro, con la secreta esperanza de comer con sal y manteca. Mis visitas no eran frecuentes aunque Mama Chela insistía en que me acogiera al refugio de los Valdez. El *Chefe* había «agarrado la onda», como se empezaba a decir en México y, por el temor a ser delatado, nunca me molestó. Es más, se convirtió, a su modo, en un ángel protector.

Cierto día, Jorge Calzada me entregó una nota. En ella, mi tío Rodolfo me pedía ir a verlo al hotel y así lo hice. El tío salió de atrás del mostrador y me entregó un sobre cerrado.

—Es de tu madre —me dijo, regalándome un billete como siempre hacía.

Adentro del viejo automóvil abrí el sobre. En el interior había una carta y otro sobre cerrado. Sin mucha emoción leí la carta. Hacía ya rato que el rencor hacia mi madre había anidado en mi pecho. Leí:

Querido hijo:

Te anuncio que estoy preparando maletas. Iré a verte muy pronto. Te mantendré al tanto de mis planes con tu tío…
La carta en el sobre es de Rangel Reséndez…

¡Reséndez! El nombre repicó en mi entendimiento y mis ojos viajaron hacia el sobre cerrado. Rangel Reséndez, Río Chubiscar 536, Chihuahua, Chih, decía el remitente. Con mano trémula abrí el sobre y me bebí las letras de dos cartas, una de Reséndez con una nota de tía Isabel y otra de don Damián. La carta de mis tíos decía:

Estimado Tocayo:

Acabamos de regresar de La Cañada. Damián Bedolla pasó a mejor Vida y fuimos a darle compañía en sus últimos momentos. No necesito decirle que usted fue la parte central de sus últimos pensamientos. El viejo nos pidió encarecidamente que le hiciéramos llegar sus pertenencias, lo cual haremos tan pronto como tengamos noticias suyas.

Sobra decirle que está en nuestra memoria y que vivimos con la esperanza de volverlo a ver. Isabel terminará esta carta. La verdad es que si no le paso el papel cuanto antes, corro el riesgo de ir a hacerle compañía al viejo Bedolla.

Rangel

En el espacio en blanco sobrante, una mano diferente había escrito:

Hijito:

Solo Dios sabe si volvamos a vernos algún día. Nosotros envejecemos pero la vida nos trata bien. Rangel dice que si tú no vienes, nosotros iremos a donde quiera que te encuentres. No sería justo que emprendiéramos el viaje eterno sin la dicha de vernos nuevamente. Don Damián te quería tanto como nosotros y no quiso dejar este mundo hasta oír de nuestros labios que te haríamos llegar tu máquina y tu montura. En el sobre está la dirección, hijito querido. Ven a visitarnos.

Estaremos esperando.

Isabel

Terminé de leer con un nudo en la garganta y todavía quedaba la carta de don Damián:

12 de agosto de 1955

A estas alturas, tú debes andar en los 15 o 16. Yo, en cambio, tengo tanto pellejo, que si lo planchara llegaría hasta Agua Prieta. Lo más posible es que nunca tenga el placer de verte ya crecido. Pero soy precavido y me estoy asegurando de que tú tampoco me veas en estas condiciones. Me hice feo como el pecado de una monja pero, acá arriba, en la «tatema», sobreviven cosas maravillosas; de esas que nunca mueren porque uno las atesora. ¡Ah, cosa divina la memoria! Abrí el cajón donde quedaron tus cosas. Lo abrí para poner algunas otras que te pertenecen. Yo sé que les encontrarás uso adecuado porque son objetos atados a tu naturaleza. Ya me entenderás cuando las veas. A pesar de que tus tíos siempre estuvieron dispuestos a venir por el cajón, yo les di largas todos estos años con la esperanza de volverte a ver antes de colgar los tenis. Ahora que llegó el momento, la caja hará el viaje hasta Chihuahua. Coloca la plaquita en su sitio tan pronto recibas tu cajón. Que Dios te dé la felicidad que te mereces, muchacho.

Tu amigo,

Damián Bedolla

Con la parte «coloca la plaquita en su sitio...» golpeándome en las sienes, saqué un objeto de metal que abultaba el sobre. Era la placa en mención. Con los ojos nublados leí lo que decía:

Macetón Rivera,
La Cañada, del lado del cuartel.

La nostalgia me atenazó casi con crueldad. Odié lo que me rodeaba como un prisionero seguramente odia las paredes de su calabozo. Un viaje a Chihuahua era imperativo en aquel momento. Hubiera querido correr y no parar hasta llegar a la dirección del sobre.

Pero a los 15 años, ningún niño controla su destino. No tenía ni dinero pero, aunque lo hubiese tenido, me faltaba la libertad de acción de un adulto. Todavía tragando gordo escribí una carta.

Una estampilla de 50 centavos pellizcó mi presupuesto y tuvo la virtud de mostrar aún más mis limitaciones; si el costo de una estampilla me dolía, seguramente comprar un boleto de autobús me era más difícil que estornudar por las orejas.

A los 15 días, al taller me llegó un paquetito con una carta. En ella, Reséndez me prometía guardar mi cajón y tía Isabel repetía su promesa de esperarme.

Es irrelevante repetir el tono cálido de las palabras escritas. Baste decir que la felicidad por el contacto con ellos me envolvió y la alegría sustituyó a la nostalgia.

Del paquete saqué dos correas de cuero. Una decía en su plaquita COLORÍN y la otra COLORINA II. ¡Eran las correas de los dos chivitos que La Chapeada me había regalado casi 8 años atrás en Urebó!

Damián Bedolla me lanzó de inmediato hasta La Cañada. En torrente, a mi cerebro acudieron las imágenes que ya no se irían el resto de mi vida: La Chapeada, el Canelo, la vieja Tanaíquia, mi noble perro el Macetón, mi yegua la Colorina, Baudelio, el pecoso, el cojo Artemio, el cuartel, el Papalote, el Güero Samaniego, el campamento, mis queridos tíos y todo lo demás. Rostros humanos, rabos, cuernos, rusticidad de vida, vías férreas, cascos y gorras militares, armas, municiones y animales. Todo se agolpó en un rincón de mi cabeza y lloré. Lloré con una emoción solo comparable al llanto derramado años atrás, al morir mi primer perro y mi yegua.

Sin que yo lo discerniera aún, los objetos que tenía en mis manos habían mostrado el patrón que regiría mi vida: un constante ir y venir entre un pasado añorado y un presente amenazado por un futuro incierto; drama cercano al melodrama cuando en un minuto te sientes el rey del mundo y en el siguiente concluyes que no eres nada

Pero los recuerdos no lo eran todo, sin embargo. Lloraba también la partida del viejo paletero y mi incapacidad de ver de nuevo a los dos seres que más amaba. A la sazón no lo sabía, pero no los vería en los años por venir.

*

Por aquellas fechas, un día de viento y tierra en remolinos, el tío Rodolfo salió del Hotel del Norte y llegó hasta el taller para pedirme que lo acompañara. Bajamos del taxi enfrente del hotel y nos encaminamos a la Línea Divisoria. En unos minutos más, «conocería» a mi madre a través del alambre. Parado en suelo Azteca, entre poderosas ráfagas de viento, vería de nuevo un rostro que el tiempo había ido borrando; una cara enmarcada en los rombos trenzados de la cerca que nos dividía.

Fue una cara y un cuerpo que pude ver pero que no pude tocar. Había pasado tanto tiempo, que hasta la fecha no sé si hubiera sabido como abrazarla de no haberse interpuesto la malla entre nosotros. Fue un encuentro extrañamente silencioso. Cargado de emoción, cierto, pero mudo. Sencillamente, no teníamos qué decirnos. Enganchamos nuestros dedos en el alambre trenzado y, después de soltarnos, pasarían largos años antes de volvernos a encontrar.

CAPÍTULO XV

Tijuana la Pecaminosa

La visita de mi madre cambió muchas cosas. Estrené ropa de calidad y dispuse de dinero que nunca había llegado a mis manos; *money orders* que se habían extraviado y una cantidad respetable en efectivo. Eso me permitió abandonar el viejo coche-recámara y rentar un cuarto. Como siempre, el Chasis se mostró complacido y me pidió pasar a visitarlo cuantas veces quisiese.

Ya instalado, lo primero que hice, con la pequeña fortuna en mis bolsillos, fue separar lo que le debía a Salvador Romo. Elegantemente vestido y esponjado como un perico consentido, me apersoné en El 2 de Abril.

—Le debo 30 piezas de pan dulce que me robé de la trastienda —dije y luego pensé: «Es increíble cómo el dinero quita la vergüenza».

El Sr. Romo me miró de una manera extraña. Yo *sentí* su mirada.

—Ser honesto paga más que lo que cuesta. No me debes nada, muchacho.

Con el dinero en la mano abrí la boca, parpadeando. No entendí muy bien lo de ser honesto cuando se le roba a alguien, pero un sentimiento de gratitud me envolvió de tal forma que no supe cómo expresarlo.

—Pu... puedo pagarle con trabajo —balbuceé, con una frase que empezaba a convertirse en mi vocabulario privado.

Salvador Romo supo desde el principio que yo le robaba el pan. Quizá la primera vez fue casualidad. El hecho es que desde la ventana de su casa veía cuando yo me escurría hasta la trastienda. Lo más conmovedor fue que nunca, durante el tiempo transcurrido, mencionó el hecho, a pesar de que a veces, nuestras locuras juveniles le afectaban el negocio. Ahí, con la mano extendida, me di cuenta que la mano abierta consigue más amigos que el puño cerrado.

Un chico de 16 años no hace planes de inversión e, incluso, si los hiciese, nadie lo toma en serio. El dinero se fue escurriendo de mis manos hasta que empecé de nuevo a vivir al día. No obstante, en adelante miré la vida desde otra perspectiva. Ya no soportaría volver a vivir en un carro abandonado. Era cuestión de proteger una dignidad que antes no existía o no necesitaba.

Hasta antes de rentar, la frase «vive en un automóvil» sonaba en mi imberbe inmadurez como: «es más duro que la vida misma». Después, empezó a sonar como: «es un pobre muerto de hambre». Simplemente me propuse agenciarme de un techo donde quiera que fuese. Un techo, sin importar si era un rincón desnudo o un palacio con muebles estilo provenzal. Y ese techo debía pertenecerme por entero.

—Una chava te vino a buscar; yo pensé que eras tú con crinolinas —dijo el Tavo una tarde que recalé al barrio.

No presté mucha atención. Ya la plebe del barrio hacía bromas con mi tendencia a hacer conquistas femeninas.

—Dijo que era tu hermana, pendejo —aclaró el gordo cuando ignoré el comentario.

—¿Mi hermana? Pero si yo no tengo más que una hermana —contesté, honestamente confundido.

—¿Y quién dijo que eran dos, cuñado?

—Para ser cuñados necesitas una hermana, pinche Paquidermo —reaccioné a la puya.

—Pos sí, porque la tuya está re buena pero se parece mucho a ti. Si le diera un becerro con los ojos cerrados parecería que te estaba besando a ti. ¡Guácala! Yo paso.

De acuerdo con el Gordo, la chica que me buscaba tendría mi edad, era muy bonita y hablaba con acento *gabacho*. De inmediato me picó la curiosidad.

—Te dejó esta carta —dijo el Tavo, tendiéndome un sobre cerrado.

Hermano:

Soy Licha; vine a buscarte pero me tengo que regresar.
Trabajo en el Río Rita. Es una tienda de curiosidades en la avenida Revolución en Tijuan. Está entre la Tercera y la Cuarta Si un día vienes, búscame. Cualquiera te dice dónde está la tienda. Si no vas, yo vendré de nuevo a buscarte.

Cariñosamente,

Tu hermana,
ALICIA RIVERA

Aprovechando mi estilo nómada, hice planes. Para entonces no me había dado cuenta, pero el virus de la inestabilidad ya me había invadido. Mexicali era mi casa, mi novia y mi familia y, sin embargo, nada me ataba allí. A pesar de estar estrechamente vinculado a la atmósfera de aquel barrio bravo, mi espíritu ansiaba salir al camino. Atrás de mi cerebro guardaba la opción de volver a la hora en que lo decidiese.

—Necesito dinero para el pasaje; te vendo mi bicicleta —le dije al gordo, con el *deja vú* de mi oferta anterior.

—¿Le pusiste asiento de tractor? —preguntó el gordo.

—Es tu manera elegante de decir no, ¿verdad, pinche marrano?

—Es mi manera de decirte que soy mucha nalga para tan poco asiento. ¿Qué pasó con la lana que te dejó tu jefa? —indagó el Tavo.

—Me la comí. Tus tamales me duraron menos que un chiflido. ¿Me la compras o no? Si no la usas por... el asiento, te la empeño. Si no te pago, la vendes y ya.

No me la compró. Pero yo sabía que de un modo u otro, haría el viaje. A esa temprana edad, elucubrar en algo, era prácticamente realizarlo. Poco a poco se afianzó la idea, más que de visitar a mi hermana, de conocer Tijuana.

El cuarto rentado quedó cancelado un día antes de que mi bicicleta amaneciera con un letrero de Se Vende y más tarde llegué al barrio a pie pero con el dinero de la venta en el bolsillo. El Viejo Foca, como llamábamos de cariño al dueño de El 2 de Abril, me entregó un sobre.

—Te lo dejó el Gordo —dijo el viejo, acariciándose los enormes mostachos.

Abrí el sobre y saqué un boleto de autobús con destino a Tijuana envuelto en un billete de 10 pesos. «Me saludas a mi novia, pinche Bocón», decía un recado.

El Gordo trabajaba en una fábrica de aceite para cocinar. A sus 17 años, en realidad no trabajaba. El puesto que tenía era honorario y se lo habían dado en reconocimiento a su hermano por no sé qué acciones o tal vez por ser uno de los fundadores. Gracias a ello, el Tavo siempre tenía dinero en el bolsillo. Balbucee unas «gracias» envueltas en sincero agradecimiento y me dirigí a la terminal.

Imposible olvidar la experiencia de aquel viaje. La polvosa recta que salía de entre paupérrimas chozas en las afueras de Mexicali, se clavaba con decisión en un aislado poblado. «La Progreso», como le llamaban a aquel triste puñado de casas de adobe, era una simple interrupción al aburrimiento de la cansona raya de asfalto. Después de un par de curvas en otras tantas jorobas claramente indecisas sobre ser cerros o simples ondulaciones, el autobús entraba en una hondonada cuya corteza pareciese haber sido trasplantada de la luna. El suelo, si acaso había suelo, estaba cubierto por lajas de tierra salina cuarteadas por el sol. Eran pedazos de tierra blanquecina, amorfos y cóncavos. Hasta donde alcanzaba la vista, la sucesión de rayas caprichosas dibujadas entre laja y laja pintaba un cuadro que podía describirse con una sola palabra: desolación. En mi mente me vi caminando en aquel paisaje lunar y casi sentí levantarse nubes de polvo estéril bajo mis pisadas. A lo lejos, el blanquizco terreno se perdía en un mar acuoso. El espejismo se confundía con el horizonte.

—Es la Laguna Salada —dijo alguien.

Con el tiempo, oí que la laguna había sido alguna vez el lecho del mar y que, a consecuencia de un descomunal cataclismo, las montañas que se verían adelante habían surgido de la nada, empujando el agua hacia el sur hasta lo que hoy es el Golfo de Santa Clara. El camión entró en una cuesta que poco a poco se fue pronunciando hacia arriba. Un letrero a la orilla del camino anunció: LA RUMOROSA.

La carretera, de un carril de ida y otro de vuelta, se retorcía en curvas tan cerradas que a veces parecía que el camión volara en el vacío. El paisaje era alucinante. Abajo, cual juguetes, los retorcidos restos de fierro de enormes remolques me llamaban hipnóticamente. Arriba, prácticamente sobre el techo del camión, rocas del tamaño de una casa parecían guardar un milagroso equilibrio, algunas veces sobre rocas más pequeñas y otras sobre piedras aún más grandes. El ulular del viento era incesante.

La Rumorosa era en verdad rumorosa. El viento rebotaba entre millones de rocas de diferente tamaño, produciendo un murmullo permanente. La increíble «selva» de piedra lo avasallaba todo. Rocas, rocas, rocas. Rocas de diferentes colores, formas y texturas. Rocas redondas como pulidas, planas cual tablones o picudas como si las hubiesen cincelado a machetazos. Era en verdad un espectáculo fascinante; la prueba fehaciente del poder de Dios. Pero también la huella del hombre era evidente; a ambos lados del camino se acumulaban restos pulverizados de roca; contra la montaña formando una franja de color más claro o desparramados hacia abajo en el voladero. Me pareció oír la dinamita volando la montaña durante la titánica construcción.

Después de mil curvas, la trompa del camión se metió en otro letrero: POBLADO LA RUMOROSA A 200 METROS, decía el anuncio. El camión se enderezó como si ya no quisiese seguir subiendo y en un recodo aparecieron unas casitas. Más adelante, la máquina se detuvo y el pasaje empezó a bajar.

—Treinta minutos —gritó el chofer.

Bajé entre la fila de gente. De inmediato sentí la diferencia. En La Rumorosa, el aire era más ligero. Se podía sentir la frescura del elemento en nuestros cuerpos. Habríamos subido entre 2.000 y 2.500 metros. No sé, tal vez más. El aire era serrano. De hecho, La Rumorosa era un poblado serrano aunque al oeste no hubiera más montañas. El poblado había sido fundado empezando el terreno plano, inmediatamente después del bosque montañoso de rocas.

Entramos en un restaurante de buenas proporciones. El servicio era sencillo pero limpio. Con una machaca con huevo y un café negro bien cargado le hice los honores al dinero del Gordo. Cuando salí del restaurante, el mesero me vio con ojos de toro loco. Hice como que no veía y cuando salí, mi bolsillo todavía abultaba con los 50 pesos de mi bicicleta y la propina del mesero.

El tramo de La Rumorosa a Tecate es delicioso cuando uno asoma las narices viniendo del desierto. La tierra es dura y el paisaje, fresco y tonificante, se mira salpicado de robles y encinos entre piedras grises y blancuzcas. Tecate, en aquel tiempo, era un pueblito acurrucado entre colinas que parecían venir del lado americano. Hartos de polvo y de desierto, mis ojos absorbían la verde frescura. Creía, mientras el autobús rodaba, que mi objetivo era llegar a Tijuana. No era así; Tijuana sería, en realidad, solo una escala. Después de rodar y rodar, el virus del camino empezaba ya a dominar mi vida.

*

Un mes antes de mi cumpleaños número 16, bajé del autobús en la ciudad más occidental de mi país y de todo el continente latinoamericano. Abandoné la sucia estación y me lancé en busca de mi hermana.

—¿Dónde encuentro la avenida Revolución? —le pregunté a una chica forrada en un vestido chillante.

—Ahí nomás tras brinquito, muñeco —me dijo la fulana, señalando la esquina—. ¿Vamos arriba? —continuó la mujer, señalando los altos de un hotel de triste apariencia.

Cohibido, me negué y sentí, por primera vez, que no era el Rey de Mexicali. Me sentí como el campesino que llega a la ciudad, encandilado y empequeñecido Di vuelta a la esquina y una explosión de color se introdujo en mi retina. Voltee hacia atrás y me sentí en el umbral de dos ciudades diferentes. Eché a andar en la arteria del bullicio y a los pocos pasos, la Tijuana de la estación de autobuses ya no existía.

La avenida Revolución era una hilera de edificios, gente, mucha gente, y anuncios de brillantes colores. El oropel propio de los sectores turísticos de cualquier parte de México, daba a la calle una sensación de lujo y confort. Una muchedumbre parecía caminar sin rumbo. Grupos de norteamericanos de tez clara y pelo rubio se mezclaban con paisanos que ofrecían algo. Los anuncios parecían competir en un empeño por sobresalir. Predominaban las palabras *Night Club*, *Floor Show*, *Cabaret* y *Curious*. En la esquina donde me encontraba, sentado frente a un paisaje pintado con un nopal y motivos del desierto, un fulano de ancho estómago leía una revista de monitos. En un rincón de un templete de madera se amontonaban varios objetos mexicanos: sombreros charros con bolitas colgando, sarapes, maracas, panderetas, reatas y otros enseres de utilería. Un triste burro con rayas pintadas como cebra se aburría bajo una silla de montar demasiado pequeña.

—*What about a picture?* —preguntó el de la revista a una pareja de extranjeros vestida con llamativas ropas.

«Entre Tercera y Cuarta», recordé el mensaje de mi hermana y eché a caminar entre la gente.

En 1956, Tijuana era, virtualmente, un apéndice estadounidense. La selva de letreros que cubrían la ciudad, estaban escritos en inglés, los productos «locales» eran norteamericanos, la moneda circulante era el dólar y el idioma estaba de tal forma infiltrado con anglicismos, que si hubiera sido un queso, este hubiera tenido agujeros.

No voy a decir que estos detalles fuesen buenos para nuestra mexicanidad, pero era imposible negar que la vida era llevadera e interesante.

Contrario a las ciudades fronterizas que conocía, el sector turístico tijuanense se encontraba a una distancia considerable de la Línea Internacional. Después de manejar un trecho que lo alejaba de la frontera, el viajero debía cruzar un puente. La fea estructura de cemento se extendía sobre la suciedad del lecho seco de un río. El extremo sur del puente se metía de lleno en la arteria más famosa del noroeste de nuestra República: la avenida Revolución. Torciendo a la izquierda, la bulliciosa calle se iba recta hasta topar con el nudo de cerros que corrían de este a oeste. El corredor asfaltado se prolongaba no más de una decena de cuadras hasta un punto que los tijuanenses llamaban La Vuelta. Ahí, la Revolución cambiaba de nombre para convertirse en el Boulevard Agua Caliente. En este último terminaban todas las calles que corrían paralelas al este de la Revolución. Del lado sur del boulevard, el terreno empezaba a abultarse, subiendo poco a poco. El centro de Tijuana lo configuraban ambas avenidas; al sur del Boulevard Agua Caliente empezaban las colonias proletarias, algunas de buen ver y otras francamente colgando en las alturas.

Al oeste de la Revolución, la ciudad se extendía en un sector comercial de cuatro cuadras que se iba diluyendo en una zona residencial. Después, subía algunas colinas y desaparecía en algunos barrancos salpicados de casuchas. Más allá, la playa. Para llegar a esta, sin embargo, fue necesario rebanar algunos cerros. Porque, esencialmente, Tijuana era un pueblo rodeado de cerros pelones. Si bien, las áreas altas estaban habitadas, la urbanización propiamente dicha terminaba al pie de los cerros. El desmesurado crecimiento de la joven ciudad, hacía la vida caótica y agitada. Sin embargo, había cierto encanto en Tijuana difícil de encontrar en otras ciudades.

En La Vuelta convergían los polos opuestos de dos estilos de vida. En el restaurante del mismo nombre terminaban las noches largas de los parranderos y empezaban las frescas mañanas de los tijuanenses madrugadores. El platillo más famoso del viejo restaurante era el menudo. Menudo para los crudos (resaca después de la parranda) o menudo para empezar un día de trabajo. A escasos metros, ya sobre el boulevard, una gasolinera de impresionantes proporciones parecía más una maqueta de agradable arquitectura que un negocio abastecedor de combustible. Eran los tiempos en que el verde de Pemex todavía no acaparaba los expendios.

Eché a andar leyendo los letreros. Una mezcla de curiosidad y excitación me dominaban. Habían pasado cosa de tres años desde la última vez que vi a mi hermana en Brawley.

Río Rita, Mexican Curious, decía el letrero, adornado con un cacto y lo que parecía ser el cauce de un arroyo. Me asomé al interior entre un océano de artículos de cuero repujado: bolsos, cinturones, carteras, pistoleras, huaraches. El lugar era amplio y había gente caminando entre prendas de ropa típica. Ciertamente, yo no lucía como el cliente regular de una tienda para turistas. Una chica se acercó y me hizo una pregunta que destilaba lógica:

—¿Buscas a alguien?

—A mi hermana.

—¿Y quién es tu hermana?

—Licha.

—Aquí no hay ningu… —empezó la muchacha y luego se me quedó viendo con mirada escrutadora.

—¡Espera! —dijo—. Tu hermana es Alicia Rivera, ¿verdad?

—Verdad —dije, sintiéndome desnudo. La chica había remachado lo que el Gordo opinó: mi hermana y yo nos parecíamos más que dos escupitajos.

La chica se perdió entre el laberinto de artículos típicos y regresó con mi hermana. Lo que siguió después fue un rosario de situaciones normales que yo siempre he visto anormales. Alicia casi ejecutó sobre mí el Salto del Tigre. El sonido de un sonoro beso entró por mis oídos y el mismo grito de Chavoy retumbó entre la mercancía.

—¡Hermanito!

Me sentí paralizado. Sentí que la voz de mi hermana viajaba hasta la acera de enfrente. Creí que todas las miradas convergían hacia mí y aun cuando no era así, lo que siguió después fue peor. En unos segundos estaba rodeado de gente; rubios hablando inglés sonreían mientras gente de mi raza estiraba la mano presentándose al unísono.

—¡Tanto gusto, Rangy! ¡Bienvenido Rangel! ¡Nice to meet you, Rangy!

Todo mundo hablaba mientras mi hermana describía mis cualidades. En verdad, la popularidad de mi hermana era extraordinaria. Y yo, que había vivido al margen de grupos numerosos de gente; que siempre estuve preparado para actuar ante el rechazo, me sentí incómodo y totalmente fuera de sitio. Recordé mi rubor en presencia de Maricha.

Mi hermana no parecía tener la edad que tenía. Parecía *mujer,* si entienden el vocablo. Era una muchacha desarrollada en todas sus formas físicas y mentales. Su inglés era perfecto sin trazas de acento, y su fluidez era equiparable a su español. A los 15, esa y una recomendación de peso de las gentes con quienes vivía, fueron la razón principal de que la hubiesen empleado en aquel lugar. Con el tiempo, Alicia dio muestras de una facilidad poco común para los idiomas. Se murió después que yo hablando español, inglés, francés, italiano y algo de alemán. Creo que canalizó correctamente el exceso de verbo que a mí me aturdía.

Ese mismo día, mientras mi hermana salía del trabajo, me dediqué a vagar y a bobear. Vagaba y mientras vagaba, divagaba en el sector turístico. El bullicio incoherente de dos lenguas le daba encanto al ambiente. Poco a poco me fui alejando del Río Rita. La cacofonía bilingüe fue quedando atrás. Algunos metros al oeste de la avenida Revolución, los ecos de mi idioma y de mi música entraron en mis oídos. Sentí que de nuevo era parte del entorno. La voz de Pedro Infante y Miguel Aceves Mejía salían por los huecos de los establecimientos comerciales. Asombrosamente, dos mundos diametralmente opuestos convivían separados por una línea claramente definida. En el curso de media cuadra, reapareció la Tijuana autóctona que se había desvanecido a mi llegada. Cuando alcancé la esquina de la siguiente calle, pareció que el sector turístico estuviera a un kilómetro de distancia. Todo era diferente; los comercios, los rostros, los olores, los vestidos.

Caminé por una calle angosta y serpenteante. El ruido y la música predominaban a mi paso. Mi alma *ranchera* miraba para todos lados tratando de absorber la ruidosa cacofonía sin lograrlo. A lo largo de una manzana habría pasado tal vez diez cantinas y otros tantos restaurantes, todos con su respectiva sinfonola. Por uno quizá salía la voz de Javier Solís cantando *Llorarás* y por otro tal vez la de Lola Beltrán con *Cucurrucucú Paloma*. En todos, a cual más, algún cantante de moda cantaba una canción. En un momento dado, un beodo se me atravesó maldiciendo, mientras que un sujeto de poco recomendable apariencia trató de venderme cigarrillos o «lo que tú quieras». A lo lejos mis ojos divisaron a una pareja restregándose en un oscuro rincón.

—¿Quieres un masajito, guapo? —me dijo una guapa chica de ronca voz desde su silla.

—¿Un masajito, dónde? —pregunté, sin saber ni siquiera por qué preguntaba.

—Donde tú quieras, mi amor —dijo la chica.

Parpadeé. Noté que la «chica» tenía la barba azulada y al levantarse me sacaba dos metros de alto.

Eché a correr oyendo las carcajadas a mis espaldas. Con el tiempo supe que la calle Primera, que era por donde circulaba, era la frontera que delimitaba la zona roja de la ciudad. En mi regreso sobre la misma calle, pude ver a otras chicas de sospechosa apariencia y exagerados modales femeninos. Fue un regreso complicado con varios rodeos a mi paso.

Cuando volví al Mexican Curious, mi hermana ya me esperaba. En el camino a su casa me contó el por qué de su presencia en Tijuana: Vivía en un pueblo en la frontera con Arizona. Blythe, un emporio agrícola asentado en la rivera californiana del río Colorado había sido su casa por los últimos cinco años. En un concurso para elegir a la reina de la escuela, ella había triunfado y una de sus rivales, celosa por la derrota, la denunció ante las autoridades migratorias. Fue la primera ocasión en que yo escuché la frase «viviendo sin papeles» y no la entendí bien a bien.

Después, al familiarizarme con los sonidos en inglés, me di cuenta que Blythe era el pueblo que el Billy Jones había mencionado.

Caminando por la calle Segunda, entramos a un amplio pasadizo frente al cine Variedades, según el letrero. Era una entrada suficientemente amplia para que un automóvil entrara. Al fondo se veía una casita de madera.

—Ahí vivo —me dijo mi hermana. Son amigos de mi mamá.

Abrió la puerta y con su típico estilo, mi hermana besuqueó a una señora de sonrisa bondadosa.

—Tía Chayo, este es Rangel —dijo mi hermana y de nuevo me sentí fuera de sitio.

Tía Chayo, el título chocaba con la realidad; si doña Chayo era tía de mi hermana, tenía que ser mi tía también. Y allí estaba mi hermana, presentándole a su hermano como un perfecto desconocido. Decidí aceptar el parentesco y le tendí la mano a mi «tía Chayo».

Doña Rosario Salcido era una viuda que vivía con sus tres hijos, dos varones y una mujer, ninguno de los cuales se encontraba en casa.

—Pon la mesa, hija —pidió la dama y desapareció tras una puerta que resultó ser la cocina.

No me preguntaron cómo andaba de apetito pero comí como cosaco después de la batalla. La dama le pidió a mi hermana llenarme el plato para repetir, lo cual hice con religiosa entrega.

Según me enteré en la mesa del comedor, doña Chayo era una amiga de mi madre en común con Mabel Arredondo. En medio de la cena, mi anfitriona trajo a colación un tema que yo no me esperaba:

—Mi hija anda en Sinaloa y al regreso pasará una noche en Mexicali. Irá a buscarte a pedido de tu madre —dijo.

—¿Y para qué me quiere? —pregunté, con cierto cinismo. Era obvio que si alguien me buscaba, era porque yo estaba perdido.

—Eso ya no tiene importancia. Si llama al Río Rita, Alicia le pedirá que se venga directo. Danelia quiere que entres a la Poli y la Chofi iba a traerte para inscribirte —dijo.

—¿Qué es la Poli? —pregunté sin prestar atención al tiempo que la Chofi perdería por mi culpa.

—Es una escuela militar. Ahí enseña don Román Velázquez, antiguo cañero que acompañó a tu padre en la lucha sindical en Chavoy.

Al sonido de la palabra «militar» me entusiasmé con la idea. Recordé el cuartel en La Cañada, la banda de guerra, los tambores, los rifles, las pistolas y los caballos.

—Yo tengo 50 pesos si hay que pagar algo para entrar —dije, tratando de estimular la intención.

—¿Entonces sí quieres entrar? —preguntó mi hermana.

—Claro. Yo entiendo todo lo que tiene que ver con los soldados. Mi capitán Reséndez me enseñó.

Mi hermana y la tía Chayo se vieron con una mirada de extrañeza. Seguramente tan súbito entusiasmo las tomó desprevenidas.

—No te alborotes todavía, muchacho. Falta la autorización de tu madre. ¿Dónde vas a quedarte? —preguntó la señora.

—Si tengo que pagar para entrar a la Poli, dormiré en la terminal. Si no, rentaré un cuarto por ahí.

Otra mirada como si ellas fueran las monjitas y yo me creyera la Madre Superiora. Doña Chayo sacudió la cabeza como para despejarla y luego negó:

—Ni vas a pagar para entrar a la Poli ni vas a dormir en la terminal. Si supiera Danelia. Ahí está ese sofá y terminando de cenar te traeré sábanas y almohada. ¿Dónde dejaste tus cosas? —dijo la doña, levantándose de la mesa.

—No traigo —dije y luego me apresuré a agregar—, pero

traigo dinero para comprar lo que me haga falta.

—¿Y cuánto traes para comprar *todo* lo que haga falta? —preguntó doña Chayo, enfatizando en todo.

—Cincuenta y tres pesos —dije, después de contar mi capital.

—*Daca pa' acá*. Con eso pagarás tu estancia aquí —dijo, tomando el dinero de mis manos.

Cinco minutos después de dejarme sin fondos, doña Chayo sacó de una recámara las sábanas y almohada mencionadas.

—Le tiendes a tu hermano y mañana hablas con Danelia. Le das la buena noticia y le preguntas si lo llevamos o no con el profesor Román. Dile que nosotros nos encargaremos de todo —fueron las instrucciones que doña Chayo le dio a mi hermana, antes de sentarse en un cuarto aledaño a ver telenovelas.

—¿Tú puedes hablar con mi mamá? —le pregunté a mi hermana.

—Sí. En el Río Rita me dejan usar el teléfono y luego me descuentan las llamadas de mi salario.

—¿Yo... yo puedo hablar? —pregunté con la incertidumbre de alguien que duda de un derecho.

—Sí y no. Mamá está en un rancho y no tiene teléfono propio. De modo que yo no hablo con ella sino que le dejo recado para que me llame. Nunca sé si me llamará en cinco horas o cinco minutos. A veces no recibo su llamada sino hasta el día siguiente. No puedes estar en la tienda esperando, pero yo me encargaré.

No insistí. En realidad no sentía ninguna urgencia de hablar con mi madre. El hilo que nos unía, hacía tiempo que se había roto. No obstante, la frase «viviendo sin papeles» martilleaba mi cerebro. Confundido, le pregunté a Alicia:

—Si estabas «ilegal» en Blythe, quiere decir que yo también lo estaba en Brawley —opiné.

—Sí, porque nacimos en México.

—Pero tú pareces del otro lado. Por más que te comparo con las muchachas mexicanas no te ubico. Hablas *raro* y te conduces diferente.

—Pues contigo pasa lo mismo. También hablas raro y te

conduces diferente —me dijo Licha.

—No, yo soy igual que los demás de aquí. No hablo inglés ni vengo del otro lado.

—Yo no digo que parezcas del otro lado. Digo que hablas como si tuvieras 25 o 30 años y no te ríes.

—No me río si no tengo de qué reírme. Sólo los locos hacen eso.

—¿Lo ves? Esa es una respuesta de gente mayor. Yo no estoy loca y me río a cada rato.

Me quedé pensando en las palabras de mi hermana y caí en cuenta que había una tensión permanente en mis actos; una necesidad de defensa agazapada en mi interior.

Al margen de la conversación, una pregunta me bailaba en el magín: ¿dónde estaba mi madre?

De acuerdo con mi hermana, ambas fueron deportadas «amistosamente». Un agente de inmigración americana cruzó a Licha y tuvo la gentileza de acompañarla hasta la misma puerta que acabábamos de cruzar. Su historia no arrojó mucha luz sobre mi progenitora: si ambas fueron echadas, ¿cómo es que mi madre permaneció en territorio americano? ¿Cómo es que con el tiempo ella hizo su vida del otro lado mientras que mi hermana debió quedarse en México? No tuvimos tiempo de hablar al respecto, quizá por falta de interés de mi parte, quizá porque en realidad no hubo tiempo de hablar. Esa noche yo dormí como si me hubieran anestesiado y a la mañana siguiente, al despertar, ya mi hermana había salido a su trabajo.

Un par de días más tarde, yo entero olía a nuevo. Doña Chayo había tomado la medida de mi cintura de la *vaquetita* cosida a mis Levy's y también el número de mi camisa mientras la prenda colgaba en el tendedero. Olí a nuevo la semana que vagué en Tijuana y entré oliendo a nuevo en el internado. Mis 53 pesos habían rendido mucho más de lo esperado.

CAPÍTULO XVI

La Poli

El internado militar, de militar tenía lo que yo de marinero. Claro que yo no esperaba que me dieran una pistola, un rifle y un cañón de bola, pero tampoco había lo que esperaba. No había saludo a la bandera los lunes porque, para empezar, no había ni asta ni bandera. No había tampoco centinela ni cornetas ni tambores y mucho menos caballos. ¿Disciplina? Eso sí y mucha.

Suele suceder que en la etapa del desarrollo, unos se «desenrollan» más pronto que otros. Los que vamos más despacito, generalmente somos víctimas de los de crecimiento más acelerado. El internado no era la excepción y en un año de estudios ahí, me encontré con dos que tres Güeros Loras. Eso, sin contar con que, por regla general, los oficiales a cargo, mayores de edad y con más tiempo de residencia, fruncían el ceño incluso cuando se reían de ti.

A las 6.30 de la mañana sonó un timbre cuyo sonido se extendió por los dormitorios. Nadie dijo que fuera obligatorio levantarse pero tampoco explicaron para qué tenía uno que formarse en pelotones afuera del edificio. Así que levantarse y salir era obligado si uno quería saber lo que sucedía.

Había tres pelotones, uno para los de nuevo ingreso, otro para el segundo año y uno más para los que cursaban tercero. Cada pelotón tenía su oficial y a mi pelotón le tocó un larguirucho apellidado Quiñones.

—¡Arámbura Antonio! —gritó el larguirucho.
— 'Ca 'toy —contestó una voz adormilada.
—¡Se dice presente! —corrigió Quiñones, escribiendo una palomita.
—¡Benítez René!
—¡Presente! —respondió el aludido.
Así se fue el oficial pasando lista hasta que completó el cuadro.
—¡Flanco derecho! —dijo y todos giramos a la derecha, unos como yo al estilo militar y otros como si estuvieran borrachos.
—¡Paso redoblado! —gritó el aprendiz de general y empezamos a marchar en línea recta.
Quiñones aceleró el paso y se puso al frente de su grupo. Nosotros seguimos el *un' dos*; *un 'dos* que llevaba el ritmo. Así, en manada entramos a una amplia estancia.
—Hagan todos lo que yo voy a hacer, empezando con la primera fila —dijo, y en una charola recogió un plato, un vaso y cubiertos.
Quiñones avanzó hacia un trío formado atrás de sendas ollas y canastas. El primero en la fila vació un cucharón de huevos revueltos y otro de papas, el segundo puso un pan birote en la charola y el último llenó el vaso de café caliente. Hecho lo anterior, caminó hasta el extremo de una mesa con banca sin respaldo y se sentó. El primero del pelotón se sentó enseguida y así hasta que todo mundo quedó sentado.
Cuando vio que su grupo estaba completo, Quiñones se dirigió a *su* gente:
—Cuando terminen recojan sus platos y colóquenlos en aquella mesa —dijo, señalando hacia el fondo de la estancia—. Si llevan sobras, ráspenlas con su tenedor o cuchara sobre el bote de basura. Les va a sobrar tiempo para lavarse los hoyitos y recoger sus útiles para llegar a sus respectivas clases. A la entrada de los dormitorios hay un croquis con la ubicación de las aulas. Los horarios ya los tienen. Se los dieron en la dirección al matricularse. Si tienen dudas, pregúntenle a algún veterano. ¿Alguna pregunta?

—¿Qué pasa si no me formo a tiempo?

—Te quedas sin desayunar. Al salir de clases la chicharra va a sonar como ahora para almorzar. Si no te formas, te quedas sin almorzar y si no te formas para la cena, te quedarás sin cenar. Igual mañana y pasado mañana hasta que te de hambre y te formes.

Jesús Quiñones me cayó bien. Era un tipo directo y claro. Las órdenes en sus labios sonaban como instrucciones y nunca se negaba a contestar una pregunta. La disciplina no era tan rígida como podría esperarse de un internado militar. Había cosas que me gustaban del único año que estudié en el internado: usábamos uniforme de kaki con corbata negra, podíamos salir del complejo cuando quisiéramos, siempre y cuando estuviéramos de regreso el mismo día, y los castigos por infracciones no eran ni regaños ni arrestos. Simplemente, si estábamos castigados, no podíamos salir del complejo los fines de semana, lo cual no me afectaba. No me afectaba porque mi natural reposado no me inducía al *changolengue* y porque me enamoré del Instituto Politécnico de Tijuana.

Mi amor por esa escuela surgió desde que entré por primera vez. Había bajado del autobús urbano al costado de una torre por debajo de cuyas patas circulaban los automóviles. A mi paso, con letras garrapateadas «a dedo», pude leer en el emplaste de una pata en letras apenas distinguibles: GRAND OPENING, 1929.

La torre, con balcones en los cuatro costados de la parte alta, era meramente decorativa pero su belleza impactaba por cualesquiera ángulos que se le viera. Cruzamos el boulevard y pasamos de largo al costado de un edificio en forma de sombrero con gran estacionamiento alrededor. EL SOMBRERO RESTAURANTE, decía el anuncio al frente del redondo edificio. Del otro lado de una calzada en bajada, un edificio blanco presumía un letrero de pared a pared: Hospital General, decía.

Bajamos por la rampa de pavimento cuyo final se perdía en el verdor de árboles y palmeras. Conforme avanzaba, lo que veía me iba haciendo abrir ojos y boca. La fotogenia del lugar, la armonía, el aroma, los colores y la paz que emanaba, me provocaban sensaciones difíciles de explicar. En mi interior me preguntaba dónde estaría el cuartel, porque lo último que pensé fue que yo, que hice de un coche abandonado mi recámara apenas unas semanas atrás, fuera a desempacar el morral en aquella preciosidad.

—Aquí es. Ven conmigo —me dijo Román Velázquez, que sería mi tutor en aquel rincón paradisiaco.

«Aquí es.» Lo oí pero mi mente no lo asimiló. Todos mis sentidos estaban puestos en cada detalle, en cada esquina, en cada tejado. Seguí sin embargo a mi tutor.

Dicen que la mejor definición del arte es «lo que place a tus sentidos» y aquel primer día, todo placía a mis sentidos.

Subimos seis o siete escalones tal vez, por una escalinata de cemento dividida en medio por una fuente increíblemente hermosa con un fauno que parecía tocar una flauta. Remontamos la fuente y entramos a un vestíbulo que parecía arrancado de La Alhambra.

Al fondo del vestíbulo, a través de un ventanal de techo a piso, se apreciaban las aguas de una piscina de medidas olímpicas. Adiviné que alrededor del agua, si el decorado seguía un patrón y combinaba con el vestíbulo, el enorme patio tendría que ser una obra de arte. Un vistazo pegado a la ventana me mostró que no estaba equivocado.

Mientras Velázquez hacía el papeleo de inscripción, yo, cual esponja ambulante, empapé mis sentidos de belleza natural y arquitectónica.

La Poli era un pozo cuyo fondo lo vestían plantas, pasto, árboles y palmeras datileras formando una glorieta rodeada de arte misional californiano. Excepto por la rampa pavimentada, los otros tres costados eran, si no arcos con sombreados corredores, torres y salidizos que parecían campanarios. Una espadaña partía en dos el largo edificio de los dormitorios

En el trayecto a los dormitorios vi la punta de una aguja que sobresalía por encima de los techos. Era lo que hasta la fecha es el Minarete.

Un día de fin de semana tomé mis lápices, unos borradores, una tabla lisa y el cuaderno de papel de dibujo. Cargando mis bártulos me encaminé a la sección de los *bungalows* donde vivían los maestros. Era una villa encantadora llena de enredaderas y casitas separadas una de otra. Llevaba una silla plegable y previamente había escogido un remanso sombreado con un muro achaparrado donde apoyaría el papel. Quería dibujar a lápiz la retorcida vereda que nacía en aquel punto y se metía serpenteando entre las casitas. Era una vista por demás atractiva y quería presentar la ilustración como trabajo para el examen semestral de dibujo. Extendí mi silla y, ya sentado, coloqué la tabla sobre mis muslos y la recargué inclinada contra la bardita. Los exámenes serían en enero y estábamos en diciembre. Tenía más de un mes para terminarlo y, aunque podía aprobar la materia con un trabajo más simple, mi intención era lucirme.

Apenas había hecho el primer trazo, cuando sentí la presencia de alguien. Me volví a mi izquierda y vi la cara barbada de un viejo asomando a la casita donde terminaba el muro.

—Hola —me dijo el viejo, recargado en la ventana.

—Hola —contesté.

—Si vas a pintar ese sendero, te va a dar mucho trabajo pintar los olivos. La hoja es muy pequeña para hacer los contornos. ¿Cómo piensas pintarlos?

—No sé todavía, pero seguro que encontraré el modo —dije.

Seguí haciendo trazos. El anciano seguía en la ventana. Yo me empecé a sentir incómodo. No podía trabajar con un par de ojos al acecho.

—¿Quieres una soda?

—No gracias, la mañana está fresca.

Un largo silencio siguió al ofrecimiento del hombre. Yo traté de ver hacia la ventana con el rabillo del ojo. Lo que alcancé a ver fue un hueco negro. Volteé y no vi a nadie; el viejo se había ido.

Escasos cinco minutos después, el mismo viejo apareció surgiendo por el frente de su casa a mi izquierda. Traía un caballete manchado de pintura y una caja cuadrada de madera.

—Vamos a ver. Pongamos esto aquí —dijo y colocó el caballete a mi lado. Luego abrió la caja y sacó una cajita alargada y una cartulina más grande y pesada que el papel que yo estaba usando. Una vez que sacó la cartulina, recostó la caja cerrada sobre el caballete y pegó las esquinas con cinta transparente.

—Abre la cajita y toma un lápiz. Pon la silla aquí —pidió, señalando el sitio frente al caballete.

Abrí la cajita y le di un lápiz. El viejo estiró los dedos abriendo y cerrando el puño.

—Línea fina al empezar siempre. El lápiz sujeto por el centro descansándolo sobre el anular. El meñique apoyado en la superficie como soporte y los dedos índice y pulgar sosteniendo el lápiz. Así.

Vi el lápiz y observé que mientras yo lo empuñaba por la punta inferior casi juntando los dedos, el viejo lo agarraba del centro. De inmediato comprendí que eso daría soltura al trazo.

—Ve a la casa y trae una silla —pidió el viejo y yo obedecí.

—Ahora siéntate frente al caballete —me pidió cuando volví.

Tomé asiento y el viejo se sentó en su silla.

—El primer error que un aprendiz comete, es tratar de dibujar el conjunto. No debemos hacer eso porque si tenemos que borrar, se ensucia la superficie. Hay que hacer las líneas muy débiles y si algo sale chueco, dejarlo. Simplemente debes sobreponer otra línea. Eso enderezará la que estaba chueca. Segundo error: ahorrar lápiz. Muchos estudiantes empiezan con una punta finita y continúan sin detenerse. La punta del lápiz se hace ancha y el trazo pierde limpieza.

Mientras hablaba, el viejo manejó el lápiz con soltura.

—Me llamo Gonzalo. La gente me dice Chalo. ¿Tú cómo te llamas? —preguntó.

—Rangel Rivera.

—Bueno Rangel, veamos. Vi que empezaste por abajo. Eso está bien, pero tienes qué escoger un punto comparativo. ¿Entiendes?

—No.

—El tamaño del primer objeto que dibujes te da la medida de lo que le rodea. Un hombre, por ejemplo, tiene más o menos la tercera parte de la altura de una casa. Y si hay casas de un piso y también de dos, debes ver que no se te acabe el papel a la mitad del segundo piso. Eso dependerá de la perspectiva y el ángulo. Si el ángulo de fondo es horizontal, no hay problema porque los objetos de enfrente siempre serán más grandes. ¿Cierto?

—Sí —dije, sin saber si había entendido bien.

—No te preocupes si no entendiste bien. Habrá tiempo para explicar pero, para que entiendas, te haré una pregunta: ¿No te ha pasado que dibujas un mono empezando por el torso y luego las piernas lucen muy cortas en relación con la cabeza o la cabeza luce como cabeza de alfiler?

—Sí.

—¿Y luego lo tienes que borrar y volverlo a dibujar o haces demasiadas correcciones que no te satisfacen?

—Sí.

Bueno, eso quiere decir que sabes lo que haces. Artista que no corrige, artista que no sirve. Empecemos con este árbol.

Tomé el lápiz y empecé. En términos generales lo hice bien pero el viejo corrigió algunas cosas.

—Tienes que dibujar el esqueleto todo por fuera y luego hacer las ramas del centro. El tronco se ve pelón pero luego lo vas a llenar de follaje. Habrá un momento en que se seguirá viendo pero luego desaparecerá parcialmente, cuando sombrees los claros.

—¿Usted estudió dibujo? —pregunté.

—Sí, hijo.

—¿Y trabajó de dibujante?

—No. Fui maestro de dibujo de la Poli por 10 años. Ya estoy jubilado.

—¿Y dónde estudió dibujo?

—Aquí mismo.

—¿También estuvo internado?

—No, fue antes de que abrieran el internado.

—¿Y cómo supo de la escuela?

Don Gonzalo me vio con cara bondadosa. Le brillaban los ojitos cuando preguntó:

—Te gusta aquí, ¿verdad?

—Sí, mucho.

—A mí también. Este es mi mundo, Rangel ¿Quieres que te cuente cómo llegué aquí?

Asentí excitado. El viejito barbón me caía bien y no hubiera querido irme. Por eso cuando me invitó a tomar leche con pan, acepté de inmediato.

Levantamos el equipo y entramos en la casa. Don Gonzalo trajo una panera y un litro de leche y me sirvió un vaso hasta el bordo.

—Yo soy de Jalisco. Llegué en 1919 por tren. Era un tren que entraba y salía a territorio americano. Llegaba a Tijuana y luego se iba a San Diego. Yo lo tomé en Yuma.

Don Gonzalo apuntó a una foto en blanco y negro y me dijo que era su mujer.

—Murió hace 8 años —explicó—. Esos que están en la foto son mis hijos. Uno está estudiando en el DF y el otro estudia en UCLA en Los Ángeles. Ambos vendrán en Navidad. Estás invitado a comer guajolote.

Mi anfitrión le dio una mordida a su pan y la empujó con un trago de leche. Los bigotes se le mancharon de blanco.

—Siempre que tengo visitas me embarro los bigotes —dijo, limpiándose con una servilleta.

—Atrás del patio de los dormitorios subsiste un manantial de aguas termales —siguió el viejo—. El dueño era un gringo llamado Dave... Dave... Hoffman, que quería abrir un negocio. Resulta que necesitaba construir un cuarto de madera y yo le entiendo a la carpintería. Un amigo me recomendó con él y le hice el cuarto. El que me llevó le pintó un letrero con el nombre del negocio: Agua Caliente Hot Springs. Sobra decirte que esa fue la cuna del casino. Un par de años después, Dave vendió y yo me vi envuelto en una fiebre increíble de construcción. Todo lo que ves alrededor está hecho con armazón de madera cubierto de argamasa. Un equipo de carpinteros que vino de Estados Unidos llegó con maquinaria y me contrataron como ayudante. En tanto que más cuanto, levantaron una serie de edificios que fueron la envidia y admiración de medio mundo. Los trabajos empezaron en 1926 y para 1927 estaba listo para la inauguración. Claro que después del casino se siguió construyendo. Estos *bungalows* fueron terminados en 1930 pero el hotel que empezó con unos cuartos tuvo que ampliarse. La torre, por ejemplo, fue hecha mucho después del casino. Servía de punto de referencia para llegar y para que los aviones aterrizaran. Fue una desgracia que el Jetón haya clausurado el casino. Yo jamás se lo perdonaré.

—¿Quién es el Jetón?

—Lázaro Cárdenas. Con esa acción, le dio una puñalada al futuro de Tijuana.

—En la escuela me han enseñado que fue un gran presidente.

—Pues... sí, pero también priista. Lo bueno que haya hecho no borra el daño que hizo aquí.

—¿No es bueno tener una escuela tan bonita?

—Claro que es bueno, pero no a costa de lo que hizo. Tuviste que haber vivido o visto lo que era esto para entender mi frustración. Si hoy sobra terreno para construir escuelas, imagínate si no sobraría en 1935. Pero no; tenía que mostrar que él era la autoridad.

El viejo sacudió la cabeza en un gesto por demás nostálgico y luego dijo:

—Yo viví tres años en un cuarto pegado al que le había hecho a Dave. Después, con el dinero ahorrado, me compré un lote e hice mi casita en la colonia Cacho. No sabía que estudiaría y después enseñaría aquí.

—¿Todavía tiene la casa?

—Sí.

—¿Y por qué vive aquí?

—Te lo dije al principio. Este es mi mundo, Rangel. Pero no me queda mucho tiempo; como ya me jubilé, tengo que dejar el búngalo. Esto es solo para maestros en activo. Ya les pedí la casa a los que me rentan. Me mudaré dentro de tres meses.

Don Gonzalo se levantó y metió la botella de leche en el refrigerador.

—Ven cuando quieras si quieres que te dé algunas clases. Aquí estaré. Antes de irte, mete la silla y las cajas por favor. Llévate los lápices.

—¿Puedo quedarme un rato dibujando?

—Claro, claro. Quédate. Yo me voy a meter a la ducha. Metes mis cosas cuando termines. No se los vaya a llevar la bailarina.

—¿Cuál bailarina?

—La que se aparece de noche. Salúdame a Román, por favor.

Al día siguiente tenía clase con el profe Velázquez. Al terminar la clase me acerqué a su mesa y le pregunté:

—¿Usted sabe de La Bailarina?

—¿La de los borrachos?

—No; la que sale de noche.

—Sí, esa. Todos los que la han visto estaban borrachos. Nos vemos en la siguiente clase, Rangel —me dijo el maestro y salió del salón.

La vida siguió tranquila. La arquitectura misional del complejo invitaba a la soledad y la meditación. Eso encajaba perfectamente en mi naturaleza solitaria. No obstante, al oscurecer me incorporaba al alboroto estudiantil. No fuera que a la Bailarina se le ocurriera salir a tomar el fresco. El dibujo que hice de los *bungalows* lo colgaron en el salón de dibujo y yo saqué la calificación más alta en los exámenes.

Ir a Tijuana era como viajar al extranjero. A 20 metros de El Sombrero había que esperar el autobús que hacía un recorrido de 40 minutos. Eran autobuses de un elegante color verde y circulaban solo por el boulevard Agua Caliente. Después de dejar el boulevard en la Curva, corrían a lo largo de la avenida Revolución y luego a la inversa. Nunca vi un autobús de «los verdes» en otro recorrido. Fuera de esa ruta, el transporte público era chatarra.

El subir y bajar de un autobús cuya tarifa era el doble de

lo que cobraban las demás, me hacía sentir el blanco de todas las miradas. Cuando tienes 16, te vistes de kaki y corbata negra y viajas «diferente», el mundo te queda chico y el ego se agiganta.

Al principio la bajada de rigor era en el Rio Rita. Después, los viajes me dieron nuevos atractivos y lo de rigor fue *no* bajar en el Rio Rita.

Un viernes que hubo suspensión de clases en el internado, salí bien planchado y perfumado de las instalaciones. No era un día de asueto. La suspensión se había debido a un conflicto magisterial relacionado con las instalaciones. A mí, en lo personal no me interesaban las causas sino aprovechar el tiempo libre.

Cuando bajé del autobús no llevaba una intención. Quería simplemente explorar, intentar cosas nuevas quizá, vedadas para chicos de mi edad. Bajé en el corazón de la calle Revolución; el célebre hotel Caesar's lucía su glamour al otro lado de la calle y los centros nocturnos se desperezaban a mi alrededor después de una agitada vida nocturna. Con mi impecable uniforme y mis zapatos relucientes haciendo juego con la corbata, me sentía rebosante de energía. Cualquier mirada casual yo la consideraba intencional porque yo era el centro del mundo.

Cuando hacía el recorrido los fines de semana, dejaba la turística calle y me adentraba en la vibrante vida cotidiana del Tijuana local. Esa tendencia, supongo, tenía que ver, tal vez, con un sentimiento de culpa por no visitar a mi hermana. Nada que ver con mi hermana sino con la avalancha de entusiasmo de la gente que la rodeaba.

Me sentía como un chango de zoológico rodeado de mirones. Supongo que era el clásico sentimiento de inseguridad de la adolescencia: sentirse admirado, siempre y cuando no tuviera que lidiar con mis admiradores. En el fondo, yo sentía que entre mis paisanos yo crecía; podía hablar y entendía lo que me decían. Podía entrar a una fonda y comer con mi escaso capital e incluso meterme en una cantina sin que nadie notara mi edad. Esa vez, sin embargo, era diferente: era temprano y no había turistas. Podía ver edificios y acercarme a los burros con rayas.

Había mucho que ver a lo largo de *la Revu*, como le llamaban los locales a la calle. Proliferaban los anuncios en inglés, sobre todos los que ofrecían bebida y espectáculo. Había otro que se repetía cada y cuando: «Divorces», decían simplemente.

Un joven lavaba una acera en una esquina. Echaba *cubetazos* de agua y luego la barría hacia la calle.

—¿Estudias en la Poli? —me preguntó, recargándose en el palo de la escoba.

La pregunta me hizo sentir que perdía algo de misterio. A los ojos del barrendero yo no era el interesante desconocido venido de quién sabe dónde.

—Sí —contesté, sin ánimo de entablar conversación.

—Yo estaba ahí pero me corrieron —dijo.

—¿Por qué te corrieron? —pregunté.

—Porque me robé los cuestionarios para los exámenes y vendí los resultados.

—Con razón —opiné.

—Pero me vale. Aquí me la paso bien *pipirisnais*. ¿Quieres una *cheve*?

—¿La tengo que pagar?

—No. Yo te la invito. A mí me las dan gratis. Vente.

El fulano recogió la cubeta vacía y entramos en el lugar.

Lo que vi al entrar me dejó pasmado. El local era tan largo como dos tercios de manzana. Una interminable barra empezaba donde nos encontrábamos y se perdía a lo lejos. Había mesas contra la pared de entrada y en el centro del amplio corredor que dejaba libre la barra.

—¡Chíscale! —exclamé—. ¿Cuántas cantinas son?

—Es una sola. Se llama La Ballena. Bueno; no se llama así pero así le dicen.

—¿Por lo grande?

—Sí. Dicen que es la más larga del mundo.

Vi al fondo, al techo y a los lados, y mis ojos toparon con algo que con la primera impresión, me había pasado desapercibido. Eran unos espejos ondulados. Mi imagen se reflejaba e iba de gordo a flaco, chaparro o largo, dependiendo dónde me parara.

—Qué chistoso me veo —dije.

—Sí; los clientes cuando ya están borrachos, vienen a hacer muecas.

El barrendero se llamaba Isidro Reyes y le decían Chilo. Comedido se metió tras la barra y sacó dos cervezas Mexicali. Con las botellas en la mano recorrimos la barra hasta la otra punta. Hablábamos entre trago y trago.

—Hay cosas bonitas en este pueblo. La Poli es muy bonita.

—Era casino y venían muchos artistas. Una tía me dijo que era como un *hollywoodcito*.

—¿Un qué?

—Un Hollywood chiquito.

—¿Y tú por qué estás aquí?

—Aquí vivo en un cuarto de atrás. Barro y limpio a cambio del cuarto.

—¿Cuánto te pagan?

Nada. Pero lustro calzado y le ayudo a los clientes si necesitan algo. Les traigo cena o cigarrillos o lo que sea. Las propinas son mejores que un sueldo.

—Me gusta Tijuana. ¿Hay más lugares como este?

No como este pero parecidos. Está el Navy, el Sans Souci, el Rancho Grande, el Jai Alai, el Caesar's; dicen que ahí inventaron la ensalada Cesar. Y por la bajada al río, hay un cabaret muy famoso porque se encueran adentro. Se llama el Blue Fox y no puedes entrar porque un *pelao* como de dos metros de alto y uno de ancho vigila la entrada.

—¿Y por qué se encueran?

—Pos para... enseñar. Está prohibido pero el grandote de la puerta avisa si ve una patrulla. Todo mundo se pone rápido los pantalones y las faldas y se sientan muy bien portados en las mesas.

—Yo quiero ir —dije, con el entusiasmo de mis 16 años recién cumplidos.

—Te vas a quedar con las ganas. Mejor vete *pa'* la Coahuila.

—Mi hermana me dijo que la Coahuila es peligrosa. ¿Dónde es?

—Empieza donde termina le Revu. Aquí, a dos cuadras. Pasa una calle muy angostita y hay una bajada. Ahí es la Coahuila.

—¿En los congales de ahí también se encueran?

—No, pero las chicas andan con unos vestiditos que parecen ventanitas para asomarse. Puedes bailar con ellas si les das un dime.

—¿Están buenas las bailarinas?

—Unas sí pero otras están tan gordas que parece que las inflaron. Si les picas la panza con un alfiler, podrían salir volando.

—En la Poli hay una bailarina que se aparece de noche. ¿Oíste hablar de ella?

—Sí. Dicen que sale del túnel que está a un lado del comedor. El que va al hipódromo.

Camino del cuartito de los tiliches de limpieza, pasamos por un cuarto cerrado. Una lamparita que iluminaba el interior se veía desde una ventana. Hice «cuevita» con mis dos manos para eliminar el reflejo y me asomé. En la pared del fondo se apreciaba un par de fotografías en blanco y negro. Ambas parecían sacadas de una película del viejo Oeste. De inmediato La Cañada surgió en mí.

—¿Dónde es ahí? —le pregunté al barrendero.

—La de la izquierda es el hotel Caesar's; el original, y la otra es la esquina donde construyeron La Ballena.

—Híjole, están bien padres. ¿Dónde las consiguieron?

—En el archivo del estado hay un chingo.

Mi encuentro con el Ruster, como le decían al barrendero, operó un cambio en mi rutina. A partir de ahí, me empeñé en escarbar en los orígenes del internado. En un par de visitas a La Ballena, comenté con el Ruster sobre mi interés y no lo entendió en absoluto. Para él, ninguna foto en blanco y negro estaba al nivel de una a color y la Poli era un pinche hoyo lleno de pinches viejos que se pasan la vida «jalándote las orejas».

En mi segunda y última visita, una pequeña discusión me hizo dudar de la validez de mi interés: ¿sería que yo vivía en el pasado y el Ruster tenía una visión futurista?

La duda no arraigó. El Ruster iba a ser, quizá, un cantinero con futuro, yo lo que quería saber era el por qué de lo que me rodeaba. En mis ratos libres me grabé fechas, estilos y planos originales de cada edificio interesante con que me topé en Tijuana. La Historia se metió en mis venas y, aunque no me convertí en historiador, adquirí reputación de «sabelotodo» en lo referente a Tijuana. Mi graduación al respecto vino una ocasión en que un reportero me abordó en un restaurante.

—Oye Rangel; hice una apuesta con un colega. Yo digo que el Jai Alai fue construido en los años 20 y él dice que no. El estilo es muy similar al de lo que fue Agua Caliente, por tanto, viene de la misma época. ¿Quién tiene la razón?

—Él gana; tú pierdes. Lo empezaron en 1926 y les tomó una generación terminarlo. Fue inaugurado en 1947.

*

El 12 de diciembre de 1956 era una noche de un negro espeso. Hacía el frío de diciembre y durante el día se habían oído cuetes pirotécnicos lejanos en la celebración de la Virgen de Guadalupe. Los ruidos normales de estudiantes ruidosos habían cesado cuando un grito rompió el silencio de los dormitorios.

—¡Se está quemando la torre! ¡Se está quemando la torre!

Abrí los ojos amodorrado y traté de entender el significado del grito. Al principio no lo logré pero luego, de súbito, me vino a la mente la torre en el Boulevard y me levanté de un salto.

Me puse los pantalones brincando como chapulín y a la carrera me eché una chamarra encima. Los pies entraron sin calcetines en los zapatos de gamuza y salí. Afuera, un numeroso grupo de estudiantes corría hacia la rampa que daba a la torre. Había alboroto y curiosidad. Quizá algunos querían ver un incendio por primera vez en su vida. Yo no; yo sabía qué era, para qué había sido construida y la fecha de su inauguración Yo deseaba en el alma que alguien salvara la torre.

Cuando llegamos a lo alto de la rampa, las llamas se proyectaban al cielo. Las llamas iluminaban la escena. Un grupo de turistas y meseros de El Sombrero observaban y comentaban entre sí.

El siniestro no duró mucho y mi memoria no recuerda haber visto a los bomberos. Lo que sí recuerdo, es haber visto el derrumbe de la estructura hasta quedar reducida a cenizas. Me di cuenta que, como don Gonzalo había dicho, todo era de madera. Circuló el silencioso rumor de que Johnny Alessio, el dueño del hipódromo, la había mandado quemar porque «estorbaba al tráfico que venía a las carreras». Tal cosa no tenía sentido porque la torre en sí, era un atractivo adicional. Otro rumor achacaba el siniestro a los estudiantes del internado, cosa absurda para mí que estuve ahí y el más congruente: alguien le había prendido fuego porque «estorbaba en un proyecto de ampliación del boulevard».

La torre de Agua Caliente es un claro ejemplo del precio que hay que pagar en nombre del progreso. Actualmente hay en Tijuana, una réplica que se acerca bastante a la original, excepto que las patas lucen menos sólidas. La réplica reposa en un parquecillo del boulevard Agua Caliente esquina con Fundadores. El histórico monumento parece metido con calzador en un campo muy reducido para su tamaño. No tiene la majestad que le daba el campo abierto dominante que tuvo la original. Con todo, ahí está, como un recordatorio de la época de oro de Tijuana.

El ofrecimiento de don Gonzalo no funcionó. Me vi a mí mismo agregando una clase más en mi rutina y decidí usar mi tiempo libre en otros menesteres. Mi habilidad para dibujar era un don natural y sentarme a dibujar era un asunto de inspiración. Convertirlo en una rutina no entraba en mis planes.

CAPÍTULO XVII

La Zona Libre

Lo primero que aprendí de Tijuana, fue que era una ciudad vilipendiada. Y lo era porque su época de oro surgió de la mano del juego y el licor. Eso es un hecho innegable y, sin embargo, no lo es. Lázaro Cárdenas no se distinguía por su espíritu liberal y no era, ciertamente, el mejor amigo de los gringos. Estos eran actores principales en el proyecto de Agua Caliente pero el involucramiento norteamericano no se limitaba a actividades relacionadas con el juego o el licor; también fueron gringos los fundadores de la Colorado River Land Co. que trajo el agua y la agricultura a los valles de Mexicali e Imperial.

Es verdad que la medida prohibitoria del presidente fue de carácter nacional, pero también lo es que donde pegó más duro fue en la frontera, particularmente en Baja California. En lo tocante a Agua Caliente, cortó de tajo el ascendente boom económico en que nadaba a la sazón Tijuana. Alguna vez en los setenta leí que desde la Capital, los políticos se preguntaban si era mejor «*tijuanizar* a México que *mexicanizar* Tijuana». Esa pregunta quedó sin respuesta porque al prohibir los juegos de azar, la pregunta en la actualidad sería: ¿Las Vegas sería hoy por hoy lo que es, si Agua Caliente no hubiera cerrado? Veamos paso a paso lo que pasó:

Las vegas: Aprovechando un área húmeda, en 1855 el ejército americano construyó el Fuerte Baker en el desierto de Mohave (apenas siete años antes, aquellas tierras habían pasado a ser parte de la Unión Americana). Fuera de lagartijas, espinas y serpientes, no había nada en millas a la redonda. Los soldados canalizaron las aguas del manantial y a raíz de ello nació un pequeño núcleo poblacional ferrocarrilero. El agua sirvió para alimentar el ferrocarril que llegó en su ruta de Los Ángeles a Albuquerque en el año de 1905.

Durante 16 años, Las vegas no fue más que un triste pueblucho guajolotero. No mucho cambió en 1931, cuando el juego se legalizó en el estado de Nevada. Apenas se abrieron dos casinos sin más atractivos que sus nombres: Rancho Las Vegas y La última Frontera.

Tijuana: En 1900, Tijuana tenía 245 habitantes y para 1921, apenas alcanzaba 1.028. En 21 años, la ciudad apenas había agregado 783 habitantes. Pero sucedió que en estados Unidos nació la Ley Volstead en 1920 y fue en esa fecha en que Tijuana se transformó. Entre 1921 y 1930, Tijuana agregó la asombrosa cantidad de 10.500 ciudadanos. El censo de ese año marcó 11.528 habitantes en total. Si bien en 1940 vivían 40.000 personas en Las Vegas, en la siguiente década Tijuana superaría a la «ciudad del pecado». Porque para 1950, Tijuana contaba ya con un censo de 59.925 habitantes, mientras que Las Vegas subió a 24.624 (54,000, contando las comunidades adyacentes).

Para 2010, Las Vegas contaba con 364.752 habitantes en el área incorporada. Tijuana había superado holgadamente el millón. De hecho, Tijuana superó el millón antes de que naciera el siglo XXI.

La gráfica siguiente explica la población por fechas:

AÑO	LAS VEGAS	TIJUANA
1900	2.400	245
1910	*	733
1920	2.300	*
1921	*	1.028
1930	5.165	11.525
1940	8.422	16.486
1950	24.624	59.952
1960	64.405	165.690
1970	125.787	340.583
1980	164.674	461.257
1990	258.295	747.381
2000	478.434	1.210.820
2010	584.862	1.301.000

*Se han omitido las cifras porque no son precisas.

Si observamos la tabla anterior con detenimiento, es de notar que en 1900, Tijuana tenía 2.155 habitantes menos que Las Vegas. También es de notar que el crecimiento previo a la Ley Seca, se contaba por centenas. Es después de que se promulga la Ley Volstead (1920), que Tijuana llega a los cuatro dígitos y ya no se detiene. De 1920 a 1940, Tijuana vio un crecimiento de 15.686 personas, cifra asombrosa, si se toma en cuenta que era una ciudad totalmente aislada del macizo continental. En ese mismo período, Las Vegas recibió 6.122 residentes más. ¿Por qué tan enorme diferencia? Por el casino mismo.

Agua Caliente fue una joya cuyo fulgor opacó el brillo de los casinos de la época. La elegancia arquitectónica y el lujo de los interiores, fue rubricada con el glamour de las celebridades más renombradas del mundo. A la construcción del casino habría que agregar la cercanía con enormes núcleos de población del estado más próspero de la Unión Americana, incluida la comunidad más glamorosa de la pujante costa oeste: Hollywood como su centro de trabajo y Beberly Hills como su lugar de residencia.

Si tomamos como fecha de partida la fundación de la ciudad de Veracruz (1519), para medir la edad de nuestras ciudades, encontramos que Veracruz, en 491 años de vida, ha crecido un promedio de 872 habitantes por año. Tijuana, con todo y haber estado aislada del macizo continental por 49 años desde la fecha de su nacimiento (1889), ha tenido una tasa de crecimiento de 10.752 personas anualmente y el impulso inicial sigue expandiéndose.

Cierto que los glamorosos visitantes de que hablábamos en el párrafo anterior no contaban como residentes. Pero hubo algo que aceleró de manera extraordinaria el pasmoso crecimiento: la llegada del ferrocarril en 1937.

La península se abrió al interior cuando un tren cruzó finalmente el desierto de Altar y detuvo su marcha en Mexicali. Para entonces ya había comunicación decente hacia la costa. Los viajeros que salían del horno ardiente de Mexicali con rumbo a Tijuana, debían de subir 4.000 pies de retorcidas curvas entre peñascos, rocas, piedras y piedritas, para respirar aires más frescos en lo alto de la sierra. La Rumorosa podía ser peligrosa pero valía la pena desafiar su majestad. Al llegar a Tijuana, el autobús vomitaba a los viajeros al empezar el viejo puente que empezaba en el extremo norte de la avenida Revolución. Este cruzaba sobre el lecho del río para morir cerca de la Línea Divisoria.

La avalancha de gente que fijó Tijuana como punto de destino, hizo que esta tuviera el índice de crecimiento más grande del Continente Americano. Baste decir que en 118 años, Tijuana se ha convertido en la cuarta ciudad de la república Mexicana. La derrama económica, el resplandor del dinero y los salarios que se pagaban, tanto en el casino como en el hipódromo de Agua Caliente (los más altos de Latinoamérica), fueron como el canto de sirenas que sentó las bases de la futura «Pecaminosa».

«*Tijuanizar* México o *mexicanizar* Tijuana.» La frase de marras implicaba que, por el solo hecho de decirla, algo debía de tener la pecaminosa ciudad. En aquel entonces, yo no hubiera dudado en pedir que la dejaran como estaba. Ya no era la ciudad que había nacido con un casino aunque seguía siendo una urbe pujante y hospitalaria.

Tijuana fue siempre una ciudad cuyo impulso económico se daba en ciclos. Al empezar la década de los cincuenta, el negocio de las curiosidades para turistas, incluidos los burros pintados con rayas, competía con las oficinas de divorcios «al vapor». Entrando los sesenta, farmacias, lotes de autos usados y lujosas gasolineras, daban el sello característico a la bulliciosa ciudad. Más tarde, la proletaria torta se puso de moda y, restaurantes que después fueron centros de reunión de la clase media, nacieron como *torterías*.

Las *torterías* tijuanenses no eran simples puestos ambulantes. Uno entraba, se sentaba en una mesa, escogía de un menú y una mesera servía lo escogido. Un local lo mismo podía albergar tres mesas que tres docenas perfectamente equipadas.

Con la exención de impuestos llamada coloquialmente «Zona Libre», los ríos de gente que llegaba a Tijuana seguían el curso de la carretera que los había traído. Los recién llegados se establecían a los lados de la carretera que venía del interior. Esta entraba culebreando en terreno plano y se convertía en un bullicioso boulevard, el cual, después de dar una vuelta de 90 grados, se convertía en la avenida Revolución. A su vez, la Revolución, después de pasar el feo puente, chocaba de frente con la línea fronteriza.

Si la avenida Revolución era la esencia de Tijuana, el Boulevard Agua Caliente tenía que ser el músculo. Era por esta calle por donde el futuro se abriría paso. Era la arteria vital que guiaba el crecimiento de la ciudad hacia el este.

El ángulo recto que hacían ambas arterias, se convirtió en ruta obligada del turismo hacia dos puntos que convirtieron a Tijuana en la ciudad más célebre de la frontera norte: el casino de Agua Caliente y el hipódromo del mismo nombre.

A la mitad del camino hacia estos centros de diversión, había un atractivo adicional para el turista: la Plaza de Toros. Aunque la construcción de esta última no tenía ningún atractivo arquitectónico, la Fiesta Brava era un imán irresistible para los norteamericanos.

Es innegable que Tijuana, como la conocemos hoy, nació del juego. Tan es así, que mucho después que el casino de Agua Caliente dejó de existir, se siguió apostando en las carreras de caballos y de galgos y en otro deporte que llegó en 1947: la pelota vasca. Se jugaba en el Jai Alai, hermoso edificio enclavado en el corazón de la ciudad. En su interior se movían enormes cantidades de dólares en apuestas legales.

La pregunta obligada es: ¿cómo sería Tijuana en la actualidad si la industria de las apuestas hubiera prevalecido? Tal pregunta merece un análisis somero:

En los años veinte, la Ley Seca en el vecino país arrojó hordas de sedientos californianos en busca de diversión. De los barcos anclados en la base naval de San Diego, ríos de marineros ansiosos de «recuperar» el tiempo perdido en alta mar cruzaban la frontera y se volcaban sobre nueve cuadras de cantinas. Con los ruidosos marinos y los tahúres de fin de semana llegaron las celebridades y, con estos, la leyenda. Más al norte, el Hollywood de los rugientes veinte se consolidaba como la industria más glamorosa del mundo. La convulsión de los treinta's, la cercanía con la capital del cine y su posición como el campo de entretenimiento de la gigantesca base naval sandieguina, no tardaron en hacer del nombre de Tijuana un imán de alcances internacionales; Tijuana había nacido. La segunda guerra mundial vendría, en los cuarenta, a continuar lo que la Ley Seca había empezado: Tijuana Baja California se convirtió en La Frontera más Transitada del Mundo.

Mientras que el desarrollo mexicano se estancó debido a las guerras intestinas, del otro lado de la frontera el coloso norteamericano crecía y crecía. California se convirtió, entrando el siglo, en el «Estado Dorado» del vecino del Norte. Baja California recibió, casi por inercia, parte de los beneficios.

Al entrar el siglo XX, el noroeste de México no era más que un gigantesco establo. Al norte de la sierra, que se cerraba en Nayarit, no había nada. Si bien Sinaloa estuvo ahí desde siempre, era un estado arrinconado entre montañas al este y el océano Pacífico al oeste. Sonora, por otro lado, veía solo al norte porque por ahí llegaba todo. Al otro lado del Golfo de California, Mexicali ni siquiera existía y Tijuana era un caserío de 245 habitantes al que muchos llamaban todavía el rancho de la Tía Juana. A la sazón, cientos de kilómetros cuadrados de tierra estéril separaban a las dos incipientes ciudades del macizo continental azteca. Y no solo la Baja California estaba encajonada; todo el noroeste de México fue un corral descomunal hasta el primer cuarto del siglo XX.

Aunque el régimen porfirista había echado a andar al país sobre ruedas a lo largo y a lo ancho del mapa, la escabrosa cadena montañosa de la Sierra Madre Occidental se convirtió en un formidable escollo que impidió en el noroeste, todo intento de desarrollo que llegara por el sur o por el este. Para complicar las cosas, el gran desierto de Altar y el Mar de Cortez contribuyeron para arrinconar la esquina occidental del mapa mexicano. Para que aquel alejado rincón floreciese, era necesario que ambos países pusieran de lado sus enormes diferencias históricas y culturales. México vio la ventaja de crear una zona libre de impuestos para aprovechar el empuje norteamericano y el territorio peninsular empezó a expandirse. Para la década de los cincuenta, Baja California Norte era la zona de mayor crecimiento del país, particularmente la franja fronteriza. El detonante del crecimiento tijuanense, en particular, fue un magnífico complejo turístico llamado Casino de Agua Caliente.

En agosto de 1933, Abelardo L. Rodríguez decretó la Ley de Perímetros Libres que fue conocida simplemente como Zona Libre. Esta ley permitió que los tímidos asentamientos humanos se fortalecieran. La posición de Baja California al margen del conflicto armado de 1910, el libre paso de materiales de construcción y la participación de arquitectos estadounidenses, originó la construcción de los espléndidos edificios mencionados arriba. Ya para 1930, el norte de la península era un escaparate de maravillas que rivalizaban con cualquier construcción entre la Sierra Madre Occidental y el Golfo de California. Al hipódromo de Agua Caliente en Tijuana, construido en 1929, se debe agregar la inauguración, en 1924, de otro ícono turístico bajacaliforniano conocido mundialmente: el Hotel Rosarito, un refugio de celebridades en medio de lo que era una insignificante villa de pescadores llamada Rosarito.

Pero el famoso hotel no hubiera sido posible si un amigo de Abelardo Rodríguez no hubiera abierto lo que con el tiempo vino a ser el Rene's, que inició en 1923 con un puñado de cabañas y una cantina para atender pescadores y cazadores de paso. El amigo de Rodríguez, un sonorense llamado Juan Ortiz, aprovechó que un par de años antes, otro visionario con ojo para pescar turistas había abierto un lugar que, hasta la fecha conserva el mismo número de ladrillos, el mismo color y el mismo letrero que lo identifica. El lugar se llama Halfway House y es un restaurante ubicado exactamente a mitad del camino entre Tijuana y Ensenada.

¿Y a qué se debía ese tráfico de pescadores o cazadores venidos allende la frontera? En 1920 Tijuana tenía escasos 31 años de edad; su población no pasaba de 1.000 habitantes y era más aburrido que un bostezo en la misa del domingo. Por tanto, no había nada de interés turístico a lo largo de 100 kilómetros que es la distancia entre Tijuana y Ensenada. En efecto, no había nada, excepto que encontraron en abundancia lo que no había en Estados Unidos: alcohol. Alcohol y el eco de un alboroto que un tal Ambrosio Castillo había armado en el último cuarto del siglo XIX.

Corría el año de 1870 y todavía se sentía la efervescencia de la fiebre de oro en California, cuando Castillo encontró una veta del mismo metal en un valle que en la actualidad se llama Valle de Ojos Negros (San Rafael en sus orígenes).

Fue un descubrimiento que se dio unos cuantos kilómetros al noreste de lo que en 1602, Sebastián Vizcaíno bautizó como Ensenada de Todos Santos. Cierto que Ensenada de Todos

Santos fue el sitio de desembarco de Vizcaíno, pero no pasaba de ser un área de desembarco. Los viajantes que llegaban a cargar carretas con oro, bajaban del barco y no paraban hasta llegar al mineral. El descubrimiento de Ambrosio hizo que se repitiera acá, el fenómeno que dio origen al nacimiento del estado de California. Al grito de ¡Oro!, hordas de gambusinos, comerciantes, vividores, bandoleros, pistoleros y aventureros de cualquier calaña y de los dos lados de la frontera, apuntaron sus baterías a lo que desde entonces se llamó Real del Castillo. De San Diego y San Francisco llegó, junto con la codicia, la tecnología aplicada quince años antes en el norte del naciente estado californiano. Real del Castillo fue un punto de tal ebullición, que para 1875 contaba ya con 1.500 habitantes.

El alboroto subsecuente fue tan grande, que el subjefe político con cabecera en Santo Tomás, al ver que se quedaba sin población, se mudó con todo y archivero al nuevo mineral. Real del Castillo se convirtió en la sede de los poderes del Distrito.

Si entre Tijuana y Ensenada no había nada, ¿por qué entonces empresarios confundidos buscaban atraer turistas? Se puede hablar de confusión porque nadie hace turismo donde no hay turismo. Sin embargo, Ortiz y el fundador del Halfway House no estaban tan confundidos. Veamos:

Para llegar a Real del Castillo, había dos formas: una, desembarcar en la Ensenada de Todos Santos y, la otra, abordar una de tres rutas de diligencias que transportaban a aquellos extranjeros que buscaban hacer fortuna en el nuevo mineral. Rene's, a 30 kilómetros de Tijuana y Halfway House a 53, se convirtieron en paradas obligadas de los viajeros procedentes del vecino país. Las diligencias «hicieron camino» directamente hasta Ensenada, porque 10 años después, el oro se había acabado y Ensenada se transformó en la nueva capital. Real del Castillo, nombrado así en honor de Ambrosio, fue la razón del nacimiento de la Cenicienta del Pacífico.

Las posibles alternativas para llegar a las minas nunca fueron consideradas: al norte, el poblado La Rumorosa no existía, la Sierra de Juárez era un enorme escollo y lo que vendría a ser Tecate sería pueblo a partir de 1883. Por el este, ni siquiera la intención era factible; Mexicali nacería en 1903, y lo demás era puro desierto, alimañas y un calor endemoniado. Es verdad que desde 1882 existe un paraje asombrosamente hermoso que pudiera ser un imán irresistible para abrir una carretera norte-sur y que, por razones que no quiero averiguar, jamás se ha considerado y, por tanto, reduce los accesos a Ensenada. Hablo de la Laguna de Hanson.

Jacob Hanson era un noruego emigrado a Estados Unidos. Trotamundos por naturaleza, viajando de norte a sur encontró, en un punto equidistante entre la frontera y Ensenada, una laguna rodeada de pinos jeffrey y ponderosa. El lugar, situado en lo más agreste de la sierra, parecía surgir de otra parte del planeta. El laborioso escandinavo se instaló ahí y empezó a crear ganado fino. En un viaje que hizo a Estados Unidos, sus paisanos lo asesinaron e hicieron viaje especial en busca de las riquezas supuestamente escondidas por el muerto en algún lugar del rancho.

Los criminales jamás encontraron nada y casi destruyeron el lugar. Hasta la fecha, la Laguna de Hanson, con todo y su belleza, sigue estando aislada y es virtualmente desconocida como punto de destino turístico.

¿A qué viene esta historia? Porque párrafos arriba hablábamos de la Zona Libre y de pronto parece que esto fuera un tratado de Historia. Era menester volver al pasado para entender el futuro de este relato.

Decíamos arriba que gracias a la Zona Libre, la frontera norte se abrió paso hacia el progreso. Así fue porque facilitó la vida diaria del bajacaliforniano establecido y atrajo multitudes en busca de una mejor vida. Es decir, la Zona Libre apuntaló el florecimiento del Territorio Norte de una Baja California libre de impuestos aduanales. Esto se hizo necesario dada la población creada por el descubrimiento minero y el impulso recibido gracias a la Ley Volstead. Con una ley que prohibía la elaboración y venta de bebidas alcohólicas, ¿dónde se podía poner una borrachera «de nevero» un marinero recién desembarcado en la base naval de San Diego? Al sur de la frontera, por supuesto. Con dinero y un automóvil decente, cualquiera podía iniciar una parranda en Tijuana, «seguirla» a lo largo del camino que habían abierto las diligencias, y «curársela» en el Hotel casino Riviera de Ensenada Baja California.

Hay un lugar que habla de aquellos tiempos. Es una cantina que sigue igual que hace 100 años. Ensenada creció alrededor de ella y ella ha crecido allende las fronteras. Hussong's Cantina, abrió 10 años después que Ensenada fue nombrada Capital de Baja California y sigue en el mismo sitio ocupando el mismo espacio. Establecida en 1892, Hussong's Cantina es un nombre conocido alrededor de todo el mundo.

Pero no vamos a hablar aquí de lo que es de sobra conocido. Hablemos de lo que lo hizo posible:

Si bien, ya desde 1870, con el descubrimiento de oro se había abierto una ruta hacia el sur de nuestra frontera, fue la década de los veinte la que marcó el inicio del gran Boom.

A principios del siglo (1924), un capitalista llamado Dave Hoffman, adquirió un pedazo de terreno con aguas termales en el rancho de la Tía Juana. Hoffman abrió un negocio que nombró: Agua Caliente Hot Springs, y lo ofreció como lugar de descanso. Es ahí donde comienza la historia:

En 1926, Abelardo L. Rodríguez compra un pedazo de tierra del rancho Tía Juana, incluido el balneario de Hoffman y, asociado con un grupo de empresarios gringos apodados los Long Varons, emprende la construcción de un complejo de extraordinaria belleza. La línea arquitectónica escogida por Wayne McAllister, un arquitecto angelino, es una mezcla del misional californiano, mudéjar, bizantino y renacentista italiano. El complejo recibe el nombre de Casino de Agua Caliente y está dotado de un galgódromo, un campo de golf y un aeródromo. El lujoso complejo ofrece salas de juego, hospedaje, salón de baile, barbería, perfumería, servicio de bar, restaurante, piscina, y una estación de radio privada con las siglas XEGB. Ya para 1929, los atractivos incluirán lo que fue el célebre hipódromo de Agua Caliente. Para ciertas celebridades con dinero tales imanes serían irresistibles. El lugar sería reconocido en su época, como el mejor casino del mundo.

La mezcla de estilos con que fue construido el Casino de Agua Caliente, hizo del complejo algo único. La hoja de oro, los frescos, arabescos y demás, complementados con el derroche de lujo y el brillo del dinero, hicieron del sitio el lugar obligado de visitantes venidos por tierra, mar y aire.

Enclavado en el «hoyo» descrito arriba, el sitio parecía un oasis salido de un relato arabesco. Pesadas arañas colgaban de los techos, ricos en frescos y madera repujada.

Los tahúres, profesionales y de ocasión, se relajaban en el balneario de aguas termales que brotaban en un rincón de la basta propiedad. Era este lugar el que le daba nombre a toda la zona. Al lado del balneario se encontraba la pista de aterrizaje.

La sala de juego, equipada con pesados candelabros colgando de los techos y espejos biselados en baños e interiores, estaba flanqueada por una sección de hotelería y oficinas, una piscina rodeada de palmeras y un círculo de jardines coronado con una fuente italiana. Por encima de la sección de hotelería, que más parecía un convento, un minarete asomaba la esbelta punta coronada de azulejos; una baranda de fierro vaciado rodeaba el remate de la aguja. En la base del esbelto cilindro, bugambilias de diferentes colores reptaban cayendo por los gruesos portales coloniales.

Wayne McAllister, el arquitecto, utilizó elementos de arte mudéjar bizantino renacentista para crear una ilusión mezcla de arquitectura misional californiana. La entrada a las habitaciones era una espadaña encaramada sobre cinco escalones cuya entrada era una gran puerta de pesada madera en arco. A cada lado, se extendían sombríos corredores con arcos de medio punto, descansando en sólidas columnas cuadradas de 30 centímetros (24 pulgadas) de espesor. Y agregando belleza al complejo de construcciones moriscas, una serie de casitas en aparente desorden se escondían la una detrás de la otra, siguiendo retorcidos senderos de cemento que serpenteaban entre verdes pastos y la sombra de los árboles. Eran los *bungalows*, con sus portales cubiertos de enredaderas, cómodos aposentos de estilo español antiguo que servían para alojar a los visitantes distinguidos. Era ahí donde don Gonzalo se asomó a verme dibujar.

La torre, con sus balcones en la parte alta, plantaba sus patas en arcos suficientemente amplios para liberar el tráfico que circulaba por debajo. Ubicada en el centro del Boulevard Agua Caliente, era un atractivo adicional de la zona. El Sombrero Drive Inn y la Torre de Agua Caliente, eran puntos de referencia inconfundibles para bajar al casino.

Luego vendría Las Vegas. Con todo y que la paternidad de la deslumbrante ciudad se atribuye a un mafioso llamado Bugsy Siegel, este no hizo más que darle el aliento de vida que el sitio necesitaba. En 1945, Siegel, en sociedad con Meyer Lansky, construyó el hotel casino Flamingo's en medio de ninguna parte. El campamento minero que era Las Vegas hasta entonces, despegó con la potencia de un Jet y, hasta la fecha de mi muerte, la «Ciudad del Pecado» continuaba ascendiendo. La descabellada idea del *gangster* funcionó perfectamente para todos... menos para él: bajo sospechas de que robaba dinero de los fondos del sindicato, el 20 de junio de 1947 lo cocieron a tiros en su mansión de Beverly Hills.

El fin de la Prohibición y el nacimiento de Las Vegas frenaron parte de la avalancha humana que inundó Tijuana en su época de oro. Sin embargo, la peculiar ciudad fronteriza ya había echado cimientos en la esquina noroeste de la península mexicana.

Tras la abolición del juego decretada por el presidente Cárdenas, el casino fue transformado en escuela y los *bungalows* pasaron a ser las casas habitación del cuadro docente. Por su belleza *per se*, el sitio siguió arrastrando su aureola de paz y recogimiento. Si bien el sitio siguió jalando gente con cámaras fotográficas, el lustre original se había ido para siempre.

Si la abolición de Cárdenas fue una medida acertada o no, eso queda para los estudiosos de las ciencias sociales. Lo que está bien claro para mí, es que las apuestas legales continuaron. El extraordinario edificio del Hipódromo de Agua Caliente siguió operando por décadas hasta que un incendio lo redujo a cenizas. Posteriormente fue reconstruido aunque el resultado fue una aberración si se compara con la construcción original. Los días de gloria del hipódromo volaron con sus cenizas y de aquel conjunto de atracciones, sólo queda el soberbio edificio del Jai Alai. Y como un remoto recordatorio de sus días de gloria, El Sombrero se divisa todavía, tímido, entre un bosque de modernos edificios.

Mi generación no difiere de cualquier otra generación. Biológicamente, seguimos naciendo iguales: una boca, dos oídos, una nariz, dos ojos. Pero el ambiente, la actitud y los valores que envuelven a la generación de hoy, ya no son los mismos de entonces. El Tijuana y el Mexicali actual, tampoco son los mismos. Al igual que en cualquier núcleo urbano de crecimiento desmedido, la contaminación, la basura resultante de la sobrepoblación y el hacinamiento humano los han transformado.

El transporte terrestre, ferroviario y marítimo revolvió lo bueno con lo malo. La comunicación casi instantánea se llevó la inocencia y el encanto de las dos ciudades. El siglo XXI clavó en el corazón de las dos urbes el sucio puñal de la fealdad moderna. Hoy, el progreso ha cobrado ya su precio; por su situación geográfica, ambas fronteras son caldo de cultivo de la violencia urbana que se extiende ominosamente por todo el planeta.

La Baja California, particularmente la franja fronteriza, es, hoy por hoy, ejemplo de empuje, ciertamente, pero también laboratorio incubador de todos los males. El asombroso crecimiento mexicalense y el portentoso desarrollo de Tijuana no bastan para dar cabida a los ríos humanos que, en un vano intento de cruzar a California, acaban encajonados, candidatos casi seguros a engrosar las filas del bajo mundo. No lo leí ni lo escuché. Lo confirmé personalmente antes de irme del mundo de los vivos.

Las Vegas es la capital del juego mundial. El dinero fluye por sus alcantarillas y se sale de los bolsillos de sus visitantes. Las Vegas es, actualmente, la ciudad de mayor crecimiento de Estados Unidos y, si bien, su génesis no difiere mayor cosa del de Tijuana, el poder económico, el glamour y la fama mundial de aquella, es infinitamente superior a esta.

El casino de Agua Caliente no tuvo nada qué ver con la fama de vicio desenfrenado que le cuelgan a la vilipendiada ciudad. Esta se forjó dos décadas después de la abolición del juego, resultado de la necesidad de atraer al militar ansioso de diversión que venía de la base naval de San Diego California. Hoy por hoy, Tijuana ya no depende del turismo. Tiene una vida propia resultado del impulso que le dio su época de oro. Solo Dios sabe hasta dónde hubiera llegado la fronteriza ciudad sin la decisión presidencial de 1937.

Cierto es que la Tijuana actual sobrevivió la clausura de su casino. Pero la sorprendente explosión demográfica posterior a Agua Caliente, navegó con viento fuerte con el soplo que le dio la Ley de Perímetros Libres de 1933. Con la Zona Libre, la franja fronteriza pudo sortear las carencias que derivaron de la prohibición de los juegos de azar. Fue como un columpio que facilitó la vida en la frontera, permitiendo a la aislada región sobrevivir hasta que el ferrocarril conectó con el mapa continental. Para entonces, ya la vida en Baja California podía abrirse paso y lo hizo hasta lo que es hoy.

¿Fue política, moralista o nacionalista la medida contra los juegos de azar de Lázaro Cárdenas? yo no lo puedo decir. Lo que sí puedo decir, es que, de acuerdo con los que vivieron aquella época y, si vemos lo que el juego ha hecho de Las Vegas, la medida estuvo equivocada.

CAPÍTULO XVIII
El Virus del Camino

Mi paso por la Poli de Tijuana fue enriquecedor y me dio una pauta para conocerme a mí mismo. Puedo asegurar sin temor a equivocarme, que la Poli me ayudó a distinguir la diferencia entre convicciones propias y convicciones condicionadas. Yo viví el esplendor de las instalaciones del casino de Agua Caliente; entré en el Salón de Oro, conocí la Torre de Agua Caliente, dormí en los dormitorios, me paseé por los cuatro costados de la alberca, admiré el abigarrado arte morisco de la dirección, vi la fuente del fauno dividiendo los escalones de la entrada y caminé con paso lerdo por los sinuosos jardines de los *bungalows* estilo mediterráneo.

Pero como todo en esta vida se da por ciclos y, en veces esos ciclos se dan por circunstancias, mi ciclo en el internado se cerró en un año escaso. Dejé el internado y la ciudad tan pronto como terminó el ciclo escolar.

El cambio me lo ordenó la nostalgia y las circunstancias se dieron para cambiar de aires. Mexicali era un recuerdo incrustado en mi memoria y cuando tienes 17 y te has trasladado de un lugar a otro sin una supervisión adulta que te detenga, no hay raíces ni razones que te detengan. La circunstancia apareció de improviso una semana antes de los exámenes finales.

—¡Zurdo, Bocón! —oí la potente voz del Tavo Nevares.

Nada más oír al Gordo, mi alma se alebrestó. Jóvenes memorias en mi mente joven revivieron y ni siquiera pensé que el

Tavo pudiera estar en dificultades. Se suponía que el internado militar era inexpugnable o, cuando menos, cualquier fuereño lo pensaría seriamente antes de empezar a gritar en la quietud de la mañana. Salí pues a medio vestir y a medio despertar.

—¿Qué haces aquí, pinche Gordo? —pregunté, viendo cómo mi robusto amigo ignoraba a dos oficiales que lo rodeaban.

—Me estoy espantando las moscas —dijo mirando al dúo que lo escoltaba—. Vente, vamos a Tijuas —completó.

—Pinche Panzón, estás borracho —protesté, viendo a los que rodeaban a mi amigo con cara de «yo no fui».

—¡Adió! Si no me brinqué ningún cerco. Además no hay letreros que digan que no puedo entrar. Órale, acaba de ponerte los calzones. Allá arriba están el Araña y el Chichí —me pidió el Gordo, dando claras muestras de embriaguez.

—Si no se retira, vamos a llamar a los agentes —amenazó Quiñones.

—¿Cuántos años tienes, monada? —preguntó el Tavo.

Quiñones volteó a verme. Yo me encogí de hombros.

—Veinte —contestó.

—Ahí 'ta pues, yo ayer cumplí 21. Estamos del mismo pelo; *pa'* qué vas a llamar agentes. Tú y yo nos arreglamos aquí mismo, pinche lombriz dietética.

—Estás beodo, paquidermo. Somos dos y tenemos autoridad —ripostó el larguirucho estudiante.

—¡Ma! A poco muy *autoridozos*. Nomás me tomé una caguama[11]. Los borrachos son Ustedes —dijo el Tavo y luego insistió: —Ándale pinche Boca de Bagre; tu novia ya se enojó. ¿Vienes o no?

Y claro que fui con ellos a Tijuas. Era sábado y tenía todo el tiempo libre. Esa fue mi primera parranda. Duró todo el sábado y regresé al dormitorio el domingo por la tarde. Cinco días más tarde presentaría mi examen final y salí de Tijuana sin despedirme de nadie. Fue la primera señal de que no existían lazos familiares que me ataran a un sitio determinado.

---

11 Cerveza marca Tecate, tamaño familiar.

Fue la señal de que un virus me había infectado: el virus del camino.

El incidente del Gordo y sus gritos a media mañana no provocaron ningún castigo. Para mi fortuna, el cumpleaños del Tabo Nevares cayó en viernes y en la borrachera, tres de la palomilla decidieron curársela en Tijuana.

De paso llegaron a levantar al Boca de Bagre para que cantara y declamara la Chacha Micaila. El Chichí Torres y el Araña Jiménez lloraron a moco tendido con el poema de Juan de Dios Peza y yo sufrí los terribles dolores de la resaca por primera vez.

Atrás quedaron nombres y apodos como Jorge Quiñones, Raúl Kennedy Eaton, Kid Irapuato, Jesús Corona, el Cowboy y el México entre los estudiantes, y apellidos de maestros como Pompa, Vázquez, Velásquez, Schiaffino y Marín Capaceta.

Y así como tres incendios han consumido a la Poli a través del tiempo, así mismo el tiempo ha barrido poco a poco esos nombres de mi memoria.

Hay que estar loco para bajar del autobús sin dinero en un sitio que registra 40 grados promedio, después de dejar otro cuyo clima cae en ese estrecho corredor que escasea en el globo terráqueo: la franja donde lo que te hace sudar, son 85 grados promedio en los días más calientes del verano.

La bocanada de aire ardiente me golpeó de frente. El calor de una de las ciudades más calientes del mundo me daba la bienvenida a la segunda ciudad de más rápido crecimiento del continente.

Al salir de la sucia terminal, el gigantesco letrero del cine Bujazán vino a mis ojos. Metí la mano en mis bolsillos y lo que salió en un puño fueron tres billetes que arrojaban 80 pesos. Estaba en una sección cercana a la Chinesca y los restaurantes de comida china de tercera pero con comida barata y de primera, abundaban en la zona. Después de comer como pelón de hospicio, recogí la bolsita donde me pusieron las sobras de *chow mein* de puerco y abordé el taxi de ruta que me condujo al barrio de la Madero.

El mocho Obregón me miraba desde su pedestal a una cuadra de distancia cuando bajé del caliente vehículo y crucé rumbo al norte. Caminaba por el costado occidental de la escuela donde el Güero Lora me propinó aquel pelotazo y mi espíritu se alborotó. Ardía de ganas por llegar al 2 de Abril cuando alcancé la esquina donde aterricé por segunda vez en Mexicali.

Los letreros decían calle «E» por un lado y por el otro avenida Madero. Del otro lado de la calle vi la casa de mi tío y al final de la cuadra la línea divisoria de alambre. Media cuadra a mi derecha pude ver la explanada frontal de la tienda que buscaba.

La emoción me embargaba. Yo sabía que en los días que seguían me esperaba la incertidumbre del siguiente minuto, del *gruñidero* de tripas pidiendo alimento con sal y con manteca, de mi posible regreso al Studebaker abandonado en El Motor de Oro y de todo lo que ya había pasado. Podía tal vez ahorrarme problemas y hambreadas tan solo con aparecerme con tía Danelia o decirle hola al tío Rodolfo en el Hotel del Norte. Podía, claro, pero el orgullo no me dejaría.

La foto que traía en la mente se materializó de inmediato tan pronto como mis ojos vieron el letrero de la tienda: enseguida, pasando el pequeño muro de cemento, despatarrado sobre los escalones de la casa vecina, el Tavo Nevares se dedicaba a su actividad favorita: no hacer nada. A su alrededor, sentados algunos en el escalón de la casa y otros parados dándome la espalda, todos se dedicaban a lo mismo.

—Quiubo pinche Panzón; ¿estás cómodo? —dije, y todos voltearon; entre ellos el Cara de Raqueta.

—Quiubo pinche Bocón. ¿Vienes a pagarme?

—Vengo a que me prestes. Tu visita me dejó quebrado.

—Qué casualidad. El Chichí y el Araña se quejan de lo mismo. Dicen que comes como náufrago y me regañaron porque paramos en el hoyo donde vives.

—Ya no vivo ahí.

—¿Y a qué hotel llegaste; al Chefe's Resort?

—Reservé la suite Studebaker en el Motor de Oro.

—*Pos* cuan elegante pero qué pendejo. Pídele posada al *Chefe*.

—Niguas. No quiero ser la niñera.

—El *Chefe* vive solo. Su vieja lo dejó y se llevó a los chavos. Hasta la Consuelo desapareció.

Que mi tío viviera solo fue un golpe de suerte. En la fecha de mi arribo, Juan Manuel Ontiveros estaba ausente y yo conocía todo el movimiento en la propiedad. Esa noche atravesé el cerco y pasé la noche en el remolque estacionado en el patio.

Alrededor de la decisión de dormir en el remolque sucedieron muchas cosas. En efecto, el tío Juan Manuel vivía solo y cuando él me descubrió, no hubo ni regaño ni castigo. Al contrario, eso dio pábulo a la reconciliación y la puerta de la recámara vacía se abrió para mí. Yo era muy joven pero mi mentalidad retraída y adusta se ajustaba sin dificultades a otras más maduras que la mía. Como la del tío, por ejemplo. Hubo un ajuste con la del *Chefe*, flexible y liberal por su misma naturaleza. Porque es de conocimiento universal que para ser un pícaro con éxito, tienes que ser un vaquetón incorregible y mi tío lo era.

Hice mi segundo de secundaria en la legendaria escuela Cuauhtémoc y en mi tiempo libre holgazaneaba con la palomilla o, como parte de mi deuda de hospedaje con el tío, lo acompañaba en sus locas aventuras. Esto último no acababa de gustarme puesto que yo era el cocinero, mandadero y «ama de casa del hogar».

Algunas veces hicimos un dúo que ajustaba con calzador en una especie de equipo; mi tío haciendo una combinación de Batman y el Guasón y yo haciéndola de Robin.

Recuerdo la ocasión en que llegamos a la Estrella Azul, la tienda de deportes y ropa fina por excelencia en la ciudad, y estacionamos el Buick Riviera del tío arrastrando un velero. Bote y coche abarcaban en la acera todo el espacio que ocupaba la tienda de pared a pared. El tío entró en la tienda preguntando por su sobrino, un primo mío que trabajaba en el departamento deportivo.

—¡Manuelito, Manuelito! —gritó el tío, después de que un empleado desocupado lo orientó.

—Hola, tío qué tal —saludó Manuel Ontiveros, saliendo a recibir a su pariente, mientras yo veía desde la puerta de entrada.

—¿Dónde están los trajes de baño? —preguntó el tío, con su característica actitud hiperactiva y un dejo de impaciencia.

El tío recogió un traje de baño azul y otro amarillo y se metió en uno de los vestidores. Cuando salió del cubículo, le extendió el amarillo a Manuel y le dijo:

—Y cállese cabrón. Acuérdese que soy su tío.

Con el tío vistiendo el traje de baño azul debajo de sus bermudas, subimos en el Buick y salimos rumbo a San Felipe.

Fue excitante navegar en el pequeño velero y dejar propinas millonarias en bares y restaurantes. Salir por piernas sin pagar las cuentas fue lo que no me gustó de tan sui géneris alianza.

Un par de semanas después, sucedió un episodio que me puso a reflexionar. Fue, de hecho, una reflexión que me llevó de nuevo a Tijuana. Mi primo Manuel me llamó aparte y me confrontó:

—A ver cuándo le pides al *Chefe* que te lleve a la tienda a comprar un traje para ti. Al fin que ahí está el pendejo para que pague —me reclamó con cara de resentimiento, más que de rencor.

No tenía fortaleza moral para defenderme; no había violencia en el tono. No la había quizá por respeto al tío, no lo sé, pero su punto era válido. Con el sentimiento de culpa a flor de piel callé, y mi relación con el primo se truncó por largo tiempo.

No hubo más reclamos serios pero yo sentía los zopilotes planeando sobre de mí. Me analicé a mí mismo y con pasmosa facilidad, concluí que mi naturaleza no embonaba con el Guasón. Esta vez, sin embargo, no hui.

—Le pagué el traje de baño a Manuel, tío —mentí, al confrontarlo.

—¿A Manuel? Te hizo tarugo; yo le birlé el traje a la Estrella Azul, no a Manuel.

—Alguien lo vio entrar al vestidor con dos trajes y salir con uno. Al final del turno le hicieron inventario y casi lo corren —seguí mintiendo.

—Bueno, hay otras tiendas. Nunca más compraremos nada ahí. Bola de explotadores. Mira que abusar de un pobre empleado como Manuelito. Yo te voy a dar el dinero que pagaste.

No dije nada pero decidí desligarme del tío antes de terminar en el bote. El tiempo fue pasando. Mientras, yo guardaba cada centavo que caía en mis manos. Un día, entré en mi cuarto y empaqué. Antes de salir escribí una nota: TRATÉ PERO NO PUDE. TENGO EL PELLEJO MUY DELGADO PARA ESTO, TÍO. CUÍDESE. Dejé la nota en un sitio visible y salí de la casa.

El veliz fue a dar a la panza del autobús y el camión subió La Rumorosa resoplando conmigo en el asiento.

Medité a lo largo del camino y el balance de mi vida arrojó cero en objetivos pero 100 en experiencia. Tenía 19 cumplidos cuando desembarqué de nuevo en la terminal tijuanense con una idea fija en mi mente: no haría surco entre Tijuana y Mexicali. Iba siendo tiempo de ver cuál era mi futuro.

En mi viaje anterior a la vilipendiada ciudad yo no conocía a nadie excepto mi hermana, y había llegado presumiéndole 53 pesos a la tía Chayo. Esta vez tenía 300 en el bolsillo y algunas conexiones. Eso, eso era progresar.

Caminé las tres cuadras y media que me separaban del Río Rita. Mi plan con maña era encargar el veliz con mi hermana mientras yo «buscaba dónde hospedarme». Quizá la tía Chayo, viendo que yo era poseedor de 300 pesos, me rentara un rincón de su casa.

El encuentro con mi hermana fue el acostumbrado alboroto, lo cual empezaba a gustarme. Con 19 años yo ya era mayor de edad y ya había recorrido suficiente mundo. Era hora de mostrar aplomo y leer las reacciones de la gente a mis acciones.

—Voy a comer. ¿Quieres que te traiga algo? —le pregunté a mi hermana.

—Ya comí. Vente a las 5 para ir a casa juntos —contestó.

Si íbamos a ir a su casa juntos, asumí que al menos por un par de noches tendría un techo seguro.

Dejé el veliz y salí. Recordé las fondas baratas de la calle aquella tan angosta donde me ofrecieron un «masajito», y hacia allá me dirigí. En la bullanguera calle hice lo que vendría haciendo en los meses por venir: meterme en restaurantes con meseras de buen ver.

Tres cuadras más adelante llegué a lo que más tarde supe que era la esquina con la calle D. En la esquina sureste de la calle vi una gasolinera con un mensaje escrito en papel tamaño carta: SE SOLICITA EMPLEADO QUE HABLE UN POCO DE INGLÉS, decía.

—Si necesitan gente, yo necesito trabajo —le dije a un hombre gordo de aire aburrido.

—¿Hablas inglés? —preguntó el hombre.

—Me hago entender —fue mi respuesta.

—Dime con qué te haces entender

—Sé contar, sé los días de la semana, los meses, sé decir *yes, good morning, how are you, this way, I am sorry* y otras cosas.

—Bueno, veremos en tres días cuales son las «otras cosas» —dijo el individuo—. Si puedes atender a los gringos que lleguen, te quedas. Si no, te vas. Y ojo; si te pones *chango*, habrá mucha chamba (trabajo) cuando abran la plaza de toros en la playa. Van a venir muchos gringos preguntando cómo llegar.

—Si me dice dónde va a estar la plaza, yo los oriento— prometí.

—Es por aquí. Por esta calle llegarán derecho. Si se desvían se pierden.

—Me interesa pero acabo de llegar de Mexicali y no tengo casa. Tengo que buscar donde vivir.

—¿Y tu familia?

—No tengo.

—¿Cuántos años tienes?

—Diecinueve.

El hombre quedó en actitud pensativa. Sus ojillos bailaban de un lado a otro mientras tamborileaba el mostrador nerviosamente.

—Hay un hueco en la trastienda —dijo de pronto—. Te puedes quedar ahí mientras te acomodas. Si quieres rentar, el hotel de enseguida es mío pero no puedes pagar; te costaría lo que vas a ganar. Pero, bueno, eso es decisión tuya. Te puedo fiar si abonas la mitad de tu salario.

El fulano se levantó y me pidió seguirlo. Yo me fui detrás de él viéndole las nalgas. El cuerpo del fulano era lo que yo llamaría viejo bolsa: sin cintura y sin sentaderas, Los pantalones parecían sostenerse en precario equilibrio para no resbalar hacia abajo.

—Aquí te puedes meter por mientras. Puedes usar el retrete y el lavamanos de la gasolinera para lavarte pero para bañarte, si pagas dos pesos puedes usar el baño del hotel —dijo, apuntando hacia el hueco de las escaleras que subían al hotel.

Vi el hueco e hice cálculos. Había espacio para dormir y nada más, lo cual me bastaba.

—¿Puedo poner una cortina?

—Puedes poner un balcón con vista al mar, si quieres. Decídete.

—¿A qué horas me presento?

—La suite es tuya desde ya si te presentas mañana a las ocho. La primera semana será para que aprendas y luego empezarás de noche. Vas a ganar 18 dólares por semana.

La suerte venía en el bolsillo de mi pantalón; sin buscar, a pocas horas de llegar tenía trabajo y vivienda.

—Mañana empiezo a trabajar —le dije a mi hermana, tan pronto como salió de su trabajo.

Las pestañas de mi hermana chocaron con las cejas.

—*Wow* —dijo, mirándome con los ojos redondos como platos.

—¿Dónde? —preguntó.

—Aquí donde termina la Revolución hay una callecita; le dicen la «Primera» y a tres cuadras hay una gasolinera. Creo que se llama Estación Machado —expliqué.

—*¡Oh my God!*, ahí es muy peligroso —dijo, con tono de alarma.

—¿Por qué? Veo mucha gente en la calle.

—Tiene mala fama. Para la bajada le dicen la Coahuila y todos van allá a emborracharse. ¿Qué es lo que vas a hacer ahí?

—El dueño me preguntó si hablo inglés y yo le dije que sí.

—Pero tú no hablas inglés.

—No hablo inglés pero no mentí. Sólo tengo que dar direcciones. Si tú me dices cómo decir «váyase derecho hasta que vea el letrero», con eso resuelvo más de la mitad del problema.

—¿Y cómo sabes que todos van por donde mismo?

—Porque abrieron una brecha por la calle Primera hasta la playa y están construyendo una plaza de toros. Cuando la abran, todos los gringos que manejen por esa calle irán para la playa. Es un sólo sentido. Con lo que aprendí en Brawley y lo que tú me enseñes ahora, la tengo hecha.

Ni yo mismo me entendía. Pero el inglés que mi hermana me enseñó, sirvió para impresionar al dueño, que lo entendía menos. Al cabo de una semana, yo era el guía turístico oficial de la Estación Machado.

El Tijuana de los sesenta me hizo un costal de mañas. Si lo que aprendí en esa etapa de mi vida lo hubiera aprendido entrando el siglo XXI, seguramente hubiera terminado en la cárcel o en el panteón. Pero me tocó una época en que la juventud todavía respetaba el estatus de sus mayores. Los latrocinios de los jóvenes de entonces llevaban sólo la intención de sobrevivir sin mancillar, sin matar para robar, sin odiar para delinquir.

Normalmente, escamoteábamos las monedas de nuestras víctimas sin que estas lo notaran siquiera: si un paisano escaso de fondos ordenaba 50 centavos de dólar de gasolina, servíamos el pedido y dejábamos la bomba andando. Si el siguiente era un turista, nos acercábamos al vehículo antes que el cliente se bajara y servíamos la gasolina. La bomba empezaba el conteo de los 50 centavos anteriores hacia arriba. Con 50 centavos menos servidos, nosotros nos embolsábamos la diferencia.

Otro truco consistía en llenar botes vacíos de aceite caro con aceite de ínfima calidad y mezclarlos con los botes sellados. En aquellos tiempos, los botes eran de hojalata y requerían de un pico de acero para abrirse. Cuando revisábamos el motor de un automóvil cualquiera y el nivel marcaba un bote bajo, nosotros simplemente ensartábamos el pica botes en la lata previamente abierta y la vaciábamos en el motor. A veces, llevábamos el bote tapando el boquete con la toalla de limpieza hasta el mismo automóvil. En las meras narices del marchante, «abríamos» el bote metiendo el pica botes en el hueco. El cliente recibía aceite de 15 centavos y pagaba por aceite de 60 centavos de dólar. Eran triquiñuelas que nosotros realizábamos en el fragor de los fines de semana, cuando la afluencia turística era mayor.

Por su desconocimiento del sistema y por su misma naturaleza confiada, nuestras víctimas eran, invariablemente, turistas. A veces, una presa local se ponía de modo y nosotros aprovechábamos: una dama que en esos tiempos jamás se bajaba del auto o un trasnochador demasiado pasado de copas, por ejemplo. Lo cierto es que nunca pasábamos de aligerar el bolsillo del incauto. Este ni siquiera se daba cuenta de lo que había pasado, aun contando su dinero.

En Tijuana el dólar corría casi de manera alocada. El sueldo promedio de un obrero como yo era de 3 dólares diarios. Sin embargo, los «extras» superaban los salarios. Considerando que la diferencia en un bote de aceite era de 45 centavos, la suma de los «piquitos» entre gasolina, aceite y las propinas provenientes de una clientela económicamente sólida, muchas veces rebasaba el sueldo diario. En adición, la comida y las rentas eran bastante accesibles. Con 50 centavos de dólar uno comía a reventar y el valor de un cuarto más o menos decente no pasaba de 30 dólares mensuales. En mi caso, la renta no fue problema que me quitara el sueño: acepté el «hueco en la trastienda» ofrecido por el dueño. Esa decisión fue causa de la mayoría de mis males en la pecaminosa Tijuana.

CAPÍTULO XIX

Aura María

El amor y el licor llegaron juntos a mi joven humanidad. Si bien en Mexicali la cerveza era una especie de necesidad por las tremendas temperaturas del verano, su consumo fue para mí un experimento. La frescura del líquido me aliviaba del calor pero nunca pudo atraparme. En Tijuana, sin embargo, la historia fue diferente.

En la esquina de enfrente, calle de por medio con la gasolinera, había un restaurante que jamás cerraba. Al lado del restaurante, una cantina de cavernosas entrañas cerraba sus puertas por escasas cuatro horas. Tanto el restaurante como la cantina llevaban por nombre «El Volante», dado que el grueso de la clientela eran choferes del sindicato de camioneros. El dueño del antro era hijo de la dueña del restaurante, de modo que madre e hijo se promovían el uno al otro. En la pared que comunicaba los dos negocios, había una ventanilla que servía para servir alimentos a los clientes de la cantina y proveer de tragos a los del restaurante.

Desde el mostrador de la gasolinera, yo podía ver el movimiento en el restaurante a través de los enormes ventanales profusamente iluminados. A fuerza de ver, yo sabía la rutina nocturna del negocio.

Una noche, una chica se puso el delantal y empezó a moverse por el comedor. Su alta figura destacaba a través de los cristales. Como si el destino quisiese jugar con nuestras vidas, el primer cliente de la nueva camarera se sentó exactamente en línea directa con mi línea visual. La chica sonrió a alguna observación del parroquiano y levantó la vista. Fue la primera vez que nuestros ojos se cruzaron. Sería un segundo o dos. Pero fue un cruce directo; una luz que iluminó la noche.

Una mirada puede ser bastante para despertar una ilusión. Pero la luz que esparce no aclara la intención. Los ojos de una mujer miran con más profundidad que los del hombre y pueden dejar el mensaje equivocado en la mente de un jovencito que empieza a vivir. En mi casi infantil cerebro se me ocurrió que si la primer mirada fue tan luminosa, necesariamente habría otra. Y me *clavé* a esperar. Mi espera rindió frutos; la chica se retiró apuntando la orden y al llegar a la pared del fondo se volvió. Sentí de nuevo la misma sensación y desde ese momento, mi turno de noche cambió.

Como ya antes dije, la calle Primera de Tijuana es, con mucho, la más angosta de las calles importantes del centro. Nace en la avenida Revolución y se va, derechita hacia el oeste, hasta topar con pared en la falda de un cerro. Ahí tuerce 50 metros al sur y, ya convertida en calle Segunda recupera su rumbo original hacia la playa, A lo largo de 4 o 5 cuadras, en la primera mitad de los sesenta era la frontera entre dos mundos absolutamente diferentes. Al lado sur se extendía el mundo del comercio y la pujante vida cotidiana y al norte, la zona donde «todo se valía», la zona del vicio arrabalero, del pecado y la alegría artificial. En la Coahuila, llamada así por el nombre de la calle que seguía de la Primera era una depresión de terreno donde Tijuana se hundía en letreros tan esquizofrénicos como LA MONJA VIRGEN o EL EDÉN DIABÓLICO. Había de todo: EL RESBALÓN, EL SALIVAZO o EL TARZÁN SIN TAPARRABOS para los borrachos de mente folclórica o LAS NOCHES SIN TI y EL CÓRRELE QUE TE ALCANZO para los muy románticos. La calle Primera era tan angosta, que en el turno de noche yo podía atender el servicio de gasolina y matar el tiempo en el restaurante al mismo tiempo. Y eso fue lo que empecé a hacer desde que Aura apareció en mi vida.

—¿No le hace daño tanto café? —me preguntó la chica cuando iba por la tercera taza.

—Más daño me haría el tequila —contesté, sin estar seguro de que sus palabras eran una invitación a retirarme.

—Nunca había visto a alguien que tomara tanto café —dijo ella.

—Ni yo, pero la noche es larga y no hay mucho negocio. Mejor estar nervioso y alerta que tranquilo y dormido —respondí.

Cavilando en sus palabras continué:

—Tengo una hora tomando café. ¿Cree que debo consumir más para justificar el tiempo?

—No, no hay consumo mínimo. Puede quedarse todo el tiempo que quiera.

Y me quedé «todo el tiempo que quiera». Poco a poco, la relación fue creciendo... y con ella mis problemas.

Una chica como Aura no pasaba desapercibida. Su presencia conjugaba personalidad y simpatía. Había una inocencia implícita en su persona. Era como una niña grande con cuerpo escultural. Alta y esbelta, de talle y piernas largas, el conjunto parecía una mezcla de Sophía Loren y Olga Breeskin en piel morena y facciones toscas. El juego inicial en el que yo era el protagonista principal no tardó en atraer nuevos jugadores. Si los nuevos pretendientes hubiesen tomado café como yo, la cosecha completa del país no hubiera alcanzado. Y Aura tenía sonrisas amables para todos sus clientes. Su fresca amabilidad era parte de su encanto. Pero en un mundo como aquel, una chica como ella no podía ser totalmente amable sin sufrir las consecuencias. Yo mismo practiqué con denuedo la «caza de camareras» recién llegado a la ciudad.

Salimos y disfrutamos con el candor propio de nuestra edad. Pero yo era muy joven y ella nadaba en aguas infestadas de tiburones. Muy pronto, los celos empezaron a acosarme.

Aun con mi raquítica experiencia de la vida yo ya podía entender que no hay forma de atender parroquianos sin ser amable. Pero no era la relación camarera cliente lo que me inquietaba. Era lo que pudiera haber más allá de una simple sonrisa. Los movimientos de Aura me hacían estudiar las intenciones del recipiente.

Parte de mi ser se dedicó desde temprano a leer entre líneas. Para mí, el lenguaje corporal era un libro abierto extraordinariamente útil. «¿Por qué pretendes que sabes lo que voy a hacer antes de hacerlo?», era una frase en voz exasperada que escuché infinidad de veces en una conversación.

En el competido mundo masculino, el cazador más hábil se lleva la mejor presa. Hay que saber escoger tiempo y lugar y desarrollar estrategias. Desde atrás de mi mostrador empecé a preguntarme si yo era algo especial o uno más de sus clientes. Mi cerebro empezó a saturarse de fantasmas: cada cliente era un potencial rival; cada sonrisa, la aceptación de algún piropo atrevido y, los espacios de tiempo prolongados en que ella no miraba hacia la estación, una especie de confirmación de algún compromiso contraído.

Cuando terminaba su turno en las mañanas, la incertidumbre me atormentaba: ¿a dónde iría?, ¿a su casa o a una cita?, ¿a qué horas se fue?, ¿la acompañaría alguien?, ¿por qué no se despidió de mí? La hora que me faltaba para salir se hacía más larga que el resto de la noche y, cuando el día transcurría sin mirarla, mis dudas crecían.

Antes de darme cuenta, estaba perdidamente enamorado de Aura María Montiel.

Una mañana en que teníamos cita, Aura no apareció. Las horas pasaron y el día se hizo más largo que un funeral político. En nuestro tiempo libre salíamos a vagar sin hacer planes previos. Pero ese día, al caer la tarde, mi desasosiego era evidente y, claro, las puyas de mis amigos me llovieron. Cuando cayó la noche, me preparé para empezar mi turno, atormentado por su ausencia.

Por la esquina del restaurante, un automóvil se detuvo y de él bajó la dueña. En un rincón de mi cerebro algo luchaba por tomar forma. A la vista de aquella mujer mi poder de deducción se desbocó:

La noche anterior a mi plantón, doña Marina había compartido una mesa con dos hombres. Desde mi puesto, les había visto consumir algunas botellas de cerveza y conversar con evidente placer.

Al mirar el automóvil, dos detalles vinieron a mi mente: la noche anterior, Aura se había agregado al grupo casi al final y, al retirarse, los dos individuos habían abordado aquel mismo coche.

De pronto, algo me golpeó con cruel certidumbre: ni Aura, ni doña Marina ni los dos hombres habían aparecido por el restaurante al día siguiente. Claro, los hombres no tenían por qué aparecer. Y sin embargo, ahí estaba doña Marina bajando del coche de sus clientes. Un pensamiento taladró mi cerebro: ¡Aura pasó el día con su patrona y los dos hombres!

Súbitamente pensé en una posibilidad que me dejó un vacío horrible en el corazón: ¿iba mi novia en el automóvil cuando doña Marina se apeó?

Un dolor que no conocía se anidó en mi pecho. La duda laceraba mi entendimiento. Averiguar lo que había pasado se convirtió en algo que no podía esperar. En mi cerebro no hubo lugar para pensar en nada más.

Tenía 10 minutos antes de empezar mi turno. Crucé corriendo la calle y me metí en la cantina. El ayudante del cantinero se afanaba contando botellas de licor.

—Los choferes de la línea de camiones quieren saber precios para hacer un convivio en el restaurante. ¿No sabes donde se metió doña Marina? Tengo que preguntarle y no la he visto —mentí, a sabiendas de que el empleado no sabía de la llegada de la matrona.

—Ni la verás. Se fue con los Carrillo a Ensenada. Como que traían plan desde anoche.

Sentí mi pulso acelerarse. El corazón me latió con violencia y pregunté:

—¿Plan?, ¿qué plan?

—Carne nueva. Los Carrillo tienen hambre y pues... doña Marina tiene carnicería.

Como sonámbulo crucé de nuevo y me vestí mecánicamente. Esa noche fue la más larga vivida hasta entonces. Y como para remachar, Aura no se presentó a trabajar.

Por la mañana hice corte de caja. Mirando hacia el restaurante crucé la calle y me metí a la cantina. Por horas tragué cerveza con sed de cosaco y por la tarde, borracho como una cuba, me tiré en el sucio camastro. Ayudado por mi juventud, cuatro horas después estaba listo para empezar el turno.

—Debiste bajarte del coche a saludar —dije cuando finalmente la vi, más con adolorido sarcasmo que con coraje.

—¿De qué coche? —contestó Aura, genuinamente extrañada.

—Yo estaba en la estación anoche cuando pasaron a dejar a doña Marina.

—Yo no iba con ellos.

Como dije, no se puede ser tan inocente sin pagar las consecuencias. *Ellos*, una simple palabra de cinco letras despejaba 24 horas de dudas. Decir que no venía con *ellos* era igual que decir que sabía quiénes eran ellos.

—¿Y por qué no venías con *ellos*? Que te hayan dejado antes no cambia nada —dije, con voz temblorosa.

Hubiera querido que me dijese: «no sé de qué me hablas» o «vine a buscarte y no te encontré» o «he estado enferma». Quería oír algo que la desconectara de *ellos*.

—¿Por qué estás enojado?

La pregunta, usada como una evasiva, me enardeció.

—¿Y por qué habría de estarlo?; te estuve esperando pero no llegaste. Eres dueña de tu tiempo libre y no teníamos cita. Bueno, desapareciste y doña Marina también. Anoche, tu patrona llegó con los tipos con que estuvo tomando la noche anterior, ¿y qué?, ya está grandecita para hacer lo que le venga en gana. Que desaparezca tu patrona me viene *guango*. Pero anteanoche tú te sentaste en la mesa con ellos y al día siguiente no estabas en el vecindario. Un viajecito a Ensenada con tu jefa no te hace daño. ¿Por qué habría de enojarme?

No supo qué decir. Ni siquiera lo intentó. Desvió la vista y guardó silencio.

—Ahora la enojada eres tú. ¿Dije algo que te ofendiera?
La ironía la desconcertó aún más. Empezó a tartamudear.
—No... no es como lo piensas.
—No, si no lo pienso. Ya lo estuve pensando bastante ayer. Ahora lo que quiero es olvidarlo.
—Doña Marina me invitó a Ensenada a ver un local que quiere rentar. Me pidió que la acompañara porque quiere darme trabajo allá. Yo ni siquiera sabía en qué íbamos a ir.
—No mientas, Aura. Tú sabías desde anoche con quienes irían. ¿O me vas a decir que te sentaste con ellos para agradecerles el consumo?
Una vez más se quedó muda. Me miró con una mirada suplicante, como pidiéndome que no la atormentara.
—Vamos, dime, ¿todo salió bien? El que te tocó... ¿te hizo buen trabajo? —dije, jugando con las palabras.
La ofensa sonó pesada. Había mucho sarcasmo incisivo en mi intención. La ira la inundó.
—¡Nadie me hizo ningún trabajo! ¡Sí, fui con ella, pero no sabía quién nos llevaría! ¡Y si hubiera sabido y me hubiera largado a sabiendas, no son tus negocios!
Habló con pasión y empezó a hacer pucheros. Sería que quería creer o que realmente le creí. Como quiera que haya sido, me dio la impresión de que era sincera. Sin embargo, yo no estaba conforme. Quería llegar al fondo, saber todos los detalles.
—¿En dónde te sentaste?
—¿En dónde me senté...donde?
—En el carro. En qué asiento te sentaste.
—Adelante, en el del pasajero.
—De modo que te sientas enfrente y doña Marina atrás. ¿Y todavía me dices que no sabías?
—¿No sabía qué?
—Supongo que tu patrona no iba manejando. Tú ibas adelante y ella atrás, cada quien con su cada cual. Dos parejas en un viaje de 100 kilómetros y... ¿no sabías?
Sus ojos refulgían cuando me espetó:

—¡No, no sabía! Y sí, claro que me di cuenta que iba sola con el fulano adelante. Pero trabajo para vivir y era mi patrona la que me puso ahí. ¿Qué querías?, ¿que le aventase su pinche trabajo? ¿No se te ocurre preguntarme si era cierto lo del restaurante?

—Seguramente que no. La parte de los negocios no me interesa. Mejor me cuentas la parte del entretenimiento —respondí, levantando la voz.

Me miró a los ojos directamente. Se cruzó de brazos y habló con voz contenida.

—Tú no quieres entender. Se suponía que iba a ver un restaurante para mí; no que me iba a ir de puta. Lo que ellos hayan planeado les falló. Y para que lo sepas, en Ensenada le puse un ojo negro al *julano*.

La vi soberbia, empeñada en defender su punto. La chica actuaba con la convicción de lo hecho correctamente. Empecé a sentir alivio. La rabia sorda que me atenazaba fue disminuyendo. En un momento dado estuve a punto de estrecharla pero me contuve. Aún bailaban en mi cabeza las interminables horas de espera, la horrible desazón vivida. No dije nada. Con las manos en los bolsillos me recargué en la pared, mirando sin ver. Ella entonces se acercó y sin decir nada me estrechó. Sentí el aroma de su cabello mientras ella recargaba su cabeza contra mi pecho. Pasamos un par de minutos en silencio.

—No se dice *julano*. Se dice fulano.

—¿De veras?, mi papi decía *julano*.

Sentí quererla más que antes. Con las yemas de mis dedos masajeaba sus cabellos con infinita suavidad.

—Te fuiste sin decir nada. No lo vuelvas a hacer, Aura.

—No te avisé porque quería darte la sorpresa. No lo volveré a hacer, te lo prometo.

Arrugué el ceño y cerrando la mano, levanté su cara apoyando su mentón en mi dedo índice.

—¿Y ahora, puedo saber cuál era esa sorpresa? —pregunté, mirándola a los ojos.

—¿A poco no te hubiera gustado ser mi socio o mi Gerente Gral.? —me preguntó a su vez.

—Ya soy tu Gerente Gral., chiquilla. Esto fue una prueba de mi celo profesional —le dije, atrayéndola hacia mí.

Un apasionado beso selló aquella primera trifulca.

El nuestro fue un amor tempestuoso con un final de tempestad: calma y tranquilidad con daños imborrables después de la borrasca. Aura María Montiel fue mi primer amor. El primero que enraizó con fuerza en mi corazón. Y fue Aura la que me enseñó que en las lides amorosas igual se gana que se pierde.

CAPÍTULO XX

Los Kenniston

Una noche de juerga, que en Tijuana eran, generalmente monumentales, circulaba con un grupo de amigos por la avenida Revolución cuando oí las inconfundibles notas de una banda sinaloense. Estacioné el auto en el primer hueco y bajamos todos en tropel.

El Rancho Grande, decía el letrero luminoso del local por donde salía la música. Yo había estado anteriormente en el sitio pero otro tipo de orquesta amenizaba las veladas.

La banda no era cualquier banda. La sonoridad daba fe de muchos instrumentos, todos ejecutados en una sincronía perfecta.

Subimos los escalones con el alborozo habitual de la juventud. El cabaret ocupaba todo el segundo piso y estaba lleno a reventar.

—¡Pinche ruidajo! —dijo a viva voz uno de mis acompañantes.

—Tengo unas orejeras para burros en el carro. Si las quieres, te doy las llaves —observé en voz alta.

—¿Y quién te dijo que quiero taparme las orejas? Quiero oír.

Mi amigo pegó un grito al estilo de Pedro Infante y se fue derecho a la barra.

—Dan ganas de golpearse el pecho como King Kong. Tarzán me queda chiquito —agregó en el camino.

Quince minutos después de llegar, un billete de 1 dólar resolvió el problema de la mesa. El Recodo, decían las letras pintadas en la tambora, al otro lado de la pista.

Una voz ríspida surgió de una de las mesas, al fondo.

¡Cruz, arráncate con El Toro!

De momento, fue una voz como cualquier otra. Sin embargo, trajo reminiscencias a mi cerebro, como si aquella voz rebotase en ecos en mi memoria.

Contrario a mis compañeros, guardé silencio y voltee hacia la voz. El barullo continuaba. Mis amigos seguían su barahúnda.

Un par de despistados se levantaron a buscar pareja antes de empezar la pieza, sólo para regresarse a medio camino. Nadie se movió de sus asientos, cual si estuviesen a la espera.

La «voz» surgió de entre las mesas. Era una mujer alrededor de los cincuenta. Traía un vaso de cerveza en una mano.

Perdí el sentido del olfato, del tacto y del oído. Muy probablemente también el del gusto. Pero el de la vista se agudizó en mis ojos, mandando mensajes a mi cerebro. Aunque mis oídos dejaron de registrar sonidos, en mi cabeza se repetían las palabras: «¡Cruz, arráncate con El Toro!» Ahora mis ojos traían la imagen de la mujer y mi mente trabajaba febrilmente:

¿Quién era aquella mujer? ¿Por qué mi cerebro me ordenaba averiguarlo?

La mujer se paró en mitad de la pista y cuidadosamente se colocó el vaso sobre la cabeza. Cuando estuvo segura de que no resbalaría, fue retirando las manos hasta quedar con los brazos colgando a sus costados. Se quedó quieta, muy derecha. En el siguiente segundo dobló las muñecas hacia afuera dejando caer ambas manos como en una señal. La música empezó a tocar y la dama a zapatear con el vaso en la cabeza.

A no dudar, el espectáculo era excitante. Pero curiosamente yo no lo seguía. Veía el movimiento de los pies pero veía sin ver. Mi cerebro buscaba detalles. En los pliegues de ese mundo misterioso, mi memoria viajaba vertiginosamente en un acelerado viaje de exploración.

Quizá inconscientemente, mis ojos se fueron a la mesa de donde había surgido la «voz». Un hombre gritó: «¡Bravo, Fina!». Y casi simultáneamente, mis ojos descubrieron la corpulenta figura de Joe Kenniston. El corazón me latió con fuerza. La mujer era la esposa de aquel; Seferina de Kenniston.

«Cosa divina la memoria». Las palabras en la carta de Damián Bedolla vinieron a mi mente en dulces oleadas. Recordé el duelo verbal que la esposa de Joe perdió cuando tía Isabel tuvo qué confrontarla para defenderme. Habíamos viajado en tren de La cañada a la frontera para ser entregado por órdenes de mi madre a los Kenniston. Yo debía iniciar un ciclo escolar en la civilizada ciudad de Nogales y para ello era menester salir del salvaje chaparral y el cuartel militar que era mi vida. La ciudad resultó ser un asfixiante amasijo de casas amontonadas donde no se podía ver más allá del siguiente muro.

El rencor infantil de aquél episodio hacía mucho tiempo se había ido. Esa noche sentí incluso, agradecimiento por los recuerdos que aquella mujer me despertó.

Seferina levantó los brazos y de repente los dejó caer. La música cesó.

—¡Ay chirrión del diablo, conde de Montecristo...! se oyó el grito—. El público empezó a aplaudir cuando Seferina completó la frase: —¡...y qué admiración de cabrones, parece que nunca han visto!

La eufórica explosión de entusiasmo no se hizo esperar mientras la Banda del Recodo reiniciaba la pieza y Seferina continuaba la danza.

Me levanté de la mesa sin decir nada. «¿'Onde vas?», escuché a mis espaldas.

Mientras caminaba, la música cesó. A mis espaldas, oí la voz de Seferina que gritaba:

—¡Cómo me caen gordos los ricos... y tan recio que voy *pa'* allá!

Otra vez la gritería y otra vez la música reiniciando.

Seguí caminando entre el bullicio y me detuve en la mesa de los Kenniston. Había pasado casi una década desde que aquel hombre me dejó a las puertas de los Tarango y 14 desde el aciago día en que Seferina respondió a los *toquidos* de tía Isabel para recibirnos en Nogales Sonora.

—Hola, Joe —dije simplemente.

Joe calló al escuchar su nombre y se volvió. Sus ojos cuestionaron mi figura en la penumbra y la luz se hizo en su expresión.

—*¡Rangi, what a surprise!* —dijo el hombrón, incorporándose.

La enorme mano de Joe envolvió la mía y luego extendió los brazos. El abrazo fue efusivo y sincero. Los humos del alcohol contribuían a aumentar el regocijo.

La música había cesado. Joe me presentaba con el grupo de su mesa cuando escuché la voz de Seferina a mis espaldas.

—Traigo el radiador seco, viejo. Dame agua con espuma para refrescar la máquina.

Cuando quedamos frente a frente, en la faz de Fina creí ver la misma confusión que me dominó instantes antes. Para ayudarle un tanto, dije:

—Rangel Rivera; Luchito, señora.

Seferina no dijo nada o no supo qué decir. Luchito era el nombre que usó aquel día para recibirme. Luchito me decía en confusión, en alusión a Luciano, el nombre de mi padre. Sus ojos me escudriñaron como buscando una respuesta. De pronto levantó las manos y tomándome por ambas mejillas, dijo:

—Ay muchacho. ¿Será posible?

No sé si mi presencia le cortó la borrachera o no estaba borracha del todo. Lo cierto es que de Seferina se adueñó una calma no acorde con su euforia anterior. La mujer me miraba y me volvía a mirar como para convencerse de que hablaba con la persona correcta. Pasado el examen, Fina miró a su esposo.

—Yo no lo *tralli*. El *vinió* solito, vieja —dijo Joe—. Toma *pa'* brindar por este gallo.

Kenniston extendió dos cervezas. Yo tomé una.

—No me guardas rencor, ¿verdad, hijo?

—Órdenes son órdenes. Eso es lo que decían en el cuartel. Usted seguía instrucciones de mi madre, Seferina. No, imposible guardarle rencor.

—Sin embargo, eras tan pequeño. Y yo fui tan inflexible.

—No, señora. No lo era usted en absoluto. Escapé de Nogales, no de su casa. El espacio era tan reducido y yo vivía... bueno, yo y mi perro vivíamos en la planicie, tan basta, tan abierta. Aun así, el que debe pedir disculpas soy yo. Escaparme fue, más que una afrenta, una falta de consideración, un insulto.

Seferina sacudió la cabeza, sonriendo.

—¿Cómo te las arreglaste con el Macetón?

El que sonrió ahora fui yo.

—Me arreglé mejor con mi perro que con nadie en este mundo, señora. En cierto modo, fue por él que no fui a dar de nuevo a su casa. Pero también fue por él que huí. Tanto el perro como yo necesitábamos espacio. El Macetón creció libre en el desierto y amarrarlo en aquel patio tan chiquito fue un choque emocional demasiado para un niño como yo. Usted lo entiende, ¿verdad?

—Sí, lo entiendo, muchacho —dijo Seferina con los ojos brillantes.

Los recuerdos afloraron. Seferina tenía sed de saber qué había pasado. Por años, los remordimientos la habían agobiado. Yo aproveché la ocasión para volver atrás. La verdad de todo es que tenía necesidad de compartir con alguien. Ninguna de mis actuales amistades sabía nada de mi vida. Nadie de las anteriores tampoco. Vamos, ni siquiera mi hermana. Esa noche hablé de mí como nunca. Por años había esperado oídos receptivos. Hablé de Rangel Reséndez, de tía Isabel, del viejo Damián Bedolla, de la Colorina, de mi perro, de Napoleón el perico y de mis chivitos. Hablé de todo hasta que me cansé o, mejor dicho, hasta que descansé. Toda la etapa anterior a este libro afloró aquella noche. Fue como volver a vivir. Fue como alimentar mi alma hambrienta de recuerdos contenidos.

Fue una amistad bonita. Más tarde, cuando empecé a trabajar viajando, en Tijuana jamás renté un cuarto de hotel. Los Kenniston siempre reservaron una recámara para mí. Joe Kenniston y su esposa Seferina, eran la pareja dispareja más pareja que yo he conocido. Joe era el prototipo del hombre bonachón y condescendiente y Fina, la esposa gruñona enamorada de su marido.

—El viejo quiere ir a oír a Cruz Lizárraga —usaba Fina como excusa para ir a zapatear con el vaso en la cabeza.

—Hay que llevar a la vieja a *oyir* la banda de Sinaloya *pa'* que se le quite lo regañosa —era la expresión favorita de Joe Kenniston para complacer a su mujer.

Al calor de las copas pasamos muchas veladas juntos antes de que los Kenniston se fueran de este mundo.

Mi primera casa fue, sin duda, Mexicali. Si uno considera su segunda casa el sitio que le trata con decencia, yo difícilmente tuve segunda casa. No obstante, dada mi condición de solitario errante, la independencia que gocé en Tijuana me hizo otorgarle ese título en mi corazón. Cuarenta largos años después, hice el intento de volver. El hechizo se rompió ante la realidad. Las encantadoras ciudades fronterizas que me dieron temple, habían desaparecido para siempre envueltas en la ruidosa sinfonía del progreso.

Tenía 22 años bien vividos en la escuela de la vida. Bien vividos, si bien vivir significa conocer de todo y pasar por todo, excepto por el buen vivir. Del sur de Sinaloa al suroeste de los Estados Unidos, había conocido ocho escuelas primarias, cuatro secundarias y cuatro institutos de enseñanza especializada. Había rodado incansablemente como corresponde a un ser en busca de su identidad; de un ser cuyo futuro es una incógnita y su pasado un enigma mayor. Porque rodando, rodando, lo bueno se queda atrás y lo malo pudiera estar más adelante.

Mi hermana se había casado con un caballerango. El joven trabajaba trasquilando y arreglando los dientes de caballos de carreras. Su trabajo requería viajar visitando los hipódromos y criaderos de caballos finos desde Tijuana hasta San Francisco.

Era un trabajo que me atraía y le hablé. Le expuse mis temores de caer en el vicio y Adolfo mi cuñado se ofreció a ayudarme.

—La semana que entra salgo para Stockton. Si quieres venir, sería tu primer entrenamiento.

Saber que iría a Stockton, sin importar dónde quedaba eso, me sedujo más que ninguna otra cosa. Mis temores de «caer en el vicio» fueron un simple pretexto. Yo sabía que mi cuñado viajaba y me vi por anticipado atendiendo animales finos en ranchos y pueblos siempre nuevos.

—Necesito cambiar de ambiente —le dije al dueño de la estación al renunciar.

Mi reemplazo estuvo listo en los días subsecuentes. Me despedí de mis compañeros de trabajo y abandoné la gasolinera.

Dos días después, Adolfo arrancó su coche y nos dirigimos a la frontera. Antes de llegar a la garita, mi cuñado detuvo el vehículo y me metió en la cajuela.

Corrimos con suerte en el cruce. Eran los días felices en que no había grandes colas y la revisión era mínima. Al día siguiente, en las afueras de San Isidro me metí en un remolque con media docena de equinos. Entre las patas de los caballos, crucé el retén en San Clemente California y pasé 6 meses aprendiendo el oficio.

No había anunciado mi destino. Salí de Tijuana sin mencionar mis planes, sin despedirme de nadie. Mi decisión había sido drástica. Tenía 22 años muy bien desperdiciados y no era cosa de desperdiciar otros 20.

El mundo de los hipódromos es interesante, excitante y patético al mismo tiempo. Es un mundo compartido entre los que tienen de todo y los que todo les falta. Los entrenadores y los dueños viven en la opulencia. Pero los trotadores, las montas y los ayudantes son (o eran), en su mayoría, seres solitarios que viven «provisionalmente» en las caballerizas. En ese mundo masculino, el hombre vive con la mujer en los sentidos. Su día empieza a las 4 de la mañana y termina casi cuando se juntan las dos agujas en el tope del reloj. Tienen el resto de la tarde y la noche para pensar y pensar, aislados del mundo exterior por la escasa paga y la necesidad. El amor a los animales no cuenta en ese mundo. No hay contacto personal. Todo se rige por normas y rutinas.

La parte patética a mí no me llegaba. Mi cuñado ejercía una labor especializada y bien pagada y lo que hacíamos no tenía que ver con el estilo de vida en los establos.

Nosotros no vivíamos en las caballerizas. Pasábamos las noches en donde nos oscurecía, siempre y cuando fuesen los alrededores del hipódromo o en el hipódromo mismo y, aun durmiendo en un establo ocasionalmente, no estábamos obligados. Hacerlo era nuestro libre albedrío.

La vida aventurera respaldada por un buen fajo de billetes era suficientemente atractiva para disfrutarse. Pero levantarse a las 4 A.M. nunca fue mi fuerte. Yo me sentía más emparentado con los murciélagos que con los gallos. Por eso decidí que luchar a brazo partido contra un caballo obligado a recibir la visita del dentista, no era para mí. Un día le di las gracias a mi cuñado y monté en un autobús con rumbo a Mexicali. Después de una semana de «descanso», me acomodé en una oficina del gobierno. Era, después del empleo en la estación, una cierta mejoría. Menos dinero que en los hipódromos, cierto, pero más acorde con mis costumbres nocturnas.

Me convertí en un burócrata recluido por 8 horas en una oficina de cobros de 5 por 8 metros. Eso era yo después de vivir mi niñez a la deriva, en un desierto tan grande como Francia.

Tercera parte

CAPÍTULO I

El Cara de Raqueta

Me adapté de nuevo a la ciudad, al calor infernal y al polvo. Pero trabajar como un adulto no era lo mismo que vegetar como un adolescente. Mi círculo se alejó de la Madero y se adhirió al tiempo libre de mis compañeros de trabajo. Aura se fue desvaneciendo.

Morir congelado en el Amazonas era más probable que esperar un final feliz en mi relación con Aura María. Fue una relación alimentada por la pasión y marcada por la duda de principio a fin. Su encanto femenino expuesto al diario quehacer del restaurante me martirizaba. Verla a diario a través del ventanal desplazarse con donaire, hablando con sus clientes con la sonrisa en los labios me atormentaba.

No pasó mucho tiempo sin que me diera cuenta que mi tormento no eran celos enfermizos. Aura se comportaba con una actitud perversa, abiertamente desafiante: primero la sonrisa dirigida a un cliente particularmente atractivo, después sus ojos buscando los míos a través de la ventana; más tarde, una amarga discusión y finalmente, como rúbrica, un ardiente epílogo entre húmedos besos bajo las sábanas. La escena se repetía y se volvía a repetir. Aura María Montiel disfrutaba saberse en control. Su diabólico juego alimentaba el fuego de mi pasión y ello era su recompensa. El constante desequilibrio me atrapó y poco a poco empecé a pasar más tiempo en la cantina.

Un día me vi en el espejo y no me gusté. Las manos me temblaban por la resaca. El amarillo «color hueso» de mi cara era un reclamo a la falta de sol y el vidrio me regresaba una mirada opaca. Miré mi imagen y recordé la última discusión, el sexo desenfrenado resultante y su tierna dedicación al día siguiente. Me sentí como el gallo al que le soplan en la cabeza para que se recupere y decidí acabar como dijo José Alfredo Jiménez «de un sólo golpe». Ahogado en el abrazo de aquella relación insana, empaqué y mi viaje terminó en México DF. Aura, por su cuenta, emigró al país del norte.

Hubo un fruto de aquel romance; un hijo que nació en los Estados Unidos. El chico creció grande y hermoso como su madre y con la carga incómoda de mis defectos. Pero al igual que con mi madre, la cerca de la Frontera Norte me impidió verlo crecer. Lo que es más, ni siquiera supe que era padre.

La noticia de mi paternidad llegó por carta. La misiva cruzó la frontera y tuvo que viajar 2.000 kilómetros hasta la capital mexicana. Una distancia demasiado larga para un estudiante de 22 años sin dinero y una cerca de alambre que no pude salvar hasta 8 años después.

Al conocer a mi hijo, nuestra relación fue suficientemente cortés para respetarnos mutuamente pero insuficiente para superar la influencia de una madre agraviada. Era simplemente, demasiado tarde para intentar tender un lazo familiar y demasiado temprano para explicar mi ausencia. La historia con mi madre se repetía pero ahora mi hijo había tomado mi lugar y yo era mi madre.

En el balance final de mi existencia, la marca que dejó Aura Montiel no se borró jamás. Nos quisimos tierna e impetuosamente pero no éramos el uno para el otro. De hecho, creo que yo no estaba hecho para nadie. Cuando temprano en la vida empiezas a rodar... y lo disfrutas, el viento te mueve sin rumbo, como una semilla que no encuentra el hoyo para enraizar. La libertad individual fue mi mayor virtud y también mi mayor defecto. «La soledad es el precio de la libertad», dice el proverbio. Yo pagué ese precio.

Huérfano; sempiterno habitante de vivienda ajena, mi siguiente punto de destino no era diferente al anterior. Y en mi mente, temprano había empezado a rechazar mi siguiente hogar casi inmediatamente después del que recién dejé. Fue así hasta que fui independiente y, entonces, ya no quise dejar de serlo.

En mi nuevo trabajo aprendí a vivir como un burócrata: un horario, un holgazanear disimulado para trabajar lo menos posible por el mismo sueldo, un peregrinar de escritorio en escritorio empujando las manecillas del reloj con la mirada. En suma, un borrego más en el rebaño del partido oficial. Eran tiempos tricolores, tiempos de partido político único, tiempos de corrupción solapada.

Vivir del presupuesto no siempre es jauja. La quincena no alcanzaba porque mi vigor juvenil encogía el cheque. El sueldo no era para aferrarse al puesto, pero no estaba mal si quería sobrevivir a la espera de un futuro mejor. A decir verdad, no estaba del todo mal aunque, dentro del engranaje burocrático, mi puesto era lo último en la escala gubernamental. Además del sueldo, el puesto te daba influencia en la calle. No era lo mismo decir «soy lavaplatos» con voz más débil que un pedo convertido en pujido a fuerza de aguantarse, que decir con voz de cuico de barriada «trabajo para el gobierno».

*

Un buen día, el Aristeo llegó con planes. El Aristeo Medina siempre tenía planes hasta que alguien le aclaraba que sus planes eran una buena manera de perder el tiempo o, lo que era peor, la libertad y el prestigio. Pero ese día, su voz tenía un timbre diferente. Para empezar, su anuncio no fue para sugerir un plan sino para dar una noticia:

—Voy becado por el Estado de Baja California para estudiar en la *capirucha* —dijo el Aristeo Medina rascándose una nalga.

Yo seguí aporreando la máquina sin prestar mayor atención.

—Haragán y desobligado. Haragán; ¿lleva acento o no lleva acento? —pregunté, sin levantar la vista.

—Más respeto, pinche Bocón, ¿es albur? —contestó el Aristeo, súbitamente a la defensiva.

—No es albur, pinche Cara de Raqueta, es ortografía. En fin, qué más da; eres el único que conozco que dice «monstruo» con acento en la U.

El «Cara de Raqueta» empezó a sacudirse la ropa y a palmearse la entrepierna. La nalga pasó al olvido.

Suspendí mi tarea y me dispuse a observar a mi amigo. Este se desanudó la corbata con desesperación y un minuto después estaba sin camisa, «cacheteándose» el flaco torso.

—¿La Chela te pegó los piojos? —pregunté

—No, pero casi me agarra con la Baby. Tuve que esconderme en un hormiguero. Esta es la segunda vez que me encuero —dijo el Aristeo, arrojando una hormiga por la ventana.

—¡Te compro un kilo de costillas, Cara de Raqueta! —gritó alguien en la cola de la ventanilla.

—¡Vendo huevos también!; ¿cuantos quieres, pinche Caimán? —contestó el Aristeo sin siquiera levantar la vista.

La escena anterior tuvo lugar en una oficina. Pero escenas parecidas se repetían en cualquier sitio. Eran episodios de rutina, por decirlo de algún modo. Lo absurdo era la constante: hormigueros, carreras huyendo de doña Pelos cuando aparecía con el recibo de la renta; planes para eludir al prestamista los días de quincena o, el fin de semana, betún para disimular las áreas descoloridas del único traje si queríamos ir al baile.

Ciertamente, había que tener recursos para sortear semejantes emergencias. Pero no eran los recursos lo que nos permitía enfrentar la adversidad. Nuestra arma principal era el espíritu y la camaradería.

Éramos un grupo experto en el arte de «levantarse para buscar dónde echarse». Y, arropados en el empeño de huir del aburrimiento, nos apoyábamos mutuamente para proteger los privilegios que deja el ocio.

La Madre Necesidad hacía acto de presencia en o antes de los días 13 y 14 o 29 y 30 del mes. En mi caso, la tarjeta de 21 comidas se había agotado y mi reloj descansaba ya en la gaveta de Baños, el prestamista. Entonces, cuando ya no nos bailaba un cinco en 20 kilómetros de bolsillo, entraba la camaradería al quite y se agarraba a topes con la necesidad. Después de un corto viaje a la tienda del sindicato para sobornar al Indio Cacama, regresábamos a nuestro cuartel con dos latas de sardinas Macarela, un cerro de tortillas, un tomate, una cebolla, un limón y una Pepsi familiar. Después de batallar por media hora para abrir la lata con un cuchillo mellado, todo quedaba listo para aliviar la «faquireada».

El banquete transcurría festivamente alrededor de un cajón de madera. Desde luego, no faltaban los invitados no invitados: Pancho del 8, el Relleno y el inefable *Reyesito*. Para unos, era la excusa perfecta para no caminar a casa a la hora del almuerzo. Para otros, la oportunidad de prolongar el relajo obligado de nuestras reuniones. Pero para mí y para otro igual que yo, probablemente sería la única comida del día

—*M'hijito*, ya registró —decía el Aristeo, sobándose el famélico estómago después del primer bocado.

—Hizo *tín* cuando tocó fondo —decía yo, masticando como si la sardina fuera a huir de la tortilla.

—Pinche Reyesito —se quejaba Pancho del 8—. Tu taco parece que tiene un embarazo de nueve meses.

—La envidia es cabrona —contestaba el *Reyesito*, cchándole limón a la sardina.

—Pinche Cara de Raqueta, estás tan flaco que si te pico el ombligo te engancho la rabadilla; ¿dónde escondes la comida? —preguntaba el Watusi.

—¿Antes o después de la digestión? —preguntaba a su vez el Aristeo con la boca llena.

Quizá la abundancia de pinches era la mejor prueba del cariño que nos profesábamos. Pinche era el adjetivo favorito.

En el léxico mexicano, pinche es el insulto más cariñoso. Pinche es casi una caricia aplicada con el terciopelo de una voz ronca. Le siguen quizá, méndigo o tarado. Un adjetivo que se deja «apapachar» en todos los estratos sociales es el manido canijo que, según el diccionario, significa enclenque o débil.

Pero de acuerdo al enriquecido diccionario prohibido, sustituye con su primera sílaba al vilipendiado cabrón, que, paradójicamente, sí está en el diccionario pero que no se debe decir delante de los niños. En esta clasificación cae el *güey* que se puso de moda a la vuelta del siglo XXI. Curiosamente, el güey acabó por desgraciar al sufrido buey que en el siglo XX identificó al marido cuya esposa sufre del síndrome de insuficiencia marital incomprendida o de sonambulismo erótico liberal.

Pancho del 8 y el Reyecito tenían su casa. A la hora de la *sardineada* sus padres muy probablemente estaban comiendo sopa, platillo fuerte, frijoles, postre y refresco. De modo que: ¿por qué llenarse la boca de pinches en vez de irse a casa? La respuesta era simple: en casa no se puede decir pinche con la boca llena.

El Aristeo era punto y aparte. Tenía su casa, cierto. Pero vivía en las nalgas de Mexicali y, probablemente, si hubiese decidido algún día ir a casa a la hora del almuerzo, se hubiera muerto de hambre en el camino o, si bien le iba, habría llegado a la hora de la cena.

Es muy posible que para muchos lectores del siglo XXI, resulte incomprensible nuestra conducta. La pregunta obligada es: ¿se puede ser tan inocente a los 22 años? La respuesta es: sí, por supuesto, si tus actos no los guía la ventaja y tu despertar a la vida coincide con la primera mitad de los sesenta... del siglo XX.

No conocíamos las drogas. Condón era «mala palabra»; aborto era hablar sucio y pronunciar la palabra orgasmo llevaba el riesgo de la excomunión. La enajenante automatización de la vida actual, era entonces tema de películas de ciencia ficción. Quizá por ello todos éramos flacos, excepción hecha del Reyesito. Ricos y pobres podíamos convivir porque la vida era más simple. Los padres del Reyecito, por ejemplo, tenían bienes raíces en diferentes puntos de la ciudad y yo no tenía más fortuna que una corbata de seda italiana a la que el Aristeo bautizó como el «lazo de puerco». Sin embargo, yo era el mejor amigo del Reyesito.

Sí, por supuesto que éramos inocentes. Porque éramos limpios de espíritu, no porque fuésemos ingenuos o ignorantes. Nos gustaba divertirnos jugando al «desmadre protagónico»; un juego en que el principal protagonista era aquel cuya mayor virtud era ser el menos virtuoso. En este juego, el Cara de Raqueta siempre tenía el papel principal.

Ahora, en este panteón donde finalmente encontré el aburrimiento perfecto, me pregunto después de hacer inventario de mi vida: si de los 13 a los 22 años hay 3.285 días, ¿dónde pasé las noches? Recuerdo algunas pocas pero... no recuerdo algunas otras muchas.

—¿Dijiste becado para estudiar en la *capirucha*? —le pregunté al Aristeo, tratando de encontrarle sentido a la frase.

—Sí —dijo el Aristeo, frunciendo el ceño como si viera venir el «buscapiés».

—A ver, pinche Cara de Raqueta; estudiar qué es: ¿sujeto, sustantivo, gerundio, o insulto? —pregunté.

El Aristeo me miró sospechosamente. Después de fruncir el ceño otra vez, preguntó:

—¿Otra vez?, ¿es albur, pinche Cara de Corbata?

—No; es verbo, pinche Cara de Raqueta —le dije.

—Pinche envidioso. Me haces preguntas *casiosas* para ver si caigo. Pero te vas a poner verde camote cuando te escriba desde el DF con papel membretado de la OIT.

—¿Qué es la OIT?

—No sé, pero tiene que ver con el trabajo. Por eso es la T.

—¿Y la O y la I?

Seguramente a mi amigo se le hizo bolas el engrudo porque murmuró «la O y la I» un par de veces antes de contestar con impaciencia:

—¡No sé! Si me sigo juntando contigo me vas a pegar la roña y me voy a morir de hambre, pinche Bocón. ¿*Pa'* qué pinches quieres saber qué es si vamos a comer con sal y manteca tres veces al día?

—*Pa'* que te asegures que no sea una organización que tenga que ver con la policía como el FBI, porque aunque vayas con la panza llena, vas a ir a dar al bote. En la *capirucha* se llama Lecumberri, pinche Cara de Raqueta —le dije, divertido con la alegoría.

El Aristeo adoptó su posición favorita; sacó las nalgas y empezó a pellizcarse la barbilla. «Es lo que hace mi papá cuando se enfrenta a los problemas de la vida», me explicó un día que le pregunté por qué presumía la popa si la tenía tan fea.

—Te estoy cabuleando, pinche Pata Corta —lo interrumpí en sus cavilaciones—. ¿Cómo está lo de la sal y la manteca?

—Hay dos plazas, una para mí y otra para el Eutiquio —reaccionó con la cara iluminada—. Pero el Eutiquio es menso y le gusta el chupe. Ahorita, en vez de ir a la terminal, de seguro va derechito a «La Política Alegre». Nosotros, en cambio, podemos tomar la «burra» desde ya. ¿No te gustaría conocer… Lecumberri? No más *faquireadas*. Papá gobierno invita —terminó con aire de triunfo.

No que el Cara de Raqueta fuera malicioso o que acostumbrara tirar anzuelos. Pero esta vez salió a pescar y yo piqué.

—¿El Eutiquio tiene una plaza?

—Sí, pero la quiere vender —dijo el Aristeo.

—¿Hay comprador? —pregunté, casi con ansiedad.

—No, el lunes va a poner un anuncio en la pizarra de boletines.

Adopté mi posición favorita; puse cara de menso y pregunté:

—Seguro que no fía, ¿verdad?

—Verdad —contestó el Aristeo, contundente.

—Bueno, nada se pierde con preguntarle, ¿no?

—¿*Pa'* qué? —preguntó el Aristeo.

—Pues para comprarle la plaza.

—¿El Eutiquio dando de fiado? ¿Ya se te olvidó que lo metieron al bote por vender la estatua del mocho Obregón?

—Tienes razón. El pinche panzón es más difícil que arrear guajolotes a caballo —dije, volviendo a la máquina.

—Lo que te propongo es que te robes la plaza, tarado, no que la compres. Mira —dijo el Cara de Raqueta, poniendo un papel sobre la mesa.

SOLICITUD DE INGRESO AL INSTITUTO TÉCNICO ADMINISTRATIVO DEL TRABAJO, decía el papel.

—¿Y esto qué? —pregunté sin entender.

—Se la robé al Eutiquio. Si quieres ir, recoge tu lazo de puerco y vámonos a la terminal.

—¿Así nomás? —pregunté, confundido.

—Claro, pendejo. Sólo le pones tu nombre y la presentas con tu credencial en el Instituto cuando lleguemos a México.

—Me está entrando mieditis. *Faquirear* en el DF no es igual que *faquirear* aquí. Ni modo que me lleve sardinas para todo el curso —razoné.

—¡*Adió*!; ¿y luego mi cheque, *pa'* qué sirve? Yo te presto, pinche Boca de Bagre —dijo el Aristeo—. Si te decides, voy a estar en la bartolina. Pero date prisa porque si no, le voy a ofrecer la movida al Watusi.

—*'Pérate* pues. Iba a ir al Tico Tico a comprar la tarjeta de abonado. ¿Y si no la compro y siempre no vamos?

—¿No te digo, pinche Bocón? Acabas de cobrar tu cheque y ya estás pensando en el hambre. Nos vemos en la bartolina.

El Aristeo desapareció al doblar la esquina y me quedé pensando. Era viernes de fin de mes. Habíamos cobrado por la mañana y, después de rescatar mi reloj de manos del prestamista, me quedaba lo justo para la tarjeta de abono y mis necesidades personales; estas, casi siempre relacionadas con la manera más rápida de gastar el cheque. El dinero con que contaba bastaba para un boleto de autobús.

No lo pensé ni lo que dura un suspiro. Salí hecho la cochinilla rumbo a la bartolina. El Aristeo me esperaba en el reducido cuartito.

—No te conociera, pinche Bocón. Casi llegabas antes que yo —dijo, con su sonrisita—. Vámonos.

Y así fue. Recogí mi «lazo de puerco» y no paramos hasta bajar en la terminal de México DF. Fue la primera vez que en un viaje rumbo al sur pasé de Culiacán. El cambio fue brutal. A la bartolina la sustituyó un caserón de estilo francés en una glamorosa esquina del sector turístico chilango.

CAPÍTULO II

Seis Años de Locura

1962

Tipo de cambio; $12.50 por dólar.
Sueldo mínimo en Baja California, $900.00 pesos mensuales aproximadamente.
Sueldo mínimo en el DF; $600.00 pesos mensuales aproximadamente.
Costo mensual en la casa de pensión; $525.00 pesos mensuales, todo incluido: gas, luz, limpieza, ropa de cama y servicio completo de alimentación.
Ubicación de la casa de pensión: Hamburgo número 44 esquina con Nápoles; Colonia Juárez.
Cheque mensual del Aristeo; $1.200.00 pesos mensuales.
Mis ingresos personales; piquitos pepenados aquí y allá, $500.00 pesos mensuales (a veces menos y a veces todavía menos).

Se nos olvidó estudiar. A cualquiera se le olvida si en 48 horas se muda de las nalgas del país al corazón de la Zona Rosa en su época de oro.
Era como si una noche cualquiera de 1880, Billy the Kid hubiera salido de un corralón en Socorro, Nuevo México, para amanecer dos días después en París viviendo «de gorra» en el Palacio de Versalles.

México DF era (y sigue siendo), una ciudad para ricos. Mexicali, por contraste, era (aunque ya no lo es), una ciudad para todos.

En Mexicali, el Aristeo y yo, aun cuando vivíamos «tranzando el cheque», lo hacíamos deliberadamente. El objetivo era, virtualmente, una carrera a acabárselo cuanto antes y... ¡*chin chin* al que le dure más! Las *faquireadas* eran pues, un problema anunciado, no un fantasma secular. Dicho llanamente, dos o tres cheques similares nos hubieran durado exactamente lo mismo.

La ciudad de México se opuso a que estudiáramos. Fueron nueve meses de vida loca. Nueve meses puestos en bandeja para explorar la gran ciudad, rindiéndole tributo a Baco y al Dios Ociosidad. En el DF había, no obstante, una diferencia: en la pensión había que pagar por adelantado. En consecuencia, las *faquireadas* desaparecieron de nuestro calendario.

Como es de suponer, en la pensión vivían «riquillos» de todas partes de la República. Del norte, llegamos cuatro de Baja California y dos de Sinaloa. El resto lo componían jóvenes llegados de diferentes puntos del país. Y a juzgar por las historias que se escuchaban en el comedor, los más «pelados» éramos Aristeo y yo. Con todo, vivir donde el 90% de los capitalinos hubieran querido vivir, borró la diferencia.

En el equipaje anímico de Aristeo Medina no cabían los rencores. Su natural «baquetón» lo hacía el blanco perfecto de nuestras bromas y él las aceptaba sin remitente. Aparte de un choque con el Tildillo, al Aristeo nunca se le frunció el ceño. Y a decir verdad, a pesar de su disposición campechana, tampoco se le fruncía... nada.

Un día sonaron fuerte un par de palabras con muchas erres y haches. Nuestros oídos captaron una en la voz de chisguete del Aristeo y la otra en la de chivo con anginas del Tildillo. Y de pronto cuatro brazos abanicaron el aire en busca de cachetes. El Aristeo y el Tildillo empezaron su negocio sin fintas ni calentamiento y terminaron igual que empezaron. Fue como un pequeño remolino que no alcanzara la mayoría de edad.

¡Pum! ¡Pum! ¡Pum! y ya. Para cuando en nuestros ofendidos oídos se desvaneció el zumbido de las palabrotas, ya cada contrincante iba camino de su cuarto. Más tarde, a la hora de la cena, el Tildillo lucía, con pudoroso recato, una mancha azul morado en cada ojo.

—¿Te agarraron a traición, pinche Tildillo? —dijo con mordaz entonación el Tano Canole.

—Sí, le aplicaron dos ganchos horizontales de atrás *pa'* adelante —secundó uno de los sinaloenses.

—¿Son lentes de sol? Parecen los puros aros, Tildi —concluyó con sabiduría de científico el otro sinaloense.

El Aristeo jamás se refirió a aquel pleito como una victoria personal. Vamos, ni siquiera hizo mención de lo que sucedió. Hasta la fecha de mi muerte, nunca supe los motivos que tuvieron los dos contrincantes.

Una vida puede cambiar con el advenimiento de una nueva cara. Hoy eres tú y mañana la cara te hace una propuesta. Hoy eres tan sedentario como un caracol con reumas y mañana, la propuesta de la nueva cara te convierte en un conejo con diarrea.

Una vida puede cambiar aunque no aparezca una nueva cara; basta con la propuesta. Esto último me sucedió con mi viaje a la capital.

Hay cambios. Tiene que haberlos cuando la experiencia es drástica. El mismo Billy the Kid hubiera cambiado con un cambio semejante.

De momento todo sigue igual en apariencia. Pero hay una transformación interior inadvertida. Es un cambio que se evidencia gradualmente. Un cambio que sólo el tiempo te pinta de cuerpo completo. No es una reacción hacia lo nuevo ni un sentimiento de superación por el simple hecho de conocer otros espacios (para el no entendido, las ruinas de la Acrópolis son simples piedras amontonadas). Es algo más profundo, intangible, subliminal. Del punto cero en adelante, la vida anterior empequeñece y el futuro se ve más claro. Es un proceso empírico, no planeado. Es como si de pronto, las cosas que no tenían un significado en el pasado, adquirieran relevancia.

Las noticias en los medios cobran interés y alcance; lo que antes pasaba desapercibido, hoy nos llama. Y no es un interés estacionario. Antes bien, es expansivo. Por ejemplo: la construcción del Metro en la Capital; ¿cuántas otras ciudades tienen metro?, ¿cuándo y dónde fueron construidos?, ¿cómo se protegen los túneles contra la devastación de los terremotos? Y ciertamente, si en tu cerebro nacen preguntas, tu cerebro se encarga de buscar respuestas.

Yo no puedo hablar por el Cara de Raqueta. Nuestros contactos fueron mínimos después de aquel viaje. Pero puedo hablar por mí y, ciertamente, aquella aventura me ayudó a encontrar la madurez. Aunque el tren del destino me trajo a Mexicali en un par de ocasiones más, mi querida ciudad era ahora una escala simplemente. Mi amor miope por un pedazo de tierra había desaparecido. Mi horizonte era, ahora, un paso más allá y otro y otro... y otro.

Pero el cambio anímico no tuvo que ver con México DF. De haber vivido nueve meses en Tacuichamona, quizá hubiera experimentado el mismo efecto. La asimilación del cambio tuvo que ver más bien con las circunstancias: o eres viajero o eres turista. En mi caso, con todo y el «changolenge», la presión diaria por sobrevivir fue un fantasma siempre presente. Fueron nueve meses de turismo al filo de la navaja: el pago de la renta, la necesidad impostergable de nivelar mis raquíticos ingresos con el tren de vida de mis compañeros, la inevitable excusa a la hora de la «coperacha» o la mejor manera de rechazar con elegancia un evento más allá de mis bolsillos. En cuatro palabras, pretender ser sin ser.

En el balance final, creo que gradué con honores; jamás sentí rechazo. Antes bien, la aceptación fue absoluta.

Al calor de las copas, cierto día el Pato Narváez me dijo, con esa frescura que da la sinceridad espontánea: «Pinche Zurdo, eres el único amigo pobre que tengo».

Fueron las palabras de un joven que había peleado a puños conmigo por la misma chica. Fueron palabras de un chico que era el epítome de la ambición por el dinero.

Después de aquel viaje de estudios, repito, todo fue diferente. Era hora de madurar, de buscar nuestros destinos. Se acabaron las *faquireadas* y las parrandas largas. Las bromas banales y el eterno coqueteo con el «me vale» no encontraron más eco en mi comportamiento.

El Aristeo volvió a su puesto por un período de tiempo cuyo final no atestigüé. Mi entorno volvió a ser el mismo, ciertamente. Las mismas caras, el mismo paisaje terroso y achicharrante, el mismo «pinche» omnipresente a la hora del saludo, la misma ruta al trabajo recuperado, la misma bartolina compartida con el Watusi. El paisaje no lo puedes cambiar porque no depende de ti, pero cambia la forma de mirarlo, de absorberlo. Las cosas que aceptas se encogen y lo que rechazas crece.

Yo había dejado de ser yo. Yo era otro yo, metido en la misma humanidad del cuello para abajo. Arriba de mis orejas, mi cerebro vivía en busca de algo. No tardé mucho en llegar a las fronteras de mi búsqueda; simplemente Mexicali se me había encogido. La edad, quizá, o el viaje, me hicieron ver la vida como lo que es: un hermoso arco iris cuyo final es un hoyo; no una olla con dinero.

No hubo necesidad de matar a la tía Rafaela para ausentarme un par de días de la oficina. Un día di las gracias y salí de la oficina del ingeniero Yarsa. Salí en serio, listo para averiguar qué me había pasado.

Para cuando Aristeo Medina dejó su amado Palacio de Gobierno, yo estaba muy lejos. Primero Tijuana; después Ensenada, luego Nogales, Hermosillo, Juárez y Chihuahua. Un breve paréntesis para casarme y divorciarme en Calexico y, después, ya «curado», el odómetro del automóvil marcó kilómetros y kilómetros de frontera trabajando para una empresa transnacional.

En 1971, mi amado desierto quedó atrás. El parabrisas de mi vehículo apuntaba al sur buscando un lugar solitario en las faldas de la sierra Tarahumara. Ahí, al abrigo de las peñas y los pinos, el trágico epílogo de un romance que bien pudo ser el hoyo al final de mi Arco Iris, me obligó a virar la trompa del vehículo hacia el norte. Después del tenso cruce de la frontera, Mexicali y México entero se borraron un buen tiempo de mi geografía. Sólo persistía en mi cerebro la imagen de una chica suplicándome que huyera.

En Los Ángeles California el Aristeo y yo coincidimos por unos meses en 1974. Después, para mi mala fortuna, la cara de raqueta de Aristeo Medina no se volvería a asomar a la ventana de mi vida por 19 largos años. En el 2005, Calexico fue el sitio del último encuentro. Nos contamos mutuamente las canas y las arrugas y nos llevó dos días repasar la película de nuestras vidas.

Pero ya no fue lo mismo. No podía serlo ni yo esperaba que lo fuera. El padre tiempo había enanchado asombrosamente la cintura en la flaca figura del Aristeo y había un no sé qué de «se me quitó lo baquetón» en su semblante. Además, había otro elemento disfuncional: era un hombre casado felizmente, mientras que yo seguía siendo el mismo vagabundo.

Llegó el momento en que comprobé que no estaba hecho de acero. La calaca pasó a visitarme y me dio el boleto que todos recibimos. Un par de guitarristas me despidió con «Alas Rotas» y eso fue todo. Emprendí el viaje sin reproches, sin ayuno de vida plena, sin estridencias.

Aquí, metido en este cajón de madera, me sobra tiempo para meditar. Y meditando, me doy cuenta que los últimos años fueron 19 años desperdiciados; 19 años privado, entre otras cosas, de la compañía de un alma noble, estoica y vaquetona. A veces, en mis largas noches de insomnio, subo al panteón y elucubro en la posibilidad de que el Aristeo se de una vueltecita. Estoy preparado para decirle:

—Tardaste mucho en morirte, pinche Cara de Raqueta. ¿Sigues escribiendo cajón con G?

Seguramente me contestará, con el ceño fruncido:

—Qué, ¿me estás albureando, pinche Cara de Corbata?

1968

El año más rico de la década en sucesos extraordinarios, incluido el 20 de abril, fecha de mi primer matrimonio.

Me casé porque tenía los calcetines rotos y me divorcié por el mismo motivo. La boda fue en Calexico California y la separación, 10 meses después abarcó los dos países. Perseguido por los ecos de una amarga discusión con mi flamante esposa, salí huyendo con todo y calcetines y crucé la frontera hacia mi querido país, buscando con ansia de prófugo recién fugado, la libertad perdida 10 meses atrás.

Si te casas con una contadora, no esperes que te enseñe la tabla del dos o cómo multiplicar 40 por 20 sin usar la calculadora. Asegúrate más bien, de que no te señale cómo distribuir el resultado de esto último. Si el amor es más grande que mi consejo y te casas de todos modos, terminarás firmando vales cada vez que necesites para gasolina. Si, encima, tu futura administradora ha dormido estirada desde niña y tú has dormido encogido toda tu vida, vas a terminar como el mapa de Chile en la orilla de la cama.

Si tu futura esposa es la menor de la casa y su familia es pudiente y muy reconocida en una región cualquiera de otro país, de seguro vivirás en su pueblo. Porque no puedes casarte en un país extranjero y decir, por más matón que te asientas: «Me la llevo a vivir en algún sitio entre Chihuahua y Baja California». Y si te peleas con ella, *pos pior*.

Si te casas con una mujer que ha pasado toda su vida en un pueblo de tres millas cuadradas y tú has vivido toda tu vida en 100 pueblos diferentes, asegúrate de conocer todas las salidas de *su* pueblo porque tarde o temprano saldrás pitando hacia uno de tus 100 posibles refugios. Claro, a menos que ella sepa zurcir calcetines y no sea contadora.

Como ya habrán adivinado, yo me casé con una contadora que no sabía zurcir calcetines, que administraba el dinero como Baños el prestamista, que era la consentida de una familia pudiente y que dormía hecha bolita. Durante los 10 meses de matrimonio, aprendí a compartir la cama «al borde del abismo». En la etapa del aprendizaje, aterricé una vez en la bacinica y otra sobre Donato, el gato.

Calexico es un pueblo más chico que la cajuela de un Volkswagen y más plano que la novia de Popeye. Calexico es tan apacible, que cuando el reloj despertador del alcalde suena, la mitad del pueblo se levanta a trabajar y la otra mitad se queja por el ruido.

En un pueblo así, todo suceso que no es parte de la rutina repetida día tras día, año tras año, y generación tras generación, se convierte en un evento digno de mención.

Si en la cafetería del Johnny Bedolla un conato de incendio arroja como saldo una silla chamuscada, el encabezado del periódico local dirá: EL RESTAURANT DE JOHNNY BEDOLLA ARDIÓ HASTA LOS CIMIENTOS. Si en el estacionamiento del mercado, doña Wendy Rebolledo, saliendo de reversa le hace un rayón al coche de Rommy el repartidor de pizzas, la versión que se oirá de punta a punta del pueblo será: «Anoche, doña Wendy Rebolledo se andaba matando. Chocó con el carro de James Romualdo Pérez y casi ocasiona una carambola. Gracias a que todo mundo corrió, no hubo lesionados. Ay, pero el carro de Rommy quedó muy dañado; el motor casi se salió por la cajuela. Pobre Romualdo; quien sabe cómo le vaya a hacer para repartir sus pizzas. Ya no hay seguridad en este pueblo».

Dicen que «los borrachos buscan a los de su misma rodada y los vagos a los de su misma barriada». Algo habrá de cierto porque, decidido a iniciar los trámites de mi divorcio, eché un par de mudas (y los calcetines) en el coche y crucé la frontera como dije antes.

No manejé mucho. Pagué un cuarto de hotel a dos cuadras de la línea divisoria y me dispuse a disfrutar de mi nueva libertad. Mi juventud y las mañas acumuladas, me obligaron muy pronto a empezar a espantarme las chicas con el matamoscas. Una enfermedad de esas que se pescan en los hoteles de paso me obligó a firmar los papeles de divorcio entre inyecciones de penicilina. Fue una etapa difícil; a través del alambre de la línea, le soltaba a mi mujer todo mi repertorio de muecas y musarañas. Era preferible pelear a muecas que a rasguños. Pero, sin duda, a mi ex no le gustó que le hiciera «caras» porque un día, sus hermanos decidieron tomar partido... por la hermana, claro y, lo que pudo ser un buen pleito, se convirtió en una correteada de corte internacional.

Todo empezó en el antiguo edificio de correos americano. Acorralado por mis familiares políticos, me sentí como el encantador de serpientes pero sin la flauta. Medí a mis rivales: de los tres hermanos, uno era cojo, el otro asmático y el tercero tenía una sandía atravesada en la panza. Mi suegro, por su lado, estaba en la edad en que, a falta de bastón lo mejor es gatear. Concluí que, incluso en una carrera contra Petra mi tortuga, ninguno tenía posibilidades y, hecho la raya, atravesé corriendo la frontera.

—¡Espérate, detente! —gritaban los cuñados.

—Sí, cómo no. Querrán jugar a la *matatena* —murmuraba yo, dejando un chiflido de aire a mi paso.

El asmático y mi suegro se rindieron a los cuatro pasos pero el panzón y el cojo persistieron. Subieron a un taxi y el vehículo se desplazó tras mis talones. La desigual carrera terminó detrás de la barra del Mexicali Rose. Ahí, con la punta de la lengua acariciándome el sudoroso ombligo, vi por el espejo pasar como chiflón de aire a mis dos cuñados. Cuando se hubieron retirado, Gumersindo el cantinero destapó una cerveza Mexicali y poniéndola en la barra, dijo:

—*Pa'l* susto.

Agradecido me prendí de la botella y, claro, después de la del susto, vino la del gusto. El agradecimiento me forzó a quedarme. Llevaba una buena docena de botellas de «agradecimiento» cuando me acordé de la penicilina. Consciente de que el alcohol y la penicilina no hacen buena receta, decidí quedarme sólo un ratito más. Seis horas después, salí haciendo eses como bailando una mazurca. Fue la última borrachera de mi vida en Mexicali.

La vida siguió su curso. El alcohol huyó de mi dieta. La

«última borrachera» fue el estertor final de la inmadurez. Y sucedió porque, preso por 10 meses con los calcetines rotos, era vital para mí cortar de raíz. Mi ruptura total con mis cuñados fue el pretexto ideal para no volver por 15 años. A partir de mi aterrizaje en el Mexicali Rose, cruzar la frontera fue un asunto de prisión conyugal o libertad aventurera.

Veinte años después del intercambio de gruñidos con mis parientes políticos, La Correteada seguía siendo un suceso extraordinario en el anecdotario pueblerino. En los primeros cinco, cuando el destino me arrastró a cruzar la frontera por el pueblo de mi esposa, debí hacerlo de noche usando lentes oscuros y gorro de estambre con orejeras.

Retiré mi correspondencia de un apartado postal en El Paso Texas. Una carta de Chavoy de Quintero iluminó mis ojos:

Estimado Rangel:

No soy buena para escribir malas noticias. Pero hay ocasiones en que no tienes opción y ahora yo estoy en esa posición. Mamá nos dejó hace una semana y Tino y papá me pidieron que te escribiera.

Sé que no tienes muchas noticias desde estas tierras porque estás constantemente en movimiento. Pero aún en el caso de que ya lo sepas, te aviso que tu tío Gildardo también murió.

Mamá cayó vencida por el cáncer y la enterramos el 15 de octubre aquí, en Chavoy. Siempre te recordó con aprecio igual que a su compadre Luciano. En sus últimas palabras nos pidió que conserváramos las veladoras de su retrato encendidas, lo cual haremos con gusto hasta el final.

Tu tío, como ya sabías, no tomaba una gota de licor. Sin embargo, por esas ironías de la vida, encontró la muerte en una cantina de Culiacán. Parece ser que hubo una discusión por motivos de trabajo y un borracho lo ultimó a tiros. Digo ironías porque cuando de veras tomaba, nunca le pasó nada. También lo enterraron en «su querido» Chavoy, como él quería.

La «palomilla» te saluda. Heliodoro Niebla (el Chololo),

dice que sin guantes te suena (es broma). Disculpa que no siga escribiendo. Es que la tristeza me ahoga.

Saludos de mi esposo y de todos, incluido el Chalequín (tiene 80 años ya).

Con cariño,

Martha Alicia Solórzano de Torres
(Maricha)

PD: Chalequín me pide que te diga que el hijo del Chequepir murió de viejo.

El nudo en la garganta apareció. La tinta de las palabras «siga escribiendo» se veía corrida sobre el papel blanco. La mancha era redonda. Sin necesidad de probarla, supe que el sabor del líquido causante era salado.

En efecto, no tenía mucha correspondencia desde mi terruño. Mi vida era demasiado agitada para mantener una relación estable. Sin embargo, Maricha siempre siguió mi huella.

La carta removió las fibras de mi corazón. Agobiado por la nostalgia, permanecí varios minutos en el asiento de mi coche. Hubo un momento en que estuve a punto de cargar el tanque y tomar la carretera. No obstante, no era cuestión de ceder a los impulsos. Había que hacer trámites de viaje, arreglos para que alguien me sustituyera temporalmente en mi puesto, hacer algunas compras, pagar algunas cuentas y escribir algunas cartas. El ataque de melancolía pasó antes de siquiera iniciar los preparativos.

 Reinicié algunos contactos: escribí a Caborca, a Chavoy, a Culiacán, a Tijuana, a Chihuahua y a Urebó. De pronto quise tener noticias de Heleno, de Francisco Aguirre Lizárraga y Anita, de Mabel y Arnulfo Arredondo, de Jaime Beltrán y de mi hermana Alicia.

Todos me contestaron casi inmediatamente. Pero nuevas caras y nuevas calles se interpusieron en mi intención de mantener contactos. Las viejas direcciones se fueron quedando atrás, ampliándose la brecha en cada kilómetro recorrido. Un año después, era como si necesitara otra carta semejante para reestablecer contactos.

Para el día de mi muerte, toda la generación de mi madre se había ido. De la palomilla de Chavoy, sólo subsistía Bernabé Maclén, envuelto, nombre y figura, en las brumas del tiempo y la distancia.

Paré de contar cuando cumplí 60. En los años que siguieron, mi edad fue el misterio mejor guardado. «Perdí la cuenta», era mi traviesa respuesta a la pregunta invasora. En los minutos finales empezó un desfile que fue como un preámbulo antes de emprender el viaje sin retorno. Caras y nombres que hibernaban en mi cerebro emergieron etéreas y refulgentes. Ahí estaban el Alambre, Jaime Beltrán, Aarón Zamudio, el Billy Jones, los Kenniston, los Salas Mendoza, la Chata, mi madre, mi hermana, mi abuela, los Tarango, Chepita Romero, la palomilla de Chavoy, Aura María, don Catarino Escalante, el Tabo, Alcibiades Retes y el Gringo su perro y, por supuesto, tía Isabel y el capitán Reséndez.

CAPÍTULO III

Leticia Benavides

Los ardientes arrebatos de la pasión han sustituido la razón y han tomado control de mis actos y movimientos. En el asiento para pasajeros, la hermosa chica abandonada a mis impulsos renuncia a cualquier intento de resistencia. Delicadamente paso mis dedos por los húmedos labios entreabiertos. La intencionada caricia me enerva aún más. Miro su cuerpo tendido en el asiento, las piernas dobladas buscando acomodo entre el volante y el respaldo. Observo con deleite los enormes ojos entrecerrados. Bajo las espesas pestañas, la mirada nublada por el deseo mira sin ver. La beso con avidez, casi con furia.

Sus dedos se enredan en mis cabellos y su espalda se arquea. Hundo mi cara en la tibia oquedad de su cuello y la beso a placer en hombros y garganta. El amor fluye libre, rebasando la pasión y la estrecho a sabiendas que estoy a punto de perderla.

En el claro de terreno, a orillas de la accidentada brecha, el automóvil color blanco se pierde entre los enormes troncos de los pinos. Entre las peñas, la planicie se prolonga allá abajo hasta convertirse en un azul desvaído en lontananza. En la búsqueda de un sitio aislado, libre de la curiosidad ajena, la temeridad sustituye a la prudencia. He manejado hacia arriba de los cerros hasta donde sólo suben las bestias de pezuña o los altos camiones madereros.

De pronto los negros ojos recuperan su brillo natural y el espanto sustituye a la pasión erótica. Su boca susurra un nombre al tiempo que se cubre los pechos semidesnudos: «¡Toño!»

El conjuro de ese nombre alerta mis sentidos. Instantáneamente se agolpan en mi mente la fecha de la próxima boda de la chica y nuestros esfuerzos por encontrar una respuesta al problema de amarnos en silencio. Ni siquiera el hecho de que Antonio Ibarra sea un novio de imposición puede desvirtuar la realidad: su novia estaba en los brazos de otro hombre.

En las faldas de la Sierra Tarahumara, donde la última autoridad confiable se encuentra mil metros abajo, los problemas personales no hacen el viaje a terreno plano en busca de soluciones. Arreglarse en el terreno de los hechos es un acuerdo tácito que las mismas autoridades parecen aceptar. Por ese acuerdo no escrito, es precisamente que los hombres evaden los problemas. Pero cuando Berenice susurra el nombre, yo sé que estoy en un problema grave. Tan grave, que un sudor frío recorre mi columna vertebral mientras mi cerebro trabaja aceleradamente en busca de una salida que virtualmente no existe.

Miro el largo cañón de un rifle entrar cual tiesa serpiente por la ventanilla y el ojo negro acercarse a mi cabeza. Casi me parece oír el estampido del disparo a escasos centímetros de mis oídos. Reacciono instantáneamente a sabiendas que la temeridad es sustituto de la imprudencia. Levantar la manija de la portezuela y empujarla con el antebrazo parecen confundirse en una sola acción. El negro cañón gira buscando el techo del vehículo y un sonoro estampido aloja un agudo silbido en mis orejas. He accionado por instinto y como premio, el agujero a dibujarse en mi cabeza se abre redondo encima del vidrio trasero del sufrido vehículo.

La puerta golpea la mano de Ibarra arrebatándole la carabina. La bala sale una pulgada por encima de la ventanilla trasera. El atacante se retuerce, roto el índice gatillero por el golpe de la portezuela. El muchacho, roja la faz de rabia, gira buscando el arma. Yo recupero el control de mis actos y la lucidez de acción. Libre ya del cuerpo de Berenice que se ha incorporado, busco a tientas debajo del asiento. Mis dedos sienten el frío metal de mi pistola. Tomo la escuadra y disparo sin saber a ciencia cierta lo que quiero. Solo sé que el rifle cayó pero la puerta me impide ver dónde quiero. Mi rival se toca una mancha roja que crece rápidamente en su costado izquierdo.

Berenice grita tapándose el rostro y, abriendo la puerta, rodea el auto y se inclina frente al herido. Este mira a la mujer y a la herida alternativamente y se deja caer suavemente como buscando aligerar un enorme cansancio.

—Ayúdame a subirlo al automóvil, Bere. Lo llevaremos a Cuauhtémoc —digo, abriendo la portezuela trasera.

—No, Rangel —me contesta ella con los ojos llorosos—. Aléjate de aquí pronto. Vete antes de que te encuentren sus hermanos.

—¿Qué dices? ¿Dejarte aquí después de lo que ha pasado? No me pidas eso, por favor. Vamos, no perdamos tiempo.

—No, Rangi. Yo me encargo de él. Su caballo está ahí y montada llegaré por auxilio más pronto que en tu coche. Yo no corro el peligro que tú corres. A mí no me harán nada; las mujeres estamos libres de agresión. Vete, por el amor de Dios, Rangel —dice la chica mientras de un jalón se hace con la manta enrollada en las ancas del caballo.

Me quedo mudo. No sé qué hacer. Dadas las circunstancias, yo no tengo una causa justa que pelear. Aunque el enfrentamiento fue de frente, el motivo de la confrontación elimina toda posibilidad de un juicio decoroso e imparcial. Yo sé que Berenice tiene razón y sin embargo, una voz me dice que huir es un acto de cobardía.

—¡Vete! —grita la chica, haciéndome reaccionar—. Si no te alejas ahora mismo, te juro que te mato y me mato yo, Rangi —me dice, los ojos rasados de lágrimas mientras levanta el rifle lentamente—. Vete por favor, cariño. Si me amas, vete ya.

—Ni tú ni yo, mi amor. Vámonos ambos. En 8 horas cruzamos la frontera —digo, buscando convencerla.

—No, Rangel. No puedo dejarlo abandonado ni puedo permitir que te maten. Te harían pedazos. Yo los conozco —dice con desaliento y luego, con voz firme: —¡Vete!

La huida se acelera por la recta carretera. Cavilo en detenerme en Chihuahua para despedirme. Pero el tiempo apremia y sigo de largo rumbo a la frontera. Dejo atrás el Chamizal y enfilo el auto de trompa a la garita. Cavilo en los riesgos antes de entrar en la fila de automóviles en espera de cruzar. El espasmódico avance agudiza mis nervios y, finalmente, por el parabrisas diviso al oficial de inmigración revisar la documentación del auto que me antecede. Respiro hondo. Luego, al quedar el hueco libre, avanzo lentamente hasta la zona de inspección.

Por el espejo retrovisor la figura del oficial se empequeñece mientras me adentro en territorio norteamericano. Enfrente, los cerros pelones parecen acercarse y, muy atrás, más allá de donde alcanza la vista, en algún punto al pie de la Sierra Madre Occidental, una mujer empieza a pagar el precio de un amor prohibido.

Un delgado hilo de oro entra por el agujero encima de la ventanilla trasera. El ojo luminoso parece señalarme con dedo acusador. Recuerdo a tía Isabel y a Reséndez en Chihuahua y la cara llorosa de Berenice Aldrete se les une. En una encarnizada lucha interior la conciencia me pide regresar y el corazón me hace ver que si lo hago, sólo complicaré la situación de Berenice. Ignoro al corazón y decido que es más fácil ayudarle desde lejos. Avanzo.

Siento un vacío en el pecho pero no me detengo. El ojo luminoso se va apagando gradualmente hasta que las tinieblas envuelven el coche. Enciendo las luces y procuro enfocar mis pensamientos en mi destino. En un punto del camino los faros iluminan un letrero: LAS CRUCES, NEW MÉXICO. Texas y Chihuahua han quedado atrás. Acelero y me zambullo en la negrura del desierto. Mañana, al caer la tarde, mi agujereado Gasparín se unirá al fluir del tráfico en las enormes autopistas de Los Ángeles. Es imperativo llegar y establecer contacto telefónico con Reséndez. Necesito noticias del herido... y de Berenice Aldrete.

A través de las persianas entreabiertas, miré cómo la tenue luz del amanecer empezó a dibujar ese entorno brillante que la gran ciudad ofrece después de los días lluviosos o con viento. El murmullo sordo y permanente de los automóviles en la cercana autopista llegaba hasta la ventana de mi departamento situado en las colinas del distrito de Echo Park.

Oí sin escuchar los sonidos. Había aprendido a apreciar aquel apagado murmullo como un símbolo del tranquilo aislamiento en que vivía, a pesar de encontrarme a dos cuadras de Sunset Boulevard, con su febril actividad y sus característicos contrastes.

En el momento exacto, como si obedeciera a una pieza de relojería, la pata de Mussolini rascó mis cobijas en demanda de movimiento. Abrí los ojos a sabiendas de lo que vería y, en efecto, ahí estaba. La enorme cabeza del perro de raza me miraba con fijeza, las puntiagudas orejas apuntando al techo.

A pesar de la modorra, no pude evitar sonreír, maravillado de la permanente expresión de afecto que emanaba de aquella brillante mirada. Estiré el brazo y pasé los dedos por el lustroso pelambre del pescuezo. El animal agitó la cola y con la pata dibujó un círculo en el aire, en señal de aprobación.

Salté de la cama y me dirigí a la puerta. El perro anticipaba el gozo de la inminente salida con pequeños saltos y movimientos circulares.

—Todo el callejón es tuyo, Musso —dije, recogiendo el periódico y regresando al interior.

Como todos los días, consumí las dos primeras tazas de café sumido en la lectura y luego entré al cuarto de baño con la tercera en la diestra. Ya enfundado en un juego de ropa para correr y unos viejos zapatos de lona, tomé la traílla de mi perro y juntos bajamos colina abajo, rumbo al lago.

Observé al enorme pastor alemán retozar, ya revolcándose en el pasto, ya acosando a los patos y las mariposas y mi mente viajó al pasado.

Dos meses atrás había emprendido el largo viaje hasta la ciudad de Chihuahua. En sus últimos momentos, el viejo capitán de caballería me había mirado fijamente a los ojos mientras su mano sobaba débilmente la cabeza del noble animal.

«Con usted, mi fiel amigo no pasará malos tratos. Se lo encargo, Tocayo», había dicho antes de expirar, hablándome de usted, como lo hiciera 22 años atrás, en aquella desolada comarca sonorense.

El capitán Rangel Reséndez se fue como había vivido; ecuánime y sereno. Tres años antes, tía Isabel, su esposa, se le había adelantado. Tras la muerte del único hijo de Reséndez, habían vivido el uno para el otro hasta el final. Sólo quedó Mussolini y Reséndez quiso asegurarse de darle al perro el mejor de los destinos. Y de paso, me dio a mí el más valioso de los regalos: un perro como *aquel*. Mussolini en el asiento del pasajero y silla de montar y máquina de escribir en el asiento trasero del coche, viajaron conmigo hasta Los Ángeles.

Mi nombre es Rangel Rivera, un nombre que no presumo porque ni siquiera parece nombre. Sin embargo, contaba con escasos 8 años cuando aquella mañana, parados en mitad del camino, el moribundo me había dicho: «Somos tocayos; Rangel Reséndez para servirle. Dos erres, ¿se da cuenta?». ¡Un Rangel convergiendo en un punto de mi vida para no volver a conocer otro jamás!

Acudieron a mi mente en torrente incontenible las horas de mi niñez compartidas con aquel hombre extraordinario. Mi cerebro dibujó la airosa figura de la tía Isabel del brazo de Reséndez, ambos jóvenes y hermosos. Como un complemento inevitable a aquel recuerdo, mi memoria capturó la figura de mi inolvidable perro mudo y la de la yegua mansa y retozona pero de triste destino, que de alguna manera contribuyó a definir mi carácter. Mi mente se llenó de la vasta planicie sin final, de los interminables chaparrales, de las pitayas y los saguaros, de la gente del desierto, noble y trabajadora. Ahí, sentado, rodeado de símbolos urbanos, sentí el llamado de mi pasado y una punzada de nostalgia inundó mi ser. Mussolini lanzaba tarascadas a las mariposas y el perro de mi niñez casi se materializó en aquel momento mágico. Ciertamente, Mussolini era el eslabón con aquel que recogí herido atrozmente 24 años atrás: el perro de pastor con un balazo en el pescuezo que lo dejó mudo para siempre.

Observé a Mussolini y lo recordé en Chihuahua al verlo por primera vez, echado al lado de tía Isabel, en el patio de aquella casona de estilo colonial. Mussolini era más que un perro de ciudad; Mussolini era el último eslabón que me conectaba con mi pasado. Era, ni más ni menos, que la reencarnación del Macetón, mi fiel compañero. Era el recuerdo vivo de los inconmensurables espacios abiertos de la tierra sonorense, tan ligados a mi niñez lejana.

Mussolini no tenía parentesco con mi perro. No podía tenerlo, cuando que mi querido Macetón había muerto 22 años atrás, 20 años antes de que aquel naciera. Era la estampa de Mussolini y aquella fijación que tanto Reséndez como yo siempre tuvimos por aquella raza, lo que conectaba mi presente a mi pasado. «Se llama Hitler», había dicho Reséndez aquella brillante mañana, refiriéndose a su propio perro, cuando parados a la mitad del camino de tierra, conversamos por primera vez; yo un chiquillo de claro entendimiento y él, un Capitán de Caballería del Ejercito Mexicano «desmontado» en el corazón del desierto de Sonora.

Mi muerte acaeció de fea manera. Fue un vulgar accidente carretero. Obligado a tomar una decisión en fracciones de segundos, viré bruscamente para no aplastar a un animalito y sobrevino la volcadura. Ya no era un jovencito cuando emprendí el viaje final pero tampoco era un anciano dependiente. No pude llegar a los 80 pero no me quejo; no es fácil morir de viejo con la apacible dignidad con que murió Reséndez. No fue fácil tampoco vivir en esa esfera azul que se mira tan hermosa desde aquí. Pero lo hice y, a decir de muchos, decorosamente.

Llegué a Los Ángeles con el ímpetu de mi juventud. La «Capital del Entretenimiento» no era ni remotamente mi punto de destino. De acuerdo a mis planes, California quedaría atrás a lo sumo en dos semanas. Pero no fue así; una serie de hechos fortuitos me fueron atando hasta que, finalmente, aquella inesperada visita canina casi me convenció de que Los Ángeles había dejado de ser una escala más en mi eterno peregrinar.

A los 31, la famosa urbe angelina se me presentó hermosa y desafiante: Una limpia ciudad envuelta en ese misterioso encanto que todo país extraño ejerce sobre el extranjero recién llegado. Hoy, el hechizo estaba roto. Los Ángeles ya no era la doncella rubia que me había deslumbrado. Aquella linda y transparente ciudad de los albores de los setenta se había transformado en una pestilente burbuja de aire color marrón, cuyas calles amenazaban con ahogar en basura y desorden edificios y seres humanos por igual.

Berenice Aldrete se materializó en mi cerebro. Al instante me asaltó el mismo remordimiento que acompañaba su recuerdo: ¿dónde estaba?, ¿qué haría en esos precisos momentos?

Cerrando los ojos moví la cabeza como negándome a recordar. Pero el diablillo que maneja la memoria no estaba dispuesto a borrar aquel nombre. Con las ocho letras impresas en la mente me levanté de la banca y, seguido de mi perro, emprendí el regreso al departamento.

El teléfono sonaba con insistencia machacona cuando cruzamos el umbral. Desenganché la correa del perro y levanté el auricular.

—¡Hola, guapo! —saludó una voz pastosa de suaves matices.

—¿Leticia? —contesté, ligeramente inquisitivo.

—*The one and only* —replicó ella, con aquella gracia femenina tan suya.

—¿De dónde estás llamando?

—De mi casa, antes de salir de Chihuahua.

—¿Y ahora a dónde vas? La última vez saliste a comprar tortillas y terminaste en El Paso.

—No voy tan lejos, nada más a Juárez —me dijo, con tono chispeante.

—Vamos a ver, señorita; va a Ciudad Juárez pero me llama antes. No querrá citarme en el Mickey's —le dije, aludiendo al lugar donde nos vimos por última vez en aquella ciudad.

—No, pero, ¿qué tal en Clifton's? A menos que quieras recogerme en el aeropuerto.

—¿Clifton's?, ¿aeropuerto? —pregunté, confundido—. ¿El Clifton's... de aquí?

—El mismo. Está en la guía turística y tú me has hablado de él.

—Sí, claro, pero...

—Llego a Los Ángeles mañana a las 8 de la noche.

—¿En qué quedamos?; ¿vas a Juárez o vienes a Los Ángeles? —pregunté.

—Voy a Juárez... a tomar el avión. No hay rutas a Los Ángeles desde Chihuahua, valedor.

Otra vez el pasado, machacón, buscando regodearse en mi cerebro. La hermosa muchacha de Río Chubiscar No. 536 de la histórica Chihuahua. La vecina que aparece intempestivamente con un plato de galletas recién horneado para los viejos. La presentación formal, la turbación de la chica ante el recién llegado y mi nerviosismo ante su deslumbrante belleza. Quizá en otras circunstancias, aquel inesperado encuentro nos hubiera llevado a una relación más estrecha. Los ingredientes se daban: ambos jóvenes, libres de compromisos y con muestras evidentes de atracción mutua. Pero el recuerdo de Berenice dolía aún en ese compartimiento de mi corazón reservado a los sentimientos. La herida supuraba con el recuerdo de la tragedia.

Leticia Benavides, maestra de primaria y estudiante de Arte Dramático en la Universidad de Chihuahua. La chica a la que debo mi iniciación en los secretos del teatro. La mujer que con su energía llena de infantil candor, casi me curó.

—Si me das la línea, el número de vuelo y un buen apretón a la llegada, estaré en el aeropuerto puntualmente —dije.

Me detuve en una florería y compré un ramo. Llovía ligeramente cuando el Pontiac metió la trompa en la rampa de estacionamiento del enorme aeropuerto angelino. La noche hacía rato que había pintado de negro los contornos. El agua no mojaba aún el pavimento cuando cerré la puerta del automóvil.

—Te vas a volver loco cuando la veas, sinvergüenza —dije, a través de la ventanilla entre abierta.

Mussolini paró las orejas y me miró en un elocuente silencio interrogativo. Sentado en el asiento trasero, las puntas de las orejas casi tocaban el techo.

Ya en la sala de espera, divisé la esbelta figura de Leticia en la rampa de salida. Imposible ignorarla, incluso en una multitud tres veces mayor. Empezó a dar pequeños saltos y emprendió la carrera tan pronto me divisó en la distancia. Leticia no corría con las piernas; corría… ¡con todo el cuerpo! Y ya encarrilada, era más fácil detener una máquina loca que su impulso.

Nos fundimos en apretado abrazo, sus brazos enroscados en mi cuello y sus piernas atenazando mi cintura. El ramo voló por los aires.

La vitalidad de Leticia era asombrosa. Era una chica que incluso en reposo parecía estar en movimiento. El brillo natural de su mirada era indicativo de su perenne inquietud. No obstante, podía ser tan solemne como una monja en oración si las circunstancias lo ameritaban.

La chica, montada en mis caderas, echó la cara hacia atrás para mirarme a los ojos. El flujo de pasajeros formó dos corrientes a nuestro alrededor, algunos sonriendo al pasar, contagiados de su simpatía.

—Esos ojos, Dios mío, esos ojos —exclamó, columpiándose en mis brazos—. Si se valiera, te los compraba y me los llevaba a casa.

—Mis flores —dijo ya de pie y recogió el ramo rápidamente.

No pude menos que sonreír ante su infantil efusividad. Su chispeante belleza y sus maneras alocadas me cautivaban. Si hubiera llevado una cámara y le hubiese pedido que posara, ahí mismo hubiera modelado ante la lente. Así era ella; espontánea y fresca. Parecía provenir de una cultura más abierta, menos introvertida. Un mechón cayó sobre su frente y ella sopló adelantando el labio inferior sin conseguir moverlo. Solté la carcajada y ella volvió a estrecharme descansando su rostro sobre mi hombro. Apreté mi abrazo y quedó quieta un par de segundos.

Echamos a andar hacia la salida. Afuera, la lluvia reflejaba las luces en el pavimento. Algunas personas corrían arrastrando el equipaje. Algunos paraguas aparecieron. Un vientecillo helado barría las gotas de lluvia, definidas en los faros de los automóviles.

La chica pegó un grito cuando vio al perro. Este de inmediato se incorporó agitando el rabo.

—¡Musso! —gritó Leticia arañando el cristal.

Quité el seguro y ella de inmediato abrió la puerta. Mussolini saltó afuera y empezó a correr en círculos, loco de gozo. Leticia corría detrás de él. En un minuto, perro y muchacha pusieron de cabeza el estacionamiento. El ramo de flores volvió a caer, víctima de aquella ebullición. Esta vez yo me incliné y esperé a que la explosión pasara.

En un momento dado, la muchacha subió al auto y cerró la puerta haciendo muecas en el vidrio. Mussolini se trepó en el cofre, desesperado por entrar.

Tomé la correa e introduje al perro en el asiento trasero mientras Leticia se acomodaba en el delantero. Los pasajeros de paso reanudaron la marcha, sonriendo todavía.

La lluvia había cesado cuando entramos en la autopista. Las luces de la ciudad brillaban en las calles mojadas y el tráfico circulaba lento, como siempre sucedía después de la lluvia.

—Arrebatada, como siempre. Apuesto que te sentaste a leer el periódico sin tener nada que hacer y al terminar decidiste que un viajecito a Los Ángeles te sacudiría la polilla —dije, mirándola con el rabillo del ojo.

—¿Arrebatada?, ¿de qué hablas? Lo venía madurando desde el día anterior. Estoy de vacaciones y quería conocer el Clifton's —contestó, la cara oculta tras la colgante lengua de Mussolini.

—Ah, vamos; ahora planeas las cosas con bastante anticipación. Imagino que los preparativos no tuvieron fallas: reservación del boleto con suficiente tiempo, pasaje de ida y vuelta para ahorrar dinero y contratiempos, un par de prendas apropiadas para el viaje, diccionario español-inglés por si acaso, cheques de viajero, notificación a los conocidos por si algo pasara, etcétera —repliqué, riéndome de mis puyas.

—No tanto, pero cambié el cheque de mis vacaciones en el abarrote de Olegario y me monté en el camión de mi tío que venía a comprar madera en El Paso. Me ahorré el pasaje y ya ves, yo estoy aquí y mi tío ni peligro que llegue a Chihuahua todavía.

—Eso se llama planeación —dije, enfatizando mi frase con un golpecito en el volante. Luego agregué: —¿Qué prefieres primero; un buen baño o un buen taco?

—Un buen taco. Lo otro puede esperar —dijo, oliendo la tela de su blusa bajo la axila.

Salimos de la autopista en el nudo de pasos a desnivel del corazón angelino y desembocamos en la avenida Broadway. Torcí a la derecha rumbo al sur. A lo lejos, rodeado de edificios achaparrados, se levantaba la característica aguja del edificio que sirvió de modelo para el diario *El Planeta* de las primeras ediciones de Superman: el *City Hall* de Los Ángeles.

Nos adentramos en la abigarrada avenida. Mucho tiempo antes, con la construcción de las primeras superautopistas, la elite de gente acomodada que impulsó el desarrollo del *downtown* angelino, se había desplazado a las orillas fragmentando la gran ciudad en pequeños suburbios. *The White Flight*, le llamaron al proceso, en alusión al repliegue de los blancos hacia los suburbios.

Las enormes extensiones de terreno circundantes que una vez fueron granjas o pequeños villorrios, poco a poco adquirieron vida y personalidad propia. Algunas entidades crearon sus propios departamentos de policía, naciendo así nuevas ciudades alrededor del viejo centro. Se habían inventado así los mega suburbios característicos de la angelópolis y el automóvil había sido el responsable directo. Algunos distritos, muy lejos del centro urbano antes de los *freeways* y demasiado cerca después de aparecer estos, se convirtieron en simples barriadas de la gran ciudad. Ese era el caso del distrito donde yo vivía. Echo Park, con el fotogénico lago refrescando el parque que le daba nombre, no logró escapar a la influencia de Los Ángeles. Después de la construcción de la autopista que cercenó la laguna, se convirtió en un pintoresco pueblito agazapado en las entrañas del neurótico monstruo de concreto.

Broadway Street, espléndida arteria de otros tiempos, arrastraba ahora su pasado negándose a morir definitivamente. Los tesoros arquitectónicos de la época dorada se replegaron unos y se ofrecieron otros al mejor postor, convirtiendo la avenida en un anacrónico amasijo de gente y mercancía barata que inundaba las aceras. Los letreros en inglés fueron desapareciendo gradualmente, mientras gente de otro color de piel y cabello más oscuro poco a poco sustituía a los que se habían alejado. El español y los aromas de comidas condimentadas con exóticas especias se encargarían de darle vida artificial al agónico cadáver del centro comercial de Los Ángeles. Clifton Café era uno de los últimos bastiones de Los Ángeles pionero.

Caminamos quince metros después de estacionar y cruzamos el umbral. Finalmente, Leticia Benavides estaba en Clifton's Café.

¡Atízale! dijo Leticia al atravesar el umbral—, hay más gente aquí que en todo Chihuahua.

—No exageres; están empatados —dije, tomándola del brazo.

Clifton's era un lugar inmenso. Un hormiguero de gente de mediana edad se movía entre las mesas. Rodando por los pasillos de alfombra rojo oscuro adornada con miríadas de florecillas, los carritos recogían platos sucios inmediatamente después de que los clientes se levantaban. Plataformas voladas con mesas, todas ocupadas, circundaban el lugar en las paredes laterales y al fondo. Había dibujos alusivos a la vida angelina de épocas idas entre cascadas aquí y allá. El lugar estaba soberbiamente iluminado de arañas colgando estratégicamente del techo.

Nos formamos en la fila charola en mano para ordenar y subimos con nuestras viandas por la escalera adosada a la pared. Tomamos lugar en una mesa mientras el empleado terminaba de limpiarla. Abajo, los ríos de gente se movían, unos llegando por una puerta y otros saliendo por otra. La cacofonía de platos entrechocando era constante. Imaginé por un momento la atmósfera de aquel lugar vacío después de cerrar.

—No se te olvide que Musso está solito —dijo Leticia, curioseando en su plato.

—Despreocúpate de Musso. Te apuesto que se quedó dormido antes de cerrar los ojos. Duerme como si estuviera de vacaciones en una isla tropical. Seguro que ahora está boca arriba con las patas abiertas.

—Bueno, de seguro necesitará un bocadillo después de la siesta. Este hueso luce perfecto, ¿no te parece?

—No, no me parece. Tú te vas a ir y yo tendré que quedarme a lidiar con un perro haragán echado a perder si te lo permito —contesté, mirándola con fingida autoridad.

—Muy bien, mi Capitán. ¿Qué tal si echamos a perder al dueño entonces? —contestó, mirándome con picardía mientras le daba la primer mordida a su comida.

—Yo no como huesos; luego me da por enterrarlos en el jardín.

A seis cuadras de la calle Broadway subimos por la rampa de la súper autopista. Una escasa milla después del impresionante nudo de puentes sobrepuestos donde se juntan las diferentes carreteras, tomé la rampa de salida. En el aire flotaba ese olor refrescante que deja la lluvia. Al terminar la rampa, las negras aguas del lago de Echo Park refrescaron nuestra vista. Las luces se reflejaban en la negrura líquida. Mussolini empezó a golpear el rabo contra el respaldo del asiento, venteando la peculiar atmósfera de su barrio.

—Qué lindo— dijo Leticia, mirando con deleite la callecilla que seguía las orillas.

A la izquierda, la hilera de palmeras obstruía en parte la vista, agregando encanto al paisaje. La luna llena dibujaba en la distancia las manchas irregulares de los patos reposando sobre una panga, en medio de la laguna.

Empecé a subir en diagonal por la calzada tras la simpática iglesita. Un par de vueltas en herradura y otras tantas no tan pronunciadas y llegamos por el angosto callejón a la plataforma terraza que servía de estacionamiento. La trompa del auto lo invadió todo por unos segundos, quedando por encima únicamente el cielo estrellado y abajo las lánguidas aguas del laguito.

Mussolini saltó del coche rumbo a su árbol favorito. Leticia se encaminó a la orilla de la terraza y extendió los brazos aspirando profundamente. A su derecha, las luces de las casitas de madera, encaramadas unas sobre otras, parecían querer trepar por la colina. Era de noche; pero de día, el panorama era encantador. Colina abajo, las ventanas quedaban tan cercanas, que los vecinos podían hacerse trencitas los unos a los otros de balcón a balcón. La profusión de plantas, árboles, macetas colgantes y enredaderas vestían el paisaje de mil colores. Las bugambilias moradas, anaranjadas o rojas predominaban en el abigarrado panorama.

Echo Park era un barrio con un encanto tan especial, que las compañías de cine lo habían convertido en su sitio favorito para filmar en exteriores. De hecho, fue en Echo Park donde nació la industria fílmica americana, aunque después se mudó por razones de espacio a la zona del Hollywood actual, seis millas al oeste.

Leticia guardó silencio. Abajo, la luna parecía reposar en las tranquilas aguas. Me acerqué a la muchacha y ella se volvió con los ojos cerrados y los brazos extendidos. La besé y ella correspondió dulcemente. Pequeñas gotas empezaron a caer. Subí el cuello de su abrigo y la arropé con mis brazos. Entramos en el departamento.

Leticia se detuvo en medio del recibidor. Al fondo, en una esquina, la silla de montar ocupaba gran parte del espacio. En una división que daba a la cocina, la Prieta hacía las veces de soporte para una hilera de libros a cada lado.

—Libros, tu máquina y tu montura. No podían faltar, son parte de tu esencia —dijo tiernamente, acercando su húmeda boca a la mía.

La besé con pasión y ella se abandonó. Media hora después, nuestros cuerpos se enroscaban en apasionado abrazo. En mi mente bailaba un nombre: Berenice Aldrete.

CAPÍTULO IV

Un Ciervo Cazador de Leones

Las vacaciones de Leticia se prolongaron 2 años. Fue una etapa agridulce de mi vida que volvería a vivir de buena gana… si el final resultase el mismo.

Un día, el timbre del teléfono se adelantó a Mussolini en la mañana. Tomé el auricular y contesté con la modorra del sueño. Era el tío Rodolfo.

—Estoy en Los Ángeles y Ariana está conmigo, Rangel. Quisiéramos verte.

Me incorporé a medias ya despierto por el impacto de las palabras.

—¿Tío? ¿Es el tío Rodolfo? —pregunté, para asegurarme de haber escuchado bien.

—Sí, Rangel. Mira, veo que estás todavía dormido. Te llamaré más tarde —dijo el tío.

—No, no, no, tío. Ya desperté; Usted disculpe.

—Yo nunca llamo a nadie antes de las nueve de la mañana. Pero Ariana insistió —se disculpó el tío.

El tío Rodolfo, tan urbano, tan correcto, tan disciplinado. Lo imaginé con su flema; con las uñas de los dedos cuidadosamente recortadas luciendo el par de valiosos anillos en la mano izquierda y la esbelta figura elegantemente vestida. No me di cuenta pero mi mente imaginó sólo al tío. Mi madre no se materializó.

—¿Dónde está, tío? —pregunté

—*Estamos* en un lugar que se llama Norm's en la esquina de Sunset y Vermont —informó el tío Rodolfo.
—No se muevan de ahí. Me daré un duchazo y en lo que tarde estoy con ustedes.

Leticia se había sentado en la cama, intrigada por mi tono de voz.

—¿Quién es? —preguntó.
—Tu suegra —contesté—. Ponte guapa y acompáñame. Entra tú al baño mientras preparo el café —ordené, abriéndole la puerta a Musso.
—¿Suegra? ¿Tienes mamá? —preguntó de nuevo Leticia, esta vez con el entrecejo fruncido.
—Sí, no pensarás que soy un androide —contesté, divertido con su cara.

Desde la entrada al restauran la vi. Ariana Ontiveros de Rivera no había perdido la majestad. La personalidad del tío Rodolfo, que normalmente se imponía a lo que le rodeaba, no lograba opacar el magnetismo de mi madre. Sentada contra la pared en el reservado me vio entrar y sus ojos me examinaron con tristeza, más que con emoción. Su mirada me siguió hasta que llegamos a la mesa. El tío se levantó y nos abrazamos efusivamente.

—¿Como estas, hijo? —preguntó mi madre desde su asiento, con un tono que no se decidía a ser de cariño o de arrepentimiento.

—Bien… mamá —contesté, evidenciando un esfuerzo involuntario por pronunciar el vocablo.

La palabra se aferró a mi garganta mientras mi cerebro escogía entre señora y mamá. No me había dirigido a ella llamándola así desde 1947.

Presenté a Leticia y empezamos a conversar. Las frases que trataron de abordar temas familiares descarrilaron y acabamos hablando de trivialidades: cine, amistades, geografía. Cualquier tema que discutiría un grupo de amigos al calor de una taza de café, menos lo que importaba. La familia, los afectos y los lazos sanguíneos, temas que debieron ser obligados, se parapetaron detrás del corazón.

No pude menos que admirar su dominio. Mi madre demostró que no era mujer que tomara riesgos inútiles. Sabía que salir del reservado y recibir mi abrazo, era arriesgarse a un abrazo mucho menos efusivo que el prodigado al tío. Peor aún, existía la probabilidad de que ni siquiera hubiese abrazo.

Los temas frívolos no podían ser eternos. En un momento dado, Leticia soltó la pregunta bomba:

—Es increíble que no nos conociéramos desde antes. ¿Cómo es que no nos habías presentado, sinvergüenza? —dijo, volviéndose a mí.

Mi madre intervino, mostrando un dominio fuera de lo común.

—Trató, pero la remilgosa soy yo. Cuando Rodolfo me propuso que viniera, yo ya tenía boleto para Louisiana y no pude desviarme. Pero ya tenía planes para venir a radicar acá. Me dije: Rangel sabe escoger; la conoceré en su momento. Y no me equivoqué. Te ves una chica llena de vitalidad, Lety —dijo, sonriendo abiertamente—. Eres lo que necesita Rangel. Apuesto que eres el dínamo que lo pone en movimiento. La vida ha sido tan dura con él.

El diminutivo para dirigirse a la nuera; mi nombre en vez de «mi hijo» y, luego, la alusión a lo duro de mi vida. Sin duda, una obra maestra de acercamiento, reconociendo mis sufrimientos y atribuyéndolos a «cosas de la vida». El tío Rodolfo nomás parpadeó cuando escuchó su nombre. Mi silencio validó sus palabras.

—Tienes pinta de actriz, en el buen sentido —agregó—. Sabes desenvolverte y tu lenguaje corporal es claro y preciso. Me recuerdas a Alma Rosa Aguirre. ¿Has actuado alguna vez?

—Qué curioso que la mencione. La conozco personalmente porque somos de donde mismo. Estudié actuación pero nunca he actuado profesionalmente —dijo Leticia.

—Lo dicho. Tienes tablas, como se dice en ese ambiente. Te felicito —opinó mi madre.

La última frase completó la faena. Sin consulta previa y sin titubeos, Ariana Ontiveros me mostró cómo se pueden conseguir cómplices «al vapor» para salir ilesa de una situación comprometida. Ese día llevamos a ambos a nuestro departamento y después pasamos a ver un piso para ella y el tío Rodolfo.

—Híjole, que madre tan padre tienes. Ciertamente que no eres un androide. Y el tío haciéndole segunda. Parecen salidos de una portada de revista —exclamó Leticia después que nos retiramos.

Mi madre se había divorciado de su segundo esposo. Del matrimonio nacieron dos hijos; un varón y una mujercita. La distancia fue el patrón que rigió nuestras vidas, por tanto, jamás llegamos a compartir nada. Nunca pasamos más de dos noches bajo el mismo techo y nuestras conversaciones telefónicas nunca pasaron de 10 minutos. Su esposo y yo nunca nos cruzamos en el camino de la vida. Nunca supe si era gordo o flaco o alto o chaparro. Llegó ese momento en que te desconectas de todo lo que huela a familia. Sabes dónde están pero no sabes cuánto pesan o de qué manera se visten. Y si no preguntas, no sabes de qué color son los ojos de los que se van sumando. Y también llegó el momento en que me vi y me acepté como lo que sería el resto de mi vida: un solitario, rabioso defensor de su libertad e independencia.

Los entusiastas del Día de las Madres pregonan que nada se equipara a la relación madre-hijo(a). En nuestra sociedad, el respeto a los padres debe ser incondicional, suceda lo que suceda. El culto a la madre es más grande que la veneración a la patria y el reproche a los actos de la progenitora es herejía porque «no debes juzgarla; es tu madre y te dio la vida».

Pues bien, en Norm's, yo no sentí nada fuera del orgullo por la personalidad de mi madre. Después de dos décadas sin tratarnos, el calificativo «madre» se balanceaba al filo del precipicio para no caer y hacerse añicos. Era demasiado tiempo para ignorarlo; para no sentirlo. Antes bien, ese día, sentados frente a frente, sentí una incomodidad como la que sentirían dos acusados de fraude cuando son careados. Ambos, sabedores de lo propio, con miedo de cometer un error al abrir la boca. En mi caso, con la culpa de saber y temeroso de hacérselo sentir a ella. En el de ella, consciente que pedir perdón ya es extemporáneo, pero sigue siendo necesario.

Coincidir en la misma ciudad fue como el juego de la gallina ciega; nos topamos dando manotazos en la oscuridad. Nuestras vidas después de encontrarnos, sin embargo, fueron las de seres viajando en el mismo barco pero en distintos camarotes.

Ariana Ontiveros devino en una mujer en conflicto con la vida. Los fantasmas del pasado vivían con ella y su forma de combatirlos era distorsionar los hechos. Las frases que se hicieron repetitivas a lo largo de los años fueron: «Siempre me sacrifiqué para lograr algo pero la vida fue muy cruel conmigo»; «Tuve que dejarlos para abrirme paso. Aquel pueblo asfixiante, siempre pendiente del qué dirán, me obligo a salir para no ahogarme»; «Si me hubiese quedado en Chavoy, nos hubiéramos muerto de hambre», etc.

En principio, tenía razón. Pero no era el hecho de haber salido lo que la atormentaba sino el de no haber regresado. Actuaba vistiendo una coraza en mi presencia, siempre anticipándose a una posible queja de mi parte. Nunca logré hacerle entender que el pasado no me interesaba. Era imposible porque ella vivía en él, protegiéndose de la realidad. Sin penetrar en su mente, ¿cómo acabar con sus fantasmas? Nuestra relación se redujo a la visita de cortesía con la consigna implícita de no abrir heridas mutuas. La brecha afectiva fue tan grande, que nunca nos tocamos.

Una noche de febrero del 2005 sonó el timbre de mi celular. Hacía mucho frío en Mexicali. En casa de un amigo veíamos por televisión la ceremonia de entrega de los premios Oscar. Los viejos amigos festejaban o protestaban según los resultados del evento.

—Mamá murió anoche, Rangel —sonó la voz de Irene, mi media hermana.

Mi rostro debe haber sido bastante expresivo porque todos callaron.

Afloró en mí un sentimiento indefinido. Póstumamente, reconocí que la de mi madre había sido una vida tormentosa. Sentí que finalmente había logrado convencerla que el pasado no importaba. Extrañamente, sentí soledad. No la soledad que yo amaba sino la soledad estéril, mustia. Con voz ronca repliqué al anuncio de mi hermana:

—Se ha ido una vida extraordinaria, Irene.

Cuando colgué, un nudo gigantesco me bloqueaba la garganta y mis ojos se nublaron. Me levanté y salí de la sala. Adentro, el murmullo había cesado. En mi interior sentí que al morir Ariana Ontiveros, mi madre había regresado.

Fue cremada en San Francisco y sus cenizas depositadas en un lugar llamado Forest Lawn en Glendale California, un suburbio de Los Ángeles.

Por única vez en la vida, coincidieron los hermanos que quedaban: el tío Roberto, tía Danelia con su esposo Santos Valdez y el tío Rodolfo. A punto de terminar la ceremonia apareció el medio hermano. Juan Carlos Ontiveros. El *Chefe* llegó tarde y se fue temprano. Fue la reunión familiar más numerosa a la que asistí en toda mi vida. Después, cada pariente regresó a su propio camarote.

En infinidad de casos, las parejas se complementan. Para que funcione, una batería tiene que tener positivo y negativo. Mabel y Arnulfo Arredondo, El Gordo y el Flaco, Viruta y Capulina, Dean Martin y Jerry Lewis etc. son ejemplos de armonía en medio del caos. En nuestro caso no fue así. En nuestra vida social, yo era el antes y Leticia manejaba el después y ahora.

Era tal vez mi crianza sin raíces. Tal vez fue que mi carácter retraído buscaba inconcientemente la paz negada. O los fantasmas del pasado se interpusieron entre nosotros. Tal vez el conjunto de todo aquello creó la barrera que trajo la separación.

—¿Te canso?

—No; me das energía.

—Entonces, ¿por qué siento que no la compartes conmigo?

—Por eso; porque no la comparto. La uso para disfrutarte.

—Suena ofensivo.

—Pero no lo es, cariño. Disfruto mirándote, dejándote hacer.

Conversaciones como esa se empezaron a dar con el paso del tiempo. La efervescencia de Leticia, obvia en cada paso, en cada accionar, era un alimento visual para mi natural reposado. Éramos el retrato hablado de un huracán con su núcleo en calma.

Sin importar el tipo de actividad social, la simpatía de Leticia siempre descollaba. Mis amistades, pocas y escogidas, empezaron a crecer... menos selectas. Gente que por mi propia iniciativa no hubiera conocido, era ahora parte de nuestras vidas. Las amistades que fueron llegando con Leticia, eran personas preparadas, simpáticas, talentosas. Gente de la farándula, hecha para lucir, para mostrar. Las fiestas llegaron con puntualidad inglesa los fines de semana. Yo extrañaba mis paseos de lectura, mis forcejeos con Mussolini sobre la hierba, mis programas hablados de radio, tan faltos de ritmo pero tan llenos de actualidad. Añoraba, debo admitirlo, mi vida sin Leticia.

La primera discusión seria, la que echó las bases de la separación, llegó un viernes, después de una fiesta. Era casi obligado que sucediera después de una fiesta.

El convivió había sido especialmente alegre. Cada invitado cumplió con su dosis de talento. Leticia, con el sombrerito, la «gabardina» hecha de servilletas atadas en las puntas y los ralos bigotes pintados con betún, había realizado una magistral imitación de Cantinflas. Fuera del aplauso y la sonrisa, yo me fui en blanco, como siempre.

Pasaba la medianoche cuando entramos en el departamento. Igual que siempre, Mussolini esperaba por sus amos de buen modo. Acariciaba la cabeza de mi perro antes de ponerle la correa cuando la voz de Leticia sonó:

—Tú estudiaste actuación, Rangel. Pero no se te ve por ningún lado.

El tono de mi novia no dejaba lugar a dudas. «Cariño», «amor», «terror», «raffles» o cualquier sustituto de mi nombre eran adjetivos usados por Leticia en su conversación cotidiana. Rangel, a pesar de ser mi nombre, cayó más pesado que un ladrillo en una pestaña.

—Ni se me verá, *Leticia* —contesté, sintiendo que la calma antes de la tormenta tocaba a su fin.

Después de oír Rangel en sus labios, Leticia sonó con cola en los míos.

Leticia estalló; algo que yo sabía sucedería tarde o temprano:

—Tienes el alma muerta. No te gusta bailar y críticas a quien lo hace. No participas en nada. De ser por ti, las fiestas terminarían con café y rezando el Padre Nuestro. ¿Es que no tienes alientos para vivir?

Tomé la correa y me incorporé sin decir nada. Mussolini había agachado las orejas y el rabo quedó quieto. El inteligente animal sabía que, dadas las circunstancias, él pasaba a segundo término. Tratando de ser más inteligente que el perro, le pasé la mano por la pelambre y le susurré:

—No pasa nada, Musso. Vamos afuera.

Instantáneamente, el perro agitó de nuevo el rabo. Era pasmoso cómo aceptaba los cambios sin protestar en absoluto.

Esa noche me tomé más del tiempo usual con mi perro. Juntos dimos la vuelta al lago. El perro husmeaba en los arbustos, entregado al eterno ritual canino. Cansado de mi propia caminata me senté en una banca. Mussolini se sentó frente a mí con las puntiagudas orejas en señal de interrogación.

—Si te trajera una compañera muy perfumada. Digamos una *french poodle* que te prohibiera revolcarte en la tierra, ¿qué harías, Musso?

El perro unió aún más las orejas y ladeó la cabeza.

—No, Leticia no me prohíbe que haga nada. Sólo me roba el tiempo para hacerlo.

Mussolini, viendo que yo permanecía en la banca con los codos en las rodillas, rodó sobre su cuerpo y quedó con la panza al aire. Sonreí ante la graciosa posición del perro y me levanté.

—Esa es la respuesta, Musso. Hay que revolcarse a la hora que sea. Seguramente tu compañera terminaría llena de tierra antes de lograr que tú cambiaras.

De vuelta en el departamento, Lety dormía, envuelta en penumbras. Su cuerpo, casi recto mirando hacia afuera de la cama, era una barrera levantada contra mí. Me metí en las sábanas por el lado opuesto. Quizá la chica en verdad dormía, quizá no, pero no era cosa de averiguarlo mirándole la nuca.

Había que ser un experto en intuición como yo para «leer» los mensajes: el plato vacío de Musso era la forma de decir: «es tu perro, no el mío»; la luz de mi lámpara de noche apagada era un disparo contra mi costumbre de leer algunos párrafos antes de dormir. Y todas las luces apagadas, incluida la del porche, eran indicativas de que la noche había terminado y no había lugar a más discusiones.

Cerré los ojos y dormí a medias. Probablemente Leticia tenía los ojos cerrados... pero no los oídos. No le di gusto; esa noche no ronqué.

*

El desayuno transcurría en silencio. Como si el chocar de platos o el rumor de tenedores y cucharas estuviesen prohibidos, estos se deslizaban casi furtivos. Heme ahí, desayunando. Yo, que en toda mi larga vida no había probado más que café amargo por las mañanas. La incipiente barriga ya me había obligado a ceder un agujero el cinturón.

«¿Cuantos agujeros le has concedido a tu cinturón, Musso?», pensé divertido. No sentía coraje. La situación no me molestaba. Antes bien, le daba la bienvenida. Mi estado de ánimo era el característico de aquel que encuentra la catarsis.

—Creo que debo controlarme. Anoche dije cosas que no debí haber dicho.

De nuevo intervenía mi costumbre inveterada de leer entre líneas. En las palabras de Leticia no estaba ni mi nombre ni los adjetivos que lo sustituían regularmente. Pensé, con razón, que su conciencia luchaba con su orgullo.

—A veces, todos decimos cosas que no debemos —repuse, sin levantar la vista.

Y me leí a mí mismo: hablé sin levantar la vista, señal inequívoca de que, aun aceptando sus palabras, no me abría.

Leticia no dijo más. Se levantó de la mesa y recogió los platos. De paso rumbo a la sala, cambió el agua de Mussolini. Luego se sentó en el sillón. Era curioso cómo a todo le buscaba interpretación y a todo le encontraba significado. A veces, cuando me preguntaba si mis conclusiones eran erradas, un detalle insignificante me daba una respuesta. En ese momento, mi analítica intervino de nuevo: escoger el sillón era un mecanismo inconsciente para aislarse. El sofá, en cambio, hubiera dejado campo para un acercamiento.

Acepté su posición y me dirigí resuelto a la sala. Tomé asiento en el sofá frente a ella y con la misma resolución, le pregunté:

—¿Por qué viniste, Leticia?

Leticia me miró y su respuesta llegó en otra pregunta:

—¿Quieres que me regrese?

«Quieres que me regrese es la frase correcta. 'Quieres que me vaya' equivaldría a: ¿me corres?», pensé en el colmo del análisis.

—Quiero decir que sabías cómo era yo. Sabías a quién ibas a encontrar.

—No del todo. Para empezar, venía por un par de semanas. No era necesario hacer planes a largo plazo.

Hablaba sin enfocar sus ojos. Las palabras fluían de su boca mientras miraba aquí, allá y ocasionalmente a mí; esto último como de pasada. No me cupo duda de que su conciencia seguía luchando con su orgullo.

—Yo soy así cariño. Estudié actuación pero jamás tuve la intención de hacer carrera. No soy compatible con esa vida.

Envié el *cariño* como un mensaje conciliatorio. Sólo quedaba que Leticia lo leyera.

—Rangel, la vida es más que leer, oír programas de política en la radio o pasear al perro. Hay gente a tu alrededor. Gente que recoge una impresión equivocada de ti.

—¿Una impresión equivocada? Nadie se equivoca. Soy como soy y eso es lo que recogen. ¿Debo aparentar para encajar con ellos?

—Esto es una ciudad con un tramado social. Caben 500 Chihuahuas aquí y yo soy la nueva. Y sin embargo, tú te desenvuelves como si fueras el recién llegado. Admito que te gusta el cine y el teatro. Pero no tienes con quién compartirlos... o no quieres —observó ella.

—Los comparto contigo, Lety. Y mientras menos gente, más nos toca. Pero en una muchedumbre todo se diluye. Hablando de muchedumbres, ¿por qué crees que nunca estuve en Disneylandia o en esos parques de diversiones hasta que tú llegaste?

Leticia no contestó. La miré a mis anchas. Era una mujer bella. Ahí, piernas y brazos cruzados, proyectaba una sensualidad perturbadora. Mi posición inclinada en el sofá me daba un ángulo visual ligeramente inferior a su nivel. Mis ojos se posaron en sus desnudas rodillas. La espectacular curva de sus muslos herméticamente cerrados sobre su sexo le daba ese toque femenino que siempre me ha cautivado.

—Hay una diferencia entre tú y yo —continué—. Mi vida la llenas tú pero yo no soy suficiente para llenar la tuya.

Pareció reaccionar. Desenredó el brazo derecho y lo extendió con la palma de la mano hacia arriba, los dedos ligeramente encogidos. El otro brazo continuó como abrazando su cintura mientras hablaba.

—Eso no es cierto. Tú sí llenas la mía. Sólo te pido una pizca de chispa. Una participación más plena. Quiero sentir que eres feliz con lo que yo hago. No quiero pensar que violo un espacio sagrado cada vez que me complaces. De alguna manera, siento que tu reloj es mi rival cuando salimos.

Terminó su alocución y de inmediato el brazo volvió a enroscarse sobre el otro. La mano se perdió bajo la unión del codo cual serpiente que entrara en su nido. Los turgentes senos quedaron montados sobre la equis de los dos brazos; posición cerrada en lenguaje corporal. Me levanté y miré por la ventana. Abajo, en la laguna, un par de chiquillos corrían tras los patos. Se me ocurrió que en aquel cuadro faltábamos yo y mi perro.

—Mi caballete está guardado, mis libros están a medio terminar; el cuarto oscuro está bajo llave y no voy a un partido de béisbol desde que tú llegaste. Renuncio a esos pequeños placeres para compartir contigo. Pero no puedo condicionar mi carácter a reír sin ganas o a adaptarme al ambiente de la fiesta en turno. Simplemente no me gustan las fiestas, Leticia. En cada reunión hay gente nueva. No me gustan los grupos de gente desconocida. Me siento incómodo aceptándolos por ser parte de los demás pero lo hago porque te disfruto a ti. No me pidas más; no me pidas vestir una careta.

Oí la voz de Leticia. Si bien su respuesta no era alentadora, su tono fue más sereno, menos inquisitivo. Aunque el tono de reproche ya no estaba, mantenía su posición.

—Tú eres así; yo soy así. Somos diferentes y no podemos cambiar. ¿Qué sugieres?

Me volví con la esperanza de encontrar una posición más abierta. No había tal. Las piernas y los brazos seguían igual. No pude menos que pensar que la mujer es como un ciervo cazador de leones... pero más contradictoria. Mi estilo de vida había cambiado desde su llegada y, sin embargo, mi novia me sitiaba dándome un ultimátum. Hice lo que cualquier león haría: romper el cerco.

—No hay nada qué hacer, Leticia. Sugiero que debemos seguir siendo nosotros. Tú a tus fiestas y yo a mis velorios —dije, echando a andar hacia la cocina.

El día transcurrió sin cambios. Por la noche, Leticia vistió de nuevo su escudo protector. Dormimos espalda con espalda y en la mañana siguiente, nuestro silencio atronaba la estancia. Mussolini barruntaba el problema y, sabiamente, se mantenía a distancia. Decidí que era hora de arreglar las cosas o, en definitiva, desarreglarlas. La molestia había regresado y me sentía incómodo.

—Me siento incómodo —dije—, y no pienso sentirme así

en la próxima media hora. Tú eres así. Yo soy así y no vamos a cambiar. ¿Qué sugieres?

Leticia no esperaba mis palabras. Se envaró y su respuesta tardó en llegar.

—Tienes razón. No podemos estar así —dicho lo dicho, se levantó con el plato en la mano y empezó a lavarlo en el fregadero.

No perdí mucho tiempo en busca de soluciones. Comprendí que eventualmente, la escena se repetiría si no se cortaba de raíz.

—Esta noche empaco. Puedes quedarte aquí el resto del mes. La renta está pagada. Si te gusta el departamento, puedes negociar un nuevo contrato —dije, limpiándome los labios.

No di lugar a nuevos argumentos. Salí y subí rápidamente al coche. En cuestión de minutos, el Pontiac se deslizaba por la autopista.

Al salir de mi trabajo llovía. Poniéndome el impermeable, me dirigí a una florería y ordené un ramo. Quería borrar los resabios aun cuando no deseaba la reconciliación. La duda se había anidado en mi corazón. Consideraba a Leticia una chica estupenda pero había llegado a la conclusión de que no era para mí. Esa noche, Lety hurgó en mi subconsciente y la verdadera razón de mi actitud afloró.

Al entrar en la estancia, Leticia Benavides me recibió con una sonrisa bailándole en los labios. En el recibidor, un par de maletas ocupaban una esquina.

La sonrisa de la chica no era su sonrisa característica, abierta y brillante. Era más bien una mueca dispuesta a ocultar el llanto.

—Como me vine me voy, cariño —me dijo, de pie en la sala.

Me sentí ridículo con el ramito de flores en la mano. Desalentado, me dejé caer en el sofá. Las rosas quedaron reposando en la mesita de centro.

—No quise... —empecé a decir antes de que ella me interrumpiera.

—Lo sé, amor. La decisión de irme es mía.

Tomó un florero con agua y colocó las rosas, extendiéndolas lentamente con los finos dedos.

—Esta vez no tocarán el suelo —dijo, mirando el ramo con intensidad—. Son tan bonitas.

La miré y la recordé recogiendo aquel otro ramo en el aeropuerto. Una oleada de tristeza me inundó a sabiendas de que la extrañaría.

—Acércate, cariño —dije, enternecido.

Leticia se sentó a mi lado. Sus dedos se deslizaron por mi pelo semi mojado por la llovizna.

—Siempre me ha maravillado ese copete. Cómo se mantiene erguido sobre tu frente —dijo.

Estuvimos un largo rato en silencio. El clima frío contribuía a hacer acogedor aquel momento. La lluvia caía con un sordo murmullo. Las plantas brillaban con los reflejos de luz de los balcones vecinos.

—La quieres todavía, ¿verdad? —preguntó Leticia quedamente.

No, no había reproche en su pregunta. Su tono era suave, de comprensión acariciante.

No supe qué decir. La pregunta no me había tomado por sorpresa. Callé.

A las dos de la mañana, las luces del avión desaparecieron absorbidos en parte por el agua y en parte por la negrura del cielo encapotado. De regreso, entramos Mussolini y yo en el recibidor. El perro se sacudió y fue a echarse en su rincón favorito. Tal vez al perro le importaba un rábano o tal vez Mussolini quería dejarme solo. Me senté en el sofá frente al florero. En la vacía sala flotaba aún el perfume de Leticia. Sabía que el aroma se iría finalmente. Sin embargo, pasaría largo tiempo antes de que el olor y los recuerdos se diluyeran por completo.

Leticia tenía razón. Berenice Aldrete no se había ido aún de mi memoria. Sin embargo, la ausencia de Leticia me abrumaba. A la confusión se sumaba la nostalgia. Pasó una hora antes de levantarme del sofá y meterme bajo las sábanas. El aroma de mi novia me asaltó de nuevo. Me sentí solo, muy solo.

Otro día, a las seis de la mañana, la pata de Mussolini me sacó del sueño. Abrí los ojos y ahí estaba la enorme cabeza invitándome a vivir. Abrí la puerta y el perro salió al jardín. En pijamas consumí el café tratando de leer. Renuncié al esfuerzo y arrojé el periódico al cesto. Mussolini entró y sentándose en sus cuartos traseros, me miró con aquella mirada tan suya, tan llena de interés. Acaricié su cuello y el perro trotó en busca de su correa. Juntos bajamos al lago de Echo Park. El ciclo se reiniciaba con Mussolini llenando aquel enorme hueco. Me tiré en el pasto y sacudí la cabeza de mi perro. Mussolini aceptó el reto de inmediato. Al siguiente segundo, hombre y perro forcejeábamos alegremente. Después de tres caídas sin límite de tiempo y un par de carreras de 100 metros con obstáculos, emprendimos el regreso, olorosos a pasto y tierra. Éramos otra vez nosotros, espléndidamente auténticos, rotundamente libres.

CAPÍTULO V

Una Novia para Mussolini

El tiempo siguió su curso. La vida en la Unión Americana, tan diferente a nuestro modo de vivirla, me dividió anímicamente. Por un lado, disfrutaba y compartía el orden y el sentido del deber característico del país y, por el otro, añoraba esa chispa de humanidad tan propia de los nuestros.

En la década de los setenta, los Estados Unidos era un país en ebullición. Se veían venir cambios drásticos en el horizonte. De hecho, el de los setenta era un Estados Unidos diferente al de los cincuenta. Pero a pesar de las heridas de Viet Nam y el impacto de la revolución sexual, todavía se podía viajar de pueblo en pueblo sin tener un trabajo fijo. La mano de obra no compensaba la oferta y, al estilo de las películas basadas en historias de viajeros (Road Pictures, como eran y son llamadas), uno podía buscar con la vista el clásico letrero de «se solicita empleado» en una ventana, entrar y, algunas veces, ya no salir hasta después de terminar el turno. Claro, no era tan fácil como en las películas pero, en esencia, era así.

El norteamericano medio es afable por naturaleza. Las óptimas condiciones de vida que el ciudadano promedio disfruta, no lo obliga a competir ferozmente por un puesto en el mercado laboral. Quizá en la actualidad las cosas han cambiado, pero hasta principios de los ochenta, la oferta superaba a la demanda.

Un día me presenté a mi trabajo como de costumbre. Antes de llegar a las instalaciones noté una gran agitación. Bajé la velocidad del coche y finalmente tuve que estacionar. Aún antes de cerrar la puerta del vehículo, me di cuenta que el origen del tumulto era mi sitio de trabajo. Había habido un incendio y el fuego había arrasado la empresa donde yo prestaba mis servicios. La chamuscada fachada del inmueble se apreciaba entre camiones de bomberos y vehículos policíacos. Un fuerte olor a materiales quemados y ceniza húmeda inundaba la atmósfera.

Al final de la crisis propia de un suceso como aquel, la compañía me ofreció el traslado a una sucursal de la cadena. Yo lo rechacé cortésmente y decidí que era tiempo de «cambiar de giro».

En mis ratos de ocio me dedicaba a pintar, escribir y revelar mis propios trabajos de fotografía. Todas aquellas actividades habían terminado cuando llegó Leticia y, casualmente, dos días antes del incendio, había sacado del armario mis pinceles y telas inconclusas con la firme intención de dar carpetazo a mi súbita soledad. Aquella mañana, al regresar a mi «cueva», miré los materiales regados por el piso y quedé inmóvil en medio del recibidor. Mussolini, desde luego, expresaba su alegría por el regalo de mi temprana presencia.

Algo pasó o, más bien... algo *no* pasó: no sentí esa excitación tan especial que el artista experimenta con la llegada de la inspiración.

Salí a la terraza. Al fondo, la belleza del lago inundó mi retina. Las colinas que cercaban la laguna presumían su verde y marrón salpicado de macetas atiborradas de colores. Miré los coquetos balcones, unos con caballetes idénticos al mío, otros con telescopios de tripié o mesitas dispuestas para el descanso. Una hermosa chica en bikini tomaba el sol tirada sobre una toalla. La mancha de agua en el centro del parque lanzaba destellos solares. En las orillas, algunas parejas se buscaban mutuamente. Los patos se amontonaban alrededor de una familia exigiendo su mendrugo de pan. Echo Park vivía ajeno a mi escrutinio. Parado en el balcón, concluí que la inspiración no vendría. Lo supe desde el instante en que la belleza del paisaje no me estimuló. El panorama no me impulsó a recoger los pinceles ni a agradecer al cielo por ser parte de aquel espectáculo. Estaba totalmente desconectado del entorno. A mi lado, Mussolini jugaba a las fintas con una abeja. Salí al callejón en busca de lo que no vi en el balcón. Nada. El angosto sendero pavimentado se perdía a mi izquierda, después de remontar la casa de Mariano, mi casero. El aguacate de este, que a veces miraba por largos ratos arrobado ante su frondosidad, se me figuró ahora una simple masa verde oscura. Miré a Musso y el perro correspondió. Una chispa se encendió en mi interior. Mussolini era mi punto de apoyo; Echo Park había muerto con la partida de Leticia.

—¿Cómo te caerían un par de días rascándote la panza en Big Bear? —le pregunté al perro.

El perro se sentó y sacó la lengua. La sonrisa resultante era indicio de felicidad. Interpreté que su respuesta era «sí».

—Bueno —le dije—. Ya sabes lo que hay que hacer. La correa te toca a ti.

Mussolini me escuchó con las orejas casi juntas y luego entró en la vivienda. Quince segundos después, el perro me miraba con su correa en el hocico.

—No tan de prisa, Musso. Hay que cargar la *lámina* primero —dije, haciendo tintinear las llaves.

Me encantaba hablar con mi perro. Aunque sabía que mis frases eran incomprensibles para él, su expresión alegre era lo más comprensible para mí. Disfrutaba enormemente la graciosa inclinación de su cabeza, tratando de captar con las orejas el más mínimo sonido de mis palabras.

Tomé el teléfono y marqué el número de mi casero. La voz de Mariano Anguiano sonó al otro extremo de la línea.

—Quiero entregarte el departamento, Mariano. Necesito ver otros cerros y otras caras —dije.

—¿Y a dónde vas?

—Al norte primero. Después, no sé.

—Te pegó con tubo la Leticia —opinó el casero.

—No, al contrario. Me enseñó que estábamos perdiendo el tiempo…ambos.

—Qué quieres decir, ¿que te vas a buscar un novio?

—No, ya tengo a Musso —dije, siguiendo la broma.

Por la noche, negocié con Mariano para entregar la propiedad con 15 días de anticipación sin pagar un mes completo de renta. En el sótano de su casa, Mariano guardó máquina y montura con la promesa formal de cuidarlas mejor que a sus inquilinos. Al día siguiente arreglé con un compañero de trabajo el almacenaje del resto de mis pertenencias y puse en venta mi automóvil. Con el producto de la venta compré una furgoneta *van* y de inmediato procedí a pintarle en cada costado1 anuncio que decía:

ANUNCIOS A PINCEL Y BROCHA.
RÓTULOS, PINTURA MURAL Y DECORATIVA
TRABAJOS POR PIEZA O POR SUPERFICIE.

En una tira magnética puse el número de teléfono. El plan era abrir un número localmente mientras viajaba. Lo único que tenía que hacer era comprar los números de vinil con adhesivo y armar el nuevo número sin trabajar sobre la carrocería. Trabajaría con un número diferente en cada área.

En medio de una sostenida *conversación* con Musso empaqué lo necesario, reservé por teléfono una cabaña al lado del hermoso lago montañés y, dos horas más tarde, el vehículo subía las empinadas cuestas de la cordillera de San Bernardino. Tres días después, cuando bajé de la montaña, estaba listo para partir.

Metí en una maleta de lona mis pinceles, pinturas y adelgazadores y acomodé en la furgoneta mi ropa, artículos de cocina desechables, el saco de dormir, la cafetera, cobijas y una buena cantidad de botes y costales de comida para Musso. Protegí contra las sacudidas del camino el equipo de fotografía (cámara, lentes, limpiador de lentes y película). Compré una hielera portátil y la atiborré con carnes frías y bebidas diversas.

Terminé de cargar atando la bicicleta en el techo del vehículo. Después de cancelar servicios de gas, luz y teléfono, entregué las llaves del departamento y llené el tanque de gasolina. Lo último que hice en la ciudad de Los Ángeles antes de salir al camino, fue sacar dinero del banco para los gastos de viaje.

La furgoneta tomó la carretera 101 con rumbo al norte. Al caer la noche, paramos en un área de descanso. Mussolini se tendió en su tapete y yo me envolví en una cobija ligera. No hacía calor ni hacía frío.

—En el primer pueblito que nos guste rentaremos un cuarto por semana. Si no te admiten, tendrás que dormir aquí, Musso —dije, antes de cerrar los ojos.

El perro se dio la vuelta y quedó panza arriba. Era el 16 de septiembre de 1973, el día de mi cumpleaños número 33.

*

Mussolini y yo recorrimos muchos pueblos y ciudades de la costa oeste. Pintando rótulos en los comercios, llegamos hasta la parte norte del estado de Oregon. Después, en diagonal por la carretera 84 pellizcamos la esquina sureste de Utah. En la ciudad de Salt Lake cambiamos de carretera para cruzar los nudos montañosos de Idaho y Wyoming. En Cheyenne entramos a Colorado y desde ahí, en plomada por la 25 hasta Las Cruces, Nuevo México.

Mi plan de trabajo era bien sencillo. Una mochila especial con los pinceles viajaba en el lomo de Mussolini. Las pinturas (negra, blanca, roja, azul y verde como materiales básicos), las cargaba yo en una mochila de espalda. Es claro que los pinceles cabían perfectamente en mi mochila. Pero no había agente de ventas más efectivo que mi perro. El impacto del perro «pintor» me daba la simpatía de la mayoría de mis clientes potenciales.

—Le pinto cualquier tipo de letra que usted me pida, en un solo color o combinada. Si mi trabajo no le gusta, me regala agua para mi perro, un refresco para mí y una propina para los materiales. Puedo pintar su negocio, la fachada completa tipo mural o las puertas de su camión. Estos son mis trabajos —decía, sacando un catálogo mientras Mussolini esperaba con su mochila llena de pinceles.

Para cuando yo terminaba, no solo mis honorarios quedaban cubiertos sino que la familia completa y el perro de la casa aumentaba la lista de nuevas amistades. Fueron incontables las comidas gratis después de terminar un humilde letrero e, igualmente, las invitaciones a departir en trabajos de 1 o 2 semanas de duración pintando enormes fachadas. Era tan efectivo mi perro, que en media docena de poblados pernoctamos en la casa de nuestros propios clientes.

En la etapa final, viajando de este a oeste, entramos en California. En el valle de Coachella me desvié con rumbo al sur. Dejé la súper autopista 10 para entrar en la carretera 74 que atraviesa las montañas de San Jacinto. En el corazón de las montañas hay un pequeño poblado de tipo alpino con una especie de campamento—escuela de astronomía. El pueblo se llama Idyllwild. Un amigo me había enviado una carta sugiriéndome pasar al campamento.

Supuestamente, los directivos estaban interesados en pintar una bóveda con motivos estelares simulando un firmamento. Yo tenía referencias de una montaña de altitud considerable al sur de Palm Springs a la cual se llegaba en un funicular. Sin embargo, no tenía idea de ningún sitio poblado más allá de la estación de destino del funicular. Decidí llegar por dos razones: la oferta sonaba tentadora y me daba la oportunidad de explorar una ruta desconocida.

Idyllwild está a casi 6.000 pies de altura. La carretera 74 que nace en el desierto, serpentea subiendo entre las montañas y baja por el otro lado hasta otra región desértica. Luego continúa en terreno plano y, después de volver a subir una cordillera más pequeña llega hasta su punto final en la costa del Pacífico.

Palm Desert, a ocho millas al este de Palm Springs, es un poblado de gente acomodada enclavado en el desierto. Es la última población antes de subir la empinada cuesta. Para evitar contratiempos, decidí que era obligatorio echar algo en la barriga de la furgoneta, en la de Mussolini y en la mía.

Después de cargar gasolina, atravesamos la ciudad y en las afueras encontramos un restaurante con patio al pie de las montañas. Tomé asiento y Mussolini se echó a mi lado. Una pareja me observaba o, para ser honesto, observaba a Musso desde el otro extremo del patio.

Como siempre, al margen de mi orden pedí algo ligero cocinado con carne molida para mezclar con la comida de Mussolini. Y como siempre, antes de sacar de una pequeña valija el plato de aluminio de mi perro, puse al tanto de la situación a la camarera. Era un acto de cortesía de mi parte que siempre apreciaba el personal de los sitios públicos.

Noté que la pareja del otro extremo nos observaba con atención. Ya habían terminado de comer. Sin embargo, ordenaron dos refrescos que no tocaron y continuaron en sus sillas. Al cabo de 15 minutos, era obvio que estaban cautivados con Mussolini.

Cuando la orden llegó, vacié la comida de mi perro en su plato y mezclé el guisado de arroz con carne de pollo que la chica había traído. Mussolini comió con apetito pero sin voracidad. Los modales en la mesa eran otro atributo de Musso. De la misma valija saqué la cantimplora y una ollita y vacié agua limpia para mi perro.

—Se llama Mussolini —dije en inglés, mirando a la pareja. Es muy amigable.

La pareja sonrió al unísono.

—¿Mussolini? —preguntó ella.

Al oír su nombre, Musso prestó atención a la pareja y meneó la cola.

—Ve, Musso. Son tus amigos —dije, a sabiendas de que el perro sabía quién había pronunciado su nombre.

El perro avanzó con esa majestad que tiene el pastor alemán; las orejas hacia arriba, el cuello ligeramente inclinado y el frondoso rabo casi arrastrando tras los poderosos cuartos.

Fue amor a primera vista. Hombre y mujer dejaron de lado cualquier quehacer o deber y se volcaron sobre el perro. Este, baquetón, se dejaba hacer, volteando de vez en cuando hacia mí. La mujer dijo algo a su pareja y el hombre comentó:

—Su descendencia sería extraordinaria, con seguridad.

—Bueno, eso dependería también de la novia —opiné a mi vez.

—¿Podemos sentarnos un momento con usted?

—Será un placer. Los amigos de mi perro son mis amigos —dije, arrimando una silla de al lado.

—Mi nombre es Henry Hendricks y ella es Margo, mi esposa —se presentó el hombre.

—Rangel Rivera para servirles. Ya conocen a Mussolini Rivera —me presenté a mi vez.

—Es un animal increíble; ¿lo mandó a la escuela? —preguntó ella.

—No, lo entrené yo. Bueno, no sé si yo lo entrené a él o él me entrenó a mí —dije.

Los Hendricks rieron de buena gana.

—Lo vimos bajar de aquella furgoneta. ¿Se dedica a pintar rótulos?

—*Nos* dedicamos; Musso es mi ayudante —aclaré, apuntando a Musso con el tenedor.

Ambos sonrieron como aceptando una broma.

—No, es en serio —insistí—. Mussolini carga los pinceles y se encarga de conseguirme clientes. Lo que acaba de comer es parte de su salario.

Tuve que describirles la labor física y subliminal de Musso. Cuando terminé, Henry y Margo estaban vivamente impresionados.

—Rangel, tengo una fábrica de palos de golf y creo que nos vendría bien un anuncio nuevo. Si le interesa, puede venir mañana o cuando tenga tiempo. Es aquí sobre la carretera.

Rechacé la petición y me vi obligado a explicarles la historia de mi viaje.

—Como ven, voy de paso y si el trabajo que me espera en Idyllwild es del tamaño que me describieron, seguramente me llevará más de 15 días.

—Qué lástima —se lamentó Henry.

—¿De qué tamaño es el anuncio? —pregunté.

—Oh, es una simple ventana de vidrio —contestó Henry.

—Bueno, si no son más de 30 letras se los puedo hacer hoy mismo.

—¿De veras? —preguntó entusiasmada Margo.

—Prometido.

El anuncio de marras tenía el nombre de la fábrica, el giro y el número de teléfono. Después de pagarme, Henry se acercó y titubeó. Era claro que deseaba pedirme algo. Yo lo animé en su intención.

—Quiero hacerle una propuesta, Rangel. Obviamente, está en su derecho de rechazarla y le aseguro que no habrá reacciones de mi parte.

El hombre calló y yo lo animé a seguir.

—Acabamos de llegar de un criadero de perros en Mountain Center. Veníamos de allá cuando nos encontramos en el restaurante. Le dimos al criador 300 dólares como depósito por un cachorro que ya nació. Por ley tengo tres días para cancelar el trato y eso es lo que haré si usted acepta lo que voy a proponerle.

Margo apareció con una charola. Escogió un emparedado para mí y puso en el suelo un plato de comida para perro. Henry aclaró:

—Era comida de Rufo. Murió hace 15 días —dijo con desaliento.

Los Hendricks no querían un perro para cuidar la casa o para que jugara con sus niños. Los Hendricks no tenían niños. Los Hendricks «necesitaban un perro» porque toda su vida habían tenido uno.

En las paredes de la casa colgaban cuadros con fotos de diferentes animales de diferentes edades, todos ellos pastores alemanes.

—Tienen predilección por el pastor alemán —opiné.

—Somos de Nuremberg. Es la raza que nos distingue —dijo Margo con una débil sonrisa.

—Earl, el criador —intervino Henry—, tiene una perra que entró en celo. Es una perra preciosa y, desde luego, yo me interesé en ella. Me dijo que tiene planeado viajar para buscar un perro de porte y personalidad para aparearla. Que si nos interesaba, podíamos asignar el dinero para un cachorrito de ella por 200 dólares extra.

Hubo una pausa. Henry se volvió hacia el perro.

—Mussolini es la razón de que estemos hablando —dijo, pasando un brazo sobre los hombros de su esposa.

—De ahí lo de la «descendencia extraordinaria» —comenté, acotando lo dicho por Henry en el restaurante—. Supongo que se trata de buscarle novia a Musso —agregué.

—Exactamente —confirmó Henry.

—Bueno, Musso no creo que ponga objeciones. Si él hace su trabajo, habrá descendencia. Ya fue padre una vez. Supongo que su oferta tiene que ver con comprar un cachorrito —le dije a Henry.

—Así es —confirmó este.

—Nosotros pensamos que si usted acepta, le pagaremos los gastos de estadía y, además, una buena participación. Tenemos dinero —ofreció Margo.

—La oferta va más allá. Usted tiene derecho a un cachorro gratis. Si acepta, nosotros se lo cuidaríamos hasta que usted lo recogiera. Esto es, si no puede esperar —agregó Henry.

—Yo les tengo una contra oferta: ¿Por qué no cancelar en definitiva y yo les regalo mi cachorrito?

Henry se acarició la barbilla antes de contestar.

—No sé cómo reaccionaría Earl. Son 800 dólares los que estaría perdiendo. No me sorprendería si me dijera que no necesita a Musso. Hay que tomar en cuenta que pudiera tener candidatos ya o conseguirlos fácilmente. Los criadores tienen contactos.

—Entiendo —dije—. Con todo, llevarle a Musso hasta las puertas le ahorraría a Earl tiempo y dinero. Pero bueno, yo no tengo ningún inconveniente, siempre y cuando se arregle lo del hospedaje. Si lo de Idyllwild se concreta, el hospedaje no es problema. Si no, habría que pensar en un lugar para esperar.

Las caras de ambos se iluminaron.

—Espacio sobra. Tenemos tres recámaras extra y somos solos. Sería nuestro huésped —dijo Henry. Después de una corta pausa, el alemán agregó: —Haré algo que puede ser benéfico para usted y, desde luego, lo será para nuestro cachorro: recogeremos el perrito que le corresponde. Si lo desea, se lo puede llevar después. Si no, será una estupenda compañía para el nuestro.

Acto seguido, Henry levantó el teléfono y habló con el criador.

—El criadero está en Lake Hemet. Earl nos estará esperando —dijo.

Margo se acercó y me hizo una pregunta:

—Si decide quedarse con el cachorro; ¿preferiría macho o hembra?

—Hembra —contesté.

—Pediremos una hembrita —prometió la dama.

—Síganos —pidió el hombre subiendo a su Mercedes.

Salimos de casa del matrimonio y 15 minutos más tarde, el Mercedes y mi modesta furgoneta subían la empinada cuesta.

El criadero estaba en un rancho a medio camino sobre mi ruta. Era un hermoso lugar enclavado en un valle entre pinos, cedros y robles rodeados de montañas. El rancho no estaba propiamente en el pueblo sino en un claro al final de una desviación. Un gran letrero en el portón prevenía: CUIDADO, ESTA PROPIEDAD ES PATRULLADA POR PERROS DE PASTOR ALEMÁN. Una segunda línea en letras mucho más pequeñas decía: TOQUE EL TIMBRE.

Earl resultó ser un ranchero efusivo y de sonrisa fácil. Tan pronto vio a Musso, apresuró el paso desde su casa. De inmediato aparecieron un par de perros de buena estampa. Los perros se adelantaron a Earl hasta la cerca, ladrando. Musso, como siempre, guardó la compostura. Sentado los vio llegar y ladrar a través del cerco sin cambiar de expresión. Erguido y con las orejas paradas, parecía sonreír con la lengua colgando, los ojos siguiendo los movimientos de los dos canes.

La pareja y el criador se saludaron a distancia. Earl se acercó poniendo orden a una voz de mando. Los perros cambiaron los ladridos por un olfateo constante.

Después de las presentaciones, el criador opinó, mirando a Musso:

—Tenías razón, Henry. Es un animal precioso.

Mussolini permanecía sentado muy derechito, el ancho pecho disparado hacia adelante. El perro volteó hacia mí.

—Adelante, Musso —dije, y Musso de inmediato se acercó a olfatear a sus congéneres.

—¿Creen que haya problemas si abro el cancel? —preguntó Earl, mirando a Musso.

—No con mi perro. No sé con los suyos —dije, tendiéndole la mano al criador.

—No sé —dijo Earl—. Con los perros nunca se sabe.

—Si me permite, nos podemos dar cuenta —sugerí.

Con la anuencia de Earl abrí el portón y me acerqué a los dos animales. Con ambas manos colgando a mis costados, dejé que los perros me olfatearan. Al instante en que ambos estuvieron a mi alcance, abrí los puños y de inmediato los perros alcanzaron los bocadillos que guardaba en la palma de mi mano. Di dos vueltas alrededor y, a la vista de los perros, extraje más comida del bolsillo.

Con los bocadillos en la mano abrí el portón y, tomando a Musso del collar, lo entré en la propiedad al tiempo que soltaba la comida a los perros anfitriones. Musso ignoró totalmente a los canes y empezó a olfatear. Los perros de Earl se acercaron a olfatear a Musso. Los tres animales empezaron a retozar después de olfatearse mutuamente.

—Eso se llama dominio —dijo Earl, mirando la muestra de camaradería canina

—Conozco a mi perro —dije—. No atacará a nadie si no es de extrema necesidad.

—Pero no conoce a los míos —opinó Earl, intrigado.

—Los conocí desde el primer momento. Ladridos, orejas hacia atrás pero rabo en movimiento, no hay peligro. Orejas hacia atrás, gruñidos y rabo tieso, cuidado; posición de ataque. Sus perros estaban en el primer grupo desde el principio —dije, acariciando a uno de los animales.

La perra era un hermoso ejemplar con las mismas características de Musso. El trato se hizo. Después de un intercambio de documentos y acordar que recogería a mi perro en siete días, dejé a Musso en la propiedad y proseguí mi camino. Si conseguía el trabajo, volvería por el can en una semana. Caso contrario, tendría que bajar al desierto y pedirle posada a los Hendricks por los días restantes. Estos tomaron la carretera de regreso y yo continué hacia el oeste.

Idyllwild resultó ser un paraíso tan sólo a 15 millas del criadero. El pequeño poblado, rodeado de valles, montañas y desfiladeros, se extendía con cabañas y construcciones de troncos y madera a la vera de escarpadas y caprichosas callejuelas.

Las casas, rodeadas de árboles, hojarasca y peñas de diferentes tamaños, seguían un patrón de templetes, plataformas voladas, escaleras rústicas y las omnipresentes chimeneas de piedra. Algunas casas parecían esconderse entre enormes pinos en áreas alejadas del camino. Otras parecían colgar precariamente, apoyadas en gruesas vigas clavadas en el terreno. Desde cualquier punto del villorrio, era posible distinguir una enorme roca distintivo del lugar: un peñasco con las dimensiones de un edificio de 10 pisos y la anchura de un campo de fútbol. Lilly Rock le llamaban a la gigantesca roca.

Estado de Oregon, un día cualquiera de mi lejana niñez. Tengo 8 años de edad. De las polvorientas llanuras de La Cañada en Sonora, viajamos al aserradero de Inga Springs. Tía Isabel debe recoger el cadáver de mi tío Valdemar, su esposo. El viaje se realiza antes de que el capitán Reséndez aparezca en nuestras vidas. Tres trenes y miles de pies hacia arriba hasta Inga Springs y una camioneta que sube y sube haciendo ochos por un camino cubierto de nieve. Después de una curva, una roca enorme parece surgir de la tierra. La tía Isabel llora a la vista del peñón. La Pietra Grande, le llama, mirándola más tarde por la ventana de una rústica cabaña de troncos.

Era yo muy chico. Los detalles no son muy claros, pero Lilly Rock de inmediato despertó recuerdos dormidos en mi ser. Una enorme roca en un aserradero entre pinos y montañas 26 años atrás y Lilly Rock ahora, a 6.000 pies de altura y a escasos 40 minutos del desierto. Idyllwild estaba en California pero, por un momento, el *Deja Vu* me transportó en el tiempo. El desfile de nombres y lugares que nunca me abandonan se materializó de nuevo en mi memoria: La Cañada, Urebó, el Pecoso, Baudelio, el Macetón, la Colorina, el Canelo, Damián, el tío Valdemar, tía Isabel, Rangel Reséndez y mi madre desaparecida. Curiosamente, tanto hoy como en aquel otro viaje, un perro de pastor espera mi regreso: el Macetón en La Cañada en 1948 y Mussolini ahora en un poblado llamado Lake Hemet.

Saqué la cámara con el telefoto y disparé hasta acabarme el rollo. Idyllwild me gustaba y, con el correr del tiempo, el sentimiento se hizo mutuo.

CAPÍTULO VI

Nina, Caro y Miau Miau

El trabajo en Idyllwild resultó una obra monumental. Debería pintar la bóveda de un auditorio con capacidad para 400 personas. La mayor parte de tiempo se iría en los preliminares. Habría que contratar 1 par de ayudantes y construir dos andamios.

—Esta será su cabaña —dijo Richard Nolan, el director del campamento, señalando una construcción de dos pisos a la orilla del camino.

La estructura no podía ser más típica de una cabaña en la montaña: hecha de troncos y chimenea de piedra, lucía la imprescindible pala para la nieve a un lado de la puerta. La pila de leña bajo un tejadillo, muchos pinos alrededor, aire transparente oloroso a resina y caprichosas veredas entre robles, cedros, pinos, troncos caídos, rocas y gruesos colchones de hojarasca, pintaban un cuadro sacado de algún rincón del norte de Montana. Una modalidad que hasta antes de mi viaje al norte era desconocida para mí fue que en el primer piso se encontraban el pasillo de entrada, la recámara y un baño. La cocina, la salita y un pequeño espacio para comedor, se ubicaban arriba. Esto se debía a que las nevadas más fuertes bloqueaban las ventanas en la planta baja. Por tanto, había que aprovechar la luz diurna en la parta alta.

Pasamos a la oficina y firmé el contrato, cautivado con la perspectiva de vivir en aquel rincón del cielo.

En dos patadas colgué casitas comederos para pájaros alrededor de mi cabaña, En la cocina del campamento, los cocineros me separaban los mendrugos de pan para las ardillas y en el pueblo me hice de una bandeja ancha para el agua. Al cabo de seis días, la sinfonía de las aves y el murmullo de los roedores eran habituales alrededor de mi casa.

Todo marchó sin novedad hasta el día en que tenía que recoger a Mussolini. Antes de manejar a Lake Hemet, decidí darle servicio a la furgoneta. Por la mañana, Mr. Nolan me siguió al taller local para traerme de regreso. Después de las indicaciones acerca del tipo de servicio que necesitaba, subí en el vehículo del director y... ahí fue donde la puerca torció el rabo.

—¿A qué vas a Lake Hemet? —preguntó Mr. Nolan.

—A recoger a mi perro. La luna de miel ya terminó —dije, con una sonrisa en los labios.

Hubo una pequeñísima pausa antes de que Mr. Nolan abriera la boca. Ese breve intervalo hizo efecto en mi subconsciente. De pronto caí en cuenta que no había visto un sólo animal doméstico en el campamento. Abundaban las ardillas, los conejos, coyotes, pájaros y todo tipo de animales silvestres, incluidos algunos venados que mi cámara había captado en mis paseos. Pero no había un sólo perro o gato.

—¿A recoger... o a visitar? —preguntó el director.

—¿Hay diferencia? —pregunté con tono tenso.

—La hay, Rangel. No se permiten perros en el campamento. Está en tu contrato.

«No se permiten perros», es una de las frases chocantes en nuestra sociedad. Desgraciadamente es una frase que abunda en América, incrementándose gradualmente al sur de la frontera con los Estados Unidos.

No dije nada. Me lamenté de no leer el contrato antes de firmar. Ahora ya era tarde. No había nada qué decir. Mr. Nolan notó el cambio y tampoco habló por un buen trecho.

—Nada contra los animales, Rangel. En casa tengo dos gatos y dos perros. Pero aquí en el campamento, hay reglas y tenemos que seguirlas.

—«Yo nací aquí. Tú acabas de llegar y ahora me echas», le dijo la ardilla al ermitaño —dije para mí, en español.

—Lo único que entendí fue «ardilla» —dijo el director.

—Al menos usted entiende algo, Mr. Nolan. Yo no entiendo nada —dije, sin despegar la vista del cristal.

Mr. Nolan no contestó. Al llegar bajé del automóvil y después de dar las gracias, empecé a retirarme.

—¿A qué horas te llevo a recoger el vehículo? —preguntó el director.

—No hay necesidad, Mr. Nolan. Iré en la bicicleta. Necesito ejercicio.

—Rangel, escúchame; hicimos un contrato de trabajo temporal como lo hacemos siempre. Son reglas para todo el mundo; nada personal —dijo Mr. Nolan, comprendiendo que mi actitud iba más allá de discutir una simple regla.

—Tengo un perro que no puedo tener conmigo, por tanto tengo un problema. Hoy mismo lo atenderé. Encontraré la solución sin duda.

—Bien, atiende tu problema. Pero te quiero mañana temprano en el campamento. ¿Está claro?

«¿Está claro?» La pregunta retumbó en mis oídos e intuí que la respuesta implícita debía ser «sí». Sentí que el sargento le daba una orden al recluta. Obviamente, yo era el recluta.

—¿Está claro? ¿Acaso no aclaré claramente que atendería el problema? ¿Qué es lo que no le resulta claro que no me queda claro Mr. Nolan? —solté la retahíla de preguntas con obvia irritación.

Mr. Nolan no esperaba mi reacción. Me miró un momento inquisitivamente y concluyó por su cuenta:

—Bien, veo que nos entendemos. Que atiendas el problema es lo que importa —dijo, encaminándose a la oficina.

Hay una diferencia abismal entre mi cultura y la cultura norteamericana. En ingles, las cosas son directas y sin *suavizantes*. En español, el lenguaje es más florido. Pareciese como si el angloparlante antepusiera la intención, hablando sin tomar en cuenta la reacción del sujeto. Nosotros, a la inversa, le damos más importancia a la diplomacia. Las palabras del director fueron como lija tallada contra mis nervios, mientras que las mías pareciese que hubieran resbalado con jabón en el lomo de mi jefe. Desanduve el camino andado y entré a la oficina detrás de Mr. Nolan.

—No creo que nos entendemos del todo, Mr. Nolan. No he cobrado ni un centavo aún. Invertí en los materiales sin pasarles los recibos y he trabajado siete días corridos. Ahora, usted me habla como si me hubiera pagado por adelantado y me hubiera sorprendido empacando las maletas —dije, en franca rebeldía.

—Tratos son tratos, Rangel. No hay nada que discutir fuera de ello. Nada personal, te lo repito.

—Al contrario, Mr. Nolan. Esto es personal ahora. Quiero averiguar qué hice para que usted me hable así.

Mr. Nolan me miró como si no entendiera mi petición.

—Francamente, no te entiendo, Rangel. Me parece que tu reacción es excesiva. Mi deber es prevenir y eso es lo que hice. No sería justo que te aparecieras con tu perro y tuviera que suspenderte.

—Usted hizo lo correcto; me previno. Pero yo acaté y, sin embargo, terminó regañándome.

—Nadie te regañó, Rangel. Dije algo tan simple como lo que no está permitido. Hablé en un inglés claro y simple y me contestaste en español.

—Lo que dije en español fue una alegoría. Es la queja de una ardilla. Vive tranquilamente en su pedazo de bosque y luego viene un hombre con sus reglas. Son reglas que restringen la vida de la ardilla. Hasta allí todo va bien. Se puede vivir en orden, para eso son las reglas. Pero vienen otros hombres detrás y construyen un camino. Al día siguiente aparece la primera ardilla atropellada. Después mueren muchas más. En el bosque aparece un bosque de letreros con reglas y el bosque ya no es de las ardillas. Ahora hay trampas contra las abejas y veneno contra ratones que, por supuesto, también mata a las ardillas. Estas se tienen que mudar donde no haya letreros o morir.

Mr. Nolan reaccionó impaciente.

—Vamos, Rangel. No tienes que practicar ese activismo conmigo. Las reglas de la compañía son precisamente para proteger el medio ambiente. Los perros y los gatos son animales de presa. No queremos perros comiendo conejos por aquí. He visto cómo te gustan los animales y eso me gusta. Me gusta tu personalidad y quisiera que todo el mundo fuera como tú. Pero tengo un trabajo qué hacer y no tengo opciones.

—Está claro que no las tiene, Mr. Nolan; pero yo sí. Entre mi trabajo y sus reglas está mi perro y esa es mi opción. Sucede que mi perro no come conejos.

A estas alturas, mi posición se había radicalizado. Si al principio quería simplemente buscar una solución, ahora estaba abiertamente a la ofensiva. No podía imaginar a Mussolini comiéndose un conejo.

—Eres increíblemente apasionado. No había conocido a nadie tan empeñado en un asunto como este. No concibo cómo era tu vida en la ciudad.

—Difícil pero aceptable. Demasiadas reglas poco claras. Pero las aceptaba. En las ciudades no hay conejos pero la vida es peor para los animales. Usted no puede entrar a un mercado con su perro, incluso si su perro brilla de limpio. Pero un vagabundo apestoso a licor y a suciedad puede pasearse sin reglas que se lo impidan. Usted va a una ferretería de esas gigantescas donde uno mismo recoge lo que necesita y al salir le revisan la bolsa como si fuera un ladrón. Claro, porque hay otros que sí son ladrones. En otras palabras, tienen que lidiar con ladrones pero no le permiten entrar a su perro. ¿Por qué?; por higiene, Mr. Nolan. Pues bien; jamás tuve media palabra de desacuerdo. Simplemente acepté las reglas. Aquí las respetaré también pero me revienta que pretendamos ser tan perfectos cuando vemos tanta porquería alrededor.

La conversación había subido de tono gradualmente. La gente alrededor empezó a voltear con miradas inquisitivas. Mr. Nolan captó la situación igual que yo.

—Es posible que esta dificultad haya nacido de tu comentario, Rangel. En el futuro quisiera que te dirigieras a mí en el idioma que entiendo como el resto de los empleados.

—Concedido, Mr. Nolan. En el futuro le hablaré sólo en *englishpanishpeackingenglish*. Pero creo que hay un mal entendido; yo no soy su empleado. Se me contrató para una tarea que estoy obligado a terminar y ya.

—Bueno, Rangel, limitémonos a lo que cuenta. Tienes un contrato; te sugiero cumplirlo.

La posición de Mr. Nolan respecto de las reglas y su insistencia en recordármelas me exasperaba.

—Cumpliré Mr. Nolan. Firmé el contrato y terminaré el trabajo. Mi perro no vendrá. Sus conejos pueden estar tranquilos.

—Bueno, espero que no haya resabios. No es bueno para el resto del personal.

—Limitaré mis contactos con el personal. Y me sentiré más cómodo si limito mis visitas al comedor. No quiero una relación más allá de mi contrato. Nada personal... ¿está claro?

Mr. Nolan me miró con una tenue sonrisa.

—Está claro, Rangel —dijo, dando por terminada la discusión.

Después de aquella agria «toma de posiciones», todo volvió a la normalidad. Aparte de nuestros deberes y privilegios laborales, quedó claro también que la mentalidad americana es increíblemente práctica. A pesar de mi posición tan radical, Mr. Nolan no alteró su trato conmigo. El saludo, el comentario espontáneo en nuestros encuentros, la pregunta amable tocante a mi confort o necesidades habitacionales o la felicitación calurosa por los resultados de mi trabajo, siempre, siempre estuvieron presentes en sus labios.

Lo dicho; una mentalidad increíblemente práctica o una cultura asombrosamente fría.

*

Manejé las 15 millas que me separaban del criadero. Al llegar, Mussolini emprendió la carrera tan pronto como miró la furgoneta. Su *esposa* Daisy le seguía.

Earl abrió el cancel y me dio buenas noticias. El apareamiento se había realizado. Sólo faltaba realizar las pruebas para ver si Daisy estaba preñada.

—Hay una dama en Anza que tiene problemas con su perro. Yo le hablé de ti y de lo que había observado cuando viniste. Vio a Musso y quedó vivamente impresionada de su comportamiento. Quiere saber si podrías echarle una mano con Caro, su perro —dijo el criador, después de estrechar mi mano.

—¿Caro? —pregunté, extrañado por el nombre.

—Sí; ella es italiana.

—Yo no soy entrenador pero nada pierdo con echarle un vistazo a Caro —dije, acariciando a Daisy.

Anza era un pequeño villorrio situado a un par de millas al sur de la carretera a Palm Desert. Con Musso en la cabina metí el embrague y continué mi camino. Una semana antes, de subida rumbo a Idyllwild, Lake Hemet me quedó en el camino de subida y, ahora, Anza me quedaba en la ruta de bajada.

Desde el cercado vi a Caro. Era un hermoso gran danés blanco con manchas negras. Como todos los perros grandes, este era de natural afable. Le pasé la mano por la cabeza y el perro movió el rabo.

Mussolini miraba atentamente desde la cabina. Silbé y el poderoso perro salvó la ventana de la furgoneta de un salto. En cinco segundos, Musso estaba a mi lado, mirando a Caro. Una hermosa mujer apareció rodeando la casa.

—Mi nombre es Rangel. Me manda Earl —dije, mostrando el papel con la dirección.

—Sí. Desde que vi a Musso supe de quien se trataba. Me llamo Nina, dijo la dama.

Otra vez la razonable precaución antes de abrir el portón y otra vez yo, disipando las dudas. Abrí el portón y, en 1 minuto, Caro y Musso retozaban alegremente.

Caro tenía la costumbre de perseguir al gato de la casa. Tan pronto como ponía una pata adentro, el perrazo de inmediato iniciaba la persecución y el gato salía disparado para ponerse a salvo

—Es muy traumático tener que esconder a Miau Miau cada

que entra Caro —dijo Nina, acariciando la cabeza de Musso.

—Esconderlo no resuelve nada —dije—. Al contrario, el olor instiga al perro. Estoy seguro que Caro sabe que «hay gato encerrado» cuando entra.

—Pero ¿qué puedo hacer? No quiero que se lo coma.

—Na, a los perros no les gusta la carne de gato —dije, sonriendo.

Nina me invitó a pasar después de preguntarme si Musso debía entrar. Le dije que el perro estaría encantado de corretear un rato y entramos.

En una silla de ruedas, una anciana acariciaba a un hermoso gato blanco. Noté que el gato no se puso tenso al notar que la puerta se abría.

—Mi madre y Miau Miau —dijo Nina.

—Encantado, señora, ¿me permite? —le pregunté, tomando a Miau Miau.

Acaricié al gato detrás de las orejas y pasé mis manos por debajo a lo largo del cuello, bajo la quijada. Miau Miau me olfateó las manos y luego se relajó en mis brazos.

—Esta es una tarea para Musso —dije, depositando otra vez al gato en el regazo de la anciana.

Nina y yo salimos de la casa y le dije:

—Déjeme especular. Caro entra y Miau Miau corre tan pronto Caro se acerca. Caro se pone a perseguir a Miau Miau tan pronto Miau Miau emprende la carrera. Caro Lo corretea pero nunca lo ha alcanzado. ¿Es así?

—Así es —dijo Nina.

—Bien, pues hay que dejar que Caro lo alcance.

Nina abrió la boca pero de sus labios no salió palabra alguna. Abrió los ojos en muda interrogación.

—Necesito que mantenga a Miau Miau en el regazo de su mamá y cierre puertas y ventanas —le pedí—. No se preocupe. Esta noche, Caro no cenará carne de gato.

Nina asintió. Entró en la casa, cerró todas las vías de acceso y regresó al porche.

—Vamos a entrar usted, Musso y yo, pero Caro debe quedarse afuera. Después entraremos con los dos perros. Necesito que usted actúe naturalmente. No haga nada pase lo que pase. No debemos provocar la huida del gato. ¿De acuerdo? —pregunté.

—De acuerdo —asintió Nina y entramos.

El gato miró a Mussolini y se medio incorporó en el regazo de la anciana. Mussolini detuvo su marcha detrás de mí y levantó la cabeza en busca de instrucciones. Yo le pedí que siguiera. La anciana no se movió en su asiento. Por el rabillo del ojo noté que Nina se envaraba. Una señal mía la invitó a seguir caminando.

Nos acercamos a la silla de ruedas. Musso ni siquiera prestó atención al gato. Este vio pasar al perro, girando sobre sí mismo.

Di dos vueltas alrededor de la silla con la mirada de Miau Miau fija en Mussolini. Me dejé caer en un sofá y le ordené al perro que se echara. Musso se echó en la alfombra a mi derecha, mirándome con fijeza. Seguramente había confusión en su mente. No todos los días le ordenaba echarse sin una razón específica. Le acaricié la frente y el perro colocó la cabeza entre las patas, más tranquilo. Los ojos de Musso volaron a los del gato. Lo miró, echó las orejas hacia atrás e inmediatamente perdió interés. Musso quedó inmóvil, moviendo sus ojos desde el suelo.

Me levanté y fui directo donde la madre de Nina. Tomé al gato y lo traje al sofá en brazos. Coloqué al minino a mi derecha sobre el sofá y casi de inmediato el felino empezó a ronronear. Ni Miau Miau le puso atención a Mussolini ni este le puso cuidado a aquel.

Después de regresarle a Miau Miau a la anciana, salimos de la casa. Me dirigí a la furgoneta y volví con una cuerda larga de algodón. Até esta al extremo de la correa de Caro y enganché el broche en su collar. Hecho esto, dejé la correa con la extensión de cuerda en el suelo.

—Pídale a su mamá que acaricie a Miau Miau para evitar que salte al suelo —le pedí a Nina—. Un salto del gato es una invitación a Caro para correr tras él —aclaré.

Nina reapareció en el porche después de aleccionar a la anciana.

—Contésteme en voz muy baja: ¿cuál es la voz de mando para prohibirle algo a Caro? —le pregunté.

—No —contestó Nina, casi en un susurro.

—Bien. Ahora escúcheme con atención: vamos a entrar sin sostener la correa de Caro. Si reacciona agresivo y corre al ver al gato, yo voy a gritar «¡NO!» y, si no se detiene, voy a pisar la cuerda. Usted no debe de preocuparse. Hay mucha cuerda arrastrando y casi tengo la certeza de que lo que Caro tiene es pura curiosidad. Incluso si yo no lograra detenerlo, no haga nada. El perro lo correteará pero no lo atacará. Usted mientras tanto, sostenga a Musso por la correa. En una situación como esta, Musso pudiera creer que es un juego y espantar a Miau Miau.

Tan pronto entramos, Caro emprendió la carrera. Yo me paré al instante sobre la cuerda y grité «¡NO!» a todo pulmón. El perro sintió el jalón en el pescuezo y se detuvo. De inmediato volteó de nuevo a ver al gato y yo grité de nuevo. El perro empezó a gemir y a mover el rabo con impaciencia. Caro gemía nerviosamente mirando a Miau Miau y yo repetí el «NO», tres o cuatro veces. Miau Miau había reaccionado presto a correr pero no tuvo necesidad de hacerlo. Todo había sucedido con demasiada rapidez.

Cuando el perro se calmó un poco, yo me dirigí al sofá con la cuerda en la mano.

Con la madre de Nina acariciando a Miau Miau, empecé a llamar a Caro. Este no obedeció y yo empecé a tironear la cuerda a cada llamado. Finalmente, el perro obedeció y se acercó al sofá. Diez minutos después, Caro descansaba al lado de Musso.

Antes de terminar la sesión, coloqué el gato en el sofá. Fuera de una reacción de súbito interés de parte de Caro, no pasó nada.

Para terminar, sólo me faltaba provocar una última reacción en el perro. Dejé al felino en el sofá y deliberadamente me levanté. De inmediato, Miau Miau saltó a la alfombra. Caro reaccionó y yo también. En el preciso momento en que el perro se lanzó sobre el gato, grité el consabido «¡NO!» y pisé la cuerda. Al principio, Caro forcejeó contra la presión, pero, mirándolo fijamente, lo tomé de los carrillos por debajo de los ojos y lo obligué a desistir repitiendo la palabra mágica: «¡NO!».

Pasaron 30 minutos con nosotros hablando en la sala. Ambos perros permanecieron echados y el minino saltó de nuevo al regazo de la anciana.

—Se necesitan tres o cuatro sesiones como esta, aplicando técnicas más disuasivas, antes de dejar a ambos animales sin supervisión. Pero, en términos generales, puedo decir que las persecuciones fueron creadas cuando ustedes trataron de frenarlas. Con el tiempo, pasó a ser una reacción automática: el perro a correr y el gato a huir. En la mente de Miau Miau había miedo y en la de caro deseos de jugar.

—¿Cómo lo supo? —preguntó Nina.

—No lo supe. Lo intuí cuando vi que Miau Miau ni se inmutó cuando entramos con Musso. El gato no huía; era el perro el que lo obligaba a huir. De paso le digo; tiene usted un gato valiente —dije, levantándome para retirarme.

Rechacé el pago. Nina insistió en que volviera para otro par de sesiones y yo acepté. A decir verdad, no era el trabajo lo que me impulsó a volver. La belleza de aquella mujer era inquietante y… yo estaba solo.

Como resultado de aquella visita, una hermosa, aunque corta etapa de mi vida sentimental dio comienzo… junto con una esporádica carrera como entrenador canino.

CAPÍTULO VII

La Guitarra

Le expliqué el problema de Mussolini y mi trabajo a los Hendricks. Huelga decir que de inmediato se ofrecieron a cuidar de Musso «el tiempo que fuese necesario». Después de mi segunda visita a Nina, Mussolini no solo tenía un domicilio en Palm Desert sino otro en Anza.

La Navidad y el Año Nuevo de 1973 me sorprendieron en Idyllwild. Las obras quedaron terminadas el día 7 de enero de 1974. Durante los trabajos, mi tiempo se distribuyó entre los Hendricks, Nina y el campamento.

Mussolini disfrutó de sus hogares temporales como si hubiera tomado unas vacaciones. En Palm Desert, el perro, cuando no holgazaneaba alrededor de la piscina, acompañaba a Henry al campo de golf. Una semana de diciembre, Henry, Margo y mi perro se encaramaron en el *motor home* del matrimonio y atravesaron el país. De Seattle Washington me enviaron una postal con la foto de un pastor alemán llamado Musso quejándose de la escasez de «chicas bonitas» en las montañas del noroeste. Los paseos en la modesta furgoneta quedaron atrás por un buen tiempo. Ahora, el sinvergüenza de Musso brincaba del Mercedes de los Hendricks al gigantesco Lincoln Continental de Nina Monetti.

Nina, su madre, los perros y yo, pasamos la Navidad en casa de los Hendricks. Dos días antes, una gran nevada cubrió de blanco las montañas. El paisaje que me rodeaba cuando recogí a Nina era totalmente diferente del que imperaba en el desértico Palm Desert. Noche blanca de nieve arriba y cactos cubiertos de escarcha abajo.

En los primeros días de enero, antes de despedirme de Nina, Earl me entregó en un papel la dirección de la Asociación de Entrenadores de Perros del Sur de California.

—Te aconsejo que le des uso a ese papel. Serías tan buen entrenador como rotulista —dijo, estrechándome la mano.

El 10 de enero empaqué mis pertenencias y bajé de la montaña, esta vez por el lado opuesto. El producto del viaje abultaba mi cartera y en mi mente se abría un horizonte de proyectos. Temporalmente, mis nuevas amistades quedaron atrás.

La furgoneta bajó los 6.000 pies rodando rumbo al oeste. En Hemet, al pie de la cordillera aprovisioné a Musso y, 10 millas adelante, entré en la súper autopista 215 con rumbo al norte. Riverside y Corona pasaron por la ventanilla. Dos horas después, la monstruosa extensión de la cuenca de Los Ángeles se asomó por el parabrisas. Miré la selva de casas salpicadas de motas verdes y anuncios entre el gris de calles rectas y bien cuidadas. A lo lejos, delineando el horizonte, una capa marrón terroso flotaba como una barrera de sucio algodón. Era el *Smog* o lo que llegaría a conocerse en español como Humo Niebla.

«Es asombroso que haya que manejar por tres horas a una velocidad de 65 millas para llegar de aquí hasta el otro extremo», pensaba, mientras la furgoneta rodaba. No tenía planes. No tenía ni idea de lo que haría. Ni siquiera estaba seguro de que Los Ángeles fuera mi destino final. Nunca me han gustado las ciudades grandes. ¿Por qué regresé a Los Ángeles?

California es asombrosa. En menos de cuatro horas de viaje, es posible manejar sobre las achicharrantes planicies del desierto, subir montañas de ocho mil pies de altura, correr a lo largo de millas de costa y mar azul y visitar otro país de cultura e idiomas completamente diferentes; en el sur de California se dan la mano el taco y la hamburguesa. No, no me gustan las grandes ciudades y California tiene muchos pueblos pequeños. Pero en este momento, mi furgoneta apuntaba a Los

Ángeles. ¿Por qué regresé a Los Ángeles? Para poner en orden mis pensamientos me salí de la autopista y, tirado en la grama de un parque público, especulé en el destino que pudiera ser más conveniente. San Diego, Santa Bárbara o alguna ciudad pequeña como Encinitas o Ventura me atraían. El aguijón de la nostalgia se impuso en mi cerebro. Primero visitaría Echo Park. Quería oler la humedad del lago. Después decidiría lo demás. Tenía la cartera repleta. No había prisa.

Entré de nuevo en la autopista 60. Cuarenta y cinco minutos más tarde, en el corazón angelino, entré en la caótica punta de flecha que forman dos autopistas más, la 110 (que entonces era la 11), subiendo por mi izquierda y la 10 convergiendo por mi derecha. Mi furgoneta se zambulló en la maraña de rampas y puentes donde se funden las tres rayas de asfalto y, media milla más adelante, emergió rodando sobre el resultado de la mezcla: el célebre Hollywood Freeway.

Leí mentalmente el primer letrero de salida. Mussolini empezó a moverse intranquilo en su asiento. El perro jadeaba, los ojos brillantes.

—¿Venteas tus viejos comederos? ¿Qué tal una revolcada en la grama, compa? —dije, cargándome a los carriles de salida.

El letrero decía: Glendale, Echo Park. Entré en la rampa. Mussolini en su asiento daba muestras de evidente nerviosismo.

Una agridulce sensación de nostalgia me invadió cuando la furgoneta hizo el alto en la rampa de salida. Frente a mí se ofreció el espejo de la laguna. Arranqué y seguí de frente. Ante mí, la colina que bordeaba el lago se extendía hasta terminar en Sunset Boulevard. Alcé la vista y vi mi balcón, perdido entre el bosque escalonado de caprichosas ventanas con enredaderas. Nítidamente recordé a la chica tomando el sol la última vez que me asomé.

Subí la tortuosa calle y entré por el angosto callejón hasta la casa de mi ex casero. Todo estaba igual: el aguacate en línea con el sendero, el pequeño jardín sin cerco, la abundante exposición de macetas.

Tan pronto tocamos tierra, Musso corrió por el callejón hacia las escaleras de nuestro viejo departamento. El perro subió los 17 escalones y se sentó frente a la puerta, mirándome a la distancia. Durante mucho tiempo el perro había subido y bajado aquellas gradas cada vez que salíamos o llegábamos. El callejón era la entrada a casa, incluso caminando. Con asombro, caí en cuenta que jamás había abierto la puerta que daba a la colina.

Dejé a Musso dando vueltas en la entrada de la vivienda y yo me encaminé hacia el aguacate.

—¡Rangel Rivera, el Terror de la Frontera! —gritó Mariano Anguiano al verme, tendiéndome la mano con regocijo.

—¡Mariano Anguiano, el único hombre que de atrás se saca el nombre! —respondí, abrazándolo con afecto.

Sin duda, venir había valido la pena. No es cierto que el hombre viva en busca de su futuro. El futuro no se ha vivido, luego entonces, no existe. El hombre vive en busca de su pasado para construir su futuro. El simple acto de buscar empleo en el periódico es una acción refleja aprendida en el pasado. Las labores que el individuo desempeñe en el tiempo que le sigue, son simple consecuencia futura de esa acción. Lo que yo decidiese hoy, tendría que ser consecuencia de haber llegado.

Me llevé los dedos a la boca y Mussolini reaccionó al silbido. Como tantas otras veces, bajamos a la enramada de mi ex casero y charlamos. Musso *inspeccionaba* con toda su excitada humanidad.

—Hace un par de días te vino a buscar un tipo —anunció Mariano.

—¿Quién era? —pregunté, frunciendo el ceño.

—Ah que las hilachas. Si supiera, hubiera dicho: te vino a buscar fulano —dijo Mariano, llevándose la cerveza a los labios.

—Tienes razón., aunque me daba la impresión que tú sabías más de él que yo. Ahora, estoy seguro que no debo preguntar: ¿no dejó su nombre?

—Tienes razón. No debes preguntar.

—Bueno, muy agradecido tres veces, como Pedro Vargas —dije, tomando un buche de cerveza.

—Dijo que si te veía, te dijera que lo encuentras en El Norteño.

—Me suena a antro y yo no tengo amigos borrachos, sin agraviar —dije.

—Bueno, lo que es antro para ti, es bar para él.

—¿Y para ti? —pregunté, con la impresión de que Mariano conocía el sitio.

—¿Y cómo voy a saber yo? Me suena a cantina.

—Bueno, tú conoces todos los resumideros de Los Ángeles, Mariano.

Mariano rió de buena gana.

—Sí, soy como Tony Aguilar. Por eso la vieja le puso rejas a la casa. Ahora vivo como *lión* de circo.

—¿Bar o antro? —insistí con indulgencia.

—Antro, pero con piano. Es el sitio de reunión de todos los *sombrerudos* que vienen a Los Ángeles a cantar con acordeón. Está por la calle 7 al sur del parque McArthur. Si recuerdas El Piojito, caminas diez metros al oeste y ahí te metes.

—¿Puedo dejar aquí la furgoneta? No quiero seguir pintando letreros —dije.

—Sí; ya sabes dónde agarrar el camión —dijo Mariano, tendiéndome las llaves de su automóvil.

El Norteño era una combinación de antro apestoso a cerveza rancia pero con servicio de restaurante, reservados para comer a lo largo de la barra y un área ocupada con un piano de cola al fondo. En realidad, era la frontera entre un sitio al que puedes llevar a la novia o no.

En la penumbra que invade tu retina al dejar la luz del sol de improviso, una ancha cara con la boca fruncida en un remedo de sonrisa permanente se vislumbró en el espejo de la barra. La barbilla que parecía bajar en el centro de las anchas mejillas me trajo recuerdos de mi juventud.

—¿Cajón se escribe con G o con J? —pregunté, gozando mis palabras.

El Cara de Raqueta reaccionó de inmediato. Se volvió y me miró con una sonrisa esplendorosa.

—¡Quiubo pinche Bocón! —gritó, en la semi vacía barra.

Nos fundimos en apretado abrazo. Habíamos pasado 10 años abriendo brecha por sendas distintas.

Aristeo Medina seguía siendo el personaje que nadie rechaza. Su ancha cara era una réplica adelantada de un prominente político que llegaría a la presidencia de Estados Unidos 26 años más tarde: George W. Bush. La misma boca chiquita «de culito de gallina», lo bromeábamos, los mismos carrillos minimizando los ojos.

La misma expresión entre risueña y despreocupada. Incluso, el mango de la raqueta bajo la boca, exactamente en el centro de las mandíbulas. Y como diría un político de su época, George Bush era el tipo con quien todo mundo quiere «echarse una cerveza». Así era Aristeo Medina.

—Sirve una ronda para todos, René. Tenemos una vaca más en el rebaño —dijo Aristeo.

—No tomabas y ahora tienes cara de *teporocho* —dije, haciendo alusión al evidente estado briago de mi amigo.

—La envidia es cabrona —contestó el Aristeo—. Quería saber por qué te apodaron El Maguey en la capirucha, pinche Cara de Corbata.

—Me hubieras preguntado. Qué falta de confianza, pinche Aristeo.

—¡Sssh!, no chamusques; ahora soy Ari —dijo el Aristeo, llevándose el índice a la boca con aire confidencial.

Mi amigo no trabajaba. Había puesto una demanda a su compañía por lesiones y estaba a la espera de un veredicto en su caso.

—¿Y de qué te mantienes? —pregunté, intrigado.

—¡*Adió!*, hago mis trabajitos cuando el de la «aseguranza» se descuida.

—¿Trabajitos? —pregunté, con tono de sospecha.

—Nada chueco, pinche Bocón. Trabajo decente, contante y sonante mientras llega la hora de cobrar.

—Entiendo que no puedes trabajar porque estás lastimado. Lo que no entiendo es cómo puedes trabajar estando lastimado —dije, practicando la vieja costumbre de acorralar al Cara de Raqueta.

—Bueno, me lastimo cuando salgo a la calle. Aquí no tengo que usar esta mugre —dijo el Aristeo, sacando un collar ortopédico de atrás de la barra.

A raíz del encuentro con el Aristeo, mis planes cambiaron radicalmente. Decidí que Los Ángeles no estaba del todo mal para empezar de nuevo y le renté a Mariano un segundo piso al lado del aguacate. Mussolini y yo reiniciamos el viejo ritual de bajar al parque todas las mañanas. El departamento, con una vista mejor al lago, me lanzó en retroceso a mi estilo de vida anterior. El perro siguió bajando y subiendo escalones después de estacionar el coche. Lo único que cambió fueron las escaleras y la ruta de bajada. El Cara de Raqueta entregó su departamento e hizo el trío con nosotros por una temporada.

Aristeo no era un alcohólico pero había aprendido a tomar cerveza. En Mexicali Baja California, el que no toma cerveza es como el tío que la familia quiere mantener a distancia. En Los Ángeles, el Cara de Raqueta entró como guante en la mano en el círculo de mi casero.

Yo comencé mis actividades como entrenador canino. Sustituí el anuncio y el Aristeo agarró «chamba» temporal contestando llamadas y ayudándome. Eran los tiempos en que no se popularizaban aún las contestadoras telefónicas.

El lago del parque Mc Arthur es una de las zonas más conocidas de Los Ángeles. El Norteño, al cruzar la calle, se convirtió en una sucursal muy conveniente para mí y para mi perro. El lugar devino en mi oficina, mi restaurante, mi refresquería, en ciertas ocasiones mi «emborrachaduría» y mi centro social más concurrido. A veces, para romper la rutina, Musso me acompañaba, permaneciendo en la trastienda o saliendo al lago con alguno de los parroquianos. Fue tal la simbiosis del perro con el lugar, que muchas veces, al llegar a casa, Mariano me anunciaba que «fulanito se llevó a Musso al Norteño». El perro, incluso, a petición de René, el dueño, pernoctó en la cantina en un par de ocasiones. Mussolini era solicitado por los clientes, los paseantes y hasta por los policías que patrullaban el área.

Un día, uno de los parroquianos asiduos trajo una guitarra y nos pusimos a cantar. El Cara de Raqueta y yo hicimos el dueto y el pianista del lugar hizo el acompañamiento con el dueño de la guitarra. Fue una parranda larga, amenizada con la presencia de Lorenzo de Monteclaro en sus buenos tiempos.

—Acompáñame una, Ruperto —le pidió Lorenzo al pianista.

—Chale, mano. Yo no te acompaño nada. Tienes voz de pitito y cuando tú y el Oscar se ponen a cantar, todo el mundo se muere —contestó Ruperto, en alusión a los corridos.

—Tu fuerte es Cri Cri, Ruperto. Del Negrito Sandía *pa'arri*ba se te enredan las teclas —intervino el Oscar, haciendo equipo con Monteclaro.

Picado en su amor propio, Ruperto se levantó del banco estirando los dedos cual pistolero antes del duelo.

—*Daca p'acá* la lira —dijo, tomando el instrumento de Oscar.

—¿Qué te gusta con guitarra, Rangel? —me preguntó el pianista—. Nada de *borrachazos*. Piensa en algo fino.

—El Tercer Hombre —dije, pensando en el hermoso fondo musical de la película del mismo nombre.

Ruperto tomó posición en un taburete de la barra y empezó a rasguear el instrumento. Cuando el pianista terminó, yo estaba extasiado. Fue la mejor interpretación en guitarra que yo escuché jamás de la clásica melodía. Ruperto era un buen pianista pero era muy superior con la guitarra.

—¿Cuánto quieres por la lira? —preguntó el pianista.

—No la vendo —contestó Oscar, acariciando la guitarra—. Es la mejor guitarra del mundo.

Más tarde, en medio de la borrachera, la «mejor guitarra del mundo» terminó en mis manos por unos cuantos dólares. La compra se hizo bajo la promesa del dueño de enseñarme a tocarla.

Como era de esperarse, Oscar jamás me enseñó a tocar. Pero la compra de aquella guitarra le dio un giro radical a mi vida.

CAPÍTULO VIII

Hay que Tratar Bien al Turismo...

Aristeo ganó su demanda contra todos los pronósticos. Recibió un cheque por 10.000 dólares y cuando lo tuvo en sus manos, no supo qué hacer con él. Era una cantidad similar a la que yo guardaba en el banco.

—Ya hizo agua la nube, Bocón. Con este guardadito me voy para Chicali (Mexicali).

—Yo no lo haría, Aristeo. La situación política en México está muy complicada —le aconsejé.

—Cual complicación. Mientras el PRI esté arriba, no hay tormenta que lo despeine —dijo el Aristeo.

—No te confíes, Aristeo. Echeverría nacionalizó las minas de cobre nomás por sus pistolas. Si fuera nada más eso, una despeinada no importa. Pero tiene la boca muy suelta. Está arrebatándoles tierras a los agricultores en Sonora y no para de vociferar en contra de todo lo que huela a capitalismo.

—Eso se dice desde hace más de 50 años. ¿A poco no te habías dado cuenta? Si fuera problema ya se hubiera resuelto.

—Eso decía Porfirio Díaz hace 64 años, Aristeo. Yo veo cambios. Para Echeverría, todo lo que viene de afuera es malo. Sin embargo, la corrupción sigue creciendo y, al que se atreve a señalarlo, lo meten al bote por sedición. Nada bueno puede resultar de eso.

—Pues yo, con el PRI hasta la muerte. Acuérdate que hasta tú mamaste de la *chichi priista* en la capirucha.

—Precisamente, pinche Cara de Raqueta. ¿Quién crees que pagó tus cheques?; el pueblo. Nosotros, más bien tú, te aprovechaste de la corrupción. Yo nomás me aproveché del Eutiquio. Pero ese estado de cosas no es eterno.

Yo sabía que no podía convencerlo. Para él, lo que contaba era lo vivido. Los buenos tiempos fueron buenos y punto. Se negaba a analizar los por qué.

Era *priista* y lo sería hasta la muerte aunque el PRI lo matara de hambre. En cierto modo, el Aristeo era como el PRI: cualquier cosa o político que no comulgara con el partido era malo aunque fuera bueno.

—Aristeo, si te quieres ir, yo te ayudo. La furgoneta está a tus órdenes. Pero antes de que te vayas, piensa bien en esto: los primeros que sufren cuando hay crisis, son los de abajo. Tu dinero se puede esfumar si la economía se derrumba. Si ya pasó en este país, con más razón puede pasar allá. Tú tienes la suerte de que Chicali está en la frontera. Si te haz de ir, deposita tu dinero de este lado.

Al día siguiente, el Aristeo se acercó a la mesa mientras leía el periódico.

—¿Te estás levantando o vas a la cama? —le pregunté, extrañado de verlo tan temprano.

—El café es malo —dijo, crítico de mi costumbre.

—Mejor un litro de café que una cerveza para la cruda.

—¿Te acuerdas cuando trabajabas viajando en México? ¿Qué hacías cuando andabas de un lado para otro? Supe que hacías montones de dinero —dijo el Aristeo.

—Organizaba oficinas de ventas.

—Eso ya lo sé, pinche Cara de Corbata.

Dejé el periódico en la mesa. Aristeo me preguntaba por algo que no le había interesado antes.

—Tengo que llevar a Musso al parque. En el camino te cuento —dije, tomando la correa.

—Vendíamos libros y cursos de inglés y guitarra con discos —empecé, mientras bajábamos el cerro—. Mi labor era mantener una cuota de producción en una oficina. Cuando las cuentas se estabilizaban, me regresaba a atender la que estuviera en problemas o seguía adelante abriendo territorios.

—¿Cómo abrías un territorio? —preguntó el Aristeo.

—Me transportaba con un grupo de vendedores y empezábamos vendiendo. La mercancía se entregaba desde la oficina administrativa más cercana. Mandaban un supervisor con los libros en la cajuela. Cuando teníamos cincuenta órdenes entregadas, me autorizaban un presupuesto para montar la oficina de ventas local. La oficina administrativa se abría con cien cuentas. Ya con una oficina administrativa, una bodega para almacenar material y entonces las entregas se hacían a diario. A partir de ahí, tenía que mantener una producción mínima.

—¿Nunca vendiste por tu cuenta?

—Sí, hubo un momento en que empecé a comprarle a la compañía. La única condición que me ponían era que vendiera el material en un territorio propio o virgen.

—Ha de ser bien padre andar en esas. Siempre vestido con «lazo de puerco» al cuello, vendiendo y enganchando chavas. ¿Por qué lo dejaste? —preguntó.

Me acordé de Berenice y mi huida. Aunque el recuerdo era permanente, había aprendido a vivir con él. La pregunta, sin embargo, trajo recuerdos. Callé.

—Me vine a trabajar acá.

—¿Y...?

—No me gustó. No era lo mismo. No podía viajar. Tenía que empezar de cero.

—¿De vendedor?

—No, pero tenía que formar vendedores para crear cartera de comisiones.

—Te hubieras regresado, *guey*.

—No podía. Tenía que trabajar en Estados Unidos y pagar impuestos si quería conservar la residencia —mentí para ahorrarme la explicación.

El Aristeo calló un momento. Llegamos al parque y Musso salió corriendo. Los patos volaron en desbandada.

—Tengo el cheque sin cobrar. ¿No te gustaría volver?

Volteé a verlo. El Aristeo miraba a Musso.

—¿A México? —pregunté.

—A donde quieras. Te propongo que nos asociemos. Yo pongo la plata.

Por primera vez en mi vida, quizá, tomé en serio a Aristeo. También, por primera vez desde mi regreso, acaricié la posibilidad de quedarme en Los Ángeles.

—Hay un dicho que dice: «Uno pone el dinero y el otro pone la cabeza. Al final, el que pone la cabeza se queda con el dinero».

—Si te quedas con mi dinero te mocho la cabeza, pinche Cara de Corbata —dijo mi amigo.

Diez mil dólares no eran suficientes. Aun siéndolo, yo no me hubiera arriesgado a que el Cara de Raqueta me mochara la cabeza. Pensé en una sociedad más equitativa.

—Yo pongo la cabeza y los muebles. Tú pones el material y los gastos de apertura. De otro modo, no hay sociedad —ofrecí.

—Órale, pinche Bocón. Chin chin el que se raje —dijo el Aristeo con una amplia sonrisa.

Rentamos un local en el corazón de la ciudad. Escogimos un nombre «con pegue» e iniciamos los trámites de apertura. Con mi dinero compramos el mobiliario y de inmediato empezamos con mercancía de mi antigua compañía y de una conocida escuela por correspondencia. En la esquina de la avenida Vermont y la calle 8, Instituto Comercial Artístico abrió sus puertas en una fecha que no recuerdo al final de los setenta.

A principios de marzo, la «novia» de Mussolini, parió cinco hermosos cachorritos y Henry me llamó feliz para darme la noticia. Había escogido un macho para él y una hembrita para mí. Fue una refrescante noticia en medio del frenesí de mi nueva actividad.

Mientras tanto, la guitarra de Oscar dormía el sueño de los justos en un rincón de la oficina. A la vista del instrumento, una idea se encendió en mi cerebro: «¿Por qué no vender los cursos de guitarra pero con un maestro para las lecciones?».

—Vendo cursos de guitarra con discos y necesito un maestro que dé instrucción a nuestros clientes —le sugerí a modo de oferta a Ruperto, el pianista de El Norteño.

Ruperto aceptó y empezamos a ofrecer atención personal a nuestros clientes de guitarra. Primero fueron dos guitarras, la mía y la de Ruperto y después compramos otras tres. Cuando tuvimos problemas con Ruperto (era demasiado bueno para perder el tiempo con nosotros), lo despedimos y contratamos a un músico desempleado. Este tocaba acordeón, piano, bajo y guitarra. Con un maestro tan virtuoso, rentamos un piano, adquirimos un acordeón de segunda y, alternativamente a la venta de los cursos, empezamos a dar clases de música. Aprovechando las instalaciones, yo daba las clases de inglés y nos empezó a ir bien. Cuando, en plena clase, el nuevo maestro sació su sed con una botella de aguardiente, tuvimos que sustituirlo por otro.

Este último era una monería: tocaba, además de los otros instrumentos, trompeta, batería y violín. Ocho meses después de abrir, enseñábamos teclas, cuerdas, metales y percusión... ¡con un sólo maestro! A estas alturas, habíamos agregado una batería de cinco piezas y un teclado eléctrico. El espacio empezó a quedarnos chico.

La relación laboral con Aristeo se iba deteriorando rápidamente. Su tendencia a ver las cosas con ligereza aumentaba la carga en mis espaldas. Yo era la cabeza y se suponía que yo atendía los problemas.

«Señor Medina, vengo a cobrar la renta», dice el dueño del edificio cuando el Aristeo se dispone a jugar su mula de seises. «El mero matón está adentro, Mr. Hollister», contesta el Aristeo, enviándome al casero.

«Vengo a pagar una mensualidad, señor Medina», dice uno de los alumnos, mientras el Aristeo coquetea con la chica de la tabaquería. «El señor Rivera está muy ocupado. Te voy a hacer un recibo provisional para que no eches tu vuelta "dioquis"», contesta el Sr. Medina, garrapateando la cantidad en un pedazo de papel y quedándose con el dinero.

Las dos escenas descritas tuvieron lugar, una en el estacionamiento del edificio y la otra en el vestíbulo. Obviamente, el que tuvo que lidiar con el casero a la hora de pagar fui yo y, el que tuvo que avalar el recibo provisional del dinero pagado fui también yo. ¿Acaso no era yo el que «puso la cabeza»?

El Sr. Medina era el personaje más popular del lugar, incluido el restaurante de la planta baja y la pequeña cantinita al cruzar la calle. El problema era que mi responsabilidad era el patrocinador de su popularidad.

Vistos a distancia, las tazas a medio vaciar con los anillos del fondo marcados en la madera, los ceniceros rebosando, el periódico desparramado, la chaqueta sobre el sofá de la sala de espera, y las largas horas jugando dominó en el estacionamiento, resultan anecdóticos. Pero yo era un fanático del orden y la secretaria, harta de recoger periódicos, un día decidió ponerse en huelga.

«¿La corremos?», me susurró al oído el Aristeo cuando la vio con los brazos cruzados, atrincherada detrás del escritorio.

Sí, vistas a distancia, nuestras diferencias resultan anecdóticas. Pero en su tiempo y espacio, rasgaron el traje de nuestra amistad. Un traje que habíamos cosido a lo largo de 20 años. Tarde o temprano tendríamos qué darnos tiempo para remendarlo.

El negocio había crecido pero las deudas también. Para julio del primer año, los ladrones nos dejaron limpios y hubo que equipar de nuevo. Mis cálculos pronosticaban una crisis para las festividades decembrinas. Mi experiencia me indicaba que por las navidades, la gente suspende gastos que no son de primera necesidad. Pensar en una crisis decembrina en los calorones de agosto pudiera parecer alarmismo. Pero el robo nos había privado de piezas clave y era fácil prever que no podríamos fortalecernos antes de la fecha clave: el Día de dar Gracias.

La inversión inicial había sido dentro de nuestras posibilidades, pero las necesidades de crecimiento nos habían rebasado. Las diferencias con mi socio aumentaban la presión. Hubo un momento en que me pregunté si esto era lo que me esperaba en el futuro y rechacé tal posibilidad. Analicé la situación y no vi más remedio que terminar la sociedad si quería salvar algo. Después de escribir un par de propuestas, invité al Aristeo al restaurante de abajo y hablamos.

—Tenemos que divorciarnos, Aristeo —le dije.

—'Tas loco, pinche Bocón. Todo va para arriba —contestó.

—No, Ari. En el 1er. cuarto del año que entra tenemos que pagar impuestos. Hay un 40% de pérdidas en cobranza y tenemos que contratar a otro maestro. Además, ya no cabemos. Tenemos que mudarnos y cualquier lugar que rentemos costará más.

—Pero si hay que mudarnos es porque tenemos más alumnos —insistió.

Saqué una libreta y escribí algunos números. Los puse sobre la mesa y le dije:

—Esa es la realidad, Aristeo. Tenemos 40 alumnos y nos quedan 15 dólares por cada uno. Eso da 600 dólares después de gastos. Pero tú estás cobrando sólo el 60%. Resta la merma y tenemos sólo 360 dólares. Nos tocan 180 a cada uno. Simplemente no alcanza para los dos, Aristeo.

—Pero tendremos 60 u 80 alumnos y yo puedo aumentar el porcentaje de cobranza. Es nada más cosa de ponerle más ganas.

En verdad, para Aristeo no había problemas. No podía haberlos porque no los había visto. El que estaba sumergido en la maraña de números era yo. No quise ser directo a fin de evitarle un desengaño. Simplemente Aristeo no había nacido para aquello. Su vida siempre había sido más sencilla. El «mañana Dios dirá» era su filosofía y ni siquiera estaba consciente de que la practicaba. La razón de proponerme la sociedad había sido aprovechar mi experiencia, pero nuestra amistad estaba basada en el *changolengue*, no en las responsabilidades.

—Es algo más que ponerle ganas. Es proteger nuestra amistad, Aristeo. A nuestra sociedad le pasa lo que pasó en mi matrimonio: ninguno encontró lo que buscaba.

Saqué las propuestas del portafolios y le expuse:

—Son tres propuestas. O te vendo mi parte, o cerramos y dividimos, o te compro tu parte. En caso de que me vendas o me compres, pagamos en abonos pero debe haber una garantía en caso de pérdida total. Es decir, si tú me compras, pagarme antes de que quiebres o cierres o, en todo caso, heredarme el mobiliario que quede. Aplica igual para mí.

Aristeo Medina me dio una muestra más de su sencillez. Sin leer los papeles me dijo:

—Yo no sé nada de esto, Rangel. Si te compro, trueno al día siguiente. Mejor te vendo.

En septiembre de 1974 o 75, Aristeo subió en su coche y se perdió en el tráfico. Por los siguientes diez meses, se presentó puntualmente a recoger su mensualidad. Con el desparpajo de siempre, el Cara de Raqueta saludaba, se metía hasta la cocina y no paraba hasta que eructaba, satisfecho.

—Arrasaste hasta con la cena de Mussolini, pinche Cara de Raqueta.

—*M'hijito*, la *faquireada* duró horas extra. El primer bocado me hizo *tin* cuando tocó fondo.

—La próxima vez te voy a descontar lo de Musso o, de plano, lo voy a poner a vigilar el refri.

—Hay que tratar bien al turismo. Si no, no regresa, pinche Cara de Corbata.

—Eso es lo que quiero, que no regrese.

Y así, por el estilo; «genio y figura hasta la sepultura». Terminé de pagarle y Aristeo Medina desapareció por 30 largos años.

La mala noticia llegó por teléfono escasas dos semanas después de que terminó mi sociedad con Aristeo. Henry titubeó de fea manera y yo tuve un presentimiento.

—Dime Henry; se trata de Nina, ¿verdad?

—Sí, Rangel; se accidentó en Pine Cove. Había nevado y se deslizó en el hielo. El coche cayó cosa de diez metros y se estrelló de frente en una peña.

Guardé un silencio durante el cual, Henry no dijo nada.

Nina estaba al tanto de todos mis planes. En la quietud de mi recámara, por las noches, hablaba con ella. Mi cuenta de teléfono registraba dos terceras partes de su uso en llamadas a Anza. Con seguridad, la cuenta de ella registraba otras tantas a Los Ángeles.

Abrumado con los problemas de la sociedad y el ajetreo de la vida urbana, pasé horas dándole vueltas a la idea de terminar mis días a su lado.

—¿Quién se hizo cargo de doña Rosana y los animalitos? —pregunté, con un nudo en la garganta.

—Doña Rosana tiene familia en Italia; después del funeral se irá a Nápoles. Caro irá con un hermano de Nina a Arrowhead y yo me quedé con Miau Miau —dijo Henry.

—Nos vemos mañana, Henry. Pero tendré que regresar el mismo día. Estoy en un período de reajuste en la escuela —anuncié y colgué.

Fabiola, la nueva secretaria, recién había llegado dos semanas antes al negocio. Era una secretaria de memoria fotográfica y respondía perfectamente a los requisitos que yo puse en el anuncio: «iniciativa, puntualidad y don de gentes». Le di instrucciones y monté en el coche. Mussolini se adueñó del asiento para pasajeros y dos horas después bajábamos frente a la casa de los Hendricks.

La euforia de Musso no encajaba en nuestras caras largas. El perro corría en círculos con el rabo arrastrando. Levantaba la mano haciendo círculos en el aire y los Hendricks lo abrazaban. No obstante, la tristeza era evidente. Nina se había ido y a mí se me fueron las ganas de compartir con mi perro. A través del cristal que daba al patio, dos hermosos canes de pastor movían el rabo, mirando hacia adentro. Salí y como siempre, mi amor por los cánidos se impuso al dolor. Acaricié a los cachorros, maravillado de su belleza y volví al interior. Luego Mussolini salió y se unió a sus hijos.

Regresamos inmediatamente a casa después del funeral. Miau Miau saltó a mi regazo y yo le pasé la mano a lo largo del lomo. El gato se arqueó y empezó a ronronear. Interiormente me pregunté qué habría en su mente: ¿conciencia por la pérdida o ignorancia de lo acontecido? Sentí compasión por el «huérfano» a pesar de que sabía que estaba en buenas manos.

—Me llevaré a la perrita —dije, con aquel vacío que me estrujaba el corazón.

Con la llegada de la Beba, como empecé a llamarla, Musso redujo sus visitas a la cantina. Mariano Anguiano donó su patio como residencia provisional para mis perros y una semana después, renté una casa de dos pisos en una zona comercial de Echo Park. Mis dos perros de inmediato se adaptaron al enorme patio.

El Instituto Comercial Artístico enseñó música, canto, fotografía, dibujo y actuación por 13 años en aquella dirección. Yo me hice cargo de las clases de actuación, fotografía y dibujo. Adicionalmente, volví a entrenar perros en mis ratos libres.

Fabiola se convirtió en una chica indispensable. Su belleza lozana y natural la hacían el instrumento ideal para tratar con todos los jóvenes. Era una mujer inteligente y dulce que vivía en un permanente estado de buen humor.

Con la ayuda de mi secretaria, viví la etapa más prolífica y fascinante de mi vida. Podría escribir un libro aparte con los episodios vividos en el ICA. La escuela floreció a tal punto, que construí un escenario al aire libre con un tramado de enredaderas como techo. Celebridades en el ocaso de sus carreras fueron visitantes asiduos. Pérez Prado, Antonio Raxel, Carlos Agosti, Isela Vega y otros más, algunos colaborando, otros de pasadita y, los más, simplemente compartiendo la bohemia de aquella vida.

Pero enseñar arte escénico en español en la capital mundial del entretenimiento, era como barrer la playa con escoba. En Los Ángeles, el teatro y el cine en ingles están al nivel de los mejores del mundo, tanto en el terreno profesional como en el de la enseñanza. Mis alumnos eran personas que no hablaban el idioma de Shakespeare y, da pena decirlo, nunca lo hablarían.

Los alumnos potenciales que dominaban inglés, optaban

por estudiar en Hollywood, a tres millas de mi escuela.

Pero aquel ambiente me había absorbido totalmente. El teatro se hizo adictivo en mí y luché a brazo partido por un ideal que era a todas luces causa perdida. El resultado de semejante subjetividad fue un estado de canibalismo: los gastos de la sección de teatro se comieron los ingresos de lo que era el puntal de la escuela: la música.

Con el tiempo, me di cuenta que había caído en lo que tanto criticaba de Aristeo: dejé que mi pasión me arrollara y no me detuve a analizar las causas. Me cerré a enfrentar la realidad a cambio de vivir el momento. Fue, después de todo, un período de mujeres hermosas, de cerebros pensantes, de personajes inolvidables y de fechas memorables. Pero también fue una etapa de crueles espejismos.

CAPÍTULO IX

El Padre de Todos los Divorcios

Corrían los primeros meses de 1982 cuando una escultural figura asomó por la puerta de la escuela.

—Hola —dijo simplemente.

—¡Elsita Dorantes de Amorós; deslumbrante como siempre! —exclamé levantándome de mi asiento.

—Ex de Amorós; me estoy divorciando —corrigió la dama.

La había conocido en una reunión en el consulado de su país. Era casi perfecta; no había en sus redondeces, nada de más ni nada de menos. Con 1.73 de turgentes curvas verticales, Elsita Dorantes sabía cómo usar lo que tenía. Dos noches después de aquella reunión, entramos en mi privado sin otro propósito que conocernos más «a fondo».

Los silicones que Elsa guardaba debajo del sostén me volvieron loco. Aquella noche sostuvimos una lucha de proporciones épicas. Sobre el escritorio primero, rebotando en las paredes después y al final en la alfombra, forcejeamos como dos sudorosos gladiadores usando todas nuestras armas en el arte del erotismo.

No hubo vencedor ni vencido sino una ardiente invitación a repetir la dosis. Y repetimos ferozmente sin tregua hasta que una vez, el marido interrumpió la competencia poniéndome una descomunal pistola en la cabeza.

—Si te vuelvo a encontrar con mi mujer, te mato —dijo el Sr. Amorós.

«Eso quiere decir que este no me va a matar ahora», pensé, mientras Elsa se ajustaba el sostén.

Sería que el lenguaje del cañón en mi sien derecha habló con elocuencia o sería que ambos habíamos saciado la copa del placer. El caso es que, después de aquella amenaza, no nos habíamos vuelto a encontrar.

Pero aquella mañana de primavera, al verla ahí, con aquella mini falda de mezclilla a medio muslo y la blanca blusa de tirantes cayendo libre sin tocar la piel hasta un centímetro arriba del ombligo, recordé que teníamos cuentas pendientes. El brillo de sus ojos me dijo claramente que ambos pensábamos lo mismo.

Esa tarde, Fabiola se retiró discretamente y el sufrido escritorio se convirtió de nuevo en nuestro campo de batalla.

Después de lo que yo llamo la «madre de todas las revolcadas», vendría la madre de todas las bodas opulentas. Nos casamos quizá para darnos tiempo; las mieles de aquel torneo interminable requerían, quizá, de estrategias, planeación y treguas. Paradójicamente, vencer no era el propósito, sino prolongar el placer: «este (o esta) ya no se me escapa», era la consigna. Era inevitable que los dos perdiéramos. Al final, la madre de todas las bodas, terminó en el padre de todos los divorcios.

La misma noche de nuestra unión se iniciaría la segunda etapa de nuestra lucha. Esta vez la competencia sería de dominio, pero no de potencia sexual.

Mi mujer y yo decidimos viajar a Mazatlán en nuestra luna de miel. «Decidimos» es un plural que abarca demasiado. En realidad, Elsita lo decidió solita. La costumbre de decidir unilateralmente le había quedado de dos años de matrimonio con un marido indulgente podrido en dólares. Es decir, la Sra. Amorós metió la mitad de la fortuna de su consorte en un costal de soberbia y decidió compartirla conmigo.

—¡*Oh Mazatlán, I want to go there and fuck with you forever!* —exclamó en perfecto inglés a pesar de haber nacido en Santa Tecla.

—Lávate los dientes —me ordenó mientras se desnudaba en un hotel, camino del Puerto mazatleco.

Un foquito se me encendió bajo el copete al escuchar la orden. Porque casi con 42 años cumplidos, ya has aprendido cuando alguien te pide, te suplica, te exige, te ordena o te regaña. Y ciertamente, la orden hubiera sido más congruente si hubiera dicho: «lávate el pitito».

Al encenderse el foquito, las ardorosas revolcadas previas al matrimonio pasaron instantáneamente a formar parte de mi historia. Se me hizo obvio que el matrimonio fue un recurso para perpetuar nuestra «loca pasión». Veinticuatro horas después de firmar el odioso documento, concluí que nuestra loca pasión se convertiría en mi «loca prisión» si no hacía algo al respecto. Al terminar el dichoso viaje, el foquito se había convertido en una *lamparota*.

«Lávate los dientes» se convirtió en una especie de prefacio en nuestras relaciones.

—No te has lavado los dientes —me dijo, la vez que decidí desobedecer la orden.

—No te has lavado los dientes —repitió, medio incorporada en el lecho, los pechos al aire impúdicamente.

En silencio me levanté de la cama y me dirigí al baño. Corrí un trozo de dentífrico sobre el cepillo y llenando un vaso con agua, arrojé ambos objetos contra la ventana. El cristal se estrelló con estrépito en la noche. Al vaso y el dentífrico siguieron las llaves del lujoso departamento.

—Al rato me vas a ordenar que me rasure los sobacos —dije, arrojando las llaves del edificio por el hueco.

El resto de los cristales se derrumbó con el manojo de llaves y yo procedí a retirar trapos del armario.

La reacción de la hembra no se hizo esperar. En cueros saltó de la cama y violentamente me ayudó en mi tarea. Toda mi ropa se amontonó en desorden en la alfombra.

—¡Ahora resulta que te vas! ¡Saliste muy digno, después de que te rescaté de la miseria! —gritaba, mientras acumulaba prendas y ganchos de ropa.

Dos trajes, dos camisas, dos corbatas y dos zapatos cupieron bajo mi brazo. En bata y en pantuflas salí del edificio y monté en mi automóvil. Esa noche, Musso y la Beba disfrutaron mi compañía al calor de la chimenea de la escuela.

Hubo algunos intentos de Elsa para hacerme volver. Volví, ciertamente, pero para disfrutar de aquella obra maestra de silicones. Fueron noches de visitas ocasionales; veladas rutinarias sin la chispa ya de nuestros otrora ardientes escarceos.

—¿Por qué te casaste conmigo? —le pregunté una noche en pleno encuentro amoroso.

Montada sobre mí en su posición favorita, contestó:

—Me convenció la lección recibida la primera noche sobre el escritorio, ¿recuerdas? —me preguntó, con dulce susurro.

—¿O sea que gané en la primera vuelta?

—Algo así —contestó, moviendo las caderas sobre de mí.

No puedo culpar a Elsa del fracaso del matrimonio. El sexo es una actividad en la que para cometer un error, se necesitan dos. Prefiero pensar que «tronamos» debido a que al mudarme a su propiedad, le estaba dando liderazgo.

No voy a decir que la mujer no merezca liderazgo. Pero en este caso, el precio fue mi dignidad. Me sentí como William Holden en *Sunset Boulevard*. Fue, en cierto modo, como repetir la historia de Calexico. Solo que ahora yo no era el jefe de la casa y no había un pueblo somnoliento. El escenario era un magnífico edificio de cuatro pisos en lo que en Los Ángeles llaman Beverly Hills Adjacent. El inmueble era una soberbia construcción dotada con todo el confort de la vida moderna: piscina, gimnasio, jacuzzi, intercomunicadores en todas las vías de acceso, cámaras como en racimos y guardia de seguridad con caseta y todo.

Había un característico olor a caro, desde el estacionamiento subterráneo hasta la plataforma para tomar el sol en la azotea. Todo era y lucía caro en la Villa Amorós; caro y de lujo extremo.

La noche de la «ventana estrellada», yo renuncié a mi colchón Simmon's en la Dorantes Village, como la rebautizó Elsita, para dormir en el tapete de mis perros. Y si alguien me hubiera preguntado cual sitio me acomodaba mejor, la pregunta me hubiera, incluso, ofendido.

*

Escasos cuatro meses después de mi divorcio, conocí a una dulce criatura recién llegada de la Madre Patria. Pamela Babussi era una Virgen con cara triste, escapada de la isla comunista de Fidel castro. Sus cabellos rubios y sus ojos verdes iluminaban su rostro como un aura. Pero su luminosidad adquiría un aire de nostalgia en su expresión. Verla, era como ver a un niño haciendo los últimos pucheros antes de contentarse. Desde el principio me di cuenta que su expresión se debía al hecho de que sus padres se quedaron atrapados en Sancti Espíritu, provincia de Las Villas en Cuba.

Pamela era como Alicia en el País de las Maravillas. La abundancia de los súper mercados norteamericanos siempre la llenaba de asombro. A pesar de haber viajado por España, no esperaba encontrar las maravillas que había descubierto en su nuevo país. Solía decir que antes de salir de Cuba, no conocía las manzanas ni las hojuelas de maíz (afirmación que yo nunca creí). Al comer una banana, comentaba con tristeza que sus padres en la isla no tenían, seguramente, para el pan del desayuno.

La ingenuidad de Pamela rayaba en la inocencia. Eso, desde luego, era un encanto adicional que me hizo amarla con un intenso sentido de protección.

—Es una pastora alemana —aclaró con aire de erudición cuando alguien alabó la estampa de la Beba.

»¡Ave María, el hombre mató al burro! —exclamó alarmada, cuando ebrio, en una de sus películas, Connan el Bárbaro derribó a un camello de un puñetazo—. Cuando yo estaba chiquita, estaba tan descolorida que me pusieron la Rana Blanca —dijo con su adorable candor. Y yo, claro, la empecé a llamar Ranita Blanca.

En un viaje a Mexicali fuimos a comer a un restaurante de comida china. La Ranita se quedó con la boca abierta oyendo hablar perfecto español a los empleados (los chinos ayudaron a fundar Mexicali y la calidad de la comida china mexicalense rivaliza con la de San Francisco).

—¿Y por qué hablas español tan bien si tú eres Chino? —preguntó la Rana Blanca.

—Porque soy chino de Chinaloa —contestó el mesero con una sonrisa.

—¡Ah! —exclamó Pam, satisfecha.

Alguien me preguntó dónde yo había nacido.

—En Sinaloa —contesté.

—Mentiras, no le crea; nació en Culiacán —corrigió la Ranita, contundente.

Una noche desperté en la oscuridad al sentir vacío el lugar de Pam. Al encender la luz, la vi sentada en el borde de la cama. Sus ojos verdes brillaban y las lágrimas corrían por sus mejillas. Pamela Babussi lloraba en silencio por sus padres. La estreché con un nudo en la garganta y me propuse aliviar aquella herida permanente.

Nos separamos al llegar sus padres. Su vía crusis había terminado y el mío apenas comenzaba. La madre resultó ser una implacable predicadora de la religión Pentecostal. En dos semanas yo me convertí en el Diablo por mi renuencia a aceptar la conversión. Nada contra la religión; simplemente mi férrea posición defendiendo mi derecho a decidir. El choque cultural fue como vestirme de vaquero para tomar clases de valet. Tan pronto como todos se instalaron, empecé a sentirme como un cristiano en cruzada permanente contra un puñado de talibanes. Apenas tres meses después empaqué mis cosas y salí de su vida.

Nunca me casé con Pam. Pero mi unión con ella fue la última y, extrañamente, la lección que me enseñó es que hay seres que nacemos para morirnos solos.

*

Una mañana invernal de 1984, Mussolini se me fue de este mundo. Viejo y cansado, el noble perro pasaba la mayor parte del día echado en la puerta trasera de la escuela, esperando pacientemente a que las clases terminaran para entrar al edificio. Musso sabía cuando el sonido del timbre correspondía a la última clase. Al escucharlo, se levantaba trabajosamente y se sentaba moviendo el rabo lentamente. La Beba mariposeaba a su alrededor cual una mosca estorbosa. El perro simplemente la esquivaba sin moverse, los ojos fijos en mis movimientos a través de la puerta. Por dos meses antes de dejarme, Musso esperaba pacientemente mi voz autorizándolo a entrar y se dirigía derecho al calor de la chimenea. Tan pronto como echaba los candados, yo me dirigía hacia mi perro y me sentaba a su lado. Musso me seguía con los ojos sin moverse, con una evidente falta de energía. La Beba se dedicaba, mientras tanto, a explorar los olores que habían quedado, antes de unirse a nosotros. Yo sabía que el viaje final de mi perro se acercaba y me acicateaba el dolor ante lo inevitable.

Me había casado dos veces en un período de 6 años. Cuando me separé de mi último compromiso, concluí que no había nacido para el matrimonio. De hecho, nunca había creído en él. Mis uniones habían sido un par de oportunidades para comprobarlo. Y en aquel invierno, después de tantas escaramuzas y vaivenes de mi vida, Musso seguía ahí, a mi lado, fiel e irreemplazable.

La última semana, Musso ya no subía las escaleras; presagio odioso de lo que se avecinaba. Presa de la inquietud, empecé a pasar las noches en la planta baja, al lado de mi perro. Musso se hacía bolita y dormía sin sobresaltos. Mi presencia, probablemente, era tan reconfortante para él, como podía serlo el calorcillo de la chimenea.

Aquella mañana amaneció nublado. Me levanté como siempre a abrir la puerta trasera y como de costumbre, la Beba salió al patio. Ese día, sin embargo, el perro no se movió. El corazón me empezó a latir violentamente. Regresé de inmediato a su lado y lo acaricié. Musso movió una de las manos delanteras pero no levantó la cabeza. Traté de bromear para estimularlo pero siguió inmóvil, sin alientos. Sólo sus ojos me miraban. De pronto abrió el hocico y empezó a jadear.

—¡Musso! —grité desesperado—. ¡Aguanta, viejo; aguanta un poco!

Subí en busca de las llaves y bajé corriendo todavía en pijamas y en bata. Me incliné para levantarlo y noté una horrible flacidez en el cuerpo. Lo miré y me di cuenta que ya no respiraba. Se había ido.

Lloré como un chiquillo. Los sollozos me ahogaron y quise gritar. A pesar de que sabía que la muerte era inevitable, el dolor me abrumó. Pasaron por mi mente tantos y tantos momentos maravillosos desde que el capitán Reséndez me lo entregara. Vi a Nina jugando con él y con Caro; recordé nuestro viaje y lo vi con su mochila llena de pinceles. Lo miré en mi mente saltando por la ventana de la furgoneta y lo disfruté jugando en el parque a la orilla del lago. Inevitablemente llegó la imagen de Leticia en el aeropuerto y el perro enloquecido jugando con ella en el estacionamiento.

No supe cuánto tiempo pasé al pie de la chimenea. Cuando Fabiola llegó, me encontró en el patio cavando un agujero. La bata estaba empapada y mis mejillas llenas de tierra con surcos abiertos por las lágrimas. El espectáculo debe haber sido patético pero a mí no me importaba. La chica se sentó a mi lado y me abrazó.

CAPÍTULO X

Leal... Hasta el Final

Los tres años siguientes a la muerte de Musso, el negocio empezó a declinar. Aunque sabía que aún era posible rescatar la escuela, el encanto estaba roto. Otra vez necesitaba un cambio. Recordé la furgoneta y el viaje que había terminado años atrás en Idyllwild. La inquietud de entonces se apoderó de mí. Convoqué a los dos maestros y a Fabiola a una reunión extraordinaria.

—Quiero vender la escuela y ustedes serán los primeros postores —dije.

Los tomé de sorpresa. Ambos sabían que el arte escénico no daba para vivir y, al vender la sección de música, prácticamente estaba renunciando a seguir.

—Pero nosotros no sabemos de arte escénico —me dijo uno de ellos.

—Ni yo de música —contesté—. Pero no les estoy ofreciendo la cartera de arte escénico. Esa sección la cerraré —agregué.

Los dos maestros se mostraron vivamente interesados. La música era su vida y era una oportunidad magnífica. Sólo había un problema: no tenían dinero.

—Les venderé en abonos. Si aceptan, yo les diré dónde enviarme las mensualidades. Sólo pongo una condición: que Fabiola conserve su puesto hasta que terminen de pagarme a menos que ella decida irse. Si no aceptan, no hay trato.

El trato quedó cerrado. Los cheques mensuales se depositarían a mi cuenta y yo hablaría con el dueño de la propiedad para enterarle del cambio. Finalmente, el 5 de noviembre de 1995 el Instituto Comercial Artístico cambió de manos.

El aletargado gusanillo del camino invadió mi espíritu y decidí que era hora de empacar. Tenía 55 años, un mes y veinte días de vida y me sentía pletórico de energía. Vendí mi automóvil y me compré una furgoneta. Esta vez, el letrero decía:

Sea el mejor amigo de su perro.
Entrenamiento profesional canino.
Obediencia y trucos.
Trabajo en su domicilio.

La noche anterior a mi partida, me despedí de Fabiola. Tomé el teléfono y la invité a un restaurante de moda. Me presenté puntualmente y la chica subió en mi auto.

—Algo quiere mi jefe, ¿qué es? —preguntó, ya sentados en un reservado.

—Gastarme mi dinero con mi secretaria favorita. La única que tengo —contesté.

—¿Nada más eso?, que aburrido —dijo, con un gracioso mohín de fingido disgusto.

—Eso nada más... como adelanto —dije, con aire misterioso.

—Vaya, esto se pone interesante —observó, inclinando la cabeza y levantando las finas cejas.

El mesero se acercó y ordené una cerveza. Ella ordenó otra.

—Esta noche me emborracho —dijo, mirándome con intensidad.

Y Fabiola se emborrachó. Entre alegre y triste, las lágrimas rodaron por sus mejillas.

—No se vaya —dijo con la mirada brillante.

Hay momentos en la vida de los seres humanos que sobresalen por encima de todo. Pueden repetirse una, dos o tres veces.

Quizá más, mientras más rica sea la existencia del portador. Aquella noche estaba destinada a quedar entre los momentos más memorables de mi vida. A lo largo de la velada, pude ver en Fabiola una ternura que había pasado desapercibida por mí. Si bien Fabiola era hermosa, mi agenda romántica siempre estaba completa. Más tarde, en mi lecho, su entrega incondicional estuvo a punto de alterar mis planes. De hecho, aquel encuentro me indujo a postergar mi viaje. La noche de despedida se convirtió en una semana de encuentros incendiarios. Pero en el fondo, yo sabía que la pasión que nos consumía tarde o temprano se apagaría.

Una noche de insomnio tomé una decisión: escribí una nota que deslicé por debajo de la puerta de la escuela y hui. El recuerdo de mis anteriores matrimonios me acobardó, lo confieso. Lo escrito, escrito está y me negué a jugar con el destino.

Fabiola Ramírez regresó a su tierra. A mi regreso a Los Ángeles, Mariano me entregó una carta que me dejó sin habla. Adentro venía una foto. «Son tus hijos», aclaraba una parte de la misiva. En la foto aparecían un par de gemelitos. A juzgar por el remitente, Fabiola vivía en Mérida Yucatán.

Establecí contacto con mi antigua secretaria. Mi propósito inicial era ayudarla a regresar a los Estados Unidos.

Pero mis esfuerzos fueron vanos. Fabiola se había casado en su tierra y me dijo que era feliz con su marido. Fuera de una mensualidad que ofrecí enviarle, no hubo más correspondencia personal. No conocí a los niños hasta que estos cumplieron 7 años. La relación posterior, si bien no tuvo la intensidad que debiera, me permitió contribuir en su formación. Fue una contribución voluntaria. Fabiola no necesitaba realmente mi ayuda; su esposo era un médico que se hizo cargo de los niños cual si fueran propios. Los chicos me visitaron en un par de ocasiones. Sin embargo, poco a poco, los contactos se fueron espaciando. Cando hice el viaje final, el balance no era negativo aunque tampoco fue un modelo de relación padre-hijos. Fue la misma historia vivida con David, el niño procreado con Aura María.

Sí, amable lector; conmigo recostado en el sillón, el psicólogo seguramente concluiría con un contundente: «Los hijos de un padre que creció sin padre. Padres que probablemente crecerán sin hijos, aunque tengan hijos».

La hija de Musso siguió los pasos de su progenitor. En la furgoneta, la Beba aprendió a convivir con la gente y con otros animales. Su porte y personalidad la convirtieron en digna sucesora de Mussolini. En mi nueva profesión, la Beba se convirtió en mi auxiliar y, en mi vida personal, en el todo que llenó mi soledad.

Recorrí la Unión Americana con mi perra. No tocábamos puertas. Poníamos un anuncio en el periódico local y permanecíamos en un área sólo el tiempo suficiente para terminar un par de programas de entrenamiento. Generalmente permanecíamos 30 o 60 días y luego seguíamos nuestro camino. En los costados de la camioneta, pegaba la tira magnética con el nuevo teléfono al instalarnos en una nueva población.

Un día de fines de 1987, mi furgoneta se detuvo frente al taller de Margo y Henry Hendricks. Entré y, al fondo, Henry hacía algunas cuentas con una calculadora. Me oculté detrás de una puerta y le pedí a la Beba que siguiera adelante. La perra pasó bajo la puerta del mostrador y se acercó a mi viejo amigo. La miré caminar con paso lento y retrocedí en el tiempo. Habían pasado 13 años desde que Mussolini la concibió en el criadero de Earl. Por primera vez me asaltó la idea de que mi perra se acercaba al fin de su ciclo.

Henry pegó un brinco cuando vio a la perra a su lado. Miró a su alrededor buscando con la mirada.

—¿Andas perdida, niña? —le preguntó, pasándole la mano por la pelambre del cuello.

—Te traeré algo de beber y de comer... vamos a ver. ¿Cómo te llamas? —se preguntó, acercándose a la placa metálica del collar.

—Beba... Rivera...Dios mío, ¿eres tú, pequeña? —dijo, levantándose de su silla.

Salí de tras la puerta y Henry sonrió abiertamente.

—Ah, sinvergüenza; esta no te la paso —dijo, abrazándome con un afecto que yo no sentía hacía años.

Henry llamó a uno de los empleados y le pidió que vigilara la oficina. Su semblante estaba radiante de contento.

—Vamos a la casa —dijo Henry—. El gusto que le va a dar a Margo. Espero que no le de el tareco.

El encuentro fue extraordinario. Los recuerdos brotaron y el tiempo pasó. Henry me pidió que los siguiera al patio. Al llegar a la puerta corrediza, ya un hermoso ejemplar de pastor alemán se asomaba moviendo el rabo alegremente.

—Es nieto de Musso —dijo Henry—. Lo trajimos después que Jesse murió.

Jesse, el hermano de la Beba, ya se había ido en Palm Desert y Caro había muerto en algún lugar de Arizona. Sólo quedaba Miau Miau con los Hendricks. En el criadero de Earl, la descendencia de Mussolini y Daisy se perpetuó y yo me felicité de haber regresado.

—Iré a ver a Earl. La Beba me dejará pronto, Henry. Estoy preparándome para enfrentar ese momento.

—¿Regresarás a Los Ángeles?

—No; quiero paz. Quiero comprar una computadora y escribir. Tengo esa inquietud y no quiero morirme sin satisfacerla. Quiero morirme en las montañas o en el desierto; no en la ciudad, Henry.

—Pues aquí tienes tu casa, Rangel. Hay dos cuartos desocupados y a la Beba no le haríamos mala cara —ofreció Margo.

—Lo sé, Margo. Iré a Idyllwild. Si no encuentro algo, aceptaré tu oferta temporalmente.

En Lake Hemet viré hacia el rancho de Earl. Después de la euforia del encuentro, Earl me ofreció un rincón y empleo si me interesaba. Podía entrenar perros de sus clientes y ayudarle a él con la jauría.

El criadero había prosperado. Las perreras eran amplias y una gran área de ejercicios para los perros había sido agregada. Las caballerizas acogían un par de potrillos nuevos que yo me encargaría de cepillar y atender.

—Se agradece, Earl. Pero si decidiera trabajar contigo, sería desde Idyllwild. Quiero rentar una cabaña. Ahora lo que me interesa es dejarte un cheque para separar un perro. La Beba se está poniendo vieja y, odio decirlo, pero le queda poco tiempo —dije.

Escribí un cheque y le dije a Earl que recogería el cachorrito cuando el tiempo llegara. Subimos en la furgoneta y la Beba se acomodó en su asiento. Ondeé la mano en señal de despedida y enfilé montaña arriba. Era tiempo de buscar, como hacen los elefantes, un cementerio para mi perra.

En Idyllwild encontré la paz. Frente a mi computadora repasé mi vida. Me di cuenta que, a pesar de que pude hacerlo, jamás compré bienes raíces. No batallé mucho para encontrar la razón. Me hice en el camino y me aterraba la idea de «atascarme» en un sitio por el resto de mi vida. En efecto, la Beba se fue y volví a llorar el mismo dolor. Mi perra murió con dignidad. Una tarde se acercó a mi escritorio y apoyó su cabeza contra mis pantuflas. Cuando, 1 hora más tarde me levanté, mi perrita estaba muerta. Murió dormida, sin proferir una sola queja. Yo, a pesar de tanto preparativo, no pude contenerme. La Beba tenía 15 años de edad y jamás me dio motivo de arrepentimiento. ¿Cómo te contienes cuando pierdes a alguien que jamás te pidió nada?

Del criadero recogí a Hitler. Lo bauticé así en honor del primer perro del capitán Reséndez. Una vez más, un perro vino a iniciar el ciclo con su largo período de gozo pleno, pero con el inevitable dolor de la despedida final. A lo largo de mi vida, pude eludir el matrimonio, pude tomar decisiones que cambiaran mi destino, pude hacer un montón de cosas descabelladas pero nunca pude renunciar a la compañía de un canino.

El tiempo pasó. Mi vida se asentó en la quietud del bosque. Había aceptado la oferta de Earl parcialmente y cada fin de semana viajaba al criadero. En una bodeguita acomodé mis bártulos y cuando la pereza me atacaba, pasaba la noche en una casa remolque que Earl usaba en sus vacaciones. Mis perros, tanto los de mis clientes como los del criadero me mantuvieron siempre ocupado. Hitler creció fuerte y bien entrenado, como corresponde a un entrenador profesional. Era la vida que busqué toda mi existencia. En un viaje relámpago a la propiedad de Mariano Anguiano, recogí la máquina de escribir y la silla de montar y las acomodé en la bodega. La silla con su doble R quedó sobre un burro de carpintero y la Prieta encontró reposo al lado de mi equipo de entrenamiento.

—Después de mis perros, esta máquina y esta silla son lo más valioso que he acumulado en la vida, Earl. Yo estoy metiendo el acelerador rumbo al cementerio y no hay un alma a mi alrededor que entienda su significado, por eso estarán conmigo hasta el final. Si me voy a otra ciudad o, uno nunca sabe, la huesuda me da boleto; ¿no te estorbarían?

—Pierde cuidado, Rangel. Tú escríbeme dónde la quieres si te vas y yo personalmente la llevo. Tocante a la huesuda, es muy raro que pase por aquí. No nos gusta hacer hoyos en el terreno.

¡El Paraíso! Una cabaña en Idyllwild y los fines de semana largos paseos a caballo con Hitler retozando alrededor. La montura de Reséndez revivió. El cuero se suavizó con el uso y yo cabalgué en las praderas del pasado.

Una noche veraniega de 1995, el teléfono sonó.

—Bueno —dije a través de la bocina, sin imaginar la sorpresa que recibiría.

Hubo un silencio que me obligó a repetir la palabra. Entonces una voz resonó en la línea.

—Rangel —dijo la voz.

Me levanté lentamente, tratando de recordar. La voz me trajo reminiscencias de otros tiempos. No me atreví a preguntar.

—Sí —dije, y esperé.

—Soy Bere —se identificó la voz.

Quedé mudo. No era posible lo que estaba escuchando y, sin embargo, era su voz.

—¿Rangel? —preguntó ahora la misma voz.

—Berenice —dije, con voz temblorosa.

—La misma, Rangel. Berenice Aldrete.

Al día siguiente, entré en la única tienda de antigüedades del pueblo. La empleada se acercó después de verme deambular por la tiendita.

—¿Puedo ayudarle en algo, Rangel?

—Busco algo especial para una mujer muy especial, Beverly —contesté.

Beverly me miró con extrañeza. Fuera de visitas ocasionales, en los años que tenía en Idyllwild nunca había tenido una relación especial.

—Para una mujer especial, hay que ir a un lugar especial. Por qué no va a Pompadour Novelties? —preguntó solícita la dueña del establecimiento.

—No quiero impresionarla. Ella no es así, Beverly —dije.

—¿Cómo es ella? —preguntó la chica.

—No sé. Tengo más de 20 años que no la miro.

Beverly no supo qué decir. Se me quedó viendo y soltó una exclamación que recordé el resto de mis días:

—¡*What a romance!* —exclamó, en su musical inglés.

Nos vimos en Ventura 48 horas después. Tenía una hija aunque nunca se había casado. Conservaba el porte distinguido y la languidez de carácter que me hicieron amarla con todo mi corazón. El tiempo, como es natural, había puesto su marca en el rostro y peinaba algunas canas en la lacia cabellera. Extrañamente, no sentí el arrebato apasionado que había imaginado. Viajó conmigo a Idyllwild y compartimos un fin de semana que atesoré como uno de mis últimos recuerdos sentimentales. Cuando bajé a las tierras planas y la besé en el aeropuerto, supe, de alguna manera, que no nos volveríamos a ver. La larga espera había terminado.

Y el ciclo se repitió. El Hitler también se fue; el veterinario diagnosticó cáncer en los huesos y la misericordia de una inyección finalizó con su existencia. La ley inevitable de la vida dictaba de nuevo su sentencia inmutable. Más tarde o más temprano, yo pagaría, a mi vez, mi tributo al derecho de pasar por este mundo.

Epílogo

Una honda decepción se apodera de mi alma. Manejo en la recta interminable que nace en la frontera. El desierto se esconde en lo espeso de la noche. El valle Imperial es tan similar al de Mexicali, que si no fuera por la línea divisoria y la huella del hombre, sería el mismo valle. Conozco tan bien ese paisaje agazapado en la oscuridad, que podría manejar con una venda en los ojos. Impasibles, los matorros de la orilla me miran pasar con sus ojos de tierra y sus espinas cenizas de polvo. Mi decepción no tiene que ver con el paisaje. Así feo me gusta; así feo me vio crecer. Es lo que dejo atrás lo que me oprime el alma. Mi decepción se llama Mexicali Baja California y los motivos tienen nombre: corrupción, crimen, drogadicción y pobreza en medio de la opulencia.

No reniego de mi país sino del cambio que me impidió encontrar al Mexicali que yo esperaba. Siete meses después de la muerte de mi último perro, había decidido, como siempre, cambiar de aires. La trompa de la furgoneta cruzó la frontera en busca del terruño. Entrenar perros en ambos países y abrir un hotel para mascotas peludas y de pluma era mi propósito y para ello, hice los trámites necesarios. De una vieja libreta descolorida por el tiempo, escogí los teléfonos y direcciones que tenían posibilidades de haber sobrevivido y me armé de teléfono, papel y lápiz.

Mis llamadas no tuvieron éxito, así que envié media docena de cartas con mi número de teléfono a otras tantas direcciones.

«Como arrojar botellas al mar», pensé.

La suerte me acompañó. Una mañana blanca de nieve, el teléfono sonó:

—Quiubo pinche Cara de Corbata —sonó la voz del Aristeo.

No podía creerlo. Era una voz que no escuchaba hacía 30 años.

—Quiubo, pinche Cara de Raqueta —contesté, alborozado.

Si tenía dudas, se disiparon al instante. Yo quería volver a mi querido Mexicali y empaqué.

La euforia del encuentro encontró eco en otras amistades. Las caras que había dejado lozanas, lucían ya arrugadas y maltratadas. Pero eran ellos, mis amigos de juventud y me abandoné a gozar su compañía

Fue en este viaje cuando recibí la llamada de Irene, anunciándome la muerte de mi madre. Fue de aquí que salí en viaje relámpago a Los Ángeles para asistir a la ceremonia de su cremación y fue hacia acá que regresé. Vine a *mi* ciudad, ávido de integrarme a mis raíces. Fue entonces que la amarga realidad desató la venda de mis ojos. Mi ciudad ya no existía. El Mexicali de mis años dorados era, desde hacía mucho tiempo, un cadáver. El nuevo Mexicali no tenía nada que ver con lo que yo buscaba.

La ilusión es hoja que se marchita antes de tiempo. El Mexicali de mi ilusión ya no existe. Manejo y recuerdo el cuadro con tristeza: aglomeraciones de gente en las calles luchando por sobrevivir, los pocos bien vestidos y relucientes de salud; los muchos de mirada opaca por el hambre y arrastrando sus harapos. Perros famélicos que, al pedir un mendrugo, reciben un puntapié con la imprecación del desprecio por si no bastara la agresión. Hordas de limosneros que alzan la mano, unos con razón y otros con cinismo. Paredes llenas de descuido denunciando la falta de recursos y de esperanza. Caras hoscas de resentimiento por carecer secularmente de lo que ven en ti. Hoyos en las calles de los pobres y lisas avenidas sombreadas de comodidad en los sectores de los ricos. El contraste es insultante y grosero. Y me pregunto: ¿tan cobarde soy que si no es bonito... yo me largo? ¿Tan pequeño soy que en vez de luchar por cambiar aunque sea un poco de lo malo, vocifero como si tuviera derechos después de 40 años? Y yo mismo me respondo: Volveré y lucharé, por supuesto. Volveré, pero no a Mexicali, sino a otra ciudad que no me engañe. A otra ciudad que no se burle de mi decepción. México, la milenaria cabeza de la Nueva España no puede seguir ofreciendo este triste espectáculo. México no es, no puede ser esto. México es demasiado para esta desolación.

Manejo mecánicamente. Los faros del coche guían mi mano en la oscuridad. De pronto, una sombra parda se desprende de la orilla. No sé si es un coyote, un perro o un gato montés: todo es demasiado rápido. Freno, mi furgoneta pinta las llantas sobre el pavimento y dibuja eses caprichosas. Escucho ese sonido de frenos desesperados y recuerdo mi reacción al escucharlo en otros autos. Mis sentidos se alertan instantáneamente y mis manos se aferran al volante. El zigzagueo se hace eterno. Miro adelante los pasamanos de metal de un puente acercarse velozmente. Los faros iluminan borrosamente el lecho pedregoso de un arroyo al lado del camino. Mis ojos ven, mi cerebro ordena. Maniobro para esquivar los pasamanos y la furgoneta vuela en el aire.

El ruido es ensordecedor. Todo da vueltas; en un segundo veo las estrellas pasar de derecha a izquierda por el parabrisas estrellado y una fracción de segundo después ya no hay más que oscuridad. En el caos que sigue veo peñascos empeñados en entrar por los cristales. La palanca de cambios pasa a unos centímetros de mi garganta. La caja de herramientas huye por una de las ventanas quebradas. Los ruidos cesan poco a poco. Un momento después, sólo persiste el extraño zumbido de una rueda delantera que gira y gira. Al terminar de girar, un pesado silencio se apodera de la escena. Un sssh, sssh, sssh, semejante al chirriar de agua que choca contra metal caliente entra por mis oídos. En la semi conciencia me doy cuenta que cuelgo cabeza abajo. El sssh que escucho es mi propia sangre goteando sobre el metal al rojo vivo del techo de la furgoneta. Adelante, mis ojos entrecerrados miran las 2 líneas de los faros que hieren la noche apuntando a las estrellas.

No siento nada. Una ambulancia recoge mis restos entre las piedras del arroyo. Henry y Margo aparecen después en una carroza y subo la montaña. Gentes del campamento velan mi cuerpo en el auditorio que pinté. Veo a Earl y otros conocidos. Más tarde me trasladan al panteón de Idyllwild. Minutos después de la última palada, todo es oscuridad. Curiosamente, la oscuridad está iluminada. Es negra pero no está oscura. Yo, en forma etérea me traslado a sitios que nunca he visto pero que reconozco. De pronto estoy en el agujero del panteón mirando hacia arriba y de pronto estoy en un túmulo blanco, como una nube, mirando hacia abajo.

Poco a poco empiezo a escuchar voces. Mi alma se inunda de felicidad al reconocer los timbres. En la cacofonía se cuelan algunos ladridos. Las voces vienen de arriba; todas suenan jóvenes, sin edad. Curiosamente, las reconozco todas como si no hubiese pasado el tiempo. Siento ganas de llorar pero el llanto no fluye. Es como si hubiera olvidado cómo llorar.

Escudriño el infinito pero no distingo nada. A pesar de ello, tengo la certeza de que mi ruta es hacia arriba. Es una sensación de conocimiento pleno por lo que está pasando. No lo sé pero adivino que en las cavernosas tinieblas del infierno, el señor de los cuernos no tendrá el placer de recibirme. Me pregunto qué hice para merecer la gloria y un misterioso murmullo me da la respuesta: «Tu amor por los animales te dio el pase». Como rúbrica al murmullo se oye un potente ladrido. Es la «voz» del Macetón que suena con la potencia que tenía antes de quedar afónico.

Fui un alma que cabalgó de cara al viento en la llanura. Fui un hijo de los espacios abiertos y los rincones soleados. Fui un ser que tuvo la fortuna de escapar por una nariz del humo niebla. Mi última morada se dio en la montaña y en mi juventud viví en la libertad de los desiertos.

Tuve el buen tino de morir antes que me alcanzara el odioso smog que encierra ahora, a las ciudades en cajas venenosas.

Cuando fui «ascendido» por el que me dio el pase, fue como llegar a casa. Sólo que esta vez, no era un solo perro el que me esperaba. Tras un enorme portón plateado flotando entre brumas, un escuadrón de perros de pastor alemán agitaba el rabo con euforia. El Macetón, Mussolini, la Beba y el Hitler me rodearon eufóricos. Rodeado por mis fieles compañeros me envolvió una felicidad indescriptible. Después de 79 años, siete meses y nueve días, finalmente había encontrado el paraíso y no pensaba renunciar a él. Nadie, absolutamente nadie, lograría que me muriera de nuevo.

El Cara de Raqueta se hace esperar. No me sorprende dada su proverbial impuntualidad. Pero no importa cuánto tarde; el día que aparezca se llevará una desagradable sorpresa: aquí no tratamos bien al turismo. Vamos, ni siquiera usamos refrigerador. El Cara de Raqueta tendrá que acostumbrarse a faquirear eternamente. Aristeo Medina vendrá, sin duda y, cuando lo haga, no encontrará al solitario empedernido. Rangel Rivera le dará la bienvenida rodeado de sus amados animales.

Fin

Este libro se imprimió en Madrid
en diciembre del año 2019

«Cantaban las Musas que habitan las mansiones olímpicas,
las nueve hijas nacidas del poderoso Zeus.
Calíope es la más importante de todas,
pues ella asiste a los venerables reyes».

HESÍODO, *Teogonía*, 1-103

www.ingramcontent.com/pod-product-compliance
Lightning Source LLC
Chambersburg PA
CBHW031641170426
43195CB00035B/125